Jesus Não Fundou Uma Religião

Durval Checchinato

Jesus Não Fundou Uma Religião

Artesã

Jesus não fundou uma religião

DIRETOR
Alcebino Santana

REVISÃO
Domingos Jorge Velho

CAPA
Michelle Guimarães El Aouar

PROJETO GRÁFICO E DIAGRAMAÇÃO
Conrado Esteves

C514 Checchinato, Durval, 1936-.
Jesus não fundou uma religião / Durval Checchinato. – Belo Horizonte : Artesã, 2023.
376 p. ; 23 cm.
ISBN: 978-85-7074-092-2
1. Religião. 2. Santíssima Trindade. 3. Amor - Aspectos religiosos. 4. Reino de Deus. I. Título.
CDU 27

Catalogação: Aline M. Sima CRB-6/2645

IMPRESSO NO BRASIL
Printed in Brazil

(31)2511-2040 (31)99403-2227
www.artesaeditora.com.br
Rua Rio Pomba 455, Carlos Prates - Cep: 30720-290 | Belo Horizonte - MG
/artesaeditora

Sumário

7. Carta ao Papa Francisco

9. Introdução

11. *Regnum Dei*

19. A Trindade

63. A experiência de Deus

131. A Comunidade de Jesus de Nazaré e a Experiência Radical

199. A Igreja edificada em Pentecostes: a nova era do Espírito Santo

225. Concílio de Jamnia

229. Religião e Massa

249. A obsessão pelo poder

257. Autoritarismo

279. Espírito Santo e os Sinais dos Tempos

351. Papa Francisco

367. *Spiritu Sancto in Ecclesia peccata solvuntur*

371. Alguma Bibliografia

Carta ao Papa Francisco

"Jesus fundou a Igreja"? "O que Jesus colocou em marcha foi uma comunidade de iguais, um movimento de homens e mulheres, que o acompanharam e se comprometeram na construção do Reino de Deus. O movimento continuou nas comunidades cristãs com responsabilidades compartilhadas e protagonismo especial das mulheres. Elas tomavam as decisões com a deliberação de todos os seus membros e tinham como ideal a comunhão de bens. Com o passar do tempo, esse ideal foi se apagando até desembocar em uma Igreja aliada ao poder, clerical, piramidal e patriarcal, se bem que sempre existiram comunidades que trabalharam pela reforma e o retorno ao ideal evangélico de vida" (Manifesto do 34º Congresso da Associação de Teólogos e Teólogas João XXIII – Setembro de 2014, Espanha).

A vivificação do Espírito

"No entanto, se é verdade que o Espírito de Deus opera na Igreja não apenas pelo ministério, mas também pelos fiéis que não fazem parte da hierarquia, agindo a partir deles sobre o ministério, então as pessoas às quais Deus concede a graça e o ônus do carisma – e seria melhor se mais indivíduos se julgassem capazes de receber do Espírito essa incumbência – têm também o direito e o dever de não ficar simplesmente escondidas atrás de uma submissão silenciosa e até bastante cômoda, mas não verdadeiramente humilde, e falar, bradar, manifestar sua opinião – que pode ser perfeitamente a do Espírito de Deus – diante do ministério da Igreja, sempre de novo, mesmo que se tornem incômodas, mesmo que os "de cima" não gostem, mesmo que tenham de carregar o sofrimento do carisma em forma de um juízo equivocado a seu respeito e talvez até em forma de repreensão. O espírito da verdadeira obediência não está lá onde as engrenagens oficiais da Igreja trabalham sem atritos e silenciosamente, ou onde se pratique um regime totalitário. Ele está onde, em meio ao esforço comum pela realização da vontade de Deus, o ministério respeita a ação não oficial do Espírito, onde o carismático, fiel à própria vocação, respeita o ministério, e onde só Deus e ele erguem, a partir desse impreterível antagonismo e pluralismo dos espíritos, dos múnus e dos serviços na Igreja, a Igreja uma e sua história verdadeira em conformidade com a vontade de Deus, história essa que é diferente da idealizada segundo os planos oficiais dos ministérios e concretizada devidamente por este no cumprimento do seu dever.

A vivificação do Espírito pressupõe também a *coragem de enfrentar esse antagonismo inevitável* na Igreja. A Igreja não é tão unânime que não possa haver em seu seio nem luta nem a aflição da incompreensão mútua".

K. Rahner
(Não Extingais o Espírito p. 32 e 33)

Introdução

Neste livro em vários capítulos vamos meditar sobre fatos tristes que se constituíram obstáculos para o Reino de Deus. Fatos, acontecimentos que bloquearam a ação do Espírito Santo ao longo de séculos.

Ao transformar a proposta de Jesus numa religião, Constantino usa a Igreja de Jesus e dela faz uma instituição jurídica, com sacerdotes, rituais, muito poder, dinheiro, vaidade e ostentação.

Nos três primeiros séculos os cristãos viviam na escuta do Espírito Santo. O Espírito Santo "derrama-se" sobre eles, o Espírito Santo convive de tal maneira com eles que eles vivem "cheios do Espírito Santo". O Espírito Santo age no dia a dia com eles, os ilumina, os dirige na mente, no coração e, mesmo, nos passos que devem dar.

Essa comunidade se constituía em famílias que se reuniam com vizinhos para estudar a palavra de Deus e para a oração em comum tão recomendada e apreciada por Jesus de Nazaré. Nenhuma reunião terminava sem a ceia eucarística, alimento de fé, união e conforto na caminhada do testemunho.

Exatamente na proporção direta do surgimento da religião da cristandade essa vivência calorosa, essa fé viva na convivência com o Espírito, vão se estiolando e o Espírito da Trindade lentamente passa a ser o grande esquecido da instituição. A instituição se aprimora, em poder, vaidade, condenações, dogmas, ostentações e ambições de todo tipo. "Eu sei o poder que eu tenho", dizia Pio V e Pio IX: "A tradição sou eu"... da tradição eclesiástica, não da Tradição de Jesus.

Ao longo dos séculos desse alheamento aqueles que tinham crítica e consciência dele foram se afastando da instituição e vieram os anacoretas, os monges e as Ordens religiosas... Francisco de Assis, São Bento, São Bernardo, João da Cruz, Teresa d'Ávila, M. Lutero, Francisco de Sales e muitos leigos e muitos outros... Fora de conventos e mosteiros Francisco de Sales propõe que a santidade se constrói no dia a dia da vida cotidiana, em todas as atividades humanas, em convivência com a Trindade.

E, finalmente, com João XXIII, o Concílio Vaticano II (1962) e o Papa Francisco, o Espírito da Trindade inicia o retorno do exílio dos cristãos. Um cristianismo de volta ao Reino de Deus, nas pequenas comunidades, fugindo à religião e à religião de massa, um cristianismo voltado para a redenção dos pobres, dos miseráveis, da justiça social, do direito de viver igual para todos, alimento, saúde, educação, da redenção da natureza emporcalhada e explorada egoisticamente à exaustão...

"A Igreja desde seu nascimento em Pentecostes foi sensível ao clamor dos pobres e o sumário dos Atos dos Apóstolos refletem essa inquietude da comunidade de Jerusalém por edificar um mundo fraterno e solidário com os pobres"...

"Sempre que a Igreja quis ser fiel ao Evangelho do Senhor, aproximou-se dos pobres; e vice-versa: o distanciamento dos pobres afastou a igreja do evangelho de Jesus" (Codina, V.).

Esperança: que esses textos despertem consciência, abram caminhos de solução, suscitem debate e alimentem diálogo.

Regnum Dei

"O Reino de Deus está chegando" (Mc 1:15).

"O Reino de Deus está no meio de vocês" (Lc 17:21).

"O Reino de Deus está chegando", não para de chegar, mas é preciso estar atento ao Espírito, pois "o Reino de Deus (já) está no meio de vocês", o Espírito o precede, e é só ficar desperto. "O Reino de Deus", a proposta única, central, de Jesus de Nazaré.

"Jesus de Nazaré", aquele homem humilde, diarista, homem do povo e misturado ao povo, que revolucionou a relação de Deus com os homens e dos homens com Deus. Sua existência tinha e tem um único objetivo: o Reino de Deus.

Aboliu a religião, dispensou sacerdócio, sacrifícios, rituais, cerimônias iterativas, devocionismos e práticas supersticiosas: "O Deus que fez o mundo... Senhor do céu e da terra, (já) não habita em templos feitos por mãos de homens".

Doravante, todos somos seus irmãos, filhos de um mesmo Pai, sustentados pelo Espírito Santo. Somos o único templo que lhe agrada. Ele se apraz em habitar em nós: "o Reino de Deus está no meio de vocês", no âmago, em nosso peito e no centro de nossa mente. O Espírito "sopra", "cai", "derrama", "conduz", "impede", conversa com "gemidos inenarráveis", ilumina com sua "llama viva"... Basta estar aberto, disponível. A troca é ininterrupta, basta ser sensível à sua presença, à sua *dynamis*. Tudo se transforma. Desde que haja consciência de sua presença e consentimento. É o usufruto ininterrupto de sua habitação, de sua luz e de sua força: "Não está longe de cada um de nós"... "Porque nele vivemos, nos movemos e existimos... Pois somos também sua geração" (At 17: 28). "Sua geração", "somos Deus por participação" (Mestre Eckhart).

"O Reino de Deus é movimento" (Comblin, J.), é dinâmica do Espírito. O Pai criou, o Filho remiu e ressuscitou, o Espírito leva a obra da Trindade até o fim dos tempos e das eras.

Paulo comemora esse feito esplendoroso: a alegria e o alívio de não precisar estar sob as prescrições da Lei, a alegria da liberdade dos filhos de Deus, a mesma de Jesus de Nazaré, a alegria de viver sua ressurreição, a alegria do dom de Pentecostes... "Deu certeza a todos ressuscitando-o dentre os mortos" (At 17:31).

Três séculos foi quanto durou esse regime da presença do Espírito na vida cotidiana e nas pequenas comunidades dos cristãos.

Durante os três primeiros séculos, os cristãos viviam a mais intensa comunicação direta com a Trindade. O Pai, o Filho e o Espírito Santo, a Trindade impregnava a vida cotidiana dos primeiros cristãos. Viviam como Jesus de Nazaré viveu e os ensinou a viver. O Pai, graças a Jesus, se tornou o Pai nosso e a oração que o próprio Jesus ensinou passou a ser norma de convívio com ele e com o próximo. A Trindade estava no centro da vida dos primeiros cristãos. Abriam-se às missões econômicas dos três e o Espírito Santo era o mestre, o guia, a luz e a força para viver o seguimento de Jesus. Pentecostes, último marco visível, palpável, da presença da Trindade no mundo, concretizou-se na vida real como a bússola absoluta da convivência com Deus e com o próximo e do caminho a seguir. Porfiavam em estabelecer o Reino de Deus.

Estabeleceu-se, a partir dessa "festa da colheita" da Trindade, que relacionar-se com Deus era viver a "experiência de Deus". A experiência de Deus não é uma experiência religiosa. Após Jesus de Nazaré, sobretudo após Pentecostes, a experiência de Deus é a experiência de um "Sentido Radical", é "a revelação de Deus na forma de uma linguagem particular". Ela se passa no real do inconsciente. Diferentemente da experiência religiosa, que se realiza e se fixa no imaginário, ela é de outra ordem. Esta avança, move, é ato, aquela é ficção, encanta, é algo da ordem do *tremendum* e do *fascinosum*. Esta é troca direta, aquela depende de encenações, de rituais repetitivos, é conduzida por um protagonista do sagrado, enfim "a experiência religiosa não é a experiência de Deus" (Henrique Vaz). "O Evangelho de Jesus, diz Comblin, pede a fé, mas não pede a religião"... "Muitas vezes se confunde fé com adesão a uma doutrina".

O testemunho de Paulo, que não foi escolhido apóstolo, é fundamental: "Paulo testemunha como viviam as comunidades (que ele chamou de *ecclesia*), vinte ou trinta anos após a ressurreição"... "Paulo fala da experiência do Espírito Santo vivida nas suas comunidades, feitas de judeus e não judeus reconciliados. A primeira experiência é a vida. O primeiro sinal da vida nova é a liberdade. Os discípulos fazem a experiência da liberdade: "A lei do Espírito de vida em Cristo Jesus te libertou da lei do pecado e da morte" (Rm 8:2); "onde se acha o Espírito do Senhor aí está a liberdade" (2 Cor 3:17). A consequência é que "a presença do Espírito será para aumentar a liberdade" (Comblin, J.). É o Reino de Deus.

Os Atos dos Apóstolos nos narram, passo a passo, como o Espírito conduzia essas pequenas comunidades. Seus membros nada faziam sem antes demandarem sua luz, sua força, sua direção e sua coragem. Os apóstolos, as discípulas e os discípulos em tudo agiam pelo "*cheio* do Espírito Santo". O Espírito Santo era a seiva que nutria os primeiros cristãos e as primeiras comunidades. A alegria de ser por Ele conduzidos era uma energia que possibilitava arrostar todos os obstáculos, inclusive o martírio. Os primeiros cristãos, após Pentecostes, tinham uma convicção inabalável: o seguimento de Jesus só é possível pela intermediação do terceiro sujeito da Trindade; em todo agir humano, nada sem a presença do Espírito Santo. "Sem teu *númen* nada é no homem".

Fez-se a nova era do Espírito Santo. Desde então, até o final das eras, é a Ele que compete fazer chegar a salvação ao ser humano. É a Ele que cabe manifestar em toda mulher e em todo homem a presença e os atos da Trindade. "A missão dos apóstolos é provocada sempre pelo Espírito Santo e parece que os apóstolos não se moveriam se não houvesse esse empurrão do Espírito Santo" (Comblin, J.).

Infelizmente, há dezessete séculos, essa *ecclesia* permanece obnubilada por uma instituição cultural, jurídica, mitogênica, que é a religião católica. Não estava nos planos da Trindade, como bem testemunham Jesus de Nazaré nos evangelhos e o Espírito Santo em Pentecostes, a fundação de uma religião. Jesus tinha abolido radicalmente, pela experiência de Deus em sua encarnação, qualquer forma de religião, culto, rituais, liturgia. Foram os imperadores Constantino, 313, e Teodósio, 330, que seduziram os anciãos, presbíteros leigos das comunidades, e estes, embalados no prestígio outorgado, entraram a criar sacerdócio, instituir vestes e cerimônias copiadas do Antigo Testamento e dos sacerdotes pagãos. A força da mitogenia os fascinou e eles cederam à tentação do poder: ... "a tentação do poder... a tentação de fundar um Reino de Deus mediante o poder. Jesus resistiu e não se deixou enganar pela vontade de poder. A tentação de poder é a tentação fundamental. O poder é a fonte de todos os pecados. A dominação pelo poder é o pecado universal do qual Jesus tem a missão de libertar a humanidade" (Comblin, J.): "Arreda-te de mim, Satanás, porque não pensas as coisas de Deus, mas as dos homens" (Mc 8:33). "Lá onde impera o poder, mesmo sob a figura do sagrado, lá desaparecem o amor, a compaixão e a criatividade" (Boff, L.).

Pedro e os apóstolos não fizeram sucessores, eram únicos em suas missões. Mas por obra dos imperadores aqueles que vieram depois passaram a se nomear papa, pontífice, soberano, bispos, sacerdotes, leigos, e a *ecclesia* ficou encoberta por uma religião de instituição jurídica, de governo, de soberania de territórios e de exércitos. A Lei, que fora abolida por Jesus de Nazaré, reapareceu sob a forma de leis do culto religioso, de dogmas, cânones, sacramentos, rituais... e a liberdade de espírito essencial para a fé, o Sentido Radical, foi abafada. Enfim, como toda religião, uma religião de massa. Esse desvio das intenções fundadoras de Jesus persiste até hoje. A hipertrofia do poder clerical, sobretudo depois do Concílio de Trento e o Vaticano I, foi um desastre para a Tradição Evangélica. A tradição eclesiástico-clerical a suplantou de várias maneiras: esquecimento do Espírito Santo, clericalismo, doutrina, dogmatismo, catecismo, prevalescência do Direito Canônico, sacramentalismo, devocionismos... Enfim, autoritarismo religioso.

"Se Jesus não fundou nenhuma religião, os seus discípulos fundaram uma que subsiste até hoje... A religião cristã constitui também uma tradição, uma tradição religiosa feita de símbolos e de doutrinas misteriosas. A tradição religiosa é produto de sentimento religioso dos cristãos. Ela depende da cultura em que vive... Não se pode atribuir ao Espírito Santo o que apareceu na história do cristianismo" (Comblin, J.).

Porém, "a Tradição Evangélica é a tradição mantida desde a ressurreição de Jesus pelo Espírito Santo" (*Idem*).

Leonardo Boff sentencia: "Precisamos do carisma... e não permitir que a Tradição de Jesus se fossilize em doutrinas, ritos e normas canônicas...

o poder sagrado da hierarquia ganhou a hegemonia e acabou colocando sob seu controle as manifestações do Espírito".

Eis, porém, que o Espírito não abre mão de sua missão escatológica. Nesses últimos cinquenta anos, a começar com João XXIII e o Concílio Vaticano II, até a renúncia de Bento XVI e a eleição do Papa Francisco, o Espírito Santo tem dado sinais claros, mais que evidentes (porque também move) de sua presença e de seus desígnios. Finalmente, depois de longuíssimo inverno, Ele nos desperta para a volta à *ecclesia* das primícias. É com a mesma alegria de Paulo e de suas comunidades que presenciamos esse retorno: estamos deixando o cristomonismo devocional para o retorno à Trindade, graças aos numerosos impulsos atuais do Espírito Santo.

A religião de massa, própria à tradição eclesiástica, cede lugar às pequenas comunidades vivas porque vivificadas pelo Espírito Santo. Os sinais dos tempos são numerosos: de um lado, as igrejas, as catedrais vazias, a indiferença à palavra eclesiástica, o perfunctório da religião do espetáculo, e, de outro, a busca da autenticidade da Tradição Evangélica nas Comunidades de Base, assim como o testemunho de desapego de autoritarismo, posto em prática pelo Papa Francisco.

Ele escolheu esse nome e o honra, pois, em toda a história do cristianismo, São Francisco foi o homem de Deus que mais autenticamente viveu a proposta evangélica de Jesus de Nazaré. Sim, a condição para que o Espírito prevaleça e o resto seja palha é que vivamos nossa verdadeira condição humana, nossa falta-para-ser. Os atos do Espírito em nós são proporcionais ao desapego que vivemos na cotidianidade da existência. Ele é o *Pater pauperum* (Pai dos pobres) e só pode ser nosso pai se vivermos a pobreza que nos é real pela própria condição humana: a absoluta falta-para-ser.

Mas, ao viver essa "pobreza", o preenchimento do Espírito nos conduz no amor e na paz da Trindade, no amor e libertação do próximo. Ele, literalmente, nos dita o seguimento de Jesus. E o regime de "a paz esteja convosco" nos invade e não nos abandona.

Que graça grandiosa, que dom maravilhoso da Trindade podermos retornar às fontes do evangelho e da Tradição Apostólica. "Refontizar": "Voltar à fonte e recuperar a frescura original do evangelho" (Papa Francisco). "Sacudir a poeira da cátedra de Pedro", "desatar a "tipoia do braço de Pedro" e voltarmos à sua missão de apenas "confirmar as irmãs e os irmãos" nas comunidades de fé e na colegialidade das discípulas e discípulos. Que bom vivermos a liberdade da fé, libertos das imposições dogmáticas, legalistas ou rituais da religião! Que prazer nos sentirmos companheiros de caminhada do livre e leigo Jesus de Nazaré e do livre e leigo Paulo das comunidades primevas. Utopia evangelicamente documentada e perfeitamente realizável: os ventos pentecostais de sua presença bafejam os recintos medievais dos altos muros do Vaticano e se espalham mundo afora, enchendo os que vivem a fé do Sentido Radical da grande esperança: o Reino de Deus. "Os caminhos do Espírito não são os nossos". Realmente, o que levou o Espírito a esperar tanto tempo permitindo que a religião imperasse pondo o autoritarismo papal e curial em primeiro plano, o evangelho em plano secundário e o Espírito intimado a ser o avalista desses descaminhos? Quanta guerra, quanto sofrimento impostos ao mundo e aos cristãos, quanta perseguição de consciência por uma estrutura religiosa e jurídica de poder, oposto frontal à proposta do Nazareno e do Espírito Santo, que não cogitaram em religião, em governo, menos ainda em quiriarquia. Propuseram e propõem unicamente o Reino de Deus, o único Reino que pode mudar a face da Terra, unindo os homens e as mulheres nesse projeto grandioso e abençoado da Trindade. Todos filhos de um mesmo pai, vivendo a prática das bem-aventuranças: ágape, direitos iguais de mulheres e de homens, justiça para todos, cidadania da dignidade humana: vida, habitação, lar, alimentação, saúde, educação, trabalho... Eliminação total da pobreza estrutural dos humilhados da existência, esta chaga vergonhosa da humanidade que o catolicismo institucional nunca se dispôs verdadeiramente a extirpar, causada que é pela "ganância de uma minoria insaciável", proprietária do mundo e de suas riquezas.

Tempos alvissareiros e ditosos os nossos! Tempo da graça do Senhor, tempo da alegria de seu Espírito, tempo de Pentecostes. Que bom! O Papa Francisco a quebrar o paradigma perverso de "religião-poder".

Se nos voltarmos aos três primeiros séculos, uma tristeza invade nossa alma: o Reino de Deus, a única coisa à que veio Jesus, foi travado de inúmeras maneiras. Sobretudo pela fundação da religião católica constantiniana, que quebrou o embalo do Espírito na condução da obra da salvação pela Igreja de Pentecostes. Uma tristeza imensa, profunda por tanto adiamento do Reino de Deus. O Reino de Deus supõe despojamento, como viveu Jesus, e a religião é poder, narcisismo. Dois mil anos já se foram e milhões e milhões de homens, mulheres e crianças sequer têm o que comer. Que dor não termos levado a sério a mensagem de Jesus Nazareno. Quão longe o mundo de hoje está de sua proposta transformadora. O Reino de Deus é a única proposta real que pode mudar a face da terra, o Reino de Deus é metanoia, o Reino que transforma os homens e mulheres em irmãos que se respeitam, compartilham e eliminam a injustiça dos marginalizados. O Reino de Deus faz todos filhos reais do mesmo Pai, porque o Reino de Deus é construído pelo Espírito do Pai e do Filho, o Reino de Deus é viver perenemente, diuturnamente, a cada momento, na Trindade até o mergulho final nela. É teopatia viva e consequente.

Este escrito não é um trabalho de teologia por dois motivos: não é teólogo quem o escreve e tampouco responde a padrão acadêmico. Nem trata da *doxa* sobre Deus. É um testemunho vivo de quem, psicanalista por ofício e cristão, dedica a vida à escuta do sofrimento do outro e à "escuta" dos sinais dos tempos. Contempla a vida da Trindade encarnada singularmente em cada sujeito e em cada comunidade. Consiste de reflexões que visam situá-lo fora dos "expectadores de uma estagnação infecunda da Igreja" (Papa Francisco). Nada mais que uma experiência de teopatia.

Dezembro de 2022.

A Trindade

Família da Trindade. Trindade na família

"Deus é mais simples do que as religiões"
Mário Quintana.

Invocação

Meu Deus, como falar de Ti? Como ousar falar de Ti? Como pensar em Ti se sei que Tu não cais sob conhecimento humano? Pai, permita que, antropologicamente, negativamente, recrie a partir do que Teu Filho nos ensinou e aqueles que o escutaram nos legaram. Mas faze que eu não repita apenas. Envia teu Espírito sobre mim para que eu fale em fala de nosso tempo e em linguagem de nosso povo. De antemão, como teu Filho, agradeço-te por te revelar aos pequenos, aos ingênuos como a mim, a teu modo, como o fazes singularmente e comunitariamente. "Os não ingênuos erram" (Lacan, J.) porque estão apegados à sua sabedoria, alheia à tua. Ilumina-me com a luz de teu Espírito, envia-o sobre mim como o enviaste aos teus apóstolos, às mulheres e aos homens reunidos no cenáculo. A Igreja saída de Pentecostes, mulheres e homens, os discípulos primevos, puderam contar com a assistência direta do teu Espírito. Dirige minha pena, letra por letra, com a graça do Espírito que "derrama", "cai", "desce"... para que este escrito resgate a Igreja esquecida sob os escombros de séculos de religião e poder. "Nem aqui, nem em Jerusalém", "mas em espírito e verdade", por toda parte, em toda mulher e em todo homem. Sei que minha cabeça não pode conter-te, mas experimento o Sentido Radical de tua presença no afago de teu calor e no que ilumina o meu espírito e guia os meus passos. Ah, Senhor, dá-me aquela força, aquele vigor que sustentou os apóstolos, as discípulas e os discípulos da tua Igreja nascente. Faze-me dócil aos teus toques e às inspirações do teu Espírito para que os traços de minha pena e de minhas teclas sejam dirigidos pelos impulsos dele. *Maranata*! Vem, Senhor Jesus, e eu vou dizendo canhestramente como posso. Diante da infinitude de tua grandeza, por enquanto, só posso falar de Ti humanamente, metaforicamente e metonimicamente. Mas é o modo pelo qual posso expressar-te o dom da fé que, gratuitamente, por caminhos simples, cotidianos, pelo ouvido, me foi outorgado. Testemunhá-la é uma maneira de te manifestar minha infinda gratidão. Que alegria participar da graça e benevolência de teu Espírito. "Regozija minha alma no Senhor"! "Olhou a humildade de sua serva"! "Afina meu espírito à tua teopatia". "Oh miséria de miséria... E tu estavas dentro do mais profundo e acima do mais elevado do meu ser... Tarde vos amei, Beleza tão antiga e tão nova, tarde vos amei... É que estáveis dentro de mim, mais íntimo que o mais íntimo da minha alma" (Agostinho).

A Trindade

Deus é três... Mistério dos mistérios a nós revelado por Jesus de Nazaré, o filho de Deus. E o mesmo Jesus nos revela também que o terceiro sujeito em Deus é o Espírito Santo. Mistério dos mistérios: nos é revelado que a Trindade é um como Deus. Porém três sujeitos.

A deidade, (*Gottheit*), a mesma nos três constitui e especifica os três e, por isso, um só Deus. Os três sujeitos distintos entre eles são iguais pela deidade, que não é maior nem menor em nenhum deles. E, por serem distintos, desde toda a eternidade, cada um tem uma função própria na economia da redenção de todos os seres humanos.

A Trindade age sempre simultaneamente, mas cada sujeito tem funções diferentes.

Em virtude dessas atribuições, cada um intervém na história humana com missões específicas. A Trindade age na história desde sempre. O mundo, o universo são sua obra. Nem poderia ser diferente: tanta perfeição na organização do todo e da parte só poderia ser fruto de uma inteligência superior.

No Antigo Testamento, o mito da criação nos diz que o mundo e o universo, o firmamento, as estrelas, os astros, a terra, o mar, as plantas, os animais vertebrados e invertebrados, de modo especial o homem e a mulher... toda essa maravilha surgiu por obra e graça de Deus. Através da "formação" de novas espécies, por um processo de seleção natural, os seres viventes, inclusive o homem e a mulher, foram surgindo sobre a Terra. Pois Deus é o Deus da Vida.

Mistério da Trindade, Pai, Filho, Espírito Santo, como explicar que Ela se desdobra, na criação, sustentando-a, estruturando-a na condição do ser?

"A Trindade não para de se atualizar em manifestações múltiplas. Ela não cessa de se representar sob formas singulares e Agostinho expõe cada uma dessas atualizações como uma anamorfose da forma trina transcendente" (Dufour, D. R.).

Para ele o homem é depositário da forma trina: "*memoria-intelligentia-voluntas... mens-notitia-amor... res (objeto) – visio-voluntas... latens-visio-voluntas" (IX)* ... daí a anamorfose.

Na Terra, ela aparece tripartida: céu, terra, água. Na constituição do sujeito humano ela marca presença estruturante: eu-tu-ele. O eu não é sem tu, e o eu e o tu não são sem o ele, sobretudo o morto. O cardinal se desdobra em ordinal; primeiro, segundo, terceiro.

O silogismo é rigorosamente três, só se fecha mediante a conclusão da maior e da menor. Aliás, em matemática, máximo da abstração, jamais chegamos à solução de um problema ou de um teorema sem supormos um terceiro termo que Lacan retomou com o nome de grande Outro.

Eis um fato curioso: no tempo em que a teologia não estava a serviço da hierarquia, eis o que Santo Hipólito (p. 160-235) escreveu:

"Dessa forma houve um Outro em relação a Deus. Mas, dizendo Outro, não digo dois deuses; penso numa luz produzida por uma luz, na água que sai de uma fonte, num raio que emana do sol. A potência é uma, vem do ser que é tudo. O pai é tudo e é dele que vem a potência que é o Verbo. O Verbo é a inteligência, que, aparecendo no mundo, se manifestou como Filho de Deus. Tudo vem dele, só ele procede do Pai."

Lacan conhecia esse texto? Em todo caso a ideia do grande Outro não é original dele, dele é original a exploração genial – um verdadeiro *teologoumenon*. O Outro é aquele que não existe, mas sem o qual nenhum pensamento é possível. "O Outro é condição de simbolicidade"... "Sem trindade não há simbolização, não há grupamento social" (Dufour, D. R.). E o filósofo Kojève: "Há direito quando intervém um ponto de vista terceiro nos assuntos humanos". Sem o Outro, a linguagem e o entendimento seriam impossíveis para o ser humano. O Outro é a ordem e a ordenação das Coisas. O Outro é por essência, o operador lógico universal.

Pai, Filho e Espírito Santo... Três também estruturam e significam a origem do homem: pai, mãe, filho... Pai, mãe, Édipo. Édipo, filho só se constitui como sujeito na condição de se assumir como terceiro, isto é, de se "castrar" da relação dual com a mãe. O nome-do-pai é o operador lógico desse processo. Nomeado, o filho vem à existência como terceiro. Na sua evolução, três são os objetos fundantes na conquista de sua subjetividade: seio, cíbalo, fálus. A terceira fase é determinante na assunção e identidade de sua diferença sexual. O fálus, significante símbolo do pênis, determina para o resto da vida sua posição sexual, pois o fálus é, por definição, o terciário na relação simbólica, aquilo que é a pura diferença, ou aquilo que possibilita a leitura da diferença. No desenvolvimento da criança, "cada acontecimento é reinterpretado e atualizado na fase seguinte. Nenhuma fase anula a precedente, mas remaneja seus dados conduzindo o sujeito a uma nova síntese predicativa" (Dufour, D. R.).

O próprio aparelho psíquico do sujeito se articula em três instâncias: id, ego e superego: o inconsciente, o consciente e as determinações éticas, morais, legais e convencionais. Mas é no nó borromeano[1] que a Trindade encontra sua concretização na estruturação do sujeito humano, definido como *fal'ente*. Real, imaginário e simbólico são três registros topologicamente representados por três círculos que se cruzam de tal maneira que, cortando um deles, os outros dois se desfazem. Lacan chegou a dizer que, tendo descoberto essa estrutura da constituição da subjetividade psíquica do ser humano, ele encontrou a melhor forma de representar o mistério da Trindade: "Falou-se muito, escreveu-se muito sobre a Trindade, mas jamais se deu dela qualquer justificativa, é certo, e credito a mim, certa ou erradamente, o privilégio de ter, com o meu nó a três, dado uma forma àquilo a que se poderia chamar o seu real... É conquista da psicanálise haver feito disso matema quando a mística anteriormente só testemunhava sua experiência fazendo dela o

---

1 Assim chamado porque tirado do escudo da família de São Carlos Borromeo.

indizível!". Outro *teologoumenon*! De fato, o nó borromeano é a metáfora mais adequada para representar o mistério dos mistérios de nossa fé. Os três elos se sustentam, e para que formem a trindade verdadeira nenhum deles pode ser cortado, pois a trindade seria desfeita. Os três elos desaparecem. De outro lado, a *Gottheit*, o Outro, o Terceiro garante não só que os elos são absolutamente iguais, como mantém a vida que une a Trindade e alimenta a missão distinta dos Três.

O sujeito humano, como ser falante, está amarrado nesses três registros: o real é o registro inconsciente de todos os objetos de sua história edípica, história singular; o imaginário que lhe fornece a segurança da concretude, de sua implantação da realidade (espaço e tempo); e o simbólico, ao mesmo tempo que efetua o registro do real e do imaginário, lhe possibilita a leitura da representação, o entendimento dessas duas estruturas. O sujeito, unário como sujeito, só se constitui como tal em se desdobrando em terciário. Aliás, o próprio da linguagem, da comunicação humana não é como ilusoriamente os meios de comunicação fazem crer, dual, e, sim, terciário. A mais simples frase só é possível de ser entendida se ela estiver relacionada a uma terceira instância que Lacan chamou de terciária, ou simplesmente o grande Outro. É daí sua outra afirmação de que o equívoco é estrutural à linguagem.

"O nó borromeano é a ocorrência topológica da Trindade", diz R. Dufour. Este mesmo autor conclui assim a estruturação subjetiva do sujeito humano: "As fases, seus objetos, os sujeitos, o sujeito, são totalmente inscritos numa 'lógica' trinitária. É graças a essa 'lógica' que o sujeito atinge o ser – sob o aspecto grandioso e miserável, trágico e cômico, do 'ser-de-fala'".

De todo modo, a prática clínica da psicanálise só acontece porque se efetua numa relação terciária. O inconsciente, objeto dela, sempre é terciário e suas manifestações ("enigma") só podem ser acolhidas numa interpretação terciária. Não há como ter uma relação dual na escuta analítica. É o grande Outro que a preside. É daí a estrutural diferença entre psicanálise e terapia. O objeto da psicanálise é terciário – o inconsciente – e sua clínica logicamente é terciária – o real. O sintoma é linguagem dual, por isso é sofrimento e gozo ao mesmo tempo. O sujeito, ilaqueado no imaginário, não tem acesso ao desejo que seu sintoma encobre. O sujeito sofre porque, atolado no sintoma, fora do esquadro do real, não pode usufruir da liberdade de sujeito.

O grande Outro, que tem apenas existência lógica, é o constituinte da subjetividade humana. O grande Outro de Santo Hipólito é a *Gottheit*, a deidade, isto é, aquilo que dá consistência lógica e real aos Três que se especificam em subjetividades diferentes. A Trindade age simultaneamente, mas ao Pai, ao Filho e ao Espírito Santo competem missões diferentes na intervenção da salvação e redenção dos seres humanos.

A Missão do Pai

A criação do mundo, a revelação de Deus a um povo tirado à escravidão do Egito e portador da promessa de uma Terra nova e de um Messias foram missão do Pai. Deus, como único, falou a Moisés, aos profetas, e conduziu seu povo através de mil vicissitudes e infidelidades ao tempo do cumprimento: o advento do Messias.

A Missão de Jesus, o Filho de Deus

Começa aqui a missão do segundo sujeito da Trindade. Estamos sempre diante do mistério: Deus se faz homem no segundo sujeito, encarnando-se como Jesus de Nazaré. Uma mudança radical na história da humanidade: Deus faz uma experiência de ser homem e o homem efetua uma experiência radical, a experiência de ser Deus. É nisto que toda experiência antropológica de crença, de religioso, de sagrado é subvertida integralmente: em Jesus de Nazaré, a experiência de Deus entre os homens e dos homens com ele abole toda e qualquer experiência do sacral. O temor, o fascínio, o sublime e mesmo a admiração, propriedades do sagrado, desaparecem diante da radical experiência de Deus em Jesus de Nazaré. Deus definitivamente imerge na história. Mistério abissal! Mais ainda fazer parte dele... "somos Deus por participação" (Mestre Eckhart). "A encarnação do Filho de Deus não é monopólio dos cristãos, é uma dinâmica da história" (Rocha, M.).

Ele mesmo, de maneira contundente, repele qualquer tentativa de a turba o constituir poderoso, soberano ou objeto do sagrado ou de culto. Impõe severamente aos dois cegos curados que não o digam a ninguém. Foge para o deserto quando o querem fazer rei, retira-se do povo que deseja proclamá-lo Senhor e passa a noite em oração, recusa o título de mestre... lava os pés de seus apóstolos... não tem uma pedra para reclinar a cabeça... um cajado e uma só túnica.

Finalmente, "o princípio determinante da conduta de Jesus foi, em primeiro lugar, a luta contra o sofrimento dos seres humanos... o princípio determinante... não foi a submissão ao 'império da Lei', mas enfrentamento da dor, da opressão, da injustiça, da desigualdade de direitos, da dura condição dos excluídos e marginalizados e, em geral, de tudo o que era motivo de sofrimento para os mais desprotegidos e desamparados"... (Castilho, J. M.). "Invoca Deus para defender a vida dos últimos" do estabelecimento religioso e político... Caifás e Pilatos condenam Jesus de Nazaré porque ele incomoda o Templo e o Império romano: ... "não se pode servir ao Deus do Reino e aos deuses estatais de Roma". As autoridades judaicas e o prefeito romano movimentam-se para assegurar a ordem e a segurança... No fundo, Jesus é crucificado porque sua atuação e sua mensagem sacodem pela raiz esse sistema organizado a serviço dos mais poderosos do Império romano e da religião do Templo (Pagola, A. J. *passim*).

Cioso da continuidade de sua missão, após orar longamente invocando seu Espírito, escolhe 12 apóstolos, "enviados". Jesus e seus primeiros seguidores jamais usaram a palavra apóstolo, que é uma palavra grega, pois o Novo Testamento foi escrito em grego. Enviados e nada mais que isso, nem sacerdotes, nem ordenados da religião, nem altar, nem catedrais, nem ministros do culto ou do sagrado. "Enviados" que viveram a experiência do Sentido Radical da presença de Deus em Jesus, neles mesmos, enviados como ele, pelo Espírito Santo, propiciador e provedor da continuidade dessa experiência radical. "Nem Jesus, nem o Espírito Santo, nem os apóstolos nomearam sucessores (Comblin, J.). Os bispos nomearem-se sucessores dos apóstolos é, no mínimo, um equívoco histórico. A história é: os apóstolos não fizeram sucessores" (Comblin, J.).

Realmente, uma reviravolta na história da humanidade: a abolição do sagrado e a busca incessante da experiência radical de Deus no Espírito Santo. De agora em diante, é Ele que conduz a "*ecclesia*", palavra do vocabulário grego que Jesus nunca pronunciou, e, sim, comunidade (*Gahal*, comunidade não religiosa) concebida por Jesus de Nazaré, edificada pelo Espírito Santo e confiada a doze apóstolos, às discípulas e aos discípulos: "O seu ato fundador fundamental em relação à Igreja foi o envio do Espírito Santo para que este garantisse a continuidade com Ele" (Comblin, J.). Agora, missão do Filho cumprida, compete ao Espírito conduzir, propiciar a experiência de Deus. Esta é a revolução proposta por Jesus de Nazaré: experiência de Deus, não experiência de religião ou do sagrado que é pura criação cultural. É por isso que doravante "os verdadeiros adoradores adorarão a Deus em espírito e verdade". Deus é espírito e "*ubi Spiritus ibi veritas*" (onde o Espírito, aí a verdade) como "*ubi veritas ibi Spiritus*" ("onde a verdade, aí o Espírito") (Tomás de Aquino).

"Adorar em espírito" não precisa mais de fórmulas sacras, rituais, cerimônias repetitivas, lugares especiais, montanhas, árvores, templos, cavernas. "Em espírito" é a "*intellegentia spiritualis*" pura, sustentada pelo corpo. E "em verdade" porque surge da inspiração e do impulso do Espírito Santo, "em verdade" porque é contato real ("experiência") com Deus, é oração encarnada no real da vida e da comunidade, é testemunho da presença desse mesmo Espírito vivo e vivificante na cotidianidade da existência.

Jesus de Nazaré, ao eleger Pedro como "*primus inter pares*" dos apóstolos, definiu claramente como a comunidade deveria se constituir na nova *ecclesia* na qual se adoraria Deus "em espírito e verdade": "Tu és 'rocha' e sobre esta 'rocha' edificarei minha Igreja". "Edificarei", portanto não a edificou, competiria ao Espírito edificá-la em Pentecostes. Tanto é verdade que Jesus jamais chamou Pedro de 'rocha', sempre Simão Pedro. O título "príncipe dos apóstolos" não só lhe cairia estranho como ridículo, tanto pela origem quanto pela função: um humilde e pobre pescador da Galileia, que assim sempre se enxergou. Ao propor a fundação da comunidade em Pedro, homem em carne e osso, fica evidente que essa "rocha" é a pétrea e definitiva determinação de Jesus de Nazaré, é a *ecclesia* encarnada nas mulheres e homens de todos os tempos, em seres humanos e não em pedras de templos ou de catedrais e menos ainda numa instituição jurídica. "Embora possa surpreender mais de um, Jesus falou do Reino de Deus, não de igreja. O Reino de Deus aparece 120 vezes nos evangelhos sinóticos e igreja só aparece duas vezes (Mt. 16:18 e Mt.18:17) e, obviamente, não é um termo empregado por Jesus" (Pagola, A. J.). É um termo tirado ao grego que Paulo empregou para designar suas comunidades, termo que indicava o lugar onde os chefes da comunidade se reuniam para assuntar os problemas do povo.

Essa proposta de Jesus de Nazaré é totalmente revolucionária: a pedra sobre a qual ele edificará sua *ecclesia* não é de granito, basalto ou adobe. Trata-se de uma total novidade diante do Antigo Testamento – Templo, altar, santo dos santos, sumo sacerdote, tribo sacerdotal, imolação de animais, primícias – e diante dos impérios terrestres – romano, grego, persa, egípcio... deuses, Olimpo, o sol, pontífice máximo... – tudo é abolido por esse Deus em carne e osso humanos: sua *ecclesia* é edificada sobre um homem cuja missão é servir, é continuar a construí-la em outros homens e mulheres, em outras comunidades vivas. É uma missão "em espírito e verdade" especificamente escatológica. Uma virada total na relação de Deus com os seres humanos e destes com Deus. A pedra que doravante edifica os templos de Deus, como Pedro, são as mulheres e os homens de todas as eras vindouras. A verdade dessa revelação e dessa incumbência, Jesus de Nazaré a confirmou quando, após sua ressurreição, às vésperas de partir deste mundo, pergunta por três vezes a Pedro se ele o amava. Pedro fica um pouco confuso, angustiado pelo sentimento de culpa de sua traição, mas responde com firmeza: "Sim, Senhor, tu sabes que eu te amo". E Jesus de Nazaré, homem maduro, convicto de seu desejo, sem ressentimento ou mágoa e com ele coerente, sem sequer reprimir Pedro por o ter traído, repete por três vezes também, para que não haja equívoco sobre a missão petrina: "Apascenta as minhas ovelhas". Pedro se lembrou muito bem da parábola da ovelha desgarrada, da parábola do filho pródigo, objeto da preocupação do amor e da misericórdia do bom pastor, ou seja, dos seres humanos desgarrados, excluídos. "Apascenta minhas ovelhas": "apascentar", procurar-lhes de comer, de beber... servir-lhes o provento do espírito... "eu vim para servir não para ser servido". Servir... bem longe da ideia de poder, de ser objeto de culto ou espetáculo de TV, grão-senhor de um território, Estado, embaixadores, exército, polícia, "*palazzo*", corte e cortesãos... Simplesmente um leigo, como Jesus, trajando roupas e vivendo como os homens e mulheres de seu tempo, a serviço dos irmãos. Nada de governo ou de poder, dinheiro, apenas o testemunho de fé, de vida e de presença. Pleno despojamento como Jesus de Nazaré. Nada mais que ouvir os irmãos e as irmãs e os confirmar no Sentido Radical da fé. E assim, como testemunham os Atos, sempre fiel à missão dada por Jesus, executou-a em total obediência ao Espírito!

Após o imperador Constantino, a missão petrina acabou contaminada por excrecências de toda ordem: vaidade, mundanismo, ostentação de roupa, dinheiro, posses, lutas de prestígio, ganância de poder e exercício ditatorial dele; uma voragem exacerbada ou sabuja da ordem clerical, o inverso da proposta do humílimo Jesus de Nazaré... "Se Jesus voltasse hoje não se reconheceria na riqueza das vestes e adereços papais, nem veria nisto algo adequado ao sucessor de seu apóstolo Pedro. Igualmente não se encontraria refletido no Cristo que o papa (Bento XVI) descreve em seus livros" (Bingemer, M. C.).

Jesus de Nazaré abole radicalmente a experiência do sagrado, das religiões, dos cultos. Ele, apalpado em seu corpo, vestindo como os homens de seu povo, caminhando homem entre os homens, Ele, convivendo com seus contemporâneos, trabalhando, comendo e bebendo com eles e como eles, Ele é a experiência revelada do Sentido Radical de Deus. Jesus de Nazaré nos revela que, a partir dele, Deus não se agrada mais da imolação de cordeiros, bodes expiatórios, de dízimos, do culto repetido obsessivamente, com dias e horas marcados e, pior, com a sanção do pecado ou punição se o ritual não for cumprido. Doravante, Deus passa a habitar o templo vivo do coração dos homens e mulheres e Ele só se apraz com a adoração "em espírito e verdade". Adoração com sinceridade e confiança de filhos que Ele ama apaixonadamente, adoração que emana do Espírito Santo. Ele, que vivifica os sinais dos tempos, as angústias, os sofrimentos e as alegrias dos templos vivos de Deus, inseridos na luta da existência e nos anseios da esperança. Jesus nos revela que Deus é pai e, como tal, ama incondicionalmente seus filhos, os homens e mulheres de todas as eras, "sem acepção de pessoas". É o Deus da Vida. "Nesta nova família também não há pais que impõem sua autoridade patriarcal sobre os outros. Ninguém exercerá em seu grupo um poder dominante. Ninguém há de chamar-se nem ser pai. No movimento de Jesus, desaparece toda autoridade patriarcal e surge Deus, o Pai próximo que torna todos irmãos e irmãs. Ninguém está acima dos outros. Ninguém é senhor de ninguém. Não há categorias nem classes. Não há sacerdotes, levitas e povo. Não há lugar para os intermediários. Todos e todas têm acesso **direto e imediato** a Jesus e a Deus, o Pai de todos" (Pagola, A. J.).

Dentro da economia da Trindade, Jesus de Nazaré sabia perfeitamente que sua missão estava com dias contados. A missão de continuar sua obra de redentor e libertador da humanidade não competiria mais a ele. Ele é "o caminho, a verdade, a vida". Ele é o exemplo, convite de seguimento, de libertação e de liberdade.

Nessa economia da intervenção da Trindade na história humana, é ao Espírito Santo que competiria, a partir da ressurreição de Jesus de Nazaré, a realização da obra da salvação. É Ele que assume a tarefa de colocar em ato a redenção da humanidade operada por Jesus de Nazaré.

O seguimento de Jesus através de todos os tempos até o fim do mundo e a execução de seu legado é o Espírito Santo quem os efetua. A missão do Espírito como tal é escatológica.

O Deus trino nos foi revelado por Jesus de Nazaré. No Antigo Testamento, força-se uma interpretação ao afirmar-se que, de alguma maneira, a Trindade teria se manifestado. Mas de verdade é Deus, em sua divindade, portanto como uno, que opera com os homens e mulheres do Antigo Testamento.

De fato, é Jesus de Nazaré que nos revela – Ele, revelador e revelação, – que é filho de Deus ao invocar sucessivamente seu Pai. Já em sua concepção: "O santo que de ti há de nascer será chamado Filho de Deus; em seu batismo – "este é meu filho amado em quem pus minha complacência"; os demônios expulsos – "Tu és o Cristo, filho de Deus"; a cura do paralítico – "meu pai trabalha até agora e eu trabalho também" – "Deus era seu próprio pai fazendo-se igual a Deus" – "assim como o Pai ressuscita os mortos e os vivifica, assim também o Filho vivifica aqueles que ele quer" – "para que todos honrem o Filho, como honram o Pai. Quem não honra o Filho não honra o Pai que o enviou". "Porque, como o Pai tem a vida em si mesmo assim deu também ao Filho ter a vida em si mesmo"; o pão de Deus – "porque o pão de Deus é aquele que desce do céu e dá a vida ao mundo" – "eu sou o pão da vida" – "quem come minha carne e bebe meu sangue permanece em mim e eu nele". "Todo o que o Pai me dá, virá a mim". "Ninguém pode vir a mim se o Pai que me enviou o não trouxer e eu o ressuscitarei no último dia". "Assim como o Pai que vive me enviou e eu vivo pelo Pai, assim quem de mim se alimenta, também viverá por mim"; a glorificação do filho – "Se eu me glorifico a mim mesmo, a minha glória não é nada; quem me glorifica é meu Pai, o qual dizeis que é vosso Deus" – "E vós não o conheceis mas eu o conheço"; antes de Abraão – "Em verdade, em verdade vos digo que antes que Abraão existisse, eu sou"; cura do cego de nascença: *"eu e o Pai somos um"* – "crede nas obras para que conheçais e acrediteis que o Pai está em mim e eu nele"; morada – "na casa de meu Pai há muitas moradas, se não fosse assim eu vo-lo teria dito"... "Vou preparar-vos um lugar"; Felipe: "quem me vê a mim vê o Pai" – ...mas o Pai que está em mim é quem faz as obras"... "crede-me que estou no Pai e o Pai em mim"... "E tudo o que pedirdes em meu nome eu o farei para que o Pai seja glorificado no Filho"; o amor: "Como o Pai me amou, também eu vos amei, permanecei no meu amor"; igual ao Pai em tudo: "Tudo quanto o Pai tem é meu"; o fim da missão terrestre: "Pai, é chegada a hora; glorifica a teu Filho, para que também o teu Filho te glorifique" – "a vida eterna é esta: que te conheçam a ti só, como único Deus verdadeiro e a Jesus Cristo a quem enviaste"; missão cumprida: "Eu te glorifiquei na terra, tendo consumado a obra que me deste a fazer. E agora glorifica-me tu, ó Pai, junto de ti mesmo, com aquela glória que tinha contigo antes que o mundo existisse"; a proteção do Pai sobre os discípulos presentes e os futuros – "Eu já não estou mais no mundo, mas eles estão no mundo e eu vou para ti. Pai santo, guarda em teu nome aqueles que me deste, para que sejam um assim como nós"... "Para que todos sejam um, como tu ó Pai, o és em mim e eu em ti; que também eles sejam um em nós, para que o mundo creia que tu me enviaste"... "Eu neles e tu em mim"... "Pai, aqueles que me deste quero que onde eu estiver, também eles estejam comigo, para que vejam a minha glória que me deste, porque tu me tens amado antes da fundação do mundo"... "também eles sejam um em nós"... "onde eu estiver também eles estejam comigo"... a encarnação em Jesus de Nazaré, doravante Ele a quer em todo ser humano. Encarnação: a teopatia.

Revelador e palavra revelada: Jesus de Nazaré, filho de Maria e José, é ao mesmo tempo Filho de Deus – "o Pai e eu somos um". A experiência de Deus encarnando-se no homem Jesus de Nazaré e o homem Jesus vivendo a experiência de Deus. Eis por excelência o Sentido Radical da experiência de Deus, pois Jesus de Nazaré e o Pai: "somos um".

O revelador se revela como Filho de Deus: "Ninguém conhece quem é o Filho, senão o Pai, nem quem é o Pai, senão o Filho, e aquele a quem o Filho quiser revelar".

Temos então dois sujeitos em Deus até este momento. Jesus nos revela que tem um Pai. Afirma-nos que é o Filho desse Pai, portanto da mesma deidade que Ele. Feito carne como ser humano, assumiu a vida humana e, como tal, estendeu a paternidade de seu Pai a todo ser humano. Suplica ao Pai para que "aqueles que me deste sejam um, como tu, ó Pai, és em mim". Essa assunção e assimilação da filiação humana é definitiva. Jesus de Nazaré é infinitamente generoso: deseja que todo ser humano partilhe dessa vida que lhe é comum ao Pai. Escatologicamente, promete três coisas na conversa com o Pai; primeiro, que o Pai trate os homens, agora seus irmãos, do mesmo modo que o trata; segundo, a irmanação advinda da encarnação será levada em conta em todo e qualquer sofrimento ou carência de seus irmãos: ... "tudo o que pedirdes em meu nome eu o farei", e, terceiro, seu amor irá até o fim: ... "onde eu estiver também eles estejam comigo".

E, enquanto caminham pelo mundo, os homens e as mulheres de todas as épocas se fortificarão na fé com uma prece comum a Ele e aos seus: o Pai-nosso. São sete pedidos. Todos eles dizem respeito à nossa existência, à nossa vida cotidiana aqui na Terra. Nenhum pedido de glória ou louvor a Deus. A única preocupação de Jesus é o Reino de Deus.

Jesus de Nazaré revela-nos que Deus é Pai. Diante do Deus do Antigo Testamento uma revelação revolucionária: o severo Deus-Javé, embora em Isaías se compare a uma mãe que acolhe seus filhos, no cumprimento dos tempos, comunica-nos sua verdadeira identidade, Ele é Pai. Ele tem um Filho que se fez homem. A profundidade da encarnação mostra que o Pai não se contentou com seu Filho apenas, nem seu Filho consentiu na ideia de ser o único Filho seu, que é por deidade.

Pai e Filho não suportaram que esse privilégio e essa felicidade se restringissem apenas à deidade de ambos. O amor dos dois explodiu numa partilha esplendorosa: surgiu fora da dimensão do tempo o Espírito Santo de ambos, o terceiro sujeito da Trindade. Deus-família. Esse Deus não suportou igualmente fechar-se em si mesmo. Ele se apaixonou pelos homens e pelas mulheres. Ele não aguentou não ser um deles. Deus-família e Deus-família humana: algo abissal! Feito homem, o Filho exige que todos os homens sejam um com o Pai, como Ele.

Jesus de Nazaré tinha perfeita visão de sua missão. Sabia que não era Ele que a levaria à frente e sim o Espírito dele e do Pai: ... "sabendo

Jesus que chegara a sua hora de passar deste mundo ao Pai, como amasse os seus que estavam no mundo, até o extremo os amou". Como prova de que estendia a paternidade de seu Pai a todos os seres humanos, "eis como deveis orar", disse Ele:

"Pai nosso que estás no céu,
Santificado seja teu nome
Venha a nós teu Reino...
Seja feita tua vontade
Assim na terra como no céu"

O Pai já não é mais "meu Pai": a partilha da encarnação e a do amor aos seus até o fim instituem a nova paternidade que, diuturnamente, através das eras, poderá ser invocada por todo homem e toda mulher: "Pai nosso". É o Reino de Deus.

Não é mais apenas Pai de Jesus de Nazaré, é "Pai nosso" para todo sempre. Esse pai está no céu, mas "conhece aquilo de que precisamos antes que o invoquemos". Então, a esse Pai, os homens de todos os tempos, agora seus filhos, reverenciarão, santificando seu nome, respeitando-o em toda parte, sobretudo sua presença em toda mulher e em todo homem.

Se essa filiação tem algum sentido, ela deverá se ater a um único fim: "Venha a nós o teu Reino". "O meu Reino não é deste mundo": o Pai só pode reinar quando sua vontade for cumprida: "seja feita a tua vontade". A vontade do Pai sobre seu Reino é brevemente resumida: amor ao próximo, condição *sine qua non* do amar a Deus. Esse amor é, por essência e definição, partilha, justiça para todos sem acepção de pessoas, eliminação de qualquer tipo de escravidão, de discriminação, de pobreza ou marginalização. Todos, a partir de Jesus de Nazaré, são iguais perante o Pai nosso, todos sem exceção são objetos de seu amor e de sua libertação.

O Reino do Pai nunca está acabado, está sempre "*in fieri*" (fazendo-se). Por isso, a oração em que o Filho estende sua irmandade a todos é por excelência uma prece escatológica. A vinda do Reino só é possível como fruto do pedido ao Pai e de obediência às manifestações do Espírito em nossos corações. O Reino proposto por Jesus de Nazaré é muito concreto e muito simples. Consiste no desdobramento e nas provas de amor ao próximo: dar de comer, dar de beber, curar doentes, visitar presos, vestir nus, desapegar-se do dinheiro e das riquezas, fugir ao acúmulo, promover a justiça, pagar o salário, propiciar educação, saúde e moradia para todos. Jesus abandona os "nãos" do Antigo Testamento e indica caminho proativo: "não façais aos outros o que não quereis que façam a vós, em sua nova ordem muda para: "o que quereis... que os homens vos façam fazei-o também a eles". No antigo Testamento até o cuidado com o corpo e a saúde vem ordenado negativamente: "Não matarás".

O amor ao próximo sem obras é vão, vazio. São as obras que contam, porque são elas que dão testemunho da fé e da fidelidade no seguimento de Jesus. Embora elas não salvem, pois quem salva é a misericórdia da Trindade, elas podem comprovar a veracidade do amor ao próximo. Sem cumprir o mandamento de Jesus de Nazaré do amor ao próximo, é inútil sequer pensar em amar a Deus. A obra da encarnação é muito séria, incondicional, peremptória: a redenção operada pelo Filho de Deus deverá ser continuada escatologicamente. Tudo depende da docilidade ao Espírito.

O Reino de Deus consiste em que sua vontade explicitada na pregação de Jesus seja feita "assim na terra como no céu". Jesus de Nazaré, cumprida sua missão, foi-se da Terra junto ao Pai, no céu. No céu, a vontade do Pai é responder ao pedido de Jesus feito a Ele na hora de despedir-se: "Já não estou no mundo, mas eles estão ainda no mundo; eu, porém, vou para ti. Pai Santo, guarda-os em teu nome"... "Dirijo-te esta oração enquanto estou no mundo para que tenham a plenitude de minha alegria". A plenitude da teopatia. Jesus de Nazaré é o Deus da alegria: Ele quer que essa alegria esteja em seus irmãos em "plenitude". O amor divino é sem medida, é pleno para quem a ele se abre.

Ser pai é uma realização indescritível, é uma felicidade única, intransmissível. O amor de um pai por um/a filho/a é uma das máximas expressões do amor humano. Um pai ama incondicionalmente o/a filho/a. Exemplo desse amor está configurado na parábola da misericórdia do Pai: como pode um pai amar ainda um filho pródigo que botou a perder toda sua herança? Ora, se um pai terrestre é capaz de amar um filho que teve tal conduta, quanto mais infinitamente o Pai de Jesus de Nazaré ama os homens e mulheres de todos os tempos. Um pai zela pela vida, pela saúde, pela educação e pelo bem-estar de seu filho. "O Pai nosso que estás no céu" tanto nos amou que mandou seu filho assumir nossa condição para que alcancemos a condição de Deus: "Tua vontade assim na terra como no céu", isto é, "assim no céu como na terra". O Reino dele, ele o quer nesta terra. O Reino de justiça para todos.

"O pão nosso de cada dia nos dá hoje
Perdoa-nos as nossas ofensas
Assim como nós perdoamos aos que nos ofenderam
E não nos deixes cair em tentação
Mas livra-nos do mal".

A encarnação do Filho do Pai é um evento histórico definitivo e determinante. Esse Pai quer cuidar dos novos filhos na cotidianidade de suas vidas.

Ele sabe que o ser humano tem fome, precisa se alimentar diariamente para poder levar sua existência. Então, seu Filho nos ensina a pedir-lhe o provento do pão diário. O "pão nosso de cada dia", o suficiente, nada de preocupação com o futuro ("nenhum cabelo cai de tua cabeça sem que o Pai saiba"!) ou de ganância para o dia de amanhã; ("acumulai aquilo que a traça não pode corroer"). O pão *nosso:* é de todos, mesmo o pão que compro com meu dinheiro, todos têm o mesmo direito de tê-lo e de dele usufruir. Todo dia, é um sofrimento dolorido pensar: eu como pão e milhões de irmãos meus privados de dele usufruir. O pão se constitui de muitos grãos. O pão "nosso" é a partilha: quando eu como "o pão nosso de cada dia" eu como o pão do Pai de tudo e de todos. O pão da terra, o pão do trigo, o pão da farinha, o pão de quem o fez e de quem permitiu que chegasse até mim. Eu o faço ou eu o compro, mas os grãos de trigo que o compõem me fazem solidário de todos os homens, meus irmãos. O partir do pão na mesa ou na eucaristia é o pão que irmana todos os humanos e os faz irmãos, filhos do Pai nosso.

E o pão dos que não o têm? Esta injustiça não cabe ao Pai que "faz nascer o sol sobre os justos e os injustos". Cabe a mim e àqueles cujo egoísmo tira a condição de poder dizer "pão nosso de cada dia". Ao Pai, porque é pai, é insuportável que haja filhos seus sem o "pão nosso de cada dia". Até quando? Se há tantos grãos deitados aos porcos e ao gado? Essa oração de Jesus de Nazaré ensinando-nos como o Pai se agrada de ser invocado provoca em nós duplo problema de consciência: primeiro, jamais seremos verdadeiros discípulos ou discípulas enquanto o pão não é o "pão nosso", segundo, somos nós que estabelecemos a condição de sermos perdoados pelo Pai. É incrível a sabedoria e a coerência de Jesus de Nazaré ao ensinar essa oração. Ela é o selo do pacto de nossa fé: "Podemos saciar a fome do mundo inteiro e não o fazemos porque não amamos nossos semelhantes e perdemos o sentido de compaixão e solidariedade para com a humanidade sofredora" (Boff, L.). E Pedro Casaldáliga: "Existem só dois absolutos: Deus e a fome". "A pobreza no mundo é um escândalo" (Papa Francisco). E pensar que há milhões de seres humanos que não têm o que comer. Como podemos atrasar tanto o Reino de Deus? Os que possuem, sobretudo grandes riquezas, estão empedernidos no gozo delas e o gozo os cega diante da miséria daqueles que eles exploram. Não partilham, só se preocupam em acumular. O formalismo da religião aceita a insensibilidade deles para com a proposta de Jesus de Nazaré. A injustiça não tem fim e o Reino de Deus é continuamente adiado por causa de nosso egoísmo, nossa fragilidade e covardia.

Contudo, dado que veio para nos resgatar do pecado ou do mal, partilha conosco nossas falhas e ensina-nos a pedir ao Pai o perdão pelas faltas da vida:..."perdoa-nos nossas ofensas". Claramente não tanto as que cometemos contra Ele, mas as que praticamos contra nossos irmãos, seus filhos, irmãos de seu Filho. Deus não precisa de nós, de nosso louvor, mas Ele não vive mais sem nós.

Essa filiação é tão séria e determinante que submete seu perdão à medida de nosso perdão "aos que nos ofenderam". Incrível, mas somos nós que indicamos a Deus como queremos ser perdoados. Jesus em Mateus 6:14-15 já havia dado mensagem semelhante: "Porque se perdoardes aos homens as suas ofensas, também vosso Pai celestial vos perdoará a vós"... "Se, porém, não perdoardes aos homens as suas ofensas também vosso Pai não vos perdoará vossas ofensas".

A proposta de Jesus de Nazaré sobre a questão do perdão é radical. Ele chega a dizer: "Portanto se trouxeres a tua oferta ao altar, e aí te lembrares de que teu irmão tem alguma coisa contra ti / Deixa ali diante do altar a tua oferta, e vai reconciliar-te primeiro com teu irmão e, depois, vem e apresenta tua oferta" (Mt 5:23-24).

Jesus testemunhou em sua vida um profundo amor ao próximo, sobretudo aos mais humildes. E, se há um ponto essencial para Ele é o perdão: é para isso que Ele veio ao mundo. No auge do sofrimento atroz da crucificação: "Pai, perdoa-lhes porque não sabem o que fazem" (Lc 23:34).

Dias antes de subir ao céu, aparece a seus discípulos, cumprimenta-os: "A paz esteja convosco". Faz duas recomendações: primeira: "recebei o Espírito Santo". Sabia que a missão dele terminava aí e que ao Espírito Santo competia a aplicação e a continuidade de sua obra até o fim dos tempos. A segunda, tão consequente à lógica de sua vida: "Àqueles a quem perdoardes os pecados lhes são perdoados e àqueles a quem os retiverdes lhes serão retidos" (Jo 20:21-23).

Essa última ordem é de uma sabedoria impressionante. Jesus sabia bem como funcionam a mente e o coração do ser humano. Essa recomendação dele foi reivindicada pelo clero como poder sacerdotal a partir do quarto século. Mas fato é que essa, de modo algum, é a intenção de Jesus, que aqui falava às discípulas e aos discípulos.

"A quem perdoardes, serão perdoados... a quem os retiverdes serão retidos". Aqueles que nos ofendem ficam registrados, eles e as ofensas, em nosso imaginário e nos sentimentos correspondentes. Não são perdoados os pecados ou as ofensas se nós os transformarmos em mágoa, ódio, raiva, tristeza ou maquinações de vingança, mesmo que sejam só imaginárias. Esse procedimento psíquico se transforma num sentimento muito ruinoso: ressentimento. O re-sentimento envenena a mente e o coração, nos atolamos num pântano sem saída. Requentamos um sentimento do qual não conseguimos nos libertar. Literalmente, nos intoxicamos psiquicamente, nosso imaginário entra numa luta de prestígio, luta de força com o ofensor e não encontra a saída ou a criatividade para se livrar do envenenamento. Jesus, que conhecia e conhece o coração do homem, nos alerta que, sem rompermos com essa escravidão do espírito ao imaginário e do coração, o perdão não é possível. Jesus nos propõe o modelo dele como filho de Deus: ao apresentar-se aos discípulos após a ressurreição: uma única palavra: "a paz esteja convosco". Não reclama da barbaridade que fizeram com ele, o julgamento, a crucificação... Não pede vingança, sequer toca no assunto. É uma nova era: "recebei o Espírito Santo". E Ele nos dará força e coragem para viver da dura, mas bela proposta da liberdade dos filhos de Deus.

É categórico: não se chega a Deus sem o amor ao próximo ("o segundo mandamento é igual ao primeiro, amar o próximo como a si mesmo...”). “Tudo nesta palavra se resume: amarás o teu próximo como a ti mesmo”. E Jesus insiste: “Não julgueis para não serdes julgados; perdoai e sereis perdoados; usai misericórdia para receber misericórdia; a medida com que medirdes servirá para vós” (Mt 7:1-2).

“No Reino de Deus, o próximo toma o lugar da lei... A “regra de ouro” nos põe a buscar o bem de todos de maneira incondicional. No “mundo novo” que Jesus anuncia deve estar a atitude básica: disponibilidade, serviço e atenção à necessidade do irmão. Não há normas concretas. Amar o próximo é fazer por ele, naquela situação concreta, tudo o que alguém puder” (Pagola, J.A.).

Jesus de Nazaré experimentou em seu corpo de homem as irrupções de seus impulsos, sentiu a insistência ininterrupta do inconsciente que não tem tempo, nem espaço ou moral. Ciente dessa estrutura humana viva, dinâmica, nos instrui a buscar auxílio para a divisão psíquica entre nossa fala e as energias, os impulsos persistentes de nosso inconsciente, os quais nos compete ordenar... “Não nos deixes cair em tentação”. Tentação de abrir mão de nos responsabilizarmos pelos nossos desejos, de declinar nossa responsabilidade moral, e, sim, de darmos conta de conduzir nossa energia vital para a construção de nossa subjetividade e do Reino. E nossa fraqueza e nossas limitações, como o mal (*to Kakon*), nos rodeiam ou nos espreitam de todo lado, seja físico, moral ou omissão: “livra-nos do mal”. E o Filho do Pai nos instrui como podemos manter viva nossa comunicação com o Pai: “é preciso sempre orar”. E a oração que mais agrada a Deus, a que literalmente comove seu coração é aquela que é feita em comunidade, aquela que o Espírito desperta no coração dos que estão unidos: “quando dois ou três de vós estiverem reunidos em meu nome eu estarei no meio deles”, e aí o Pai não resiste. É a súplica que brota do amor ao próximo. A oração é o alimento da presença do Espírito e a força da alma.

Jesus de Nazaré manifesta-se então como Filho de Deus e como o Messias: “Eu o sou, eu que falo contigo”. Expõe sua mensagem de maneira singela e espontânea, exatamente como vivia um homem de seu tempo no trabalho, na convivência com as mulheres, homens e crianças, no vestir, no comer... um cidadão que se opunha ao domínio de seu povo por uma religião ritualista, cominatória, moralista e à submissão do domínio romano que explorava seu povo com tributos pesados. Líder incontestável “falava com a autoridade de um profeta”, "ele ensinava com autoridade"; profeta, anunciava o Reino e denunciava seus opositores, sobretudo os fariseus, a classe sacerdotal e os grandes latifundiários que exploravam uma mão de obra que fazia sempre estar em dívida com eles. Em Séforis e Cafarnaum, o desespero dos pequenos agricultores ou simples operários é que nunca conseguiam saldar suas dívidas.

O povo sentia uma atração irresistível por esse homem: seguiam-no sem se dar conta do tempo ou das necessidades físicas. Mas Ele, não: quando o povo estava cansado, retirava-se, ou, quando com fome, saciava-o. A proposta de amor ao Pai através da prova do amor ao próximo Ele a praticou a fundo: condoía-se dos que sofriam, curava cegos, coxos, ressuscitava mortos, chorou ao saber que seu primo tinha morrido! Compadecia-se de seu povo, sobretudo dos mais sofridos: "quero misericórdia, não sacrifício"... "No Reino de Deus ("venha a nós o vosso Reino") tudo será diferente: a misericórdia substitui a santidade" (A. Pagola). Tinha delicadezas incríveis: a samaritana, a mulher que lhe toca a túnica, a moça "com o vaso de alabastro" a perfumar seus pés cansados, sobretudo a adúltera: palavra alguma de crítica, julgamento ou condenação: ..."mulher, onde estão os que te acusavam? Ninguém te condenou? Ninguém, Senhor. Nem eu te condeno"... "Vai" e a força operante de sua palavra: "não tornes a pecar". Certamente não tornou a pecar, pois essa experiência radical de Deus foi-lhe energia transformante. A palavra é imperativa e ordenante, performativa. Ela age "*ex opere operato*" (pela obra operada) e seu efeito é a posteriori. É assim que o Espírito age em nós, *ipso facto* a palavra nos transforma.

Contudo, foi severo e implacável contra a dominação religiosa dos fariseus hipocritamente ostensivos. Embora houvesse a temida e poderosa classe sacerdotal, havia outros grupos como os saduceus e os essênios: ... "dizem e não fazem"... "Atam fardos pesados e esmagadores e com eles sobrecarregam os ombros dos homens, mas não querem movê-los sequer com o dedo"... "fazem ações para serem vistos"... "largas faixas e longas franjas nos seus mantos"... "gostam dos primeiros lugares nos banquetes"... "Ai de vós escribas e fariseus hipócritas"... "Vós fechais aos homens o Reino dos céus... Ai de vós guias de cegos... Insensatos, cegos"... "Pagais o dízimo da hortelã, do endro e do cominho e desprezais os preceitos mais importantes da Lei: a justiça, a misericórdia, a fidelidade... guias de cegos!" "Filtrais um mosquito e engolis um camelo"... "limpais por fora o corpo e o prato e por dentro estais cheios de roubo e intemperança"... "sois semelhantes a sepulcros caiados"... "por fora pareceis justos aos olhos dos homens, mas por dentro estais cheios de hipocrisia e de iniquidade"... "Só havia uma coisa capaz de sublevar Jesus, de suscitar sua ira e fazê-lo passar para o ataque: a exclusão e a desvalorização de qualquer homem ou mulher... E com razão, porque aí se estava tocando o próprio núcleo de sua experiência e de seu anúncio" (Queiruga, A. T.).

Jesus de Nazaré, desse modo, denuncia veementemente as graves consequências da experiência do sagrado, do fanatismo religioso, o fascínio do sacral a hipnotizar o povo. Sua proposta é mutante, revolucionária: abandonar a experiência do sagrado que leva a uma imaginária e obsessiva vivência da crença e do culto, das prescrições de toda ordem, uma verdadeira ideologia religiosa, e abrir-se à experiência do Sentido Radical, sendo Ele o testemunho vivo desse sentido.

Nessa altura, invade-me uma preocupação, eu diria, uma angústia a pensar em minha Igreja.

Nossa igreja-instituição, a religião católica, não estaria no mesmo pé em que Jesus de Nazaré encontrou a religião mosaica? O juridismo, o centralismo do poder absoluto, a burocracia emperrada, o domínio sobre as consciências, o culto do sagrado explorado ao máximo na mídia, não colocam a religião católica distante da proposta inicial de Jesus de Nazaré?

É preciso fé e fé firme para detectar na instituição atual da religião católica a Igreja de Jesus, tantas são as excrecências acumuladas em 17 séculos de experiências do sagrado. Se Jesus de Nazaré viesse à Terra novamente, semelhante ao dia em que o profeta Lutero visitou o Vaticano, não teria ele dificuldade para achar sua "*ecclesia*" no luxo do Vaticano e nas várias lojas de bugigangas religiosas na basílica de São Pedro assim como no shopping duty-free da velha estação ferroviária do Vaticano? Certamente, como reza a lenda, não pegaria um chicote e fustigaria aquelas freiras e funcionários da Cúria com a energia como expulsou os vendilhões do Templo? Mas se encontrasse um/a humilde vendedor/a ambulante certamente usaria da mesma delicadeza que usou com os vendedores/as de pombinhos... "Fizestes da casa de meu Pai um covil de ladrões": IOR! Banco do Vaticano! Lavagem de dinheiro! Negociatas com mafiosos! Inquisição, perseguição às teólogas e teólogos!

João da Cruz diz que o apego às coisas materiais ou espirituais produz efeito funesto semelhante a um navio cujo casco vai se tornando infestado de moluscos ("némoras") a ponto de ficar impedido de navegar. Assim, a Igreja constantiniana foi se apegando a uma infinidade de penduricalhos que desfigura a Igreja de Jesus de Nazaré. "A barca de Pedro, ancorada por muitos séculos, incrustada de cracas" (Kaiser, B. R.).

E isso continuou. Vide Bento XVI, com báculo e mitra alta de Pio IX, chapéu (camauro) dos imperadores bizantinos do século VIII, mozeta dos imperadores romanos, capa larga, sapato vermelho, corrente e cruz peitoral de ouro, relógio Cartier... Mitra, Tiara, sapatos de fivela... E, até pouco tempo, tríplice coroa, liteira! "Paulo VI se sentia profundamente mal ao sentar-se no trono e ver um monsenhor ajoelhado, colocando-lhe um travesseiro debaixo dos pés enquanto dois outros acomodavam-lhe a capa, como se ajeitassem uma velha rainha. Sei, ao contrário, de ciência certa, que ele anseia por libertar-se de tanto *ridículo*. Que força moral pode ter o papa ao exigir *aggiornamento* dos religiosos e o próprio Pontífice não se decide a atualizar-se"? (Camara, D. H., 1963).

O Espírito Santo e sua missão

Jesus de Nazaré expôs seu evangelho, explicitou o caminho de seu seguimento – "Eu sou o caminho, a verdade e a vida" – e revelou o segredo de sua vida e de sua obra. Nada de sua vida foi feito para si apenas. Para cumprir sua missão em tudo, absolutamente em tudo, se deixou guiar pelo Espírito Santo que dimana dele e do Pai.

Já no início do anúncio de sua vinda a presença do Espírito. Zacarias, idoso, tem muita dificuldade de aceitar que será pai de João Batista, o precursor de Jesus que... "desde o ventre de sua mãe será cheio do Espírito Santo". Diante do anúncio de Gabriel, Maria treme e teme: "Como se fará isso"? – "O Espírito Santo descerá sobre ti e a força do Altíssimo cobrir-te-á com sua sombra. Por isso o Santo filho que nascer de ti será chamado Filho de Deus". Desde agora será assim na nova e revolucionária experiência de Deus, será sempre a experiência de um Sentido Radical: o Filho fez-se carne de homem, e Deus, a Trindade, agirá na história a partir de então compartindo a encarnação de seu Filho, em todos os tempos, até o fim do mundo, através da intervenção do Espírito Santo a quem compete a manifestação e a efetuação dessa experiência de Deus. O Sentido Radical dessa experiência se revela como sendo um sentido, uma mensagem, uma presença de plenitude. Já no início da missão de Jesus, João Batista será "cheio do Espírito Santo" e, ao receber a prima Maria, "Isabel ficou cheia do Espírito Santo". Lucas testemunha essa presença de plenitude com a palavra "cheio".

De Simeão que recebeu o menino de Nazaré: "Este homem justo e piedoso, esperava a consolação de Israel e o Espírito Santo estava nele. Fora-lhe revelado pelo Espírito Santo que não morreria sem primeiro ver o Cristo do Senhor". E João Batista: "Eu vos batizo com água... ele vos batizará com o Espírito Santo".

No primeiro passo para o exercício público de sua missão, Jesus de Nazaré, orando ao Pai, esperava sua vez, como qualquer cidadão, para ser batizado por João Batista. Então "o céu se abriu e o Espírito Santo desceu sobre ele" e ouviu-se a voz do céu: "Tu és o meu Filho bem-amado: em ti ponho a minha complacência". Imediatamente, "cheio do Espírito Santo, voltou Jesus do Jordão e foi levado pelo Espírito ao deserto". "No Jordão, Jesus não vive só a experiência de ser Filho querido de Deus. Ao mesmo tempo sente-se cheio de seu Espírito. Vê que, daquele céu aberto, "o Espírito descia sobre ele". O Espírito de Deus, que cria e sustenta a vida, que cura e dá alento a todo vivente, vem encher tudo com sua força vivificadora. Jesus o experimenta como Espírito de graça e de vida. Baixa sobre ele com suave murmúrio, "como uma pomba". Enche-o não para julgar, condenar ou destruir, mas para curar, libertar de "espíritos malignos e dar vida".

"Jesus experimenta em si a força do Espírito com tanta intensidade que, consciente de seu poder vivificador, aproximar-se-á dos enfermos para curá-los do seu mal e a única coisa que lhes pede é fé nessa força de Deus que atua nele e através dele. Cheio do Espírito bom do Pai, não sente medo nenhum de enfrentar espíritos malignos com o fim de fazer chegar a misericórdia de Deus às pessoas mais indefesas e escravizadas pelo mal. Jesus vê nessas curas o "dedo de Deus" ou, como diz Mateus, o "Espírito de Deus" (Pagola, J. A.).

No batismo, Jesus faz a primeira experiência de Deus: "o Espírito Santo desceu sobre ele" e em momento algum abandonará o Sentido

Radical dela. Vivida essa experiência, Ele se entrega ao Espírito para que ele o conduza. A partir de Jesus, Deus se experimenta, deixa de ser objeto de especulação filosófica, teodiceia ou tradição religiosa. É a partir dessa descida do Espírito que Jesus deixa sua vida de diarista e se entrega total e definitivamente à sua missão.

Duas palavras são empregadas para explicitar o sentido de plenitude da experiência de Deus: "cheio do Espírito Santo" e "levado" pelo Espírito Santo. Temos aí o sentido escatológico da ação da Trindade em todos os tempos: no passado, agora e no futuro. São os "cheios do Espírito Santo", "levados por Ele", que podem compartilhar a experiência de Deus na intervenção histórica de Jesus de Nazaré.

Ao sair do deserto, "Jesus, então cheio da força do Espírito Santo, voltou para a Galileia". Ao entrar na sinagoga de Nazaré, desenrola a Torá e calha esse texto do profeta Isaías: "O Espírito do Senhor está sobre mim, pelo que me ungiu e enviou-me para anunciar a boa-nova aos pobres, para sarar os contritos de coração, para anunciar aos cativos a redenção, aos cegos a restauração da vista, para pôr em liberdade os cativos, para publicar o ano da graça do Senhor". Sentou-se: "Hoje se cumpriu este oráculo que vós acabais de ouvir", a saber, "o Espírito do Senhor está sobre mim, pelo que me ungiu". É "o Espírito do Senhor"... "está sobre mim"... "me ungiu", "me elegeu"... "enviou-me para anunciar a boa-nova aos pobres"... "hoje se cumpriu esse oráculo"... Deus encarnado em Jesus, obra do Espírito, que momento solene, abissal!

No Antigo Testamento, os sacerdotes ungiam com óleo, como com óleo ungiam-se os guerreiros, e na Idade Média, os reis. Na experiência de Deus, quem unge é o Espírito Santo: "Vós sabeis como Deus ungiu Jesus de Nazaré com o Espírito Santo". E é ungido pelo Espírito que ele anuncia a boa-nova aos pobres, aos contritos de coração, restitui a vista aos cegos, põe em liberdade os cativos da religião, proclama a liberdade de consciência como condição "*sine qua non*" para usufruir do "ano da graça" do Espírito libertador.

É simplesmente assustador que 750 anos antes desse acontecimento, a Trindade tenha colocado na escrita do profeta Isaías uma mensagem tão exata para definir a que veio Jesus de Nazaré: ... "anunciar a boa-nova aos pobres", pobres seja materialmente seja injustamente, mas sobretudo aos "pobres de Espírito", àqueles que pautam sua vida na espera e esperança de sua manifestação. Esse preenchimento do

Espírito é proporcional ao esvaziamento efetuado pela "estética da renúncia" (Pessoa, F.): o apego é o maior empecilho aos atos do Espírito Santo. Ele só consegue soprar onde quer quando "se alguém quer vir após mim, renegue-se a si mesmo, tome a cada dia a sua cruz, e siga-me. Porque quem quiser salvar a sua vida perdê-la-á"... "mas todo que a perder encontrá-la-á". Por mais que o ser humano faça, a salvação só chega pelo Espírito Santo. A presença do Espírito é proporcional à falta-para-ser do sujeito humano. Só ele transforma nossas obras e nossa vida em graça e luz: *sine tuo numine nihil est in homine*, "sem o teu *númem* nada há no homem". Nada mesmo, pois nossa fragilidade existencial é absoluta como nossa impotência é total diante da Trindade. Dependemos inteiramente de sua misericórdia. O pai do filho pródigo é o símbolo do Pai de Jesus.

Nada mais destrutivo da subjetividade humana que a neurose obsessiva... "quanto mais quiser salvar sua vida perdê-la-á..." Além disso, essa frase lapidar de Jesus de Nazaré é a mais límpida verdade do ponto de vista psíquico: quanto mais o sujeito quer se livrar de sua neurose mais dela se encharca. A solução só pode vir do Outro, da "Outra Cena", como nos clarificou Freud: "O obsessivo que passa seu tempo a reconstruir um Outro melhor que o Outro, sem falha, seria o homem do mito, do sagrado" (Dufour, D. R.). O homem obsessivo da religião, dependente escrupulosamente da rotina religiosa, é um fanático, é um homem doente da obsessão do sagrado. O sagrado é pecado, é culpa, é tormento que não cessa, só cresce. Em todas as religiões, essa doença dolorosa e inibitória se faz presente.

Toda vez que Jesus de Nazaré tinha que dar um passo importante em sua missão retirava-se para orar... "retirou-se a uma montanha para orar, e passou aí toda noite orando a Deus. Ao amanhecer, chamou seus discípulos e escolheu doze dentre eles, que chamou de "enviados". Aí está a experiência de Deus. Ele não precisa de apóstolos, simplesmente de enviados, que sejam dóceis ao Espírito, "todos serão ensinados por Deus", isto é, "cheios do Espírito Santo". É da máxima importância esse procedimento de Jesus: não funda uma religião, uma seita, não institui sacerdotes que seriam destinados ao culto do sagrado, simplesmente elege enviados, embaixadores da experiência do Reino de Deus, "Reino da experiência do Espírito" (Borg), vivida na convivência com o Filho de Deus. O feito de Jesus de Nazaré abole totalmente a ordem do sagrado e institui, graças à sua encarnação e ao envio do Espírito Santo, a via da experiência do Sentido Radical de Deus: doravante a Trindade só se agrada da experiência da partilha dela. Essa experiência pode ser contínua e em toda parte, pois ela é possível e acessível "em espírito e verdade". Jesus encarna a passagem da "religião do consolo" ou do ritualístico para a experiência do Sentido Radical da fé: "Reino da experiência do Espírito".

Contudo, para que o Espírito encontre a porta aberta, é preciso que o despojamento das coisas materiais e mesmo das espirituais seja a condição permanente do espírito. A "estética da renúncia", o impregnar-se na convicção mais verídica da falta-para-ser da condição humana é o requisito básico para que essa presença do Espírito possa operar de maneira contínua. Ele é o *Pater pauperum*. Os que não se reconhecem pobres não podem ser filhos dele. "Pedir é a atitude própria do pobre que precisa receber do outro aquilo que não pode conseguir com seu próprio esforço. Assim imagina Jesus seus seguidores: "como homens e mulheres pobres, conscientes de sua fragilidade e indigência, sem nenhum vestígio de orgulho ou autossuficiência" (Pagola, J. A.).

Ao eleger os enviados, Jesus de Nazaré especificou essa condição como fundamental: "Não leveis nem ouro, nem prata, nem dinheiro em vossos cintos, nem mochila para viagem, nem duas túnicas, nem calçado, nem bastão, pois o operário merece seu sustento". O operário, como o apóstolo Paulo, trabalha com suas mãos para merecer a paga. O operário merece seu sustento se trabalhar em qualquer profissão, como Jesus trabalhava na profissão de seu pai, José. Na proposta de Jesus de Nazaré, o enviado não pode ser um parasita como os parasitas do sagrado ou um funcionário religioso do Estado. O apóstolo que vive verdadeiramente a fé requerida por Ele não anda preocupado com o dia de amanhã, com o comer, com o vestir, com o narcisismo religioso, com a luta de prestígio ou a inveja fraterna entre os conterrâneos ou entre os sacerdotes, bispos, cardeais ou o próprio papa. O enviado verdadeiro é um servidor do Pai, como seu Filho o foi: "Eu vim para servir, não para ser servido"... "estou no meio de vós como aquele que serve..." "Se alguém quiser ser o primeiro, seja o último e o servo de todos". "O maior dentre vós seja vosso servo". Por isso, mesmo diante de tribunais, ele não precisa se preocupar com o que dizer: "Porque não sereis vós quem falareis, mas o Espírito do vosso Pai que falará em vós".

Esse é o enviado, o discípulo, a discípula de Jesus de Nazaré, aquele em quem "o Espírito do vosso Pai... falará em vós". É a *dynamis* da teopatia.

Porém, o Espírito só pode atuar em mentes e corações desapegados: "As raposas têm covas e as aves do céu, ninhos, mas o Filho do homem não tem onde reclinar a cabeça"... "Não andeis com vãs preocupações". Os poderosos, os apegados ao poder do mando ou do dinheiro, esses não precisam de Deus. Para esses, "Deus é sobremesa", conveniência social, ritual de passagem ou a "cereja que enfeita o bolo". Deus é incômodo, está encarnado no humilhado, no marginalizado, no injustiçado, dói na consciência ver um irmão rebaixado em sua dignidade humana, então é "melhor" deixá-lo apartado.

Jesus de Nazaré não se desliga do Espírito Santo. É Ele que o "leva": "Naquela mesma hora, Jesus exultou de alegria no Espírito Santo": "Pai, Senhor do céu e da terra, eu te dou graças porque escondeste estas coisas aos sábios e inteligentes e as revelastes aos pequeninos".

Jesus de Nazaré se declara luz do mundo e caminho da verdade para aqueles que nele creem: "Eu sou o caminho, a verdade e a vida, ninguém chega ao Pai senão por mim"... "estou no Pai e o Pai está em mim". A irmanação de Jesus com todos os homens e mulheres nos faz filhos do mesmo Pai e, como tal, podemos contar com Ele para efetuar as mesmas obras que ele praticou: "Em verdade, em verdade vos digo", assim empenhou sua palavra: "aquele que crê em mim fará também as obras que eu faço, e fará ainda maiores do que estas". Que obras são essas? As que criam e mantêm o Reino de Deus na terra. A fé em Jesus garante escatologicamente a efetuação dessas obras "porque vou para o Pai". E uma vez junto ao Pai, podemos contar com Ele: "Tudo o que pedirdes ao Pai em meu nome vo-lo farei". E para que não haja dúvida ou titubeio repete a mesma promessa.

Mas a prova máxima do amor de Jesus de Nazaré por nós humanos consistiu em nos presentear com o tesouro do Espírito Santo, o terceiro sujeito da Trindade que o guiou em todos os seus passos. Assim como conseguiu efetuar muitas obras de amor aos humildes, aos pobres, aos sofridos graças à presença contínua do Espírito Santo, assim também quis garantir a presença dele aos homens e mulheres de todos os tempos: "E eu rogarei ao Pai e ele vos dará um outro advogado, para que fique eternamente convosco". Esse advogado, assim como se encarregou da causa de Jesus de Nazaré, "eternamente" se encarregará da causa de cada ser humano. Esse Espírito nos auxiliará na procura e na vivência da verdade: "É o Espírito da verdade, que o mundo não pode receber, porque não o vê e nem o conhece, mas vós o conhecereis porque permanecerá convosco e estará em vós". O Espírito da verdade nos "ensinará" a conviver com Deus em "espírito e verdade".

Duas promessas para seus irmãos e irmãs: o Espírito que o guiou e o assistiu em sua missão na Trindade não será mais privilégio só dele; "eternamente" assistirá a todos na realização da redenção: ..."Vós o conhecereis". Não só o Pai e o Filho o conhecem. Doravante, todos poderão conhecê-lo também. Ainda mais: ... "permanecerá convosco", após a missão do Filho, o Espírito jamais abandonará a execução da obra da salvação. A promessa está selada: Ele "estará em vós".

Se Jesus fala em outro Advogado, logicamente se refere a si mesmo como aquele que foi o primeiro diante do Pai para libertar seu povo das injunções da religião do Antigo Testamento – sobretudo a representada pelos fariseus e pelo sacerdócio levítico – e da dominação romana. Os judeus conseguiram convencer Pilatos de que Jesus era inimigo do Império romano e, como tal, politicamente foi condenado ao martírio da cruz.

Mas que faz um advogado? Um advogado assume a causa de seus clientes e os defende de todas as maneiras para que sejam protegidos pela justiça. Jesus de Nazaré claramente assumiu a causa de seu povo, dos mais humildes – como no óbolo da viúva ou dos oprimidos de todo mal –, mas, sobretudo da dominação dos fariseus e das experiências do sagrado do Antigo Testamento: "Atam fardos pesados e esmagadores e com eles sobrecarregam os ombros dos homens, mas não querem sequer movê-los com o dedo. Fazem todos as suas ações para serem vistos pelos homens: por isso trazem largas faixas e longas franjas em seus mantos".

Aqui sou de novo invadido pela "associação livre".

É difícil, ao ler este texto, não fazer uma associação com a maneira medieval de o papa e os bispos se vestirem em plena modernidade: batina ancestral, larga faixa vermelha na cintura com franja longa, mozeta, mitra, barrete, báculo, corrente no pescoço e anel de ouro.... Ainda mais: "Gostam dos primeiros lugares nos banquetes e das primeiras cadeiras nas sinagogas. Gostam de ser saudados em praça pública"... "Santidade", "eminência", "excelência"... Aqui também, quem não se lembra dos papas e cardeais visitando países e recebidos com pompa pelos chefes das nações em primeiro lugar e não pelo povo, que era a predileção de Jesus de Nazaré. O povo fica de longe, contido pela barreira de policiais e seguranças. Durante a visita de Bento XVI a São Paulo, todos os mendigos e pobres foram afastados da Praça da Sé e arredores, justamente ao contrário de Jesus, que ia de encontro deles. Mais de 400 agentes da polícia agiram em sua guarda e 15 carros garantiram a segurança de seu deslocamento em terra. Ele se mostrou ao povo resguardado no papamóvel ou atrás de vidro de segurança na sacada do mosteiro de São Bento, em São Paulo. Nenhum contato direto com o povo, menos ainda com os pobres. Viajou de helicóptero para Aparecida e não viu favelas, sobretudo às margens do rio Tietê, onde teria que passar. Além disso, foi gasto meio milhão de reais para a reforma de seus aposentos no mosteiro. Soma que daria folgadamente para construir 20 casas populares. E, incrível, tudo isto visto como normal! Ah, Jesus de Nazaré, veja a que chegou o primaz que diz representá-lo!

Semelhantemente, os núncios que poderiam fazer jus ao nome, na verdade vivem alheios à evangelização, à convivência com o povo do país, são meros embaixadores do Estado do Vaticano. Embora sejam bispos ou arcebispos, sua única preocupação é a arte da diplomacia. Sempre com atitudes e intervenções ambivalentes ou em defesa de privilégios.

Finalmente, qual seria o sentido de o papa fazer uma viagem à Inglaterra (setembro de 2010) ao preço de 10 milhões de libras, das quais um terço foi tirado da reserva que o Ministério do Desenvolvimento Internacional da Inglaterra destina à ajuda dos países em desenvolvimento? Diante dos eventos supra relacionados, a encíclica sobre a caridade de Bento XVI não é mais do que uma obra acadêmica! Em vez de o papa ir a Madri para a Jornada Mundial da Juventude (2011), não seria preferível, diante do evangelho ou da exposição teórica de sua encíclica, que fosse à Somália e fizesse uma campanha mundial para socorrer os milhões de seres humanos que estavam a morrer de fome? Ou, ao menos, que se usasse essa fortuna que sua viagem veio a consumir e a canalizasse à compra de alimentos para esses desvalidos? É fácil escrever sobre a teologia na corte. É asséptico. Talvez seja por isso que a teologia da libertação incomodou tanto o então cardeal Ratzinger e seu chefe.

Mais tarde, na visita de 2011 a sua terra natal, na Freiburg Concert House, Bento XVI pediu que "a Igreja abrace a pobreza do mundo para que o testemunho missionário brilhe com mais intensidade... historicamente a secularização tem sido um agente de reforma (sic!) porque libertou a Igreja de fardos e privilégios materiais e políticos... uma pressão por uma Igreja humilde que fale ao mundo mais a partir da pobreza do que do poder"... Que peso essas palavras tinham para ele se, na práxis, tudo continuou na mesma: a arrogância curial, os escândalos do Vaticano, a ditadura clerical, os Estados Unidos colocando o Vaticano na lista de finanças suspeitas, isto é, lavagem de dinheiro e financiamento do terrorismo (Março de 2012). Importa ressaltar a visão profética dessa frase: "historicamente, a secularização tem sido um agente de reforma... uma pressão por uma Igreja humilde que fale ao mundo mais a partir da pobreza do que do poder". A secularização é um movimento do Espírito com vistas ao retorno do evangelho, ao seguimento de Jesus leigo. Estaria essa profecia de Bento XVI, a qual ele não cumpriu, já em andamento nas atitudes, gestos e mensagens do Papa Francisco? Em todo caso, o testemunho evangélico dele, por ocasião da Jornada Mundial da Juventude, Rio de Janeiro, em junho de 2013, foi simplesmente impressionante, não só para os católicos como para todo crente ou não crente. O Papa Francisco faz a diferença: ele pratica aquilo que prega.

O culto do sacral dificulta sobremaneira a experiência de Deus, pois tamanha é a exploração dos representantes da religião que falam de Deus, mas embaçam a experiência dele. Jesus tinha compaixão do povo esmagado por mil prescrições ("fardos") da religião judaica. Outra era a sua proposta: "Vinde a mim vós que estais sobrecarregados e eu vos aliviarei... meu peso é suave e meu jugo é doce".

O texto grego usa um termo de muito sentido para o Espírito que há de vir: *Paracleto*, e em latim, Paráclito. O vocábulo grego se compõe de duas palavras: "para" (παρα) = junto, cerca e "caleo" (χαλεω) = chamar, chamar a si, invocar, chamar ao tribunal, convidar, contar entre, nomear. Temos aí a especificação precisa da missão escatológica do Espírito: ascendido Jesus, inicia-se a missão do Espírito.

Doravante, poderemos "contar com ele entre nós", através das gerações e dos séculos ele nos "chamará a si", Ele nos "convidará" sem cessar, Ele nos "invocará", quando menos percebermos, Ele nos "nomeará" por nos conhecer singularmente e nos "chamará" em seu amor e misericórdia quando tivermos que prestar conta no tribunal de nossa consciência. Assim podemos compreender que todo pecado pode ser perdoado menos aquele contra o Espírito, pois é ao Espírito que compete a missão escatológica de fazer chegar o perdão de Jesus de Nazaré a todo ser humano. "Soprou sobre eles, dizendo-lhes: Recebei o Espírito Santo". Sem nos abrirmos ao Espírito e à sua manifestação nada é possível, muito menos o perdão dos pecados. "*Spiritu Sancto in ecclesia peccata solvuntur*": "na Igreja, os pecados são absolvidos pelo Espírito Santo" (Agostinho). E o perdão dos pecados está definitivamente condicionado ao amor ao próximo: "Àqueles a quem perdoardes os pecados, ser-lhes-ão perdoados; àqueles a quem os retiverdes, ser-lhes-ão retidos" (Jo. 20:23), ou seja, não há possibilidade de perdão, fora do amor ao próximo, fora da justiça. Note-se que essa determinação de Jesus foi apropriada pelo clero, que nunca fez parte do projeto dele, mas ela vale para todo ser de boa vontade, não sendo, de modo algum, privilégio eclesiástico. Sempre nos lembremos: o específico à missão de Jesus é que não fundou nenhuma religião como não cogitou em sacerdotes. A sacerdotização só veio a partir do século IV. É obra do imperador Constantino.

É interessante notar que Jesus de Nazaré é um apaixonado pela liberdade de consciência (Ele tem horror às imposições de repetições obsessivas do sagrado) e pela paz de espírito, dois temas centrais do Concílio Vaticano II: "Falem e ajam como pessoas que vão ser julgadas pela lei da liberdade" (Tg. 2:12).

Em toda aparição após a morte, ao surgir, sempre uma única saudação carinhosa, "a paz esteja convosco!" Toda palavra verdadeira é performativa, efetiva e eficaz: ela produz o que comanda, ou seja, essa paz se imprime realmente. "Dirijo-te esta oração enquanto estou no mundo, para que eles tenham a plenitude da minha alegria". Jesus de Nazaré veio trazer a libertação do sagrado, do triste, do ameaçador, da culpa, do condenável, do moralismo: não só "minha alegria", mas "a plenitude da minha alegria". Da alegria dele, do Filho de Deus ressuscitado. Ele pede ao Pai as alegrias da liberdade dos filhos do Pai, que, doravante, como tais são chamados a se relacionar com Ele. Ele, sem distinção de pessoa, amparava todos os que estavam sofrendo ou acabrunhados. Aliviou, sobretudo os que estavam afogados nas superstições religiosas ou moralísticas.

E para que esse seu desejo possa se estender a todos os seres humanos: "Eu vos mandarei o Prometido do meu Pai; entretanto permanecei na cidade até que sejais revestidos da força do alto". Os enviados, simples pessoas do povo, humildes pescadores, como também as mulheres, pouco ou nada entendiam das palavras de Jesus de Nazaré. Mas este sabia o que o Prometido iria fazer: literalmente transformá-los pela "força do alto".

Fica claro, então, que, ao dizer "eu rogarei ao Pai e ele vos dará um *outro* Paráclito para que fique eternamente convosco", Jesus de Nazaré não fez outra coisa em sua existência humana senão ser um Paráclito entre os homens e mulheres de seu tempo. Mas como sua missão se extinguiria com a ressurreição e ascensão, competiria a esse "outro Paráclito" "ficar eternamente convosco". Por isso, "se eu não for, o Paráclito não virá a vós; mas, se eu for, vo-lo enviarei". O Paráclito só inicia sua missão quando Jesus de Nazaré encerra a sua: "se eu não for, Ele não virá". Mas ele foi e o milagre aconteceu: ... "O Paráclito, o Espírito da verdade, ensinar-vos-á toda a verdade porque não falará por si mesmo mas dirá o que ouvir e anunciar-vos-á as coisas que virão".

Jesus de Nazaré nos instrui quem é o terceiro sujeito da Trindade: "o Espírito da Verdade". De quem? Da Trindade. Ele nos revela que a verdade dele é uma só na Trindade: ele é fruto do amor do Pai e do Filho e, essencialmente, a verdade do amor. Ele virá e "ficará eternamente convosco" para testemunhar esse amor e estabelecê-lo entre os homens e mulheres de todos os tempos. Espírito da Verdade, sua missão é ensinar – "ensinar-vos-á toda a verdade". Mas não há ensino se não nos fizermos ensináveis. Isso aconteceu de maneira incrivelmente esplendorosa na sua descida sobre Maria, as mulheres, os apóstolos, suas esposas e os discípulos. Jesus de Nazaré sempre fez questão da companhia das mulheres; até seu primeiro milagre foi antecipado pela mulher sua mãe e, ressuscitado, é a Maria Madalena, a apóstola dos apóstolos, a quem primeiro se mostra! Que força e que privilégio as mulheres tinham com ele! Mesmo antes do último suspiro no patíbulo da cruz, diz a lenda que não quis morrer sem se despedir da mulher sua mãe e do "discípulo a quem amava". "Com os discípulos, Jesus cria um espaço novo, sem dominação masculina... Em seu movimento de seguidores, todos poderão descobrir que no Reino de Deus não há dominação masculina" (Pagola, J. A.).

Um último aviso: ..."João batizou na água, mas vós sereis batizados no Espírito Santo daqui a poucos dias". "Batizados no Espírito Santo" é a nova ordem, novo paradigma de se relacionar com Deus... "mas descerá sobre vós o Espírito Santo e vos dará força e sereis minhas testemunhas em Jerusalém, em toda a Samaria e até os confins do mundo". As mulheres, os apóstolos e os discípulos tinham medo de tudo ao ouvir essas palavras. Não as entendiam e temiam que o fanatismo religioso os perseguisse e os aprisionasse. Mas acreditaram na palavra de que o Espírito lhes daria "ensino" e "força" e que essa força os faria testemunhas do que ouviram e viram da boa-nova desse homem de Nazaré. E a "força" do Espírito, que respeita a liberdade de quem ela toca, é irresistível. As mulheres, Maria na frente, os enviados e mais alguns discípulos, movidos pela "força" dessas palavras, reuniram-se em um salão, e "todos eles perseveraram unanimemente na oração". E a grande manifestação aconteceu. A Trindade, em sua terceira missão na história humana se fez presente com o sujeito terceiro, o Espírito Santo, de maneira forte e de intensidade divina.

As mulheres, Maria, Maria Madalena, as esposas dos apóstolos, eles mesmos e vários discípulos de Jesus de Nazaré em número de cento e vinte pessoas, "na assembleia reunida", viram e ouviram: "Pedro se levantou no meio dos seus irmãos... e disse: "Irmãos, convinha que se cumprisse a Escritura que o Espírito Santo predisse por boca de Davi acerca de Judas". Judas, misteriosamente, era necessário no plano da Trindade conforme "o Espírito Santo predisse", pois, sem ele, não se cumpriria a missão do Filho. Assim como Pedro por três vezes negou que era discípulo de Jesus e nem por isso foi condenado ou excluído de seu múnus, também Judas deve ter alcançado misericórdia embora tivesse cumprido papel ignominioso. O sacrifício de sua vida teria sido uma maneira de compensar a traição a que estava designado "pela boca de Davi"? Cumprida tarefa tão funesta, já não viu sentido em continuar vivendo, o que, aliás, foi um alívio para ele, para a comunidade dos outros apóstolos e discípulos. Caso vivesse, o impasse e o constrangimento estariam na ordem do dia. O remorso... o ressentimento... cumprida a missão, foi-se Judas.

Pedro cita uma frase do salmo: "que um outro receba seu cargo". Teria que ser "um destes homens que têm estado em nossa companhia todo o tempo em que o Senhor Jesus viveu entre nós, a começar do batismo de João até o dia em que, de nosso meio, foi arrebatado, um deles se torne conosco testemunha de sua ressurreição". Pedro, no exercício de seu *múnus* de pastorear "as minhas ovelhas" e na consciência antecipada da nova era, isto é, do novo tempo da manifestação da Trindade na história, impõe a condição fundamental da escolha e afirma *ipsis litteris*:..."testemunha de sua ressurreição". A ressurreição é marco que sinaliza a presença da Trindade no mundo: ela divide o passado pela intervenção do Pai, o presente pela do Filho e aponta para o futuro pela intervenção do Espírito Santo. Portanto, não uma testemunha da morte de Jesus, mas de sua ressurreição, pois este é o Jesus que precisa ser testemunhado até o fim do mundo. A morte de Jesus foi algo medonho, uma crueldade política, nada a comemorar. E nós regozijamos com sua vitória, sua ressurreição. Jesus pregado na cruz é uma abominável tortura. Jesus ressuscitado é a força e o Sentido Radical de nossa fé.

Nessa primeira assembleia da Igreja de Jesus de Nazaré, a colegialidade de Maria, das esposas, das outras mulheres, dos enviados e dos discípulos em geral acontece exatamente como ele desejou e planejou. O saber + 1 de cada membro da "assembleia reunida" foi colhido e dois nomes receberam os votos: José, o justo e Matias. Feita a escolha, o impasse se instalou e o desempate foi deixado ao Espírito Santo: "Ó Senhor, tu que conheces os corações de todos, mostra-nos qual destes escolheste para tomar nesse ministério e apostolado o lugar de Judas". Pedida a luz do Espírito Santo que conhece o coração de todo ser humano, Pedro coerentemente ao seu *múnus*, "*primus inter pares*" (primeiro entre pares), deixa por conta dele a decisão. Democraticamente, colegialmente lançam sorte para que, pela intermediação dela, o Espírito decidisse. E Matias democraticamente foi incorporado aos doze.

A colegialidade, que viria a ser traída pelo poder absoluto papal, foi o primeiro exercício do funcionamento eclesial. Pedro pôde até propor, mas quem dispôs, foi a colegialidade das mulheres e dos discípulos, movidos pelo Espírito Santo e o bem comum. Nada decidido de cima para baixo, imposto autoritariamente. Isto seria uma impostura, um desrespeito ao munus concedido por Jesus a Pedro. Por isso, tudo de baixo para cima, sempre auscultando o que o Espírito está a falar na comunidade. Compete a Ele o "vos ensinará". O princípio é: ouvir o Espírito e não falar, não prescrever de cima para baixo assenhorando-se do lugar e da voz do Espírito Santo: "O mais grave dessa sacralização de uma classe que se reserva todo poder de decisão é que marginaliza o papel do Espírito Santo" (Comblin, J.). Em se tratando da nova era, é ao Espírito que compete mover as mentes e os corações e aos que presidem como servidores dele; uma única função: acolher, escutar, o que o Espírito está a falar em cada um. Inverteu-se a ordem antiga: antes os sacerdotes judeus falavam e deitavam regras, verticalmente, agora as mulheres, os enviados, os discípulos passam a ouvir o que o Espírito tem a falar: "Nesta nova família formada por seus seguidores, não há pais. Só o pai do céu. Ninguém deve ocupar o lugar dele. No Reino de Deus, não é possível reproduzir as relações patriarcais. Todos devem sentar-se em círculo em torno de Jesus, renunciando ao poder e domínio sobre os outros, para viver ao serviço dos mais fracos e indefesos"... "Uma comunidade sem dominação, mas calma e sem hierarquias estabelecidas pelo varão" (Pagola, J. A.).

Nessa altura, importa relembrar que o Concílio Vaticano II, nas pegadas de João XXIII, propôs a volta a este modelo da colegialidade do primeiro concílio. Mas João Paulo II, os cardeais Ottaviani, J. Ratzinger e a Cúria se esforçaram para estancar a nascente na fonte. Tudo voltou ao Concílio de Trento ou ao Vaticano I. É a religião constantiniana. É o eterno restauracionismo próprio a toda religião, ou, como dizia Comblin, "a religião está voltada para o passado", para a repetição do mesmo e não para a ausculta dos sinais dos tempos.

A manifestação do Espírito Santo em Pentecostes

A ordem de Jesus de Nazaré no momento em que ascendia era que não se afastassem de Jerusalém e que esperassem aí o cumprimento da promessa de seu Pai... "que ouvistes da minha boca: porque João batizou na água, mas vós sereis batizados no Espírito Santo daqui a poucos dias".

As mulheres, os apóstolos, os discípulos entenderam a ordem, mas não podiam imaginar o que seria ser "batizado no Espírito Santo". Era tudo muito novo, revolucionário, uma proposta libertadora de toda opressão da ocupação romana, da dominação da classe sacerdotal, dos preceitos religiosos e mesmo das imposições sacrais e morais do

Antigo Testamento. Em vista da força dos hábitos, essa proposta era chocante. Além disso, embora Jesus, que provavelmente não aprendeu a ler e escrever, se inculturasse ao máximo, evitasse linguagem de sábios e empregasse metáforas e parábolas da convivência popular com a vida e a natureza, a novidade proposta por ele era muito difícil de ser entendida. Pese ainda a pouca cultura de pescadores, curtidores, agricultores ou tecelãs ou simples donas de casa que eram.

Mas todos, mulheres, os apóstolos com suas esposas, discípulos, discípulas, reunidos no mesmo lugar, perseveravam na partilha de longas conversas sobre a vida de Jesus de Nazaré e de orações. Num determinado dia, aconteceu algo absolutamente insólito: "Veio do céu um ruído, como se soprasse um vento impetuoso, e encheu toda casa onde estavam sentados". "Do céu", não da terra, veio um "ruído", não um estrondo, uma explosão. Como se soprasse "um vento impetuoso", intenso, e toda a casa ficou preenchida dele. Espírito, em hebraico, em grego, em latim é vento, brisa, respiração. É importante: o Espírito se apodera totalmente do ambiente: "encheu toda a casa". Mas ninguém pode ver o vento, sentiram que ele soprava no espaço todo: é como Ele age, revela-se, mas não desvela. E agora é ele que determinará as vias da redenção. A voz do Filho calou-se. A voz do Espírito falará até o fim do mundo: como o vento que não vemos, mas constatamos nas copas das árvores, no balouço das folhas, no balanço das roupas no varal. Como o vento que preenche o espaço, ele soprará em todos os recôncavos de nossa alma e nos membros da comunidade. Vento que sopra e aquece, sopra e ilumina, sopra e impulsiona, sopra as cinzas e reativa a brasa. Não o vemos, vemos sua passagem pela natureza, sentimos seu sopro, percebemos sua presença em nosso espírito, "nas montanhas" (João da Cruz), na natureza, em todo ser humano.

"Apareceram-lhes então uma espécie de línguas de fogo, que se repartiram e repousaram sobre cada um deles". As mulheres, os discípulos ficaram atônitos, aturdidos e, ao mesmo tempo, tomados por uma força misteriosa que invadiu suas mentes e ardia seus corações: as línguas de fogo os queimavam sem consumir.

"Ficaram todos cheios do Espírito Santo". Primeiro foi a casa tomada pelo vento envolvendo as discípulas e os discípulos. Agora são eles mesmos: "Cheios do Espírito Santo". Este evento é algo assombroso, é o significante de sua missão. Doravante, discípulos "cheios do Espírito

Santo". Cheios de Deus e não de rituais, crendices ou devocionismos. Cheios do Espírito de Deus Pai e do Filho. Maria, Simeão, João Batista, Jesus de Nazaré e agora as discípulas e discípulos dele. Algo inefável: o Espírito em línguas, "chamas de amor", inundando com seu sopro, sua sabedoria as mulheres e homens que virão, falando a cada qual na sua língua particular, movendo o espírito e o coração de cada um no caminho da partilha da vida, do amor, dos corpos, dos bens, da natureza. A teopatia em ação arrebatadora. A humanidade animada pelo mesmo sopro, pelo mesmo Espírito. É a nova era de a Trindade agir na História: ao seu Espírito a tarefa de construir o Reino da Trindade na terra, proposto por Jesus de Nazaré.

De ignorantes, até simplórios, "homens sem letra e indoutos" (At. 4:13), pela inundação do Espírito viram-se transformados. Em um átimo de iluminação, entenderam a missão de Jesus de Nazaré como entenderam que a eles competia levar a boa-nova da libertação da experiência de Deus aos escravizados no culto do sagrado ou envoltos nas trevas da ignorância ou do obscurantismo religioso ou da superstição. Filhos de Deus, como o Filho de Deus, livres para, em "espírito e verdade", partilhar a vida do Pai concedida pelo Espírito Santo.

As escamas da ignorância de Pedro caem pelo sopro do Espírito. Como num raio a convivência de ano e meio com Jesus de Nazaré torna-se-lhe via iluminada sob o sopro do Espírito. Toma a palavra perante o povo aglomerado pelo ruído: "Israelitas, escutai estas palavras: Jesus de Nazaré, homem de quem Deus tem dado testemunho diante de vós com milagres, prodígios e sinais que Deus por ele realizou no meio de vós... Depois de ter sido entregue... vós o matastes, crucificando-o por mãos de ímpios". Pedro, "cheio do Espírito Santo", cumpria o desígnio do Senhor Jesus: "sereis minhas testemunhas em Jerusalém... até os confins do mundo": "Mas Deus o ressuscitou, rompendo os grilhões da morte, porque não era possível que ela o retivesse em seu poder"... A este Jesus, Deus o ressuscitou: "do que todos nós somos testemunhas".

Pedro, as discípulas e os discípulos testemunharam passo a passo a missão do segundo sujeito da Trindade. Ele executou a obra do Pai em todos os seus desdobramentos. Ano e meio de intensa comunicação com os humildes do povo e o resgate da saúde física e mental de grande parte da população. Ano e meio de ensino e instrução sobre o Reino de Deus entre os seres humanos. Pedro insiste: "nossas testemunhas da ressurreição, testemunhas de um Jesus de Nazaré que venceu a morte e está vivo". E é este Jesus vivo que Pedro quer fazer chegar ao povo pela "força" do Espírito Santo e não o morto, o crucificado que foi executado como se fosse um criminoso.

Agora, a nova era: "Exaltado pela direita de Deus, havendo recebido do Pai o Espírito Santo prometido, derramou-o como vós vedes e ouvis".

É impressionante como Jesus de Nazaré, tendo feito a experiência de ser homem, apaixonou-se pelos homens. Não suportou que a felicidade de ser Filho do Pai ficasse só com ele... "havendo recebido do Pai o Espírito Santo prometido"... Que fez ele? "Derramou-o como vós vedes e ouvis". As discípulas e os discípulos já não precisam mais de testemunho da promessa. Agora é "como vós vedes e ouvis". E este "ver" e "ouvir" foi em tal abundância e convicção que Jesus simplesmente "o derramou" sobre todos os presentes.

"Derramar" é espalhar em profusão, sem restrição e por toda parte do corpo, da mente, do coração: "Eu vim para que tenham vida e a tenham em abundância"!

Pedro compreendeu imediatamente o sentido da nova era: se Jesus de Nazaré cumpriu sua missão e em ano e meio se foi, ele e os que com ele estavam também tinham seus dias contados. Deu-se conta que, daí em diante, ao Espírito Santo competia a missão escatológica: "Arrependei-vos e cada um de vós seja batizado em nome de Jesus Cristo para a remissão dos vossos pecados". Mas não basta isso: é a condição inicial. A continuidade da vida nova depende de quem irá dela cuidar: "recebereis o dom do Espírito Santo". O Espírito Santo é um "dom", o dom de Deus para os homens e mulheres de todos os tempos. Ele é graça, vitalização da vida recebida no batismo. É este "presente" de Jesus de Nazaré que garante a perpetuação de sua obra: "Pois a promessa é para vós, para os vossos filhos e para todos os que ouvirem de longe o apelo do Senhor, nosso Deus". E este apelo atravessou as gerações de vinte séculos, este apelo chegou à minha geração e cuidamos para transmiti-lo aos nossos filhos e netos. *Mysterium fidei,* mistério da fé, da presença dos dons do Espírito em todo ser humano. É ele que age no íntimo – "com gemidos inefáveis"... "com toques delicados" – com Sentido Radical – impele todo ser humano sem distinção de raça, cor, gênero ou religião, no apelo e amor ao próximo, de convite a se superar, a transformar suas energias em obras de solidariedade, cultura e arte. É Ele que move toda mulher e todo homem a despojar-se de si e a viver a partilha com os semelhantes e com toda a natureza que nos garante o provento e a vida. O Espírito sempre move antes, mas ele é totalmente discreto, respeitoso, não se impõe, apenas move, um leve toque interno para a superação, a sublimação, a generosidade. "Deus está aí com mil vozes de seu amor" (João de Cruz). Ele não faz acepção de pessoa... A todos chega seu apelo, mesmo aos corações empedernidos pela maldade, pelo apego ao crime ou ao dinheiro, pelo culto do poder, do domínio e da maldade... O seu toque "chega lá" no momento oportuno. Ele não desiste do ser humano. Mesmo os mais fechados à sua luz, delicadamente são marcados por sua presença nos momentos de consciência do mal, de trégua da maldade, ou de fastio ou repugnância do crime.

O Espírito é "o grande desconhecido": Ele age na surdina, no silêncio de nossa alma e, ao mesmo tempo, se esconde. Ele se revela em manifestações suaves de nosso inconsciente, mas não se desvela, ele desperta nossos desejos de superação, de crescimento e os sustenta: "...para que sejais revestidos da força do alto". Entende-se, então, como os devocionismos entopem os canais de comunicação com o Espírito. Desvios que extraviam da via direta do Espírito.

A primeira comunidade

A Igreja de Jesus de Nazaré passou a existir a partir desse derramamento do Espírito Santo. Jesus de Nazaré prometeu fundá-la na carne viva de Pedro, mas Pedro pouco podia entender naquele momento. Agora se deu conta, pelo "dom" do Espírito Santo, que nele se cumpria a promessa de Jesus: a Igreja viva era ele como "primeiro entre pares" e as discípulas e os discípulos.

A experiência do Sentido Radical com ano e meio de convivência com Jesus de Nazaré se repete aqui num sentido de plenitude: O Espírito do Pai e do Filho preenchendo o espaço com seu sopro e abrasando, com "línguas de fogo" ("*llama viva*"), a alma de todos os continuadores da obra de Jesus na História. É sua proposta revolucionária posta em prática nessa segunda experiência do Sentido Radical da presença da Trindade na terra. Na inauguração da Igreja de Jesus de Nazaré acontece cogentemente uma repetição de sua fundação: uma experiência de Deus, de um Sentido Radical, profundamente transformante, bem longe da experiência do *fascinosum* e do "*thambos*" ou da experiência religiosa, sentimental, imaginária. Tanto a fundação da Igreja quanto sua inauguração são experiências do real e do simbólico, com desmonte do imaginário, do sacral. A experiência de Deus é real porque ela é transmutante, impossível de voltar atrás e produz simultaneamente a "força do Espírito" para a receber e a executar, como aconteceu em Pentecostes.

Quando os ouvintes de Pedro e dos discípulos os interrogaram: "que devemos fazer, irmãos"?, Pedro responde, coerente com a experiência que acabavam de viver: "Arrependei-vos e cada um de vós seja batizado em nome de Jesus Cristo para a remissão de vossos pecados". Essa é a condição essencial, basal. Mas ela não basta. Para viver de acordo com a nova experiência da Trindade, daqui para a frente... "recebereis o dom do Espírito Santo". Não se trata mais da religião mosaica nem de uma nova religião. A boa-nova é um convite para conviver com esse "dom do Espírito Santo" para adorar o Pai "em espírito e verdade", em todo pulsar da vida, dia e noite, ininterruptamente, em todo lugar já não restrito a templos, cavernas ou montanhas ou horas para orar. O orar é contínuo, convivência permanente com a Trindade, entrega de todo e de tudo, de cada momento da vida: inteiramente no jorro da *dynamis* do Espírito do Pai e do Filho. Que experiência abissal esta que Jesus de Nazaré nos trouxe! Que alívio viver a plena liberdade de filhos de Deus: "Onde se acha o Espírito do Senhor aí está a liberdade" (2 Cor 3:7). "Somos Deus por participação" (*Funklein*, Mestre Eckhart).

Meu Deus, tua própria vida, tua própria riqueza e os cristãos preocupados com práticas religiosas, devocionismos que abafam tua presença viva e vivificante.

E os que partilharam da experiência primeva: "Perseveraram na doutrina dos apóstolos, nas reuniões em comum, na fração do pão e nas orações". E a cotidianidade deles se estruturava segundo a proposta radical de Jesus de Nazaré: "Todos os fiéis viviam unidos e tinham tudo em comum. Vendiam as suas propriedades e os seus bens e dividiam-nos por todos, segundo a necessidade de cada um".

Mas, nesse início, seria impossível que não misturassem essa experiência de Deus com a experiência do sagrado de muitos anos.

"Unidos de coração frequentavam todos os dias o Templo"; raízes profundas do imaginário religioso. Mas, de outro lado, "partiam o pão nas casas (sem sacerdote e não em templos ou igrejas!) e tomavam a comida com alegria e singeleza de coração, louvando a Deus e cativando a simpatia de todo o povo". Essa ambivalência, do sagrado do Templo e do Sentido Radical da fé trazido por Jesus de Nazaré, foi e é quebrada pelas mulheres e pelos homens de todos os tempos. Os santos, os mártires de todas as épocas só o foram graças a terem-se colocado em cheio no Sentido Radical da fé na Trindade, fora da experiência religiosa do sagrado. Joaquim de Fiori, papa João XXIII, Dom Angelelli, Dom Oscar Romero, Dom Helder Câmara, Dom Pedro Casaldáliga, Dom Samuel Ruiz Garcia, Dom José Damncert, Dom Manuel Larraen, Dom Leônidas Proaño, Dom Gonzalo Lopez Marañon, o Cardeal Arns, o cardeal Carlo M. Martini, os teólogos da Teologia da libertação, milhares de leigos e leigas... São exemplos vivos de como a radicalidade da proposta de Jesus de Nazaré pode ser vivida "pelo dom do Espírito", sem ambiguidade e em plena teopatia. Jesus de Nazaré tinha advertido: "Ninguém pode servir a dois senhores". Infelizmente, o ser humano em sua divisão subjetiva facilmente cede a essa tentação. Mas o Prometido, o Advogado, está aí para nos erguer a cada queda e a nos amparar na superação da sublimação.

Deus é Pai de todos os seres humanos, sem "acepção de pessoa", Deus quer a salvação de todos. Seu Espírito, sem cessar, toca o coração de cada ser humano, movendo-o a superar o mal, a praticar a solidariedade, a justiça. Seu Espírito se revela a cada um segundo seus hábitos, crenças e costumes. O Espírito conhece os caminhos e os meios de salvação. Então, fica claro que o que aqui acabo de descrever é a maneira elegida pela Trindade para se manifestar na história humana. Por vias e desígnios insondáveis, minha falta-para-ser como homem encontrou o amplexo dessa fé como sentido para minha existência e para os meus. Pois o Espírito tem seus planos e seus caminhos.

Conclusão

Em tempos em que a escolástica ainda não produzia fórmulas feitas e acabadas de Deus, Agostinho assim expunha seu pensamento sobre a Trindade: começa por reconhecer a mesma verdade e a mesma fé dos latinos e dos gregos: "chamo essência aquilo que os gregos chamam de *ousia* e que nós chamamos, mais comumente, substância. É verdade que os gregos falam em hipóstase. Mas não sei a diferença que eles pretendem existir entre *ousia* e hipóstase" (De Trinitate V, VIII, IV).

Simplesmente acolhe a diferença dos enunciados e acrescenta: "A necessidade de falar de coisas inefáveis e a obrigação de enunciar como podemos as coisas que não poderiam ser enunciadas fizeram nossos gregos dizerem uma essência e três hipóstases (*mian ousian, treis hypostasis*) e, os latinos, uma essência ou substância e três pessoas porque em nossa língua essência e substância têm a mesma significação" (ib. VII, VI, X).

Primeiro, a união dos latinos e dos gregos preservada, confirmada e respeitada na mesma fé: *Idem credunt graeci et latini sed non eodem modo proferunt*: "O mesmo creem gregos e latinos, mas não o dizem da mesma maneira" (Summa de A. Halles). Depois, a expressão da mesma fé em termos de cultura linguística diferente não impede a mesma verdade: "a Trindade se define por relações de paternidade, de filiação e de procedência. O Pai não engendrado, o Filho engendrado e o Espírito procedente do Pai e do Filho". Com humildade, Agostinho reconhece que só no céu possuiremos as luzes suficientes para vislumbrar o mistério (ib. XV, XVIII). Nada de dogma ou teoria do sopro, simplesmente a união dos irmãos latinos e gregos humildemente diante do mesmo mistério. Só que essa diferença vai tomando vulto e a luta de prestígio explode mortiferamente seis séculos depois, como veremos.

Mas para Agostinho, a Trindade era por excelência a experiência radical da fé viva: "No mais íntimo de sua experiência, Agostinho encontrou a Trindade" (Dufour, D. R.). "Onde, então estavas para mim? Oh, tão longe"... "nômade partilhando com os porcos as bolotas de que se alimentavam"... procurando a salvação nos "contos dos professores de letras"... "Ó miséria de miséria"... "E tu, tu estavas dentro do mais profundo e acima do mais elevado de meu ser"... "Tarde vos amei, Beleza tão antiga e tão nova, tarde vos amei"... "É que estáveis dentro de mim e eu estava fora de mim" (ib. X, 27). Agostinho não cessa de entregar-se a essa Trindade "de dentro de mim, mais íntima que o mais íntimo de minha alma". Simplesmente a convivência teopática e sua *dynamis*.

Nos últimos dias, recolheu-se em seu quarto, cortou toda atividade, colocou nas paredes os 5 salmos penitenciais, concentrou-se na presença da Trindade e deixou-se embalar pela "*dynamis*" do Espírito. Um mês depois mergulhou no abismo dela, "face à face".

O cristomonismo, num determinado momento, se expressou afirmando que Cristo é o alfa e o ômega da história da salvação. Teilhard de Chardin, em sua teoria evolutiva do universo, especialmente do ser humano, concebeu Cristo como ômega da convergência e pleroma da Natureza.

Essas duas concepções parecem-me seriamente equivocadas. A convergência e o acabamento da criação é a Trindade e não o Cristo que foi isolado dela.

Por ora, estamos imergidos na terceira missão: a do Espírito que é a nova era. Quando os três tiverem efetuado as missões que lhes são próprias, o universo chegará à plenitude da Trindade. Infelizmente e para grande prejuízo da religião católica, esqueceu-se da Trindade, sobretudo do Espírito Santo e sua missão na economia da salvação.

Corolário

1. Persignar-se não pode continuar a ser: "fazer o sinal da cruz". É, sim, o "sinal da Trindade". Um momento de invocação e união com Ela, viva em nosso peito. E não uma ação automática ou supersticiosa.

O mistério do Espírito-Dom absoluto, incrível, está à nossa disposição, melhor, ao nosso "uso" segundo Hilário.

"Esse amplexo (*complexus*), como que inefável, do Pai e da sua Imagem não existe sem certa fruição (*perfruitione*), amor e gozo. Esse amor, esse deleite, felicidade ou bem-aventurança, se é que existe na linguagem humana um termo adequado e digno, foi denominado resumidamente por Hilário com o vocábulo 'uso' (*usus*), o qual é na Trindade o Espírito Santo. Este não é gerado, mas constitui a doçura do genitor e do gerado e derrama-se com imensa liberalidade e abundância de graça sobre todas as criaturas, na medida da capacidade de cada uma, a fim de que observem sua ordem e aquietem-se em seus lugares" (Santo Agostinho, TR. VI, 10,).

A experiência de Deus

"A experiência religiosa
não é a experiência de Deus"
(Henrique C. L. Vaz).

"Há uma forma de não se chegar a Deus
que é instalar-se numa religião"
(Raimundo Lulio - 1232).

Experiência não é hipótese, suposição ou qualquer concepção intelectual ou criação fantasiosa. Experiência é algo vivido, vivenciado na alma, no ser do corpo. Experiência é plenitude e profundidade. Experiência é uma "presença inundante e a expressão linguística dela. Experiência dispensa as formalidades da língua ou conhecimento lábil ou confuso das sensações. Mas a linguagem é constitutiva e indispensável na experiência" (Vaz, C. L.). Experiência é linguagem, pois é experiência de um sujeito humano.

O ser humano, o sujeito humano é linguagem: "se o homem fala é porque a linguagem o fez homem" (Heidegger). "O ser da linguagem é o não-ser dos objetos" (Lacan, J.). O animal goza da experiência, fica na sensação, o sujeito humano vive a experiência, não fica "confuso nas sensações". Poderá não saber nomeá-la, mas sabe a experiência. Assim é a "teopatia".

Mas a linguagem veicula um duplo saber: o saber da informação e o saber da experiência. O saber da informação, que no mundo de hoje nos obsidia maciçamente, se erige como um obstáculo ao saber da experiência... "quando a informação e a fabricação da opinião se sacralizam, quando ocupam todo espaço do acontecer (isto é, da experiência) então o sujeito individual... fabricado e manipulado pelos aparatos da informação e da opinião" é "um sujeito incapaz de experiência" (Bondia, J. L.). É um indivíduo dominado pela comunicação de massas, perdido no ego coletivo. "O saber da experiência, porém, é um saber particular, subjetivo, relativo, contingente, pessoal... O saber da experiência é um saber que não pode separar-se do indivíduo concreto em quem encarna" (Bondia, J. L.).

A experiência é uma ocorrência subjetiva, portanto, única, incomunicável. Ela é totalmente própria. Em nosso imaginário, sempre achamos que o outro tem a mesma vivência que se passa em nós. Mas isso é uma ilusão. A psicanálise ilustra a especificidade da experiência de maneira radical: só quem passa por uma análise pode saber o que é a experiência do inconsciente. Nisto, a clínica psicanalítica se distingue epistemologicamente de qualquer outra forma de terapia. Por isso, a psicanálise não é uma terapia. Essa contribuição da psicanálise nos esclarece porque não podemos ensinar o que é amar, o que é ter uma relação sexual, o que é ser mãe, conceber, ser pai... Vem daí que a fenomenologia pouco ou nada serve para entender o que é a experiência. Ela até pode ajudar a entender o fenômeno religioso, mas não o que é a experiência do Sentido Radical da fé. É por isso também que a fenomenologia aplicada à psiquiatria ou à psicoterapia lida com o sintoma, o efeito, mas deixa intacta a causa, que é o objeto da psicanálise.

A experiência de Deus é "teopatia" (*Theo-pathos,* experiência de Deus) e o discurso sobre ele é "teologia". São dois saberes: saber da experiência de Deus e saber da informação ou da opinião (*doxa*) sobre Deus: "A doxa é um mau objeto porque é uma repetição morta, que não vem do corpo de ninguém a não ser precisamente do corpo dos mortos" (Barthes, R.). A "teopatia", porém, é linguagem por excelência:

..."na estrutura da experiência de Deus não há linguagem *sobre* Deus como sobre um *objeto* entre outros, mas a experiência de um Sentido Radical que torna possível o solo de múltiplas linguagens que compõem o mundo do homem e torna possível, igualmente, uma revelação de Deus na forma de uma linguagem particular" (Vaz, L. H. *Escritos de Filosofia* 3, Loyola).

A experiência de Deus, portanto, se efetua num ato de Sentido Radical e na revelação dele, é uma presença que se formaliza numa linguagem singular. A experiência de Deus é simultânea à revelação dele, "na forma de uma linguagem particular". Trata-se de um ato de Deus, de seu Espírito, não de uma ação. Ação é algo que se precipita pela própria natureza da coisa. Uma pedra que a chuva rola no caminho, um meteoro, um raio. Ato, ao contrário, supõe um sujeito como agente e outro como receptor. A experiência de Deus é um ato do Espírito, que imprime no sujeito humano um Sentido Radical, uma revelação de Deus na forma de "uma linguagem particular". Portanto é um ato de sujeitos, não uma ação.

A experiência de Deus supra definida se contrapõe à experiência religiosa. A experiência religiosa está ligada àquilo que, em filosofia, se denomina sublime. É o "*thámbos*" (estupefação) dos gregos. O sagrado, a experiência do sagrado fica entre o *tremendum* (temível) e o *fascinosum* (fascinante) (R. Otto). Algo que tememos e ao mesmo tempo nos fascina.

Trata-se de uma interrogação ou espanto que um fenômeno nos causa. Assim, o sentimento abissal em plena vastidão do mar aberto, o abismo do Rio do Rastro em Santa Catarina, a vastidão do rio Amazonas... Somos tomados de um misto de admiração e temor, de grandeza e pequenez... Passamos por uma sensação de atração e medo, somos tomados por um imaginário grandioso, cativante e, ao mesmo tempo, a sensação de nossa finitude, a presença da morte nos coloca frente à limitação de nossa existência. Diante do sublime, nossa insignificância nos joga num real tão amplo, de cuja grandeza não podemos dar conta. É uma sensação de abismo. Por isso, a experiência do sagrado facilmente nos ilude como se fosse uma experiência de Deus, quando na verdade é experiência de um imaginário excitado pela grandeza de um estímulo concreto, sentido e consciente: "Extasiamo-nos, enchemo-nos de encantamento e podemos chegar ao êxtase da contemplação, que nos deixa silenciosos e reverentes"... (Boff, L.).

A experiência religiosa é precisamente dessa natureza. E, como experiência do sagrado, se contrapõe à experiência de Deus. Uma é imaginária e a outra é real.

"A experiência religiosa, diz Henrique Vaz (1986), é uma experiência do sagrado e a experiência de Deus é uma experiência de Sentido. Trata-se de duas estruturas diferentes em que as experiências são logicamente não só distintas, mas de efeito díspares. Se dissemos que a experiência religiosa ou a experiência do Sagrado não é necessariamente uma experiência de Deus é porque o religioso ou o sagrado resultam de função simbolizante do homem nesse terreno que se estende entre o fascínio e o temor, do que é incompreensível ou misterioso" (id. ib.).

A experiência do sagrado passa-se no imaginário e é daí que "todas as zonas de interrogação e espanto do homem e do mundo são materiais de experiências religiosas ou sacralizantes" (id. ib.). O imaginário, sobretudo o imaginário religioso, é fascinante e rápido, muito. As imagens, elas se gravam, elas calam, elas congelam a mente, elas estancam o raciocínio numa direção única. A experiência religiosa nos coloca num mundo à parte e é por isso que o chamamos "mundo imaginário" ou "mundo das imagens". Todos os fanatismos, sobretudo os religiosos, radicam-se na fixação desse mundo. Mas a tragédia dessa fixação pode resultar em muitos "11 de setembro" e em numerosos Iraque, Síria, para não falar das cruzadas, do holocausto e do extermínio de 70 milhões de ameríndios. Esse fascínio é hoje explorado à fundo pela religião do espetáculo na TV e na concentração de massas, nos fanatismos violentos e destruidores. Como os islamitas extremistas crucificando cristãos na Síria (abril-maio 2014) ou exigindo dinheiro deles para protegê-los.

Essa tragédia procede do fato que o imaginário hipertrofiado tira o sujeito do real e tolhe sobretudo a sua racionalidade, isto é, a função simbolizante. Quando o imaginário toma conta, o sujeito fica alucinado e aí... O fanatismo é da ordem da paranoia: o domínio absoluto de um Outro implacável e ...cruel, pior, ainda, quando essa paranoia é encarada como provinda de um deus. O fanatismo, seja ele ideológico ou religioso, é da ordem do delírio, da estrutura da loucura. O Outro se apossa do imaginário do sujeito ou da massa em fúria. É um processo devastador porque irracional. É a megalomania religiosa com total domínio do imaginário. Esse mesmo fanatismo se apodera do imaginário dos fiéis de religiões maníacas ou de seitas e eles se tornam ansiosos, atormentados, não conseguem abordar ninguém ou nada sem falar de religião. Inquietos por culpa constante, pela "presença do demônio" em tudo, tornam-se, nessa inquietude nada evangélica, insistentes e chatos proselitistas. Nada mais enfadonho e de mau gosto do que rádio e TV martelando motetes, citações, hinos religiosos com fim de proselitismo. Esse tormento ideológico da religião ocorre no contraponto à proposta do sereno e admirável Jesus de Nazaré. Jesus é uma experiência de Deus, ele se desembaraçou da experiência religiosa. Essa é sua nova mensagem para a humanidade.

Disso dimana que "a experiência de Deus não é, estruturalmente, uma experiência religiosa"... "a experiência de Deus no seu teor autêntico" comprova-se "como experiência do Sentido Radical" (id. ib.).

A experiência do sagrado, ancorando-se no imaginário, é da ordem do ritual, faz parte de uma rotina religiosa. Pertence à definição estabelecida entre aquilo que Freud denominava experiência religiosa e neurose obsessiva. Ora, a neurose obsessiva se manifesta num domínio atormentador sobre o sujeito. Ele está em dúvida o tempo todo e em dívida permanente, está diuturnamente sob o jugo de um superego implacável que cobra ritual sobre ritual incessantemente. Os fundadores de religião ou de seitas e os clérigos sabem isso muito bem e exploram essa consciência obsessiva com imposições moralizantes, pecado, ameaças de condenação eterna, prescrições e discriminações maniqueístas, apelo ao demônio e se apresentam como donos da verdade de Deus, suscitam o culto de um narcisismo por vezes asqueroso, dissimulam esperteza em arrancar o dinheiro dos fiéis sobre mil promessas de cura... enfim, atitudes e procedimentos que se destinam a ocultar ambições de problemas psíquicos não resolvidos ou de paixões pecuniárias inconfessáveis... É preciso montar e manter esquemas de resignação do fiel ao domínio do poder religioso, estruturalmente ambivalente.

A estrutura obsessiva se implanta por um amor excessivo e invasor da mãe. E o filho passa a vida querendo suprir esse amor de mãe, competindo com o pai. Nessa posição, o obsessivo vive numa passividade masoquista, "ocupa o lugar do gozo do outro", entrega-se a uma servidão voluntária e não consegue realizar o desejo próprio. Na competição com o pai, quer tudo "controlar e dominar" e, nesse jogo, não consegue escapar de um contínuo sentimento de culpa: "O obsessivo que passa o tempo a reconstruir um Outro melhor que o Outro, sem falha, seria o homem do mito, do sagrado" (Dufour, D. R.), ou seja, o religioso.

Religião, para muitos, é madrasta "invasora e controladora". Mantém o fiel sob ameaça e culpa. Exemplos são infindos: o fiel que não sai do confessionário ou do diretor espiritual, a fiel sabatista que, no restaurante, consulta a bíblia na internet para saber se pode comer tal peixe ou tal animal, o judeu que discute se o gafanhoto que veio do deserto é *kosher* ou, melhor ainda, *vide* o filme *Tekva*, traduzido por: "O temor de um homem de Deus". Trata-se de um sulfita atormentado por uma neurose obsessiva violenta que o obseda 24 horas. Horror que a religião possa causar tal estrago!

Deus, único Pai, não pode se agradar com um sofrimento tão grande e nem seria capaz de tamanho suplício e muito menos se satisfazer com tal tortura. Nem mesmo um pai humano. Mas a religião faz bem isso. Isso é fruto de religião ou, melhor, de seus fautores, não vem de Deus. É uma estupidez a religião produzir tamanho sofrimento como se isso fosse exigência de Deus ou como se Deus Pai tivesse prazer em ver um filho seu destruído pela neurose.

A confissão auricular na religião católica era, não raro, uma obsessão persecutória. No seminário, na oração da noite, aquela fila diária para confessar o "pecado solitário" e, assim, "poder" comungar no dia seguinte. Pois, além do mais, não calharia bem não comungar na missa diária obrigatória. Felizmente, essa prática obsessiva entre pecado dito mortal e confissão está desaparecendo. Cada vez mais, menos pessoas se confessam, mas o número de católicos que comungam aumentou.

A contraprova da ambição de poder religioso é muito simples: o que vem de Deus produz paz, desapego, renúncia, pobreza, santidade. E onde está a santidade de clérigos, eclesiásticos ou pastores narcisistas, arrogantes, que vivem na riqueza e em confortos pessoais de bens valiosos e do envio de dinheiro a paraísos fiscais ou mancomunados com políticos, com a máfia e fazem lavagem de dinheiro? Onde ficou o seguimento de Jesus no amor aos pobres e desvalidos? O seguimento de Jesus tem chancela iniludível: a "estética da renúncia", o despojamento, sobretudo o desprezo ao acúmulo e, mais que tudo, o serviço para com os irmãos e irmãs, mas não a exploração deles com a ideologia do religioso para enriquecimento pessoal, o culto de si ou a exploração da consciência alheia com a contínua injunção do pecado, da culpa e do demônio, atribuindo a ele qualquer fraqueza ou falha humana.

Longe desse mundo imaginário e de sua exploração situa-se a experiência de Deus. Trata-se de uma experiência de sentido ... "mas o sentido de que falamos na experiência de Deus não é a soma de sentidos parciais... nem um sentido entre outros. Trata-se do Sentido Radical ou absoluto na acepção mais estrita" (id. ib.). Trata-se estritamente de um significante cujo significado só o sujeito sabe, porque único. Este é o "Sentido Radical": um ato de Deus.

"Soma de sentidos parciais"... "um sentido entre outros": é interessante notar as interpretações da Escritura que visam proteger o poder e a concentração dele na religião católica ou os sentidos que cada denominação religiosa privilegia nas Escrituras, como se fossem a Verdade. Exemplos: "venho para que tenham a vida e a tenham em abundância", entende-se não a vinda do Espírito, mas a riqueza material; outro: "onde estiverem dois ou três reunidos em meu nome estarei no meio deles", o pastor-sedutor: "... imaginou como Deus estará muito mais no meio dessa multidão". Psicologia das massas manipulada habilmente pelo prestidigitador da plateia. Estamos em plena "era da imagem do espetáculo narcíseo" (Lucas, F.).

Esse procedimento está no cerne da experiência do sagrado. A experiência religiosa se alimenta de um discurso, de um saber do sacral e da prática de rituais, sobretudo da sugestionabilidade das massas (Freud, S.). E se esse discurso vem, como hoje acontece, com toda teatralidade da mídia ou do palco, substituto do antigo púlpito, os arroubos sentimentais podem levar às lágrimas, mas que se desfazem como vapor. A experiência religiosa resulta da "soma de sentidos parciais", de todos os artifícios sacrais, devocionais, sobretudo midiáticos, explorados pelos hierárquicos. Exemplo disso: a Bíblia. Durante quatro séculos e meio, proibida de ser lida pelos fiéis na religião católica e, agora, objeto de procissão dominical e exposição. Mais uma adição ao ritual do sagrado. Em contrapartida, após o Vaticano II, a Bíblia foi recuperada de maneira viva nas Comunidades de Base, na forma da "leitura orante", sobretudo nas Américas. Ela voltou a ser fonte de vida e passou a ter um Sentido Radical nessas comunidades. É ela que dá inspiração ou resposta aos problemas encontrados na vivência do dia a dia. A "leitura orante" da Bíblia se tornou alimento vivo, uma experiência do Sentido Radical.

A experiência de Deus, porém, não é experiência religiosa, é de outra natureza: essa diferença "nos obriga a buscar para a expressão do Sentido Radical uma linguagem em que a purificação dos "resíduos" do sacral ou do religioso se faça mais rigorosa e vigilante" (ib. id.). A experiência de Deus trazida por Jesus de Nazaré é francamente facilitada pela varredura dos "resíduos" ou superstições "do sagrado". Para que a experiência de Deus, "a expressão do Sentido Radical", ocorra é necessário que se faça "uma purificação dos resíduos do sacral ou do religioso" que "se faça a purificação mais rigorosa e vigilante". "Rigorosa" porque a experiência de Deus supõe a limpeza total do sacral, e "vigilante" pois a tentação ou a atração do "imaginário" religioso são um ardil, porquanto não cessam de se multiplicar novos devocionismos que garantem segurança aparente. Jesus e o evangelho testemunham o Sentido Radical de ponta a ponta. Jesus desmascarou a cilada do *fascinosum* e dele se livrou o tempo todo. Evangelho e religião são opostos.

No entanto, é impressionante como o "*fascinosum*" continua superatual, dominando o imaginário religioso. A sociedade religiosa, assim denominada "Arautos do Evangelho", sociedade medieval em mentalidade, roupas e costumes, parida da ultraconservadora associação Tradição, Família e Propriedade, instalou-se pomposamente na serra da Cantareira, SP, em área de conservação ambiental, com várias nascentes. A religião sempre está à procura de privilégios, mesmo com ônus ao povo ou ao ambiente. Construiu igreja gótica, seminário e uma biblioteca que o povo das favelas ao redor denominou apropriadamente de "castelo", tal a ostentação extemporânea, já que as catedrais europeias estão mofando. O arquiteto das obras, Marco de Paulo Lippi, definiu maravilhosamente o *fascinosum* do religioso aí instalado: "Queremos encantar e impressionar nossos visitantes". E essa fascinação religiosa é tão importante para essa seita que "se não gostarmos da pintura depois de concluída, refazemos" (Folha 15/07/2015). Nomeiam-se Arautos do Evangelho, mas se considerarmos, por exemplo, o estrago que fizeram em São Miguel de Sucumbios, Equador, aparecem mais como "cavaleiros" do Concílio de Trento ou do Vaticano I. É impressionante a paixão de certos seres humanos por viver fora do tempo, alheios aos "sinais dos tempos".

A experiência de Deus, porém, dispensa o *fascinosum*, rituais ou "resíduos do sacral". Ela é direta, sem intermediações outras que o ato no real efetuado pelo próprio Espírito. O Espírito age no inconsciente, efetiva um ato no real que aparece no consciente como "expressão do Sentido Radical de uma linguagem". Esse ato move, transforma, impele. A experiência religiosa do sagrado, porém, é fruto de uma cerimônia, de uma cena, uma representação do sacral. Ela é visível, em geral massificada, ritual e emociona. Ao passo que a experiência do Sentido Radical da Trindade, ou do Filho ou do Espírito é uma experiência de fé. "A fé, diz Paulo, é a certeza das coisas que não se veem", portanto que não caem sob os sentidos, não são espetáculo, mas é uma experiência do Espírito: "A fé é entrega sem provas" (Karnal, L.). Uma certeza "impressa" na alma. Ou, como disse a filósofa Marilena Chauí: "Eu conheço Deus, não creio nele".

Cabe aqui uma questão: estando um sujeito sob o domínio do sagrado, o Espírito pode "aproveitar" desse momento para comunicar um Sentido Radical à sua existência? Primeiro, Deus é liberdade absoluta, segundo, a história de Paulo e tantas outras, como Francisco de Assis, Bartolomeu de Las Casas, Santa Terezinha, cardeal Carlo M. Martine... testemunham que isso pode ocorrer. São exceções! O tempo do sujeito e o tempo de Deus não são o cronológico nem o do sagrado. O tempo da teopatia não é o tempo determinado pelo sujeito, mas pelo amor do Espírito pelo ser humano. Tempo e espaço são só da competência do humano. Mas ao Espírito o sagrado oferece obstáculo e, de fato, as experiências bíblicas, sobretudo as de Jesus de Nazaré, ocorrem fora do sagrado. Assim, também as experiências místicas. O transe místico, que é uma experiência do Sentido Radical de Deus por excelência, sempre ocorre fora do sacral ou dos ritos sagrados. O Espírito, em sua liberdade absoluta, inunda o eleito e o transforma num momento de divinização. Então, se a experiência do Sentido Radical vier a ocorrer sob a cerimônia do sagrado, é exceção à regra.

De todo modo, "a experiência de Deus compreende o espaço de uma linguagem e do seu conteúdo", ou seja, de um significante e de seu significado. O que caracteriza a experiência de Deus é que ela opera, nesse espaço, uma presença onipresente, a presença mesma do Sentido Radical. Experiência "absolutamente única" (id. ib.). E intransferível. Singular. Irrepetível. Não há ritual algum que possa produzi-la ou reproduzi-la e, se ela vier a acontecer de novo, será outra. O Deus de Jesus não se agrada de repetições. Seu Espírito *sempre* cria o *novo*. A experiência de Deus, "presença onipresente". Não havia possibilidade de não receber o Espírito no dia de Pentecostes: "a presença mesma do Sentido Radical". Pentecostes, na continuidade da experiência de Jesus, é, por excelência, experiência do Sentido Radical. É teopatia em ato pleno.

Essa presença de Sentido Radical se efetua então numa experiência de plenitude, "não uma plenitude que nos submerge e nos esmaga, mas uma plenitude que é sentido, que nos liberta e nos ilumina"... (ib. id.) deliciosamente, pacificamente possuídos. A experiência de Deus nos penetra com uma verdade: "Sem a verdade experiencial de Deus, nossa vida andará errando entre muitos deuses e muitos senhores: mas serão ídolos ou imagens enganosas da Verdade que perdemos" (ib. id.). Ao abandonarmos a experiência de Deus e ao nos entregarmos à neurose obsessiva do sagrado, "já não cremos em Deus, embora continuemos a oferecer em espetáculo ao mundo o alarido de nossas teologias... como velhos ritos diante de uma plateia divertida, cética ou entediada, que ocupa algumas horas de seu fim de semana presenciando uma missa pop ou folheando distraidamente algum best-seller teológico do momento" (id. *passim*). Ainda mais: "As sociedades tradicionais assumem como uma tarefa primordial a organização e o controle da experiência do sagrado que, em determinada circunstância, pode tornar-se elemento perigoso e dissolvente para a ordem social" (ib.). Dessas afirmações, infere-se que a experiência de Deus pode passar longe das missas-show, seja nas viagens internacionais dos papas ou na TV, como a teatralidade sentimental diante do culto eucarístico ou o devocionismo carismático: ... "o alarido de nossas teologias"... "Velhos ritos diante de uma plateia divertida, cética ou entediada"... "missa pop"... "best-seller teológico do momento"... "velhos ritos"... Tudo com muita festa, espetáculos da massa, palmas, palavras de ordem, apupos... "mas sem a verdade experiencial de Deus". Grandes eventos religiosos, enormes paradas do sacral... "nossa vida errando entre muitos deuses e muitos senhores ("papas", "pastores"), mas serão ídolos ou imagens enganosas da Verdade que perdemos". É "o alarido de nossas teologias" competindo em número e espetáculo... "velhos ritos" das religiões de sempre. Mas tudo fora da "verdade experiencial" de Jesus de Nazaré e do Espírito de Pentecostes. De outro lado, a história das religiões, sobretudo a das três monoteístas, prova que "em determinada circunstância a experiência do sagrado pode tornar-se elemento perigoso e dissolvente da ordem social". Vide guerras de religião, ataques terroristas, as dolorosas guerras entre seitas islâmicas, como entre os sunitas e xiitas no Iraque, e tudo, incrível, em nome de Deus! Inclusive, a declaração de morte aos cristãos e aos Yasidis pelo EI. Além disso, o Estado Islâmico promete extirpar o clitóris de 450 mil mulheres de 14 a 45 anos. Dos fanatismos, o religioso é o pior de todos, pois se reveste de uma onipotência atribuída a Deus.

"Trata-se, diz Vaz, de um capítulo clássico da história das religiões. Daqui a inexplicável implicação do sacral, do social e do político, que caracteriza as sociedades tradicionais" (ib. id.). Embora a ciência, a tecnologia e a política tentem se libertar da religião, "o sagrado se marginaliza, mas nem por isso deixa de florescer, vigorosamente, em zonas de fronteira ou periféricas"... (ib. id.). Jacques Lacan (1900-1980) previu que as religiões se multiplicariam como nunca. No Brasil, a cada mês duas novas surgem. Diz-se, por causa da isenção de impostos, que é um modo mais fácil e mais rápido de se enriquecer.

Mas o discípulo da experiência de Deus precisa ter a coragem de se libertar dos apelos ao sentimentalismo religioso, dos sites hipócritas, funcionais ou ficcionais do sagrado, que seduzem os fiéis para um imaginário paralisante, com falsas promessas de todo tipo de "cura".

Vaz afirma contundentemente com inequívoca nitidez: "**a experiência religiosa não é, especificamente, uma experiência de Deus; a experiência de Deus não é, estruturalmente, uma experiência religiosa**" (ib. id.). No sagrado, "a experiência de Deus é substituída pela multiplicação de vivências pré-racionais e mesmo irracionais que se pretendem religiosas ou, no terreno da vida cristã, por essa incrível e desordenada folclorização do *rationabile obsequium* da liturgia a que os mais lúcidos assistem com profundo ceticismo e bem-fundados receios" (ib. id.). O *rationale obsequium* (obséquio racional) de transformar a última ceia em sacrifício e, *ipso facto*, a necessidade da sacerdotização de alguns discípulos gerou o "*rationabile obsequium*" da liturgia como um culto formal, alienante e alienado, porque desencarnado da assembleia e, sobretudo, de sua vida cotidiana, de suas lutas diárias e de seus sofrimentos, da comunidade real. Além disso, é impressionante como "a multiplicação de vivências pré-racionais e mesmo irracionais" dos devocionismos impregna o culto religioso oficial da religião católica. "Os mais lúcidos assistem" à liturgia "com profundo ceticismo e bem-fundados receios"... Hoje os mais "lúcidos" já se afastaram ou muitos ainda cumprem o "social" da religião ou o supersticioso... "A teologia, os dogmas, a liturgia, a organização eclesiástica só servem como repelentes. Somente uma experiência vivencial poderia chamar a atenção e eventualmente convencer" (Comblin, J.).

A missa, que, em princípio, seria a ceia comunitária do Senhor, além de virar rotina cotidiana, transformou-se num amontoado de devocionismos. Assim é lamentável que o *rationabile obsequium* da liturgia tenha transformado a ceia do Senhor em sacrifício de expiação, aquilo que foi um dom dele, alimento da jornada humana. A eucaristia, experiência de um Sentido Radical, a mais pura e viva teopatia, virou religião, sacrifício, mais uma experiência religiosa. "Os nossos contemporâneos, anuncia o profeta Comblin, abandonam os atos litúrgicos oficiais da Igreja porque os consideram enfadonhos. A missa habitual é enfadonha"... "No evangelho, a salvação não procede dos desejos, das aspirações humanas, não procede do culto ou de modos de buscar favores da divindade. O culto não vem de Deus, porque Deus oferece a vida e a salvação antes que os homens a peçam. O dom da vida plena, reconciliada e feliz vem de Deus gratuitamente e torna inúteis as práticas religiosas".

Poderíamos concluir que a experiência de Deus, de um Sentido Radical, é inversamente proporcional à hipertrofia de experiência do sagrado, ou seja, quanto mais barulho ou agitação do religioso, mais distante a intimidade do Espírito comunicante: "*Deus non est in commotione*", "Deus não está na comoção". Mas, como acima ficou claro, é preciso testemunhar que, segundo a autêntica espiritualidade cristã, "a experiência de Deus não é um luxo espiritual" (ib. id.). Ela depende do absoluto bem-querer de Deus, mas está perenemente disponível a quem se abre ao Espírito presente no âmago de todo ser humano que não o barra com a experiência iterativa do sacral. Quem vive aberto ao Espírito o dia todo é visitado pelos seus "toques" (João da Cruz), seus impulsos, suas mensagens em direção ao amor ao próximo, à prática da justiça, ao desapego daquilo que é supérfluo. A vida cotidiana, o acordar, o trabalhar, o comer, o amar, o conviver, o dormir tudo é impregnado da presença do Espírito. É a vida na dinâmica e na dimensão dos filhos de Deus proposta por Jesus de Nazaré, ou seja, exatamente como Ele vivia.

É por isso que o envolvimento imaginário do e no sagrado, a burocracia dos rituais geram barreira às intervenções das experiências do Sentido Radical do Espírito. Ele opera com "gemidos inexprimíveis" (Rm. 8:26), mas "opera em vós tanto o querer como o efetuar, segundo a sua vontade" (Fl. 2:13).

Resumindo: "experiência é uma presença e sua expressão". A experiência do sagrado é experiência do sublime, do "*tremendum*" e do "*fascinosum*" (do tremendo e do fascinante). Ela se efetua no imaginário e se manifesta entre fascínio e temor: encantamento próprio do imaginário engrenado ou deslumbrado. A experiência de Deus é uma presença cuja expressão é uma comunicação direta na alma, um significante, uma mensagem que se imprime no real e é captada no simbólico, irrecusável, imediata, envolvente e suavemente convincente... Transforma o sujeito. Ela não é senão por "uma diferença na alma" como bem a define Fernando Pessoa. "Deus é inconsciente", descobriu Jacques Lacan. A experiência religiosa fixa-se no imaginário, coagula-a no deslumbramento. A experiência de Deus apresenta-se também no imaginário com a certeza da presença dela, mas não se fixa nele, ao contrário, impele o sujeito ao real e o capacita num simbólico transformante. A experiência de Deus não paralisa o sujeito como ocorre no encantamento, no fascínio do sagrado. Ela é irrupção da Trindade sempre impulsionando o sujeito em direção ao próximo, à comunidade... "a vivência da revelação, embora difícil e profunda e nunca perfeitamente objetivável, é experiência real e verdadeira, pois remete a uma presença viva que precisa ser reconhecida e verificada" (Queiruga, A. T.).

Agora, um passo a mais. Que revela essa presença do Sentido Radical? É claro que sempre que falamos de Deus e, sobretudo, da manifestação de seu Espírito, nosso dizer é sempre analógico. Trata-se de uma "presença" que se revela ao sujeito, mas não se desvela. Desvelada, só seria possível pela intermediação do "*lúmen gloriae*" ("luz da glória") que não pertence a esse mundo e nos propiciaria o "face a face" de que fala Paulo. É por isso que a experiência de Deus de que falamos nessa expressão é "Sentido Radical, como presença onipresente" e "é rigorosamente transcendente a toda presença particular. E como as presenças particulares não se somam na totalidade de sentido, o Sentido Radical é a um tempo presente e absolutamente transcendente. No entanto, ele não é inexprimível ou inefável, e eis porque podemos falar da experiência de Deus" (ib. id.).

Para os cristãos, a experiência de Deus se exprime num Sentido Radical. A manifestação da presença de Deus na pessoa de Jesus de Nazaré é a "afirmação de uma experiência de Deus que se mostra dissociável, ao menos no seu núcleo original, de uma experiência religiosa" (id. ib.). Que nos revela Jesus em sua intervenção na história humana? Primeiro uma identidade com o ser humano ou, melhor, uma paixão por ele. E como procede? Ele caminha pela terra dos humanos, ele prega. Prega o quê? O amor aos homens, às mulheres e às crianças, um amor radical sem o qual não é possível amar a Deus e ser por ele amado. "Tudo o que fizerdes ao menor dos meus irmãos, a mim o fazeis". E o acerto de contas da existência não é outro senão o amor ao próximo, aquele a quem demos de comer, vestimos, visitamos, curamos... "Ao entardecer da vida, te julgarão no amor" (João da Cruz). Deus não precisa de nosso amor ou de nosso louvor. Ele precisa do amor ao próximo! E, mais ainda, o perdão de nossas falhas e omissões está condicionado ao "perdoai nossos pecados assim como perdoamos aqueles que nos têm ofendido". Mais uma vez, não há experiência de Deus indo a ele sem o próximo. A medida do perdão dele é a mesma que, na vida, usamos para perdoar o próximo... "Não encontrarão no Reino de Deus um novo código de leis para regular sua vida, mas um impulso e um horizonte novo para viver transformando o mundo de acordo com a verdadeira vontade de Deus" (Pagola, J. A.). Conclusão: "a experiência religiosa não é a experiência de Deus".

Jesus não só pregou. Curou os que estavam doentes em seu caminho, deixou o alimento de seu corpo para a jornada de todo ser humano já que dele precisa como sustento e alento, sobretudo, em suas fraquezas.

Enfim, entregou-se livremente a toda criatura que deseje se valer de sua redenção. Mas não completou a obra. Instituiu os recursos, mas a aplicação deles ele os deixou por conta do Espírito, cuja missão escatológica é reaplicar em cada ser humano a obra da salvação operada por Ele, Filho de Deus. Deus não age senão trino. A vida inteira de Jesus nada tem de religioso: não elevou templos, não construiu igrejas, não fundou uma religião, não instituiu sacerdotes, em todos os seus atos de cura ou em suas mensagens nunca repetiu rituais ou preces preestabelecidas. Em tudo e com todos sempre uma nova experiência de um Sentido Radical da manifestação da Trindade. Aboliu a estrutura patriarcal, sequer levou em conta a ordem do sagrado da família de Levi, sequer cogitou clérigos, menos ainda eclesiásticos, apenas e somente discípulas e discípulos, escolhidos seus, para serem enviados aos quatro cantos da terra, guiados pelo Espírito. Cada vez que as turbas iam para o fascínio ou o temor do religioso, cada vez que o imaginário popular se acendia em admiração por ele ou em promovê-lo a chefe ou rei, cada vez que percebia que sua mensagem iria tornar-se manifestação de massa ou religião, ele se afastava e se escondia. Abominava a ostentação e repudiava a admiração, pois sabia que esses sentimentos provêm do sagrado ou das massas dominadas por um chefe, uma ideologia ou uma torcida e estorvam a experiência do Sentido Radical, que sua encarnação veio trazer e sua vida testemunhava. Jesus sabia que "em face do sagrado não há fé: há fascínio, temor" (Vaz, H.). É por isso que toda vez que a multidão resvalava para o sagrado, ele alongava.

Além disso, Jesus, a própria experiência de Deus, sabia que as manifestações de massa podem ser muito emocionantes, mas elas não têm consistência e, sobretudo, são efêmeras e opostas à experiência de Deus, a única, que ele visava em seu contato com o povo.

"Com efeito, diz Vaz, a experiência cristã de Deus é a experiência da presença do Sentido Radical numa existência de Jesus e na palavra da revelação que é totalmente condicionada por essa existência histórica, na medida em que dela procede e a ela se refere" (ib., p. 253). É o acontecer da teopatia. A manifestação de Deus na pessoa de Jesus é algo contundente, é um corte absoluto na história humana: há simplesmente um antes e um depois. Jesus é, por excelência, a experiência viva de Deus em carne humana como a nossa. Essa experiência ocorre no Sentido Radical de uma existência histórica da manifestação do próprio Deus. É, por isso, que a experiência do sagrado assombra e se interpõe entre o humano e Deus como um obstáculo imaginário-obsessivo, antagônico à experiência do Sentido Radical. "A característica essencial da experiência religiosa como experiência do sagrado, que é transgressão do histórico (sic!) e a passagem a um espaço e a um tempo mitogênicos (onde o mito nasce necessariamente como discurso do sagrado), desaparece aqui com a afirmação irredutível da historicidade da existência do Revelador e da revelação" (id. ib.).

A experiência do sagrado diante da manifestação da Trindade em Jesus de Nazaré é "transgressão do histórico". Isto é algo muito grave. O sagrado não tem a ver com a historicidade da existência do Revelador e da revelação. É por isso que "a passagem a um espaço e a um tempo mitogênico", efetuado pela fundação da religião (católica) constantiniana, é uma "transgressão histórica". "A historicidade do Revelador e da revelação consiste numa experiência de Deus e nao numa experiência do sacral": esta é a grande "notícia" trazida pela Trindade nos sujeitos trinitários Jesus e seu Espírito Santo. Total abolição do sagrado e seus mitos. A grande notícia, a nova notícia de Jesus: doravante não é mais necessária a religião. Uma nova era se precipita a partir de agora. São tempos de teopatia. A Trindade se agrada apenas da liberdade de seus filhos, de uma resposta deles, livre de qualquer injunção, no vivo intercâmbio diário, constante, com os três.

Essa historicidade da intervenção do Revelador e da letra de sua revelação aos seres humanos constitui-se na especificidade do fato cristão. Consequentemente, "o problema da experiência cristã de Deus define-se, pois, como a impossibilidade de se encerrar o Revelador e a revelação na esfera do religioso ou do sagrado, esfera da representação mitogenética" (id. ib.). "O mito nasce necessariamente como discurso do sagrado", ou seja, o discurso do sagrado sempre é mitogenético. A religião é fruto da cultura, ela é sempre "representação mitogenética". Há, pois, uma absoluta "impossibilidade de se encerrar o Revelador e a revelação na esfera do religioso ou do sagrado". Quando a religião católica e as seitas dela derivadas violam essa "impossibilidade" praticam uma impostura e cometem "uma transgressão histórica".

A experiência de Deus na pessoa de Jesus de Nazaré é de tal natureza que "Revelador e letra da revelação" não são separáveis, embora o sagrado, as religiões tenham operado uma separação após Constantino. O sagrado, "esfera da representação mitogenética", por ser negação da experiência de Deus a exclui e anula a especificidade do fato cristão. Revelador e revelação do Sentido Radical da encarnação do Filho de Deus não se encerram "na esfera do religioso ou do Sagrado", porque esta é "a representação mitogenética" da "comunidade" fundada por Jesus de Nazaré, destinada por ele a efetuar a experiência do Sentido Radical de sua encarnação, morte e ressurreição, mediante o Espírito Santo.

Mas, como logo veremos, quando a "comunidade original" dos cristãos se tornou religião, a nova religião do Império romano, a "esfera do religioso ou do sagrado" contaminou a fé, sombreou-a. A religião católica foi um equívoco, uma cooptação de poder, um abandono da experiência do Sentido Radical, aprisionando-o na "esfera do religioso ou do sagrado".

A experiência de Deus na pessoa de Jesus de Nazaré não é tanto porque ele era Deus. Isto, segundo cremos, ele era desde toda a eternidade. O grande milagre é que Deus se tornou homem, este é o Sentido Radical da experiência de Deus tanto no genitivo subjetivo como no objetivo. Antes de Jesus de Nazaré, Deus não sabia o que era ser homem. Só em sendo, a *experiência* foi possível.

A experiência de Deus se passa no mistério, longe da experiência do sagrado, que é sempre uma experiência consciente, fruto da cultura.

"Trata-se, portanto, diz Vaz, essencialmente de uma experiência de fé, não de uma experiência religiosa, como a experiência do sagrado" (id. ib.). Pois a experiência religiosa não é uma experiência de fé. A religião é sempre expressão de uma cultura ou subcultura. Ela, por definição, impõe, conserva e cultua o dualismo sagrado/profano: ... "as religiões não caem do céu, mas nascem da terra"... "Em sua realidade histórica são produtos estritamente culturais como a poesia, a filosofia e a ciência" (Queiruga, A. T.). Por isso, "para Jesus, o centro deixa de ser a religião. O centro são os irmãos e o próximo. É justamente o que os doutores não sabem ou não querem saber" (Comblin, J.).

A experiência radical de Jesus de Nazaré abole definitivamente esse dualismo, pois a "historicidade do Revelador e da revelação consiste numa experiência de Deus", teopatia, e esta é a proposta ou a incumbência que deixou ao seu Espírito, às discípulas e aos discípulos.

Desde cedo, sobretudo quando Constantino fez da Igreja uma religião de Estado para substituir a religião evanescente do povo romano, os enviados que seguiam a Tradição Apostólica, a abandonam, se *sacerdotizam*[2] (Josaphat, C.). E cooptam com o sagrado, tornam-se seus funcionários, apaixonam-se pelo status e pelo poder, que eram próprios aos sacerdotes pagãos ou judeus. Por exemplo, apropriaram-se da eucaristia como se Jesus devesse obedecer unicamente à palavra do sacerdote para estar presente no pão e não na palavra dele. "O sacerdote substitui o Espírito Santo como se fosse a presença de Jesus, como se agisse como sendo a pessoa de Jesus" (Comblin, J.). "*In persona Christi*" (na pessoa de Cristo), afirmou Santo Tomás. Todo mito, sobretudo o religioso, pega e tem força, mas escamoteia a verdade. Assim a unção das mãos que era feita aos reis passou a ser o sacramento da ordem sacerdotal na religião católica. "Não há nenhuma alusão a funções religiosas dos presbíteros. Não há sinal de que teriam sido ministros obrigatórios da eucaristia" (Comblin, J.). E essa cooptação com sacerdotes de outras religiões se estendeu a concílios, a templos, igrejas construídos pelos

---

[2] "Sacerdotização", "sacerdotizar" são dois neologismos introduzidos pelo teólogo Carlos Josaphat, para marcar o momento em que a instituição clerical constantiniana rompeu com o paradigma da proposta de Jesus, que sempre foi leigo e elegeu a obra do "*Regnum Dei*", o projeto de sua missão na Terra (*Freiburger Zeitschrift für Philosophie und Theologie*).

imperadores, lugares sagrados, roupas, ritos, privilégios sacerdotais, inclusive o título de "pontifex", pontífice, confiscado pelo papa Leão Magno, privilégio dos imperadores romanos, embora já não mais usado por eles. "As vestimentas, antes própria dos imperadores, como a púrpura, o báculo de ouro, a cobertura dos ombros (mozeta), a estola com os símbolos do poder foram assumidas pelos papas que passaram a ser senhores do mundo, à revelia de tudo o que Cristo queria" (Boff, L.). A mitogenia do sacral tomou conta dos mentores desse sagrado e tudo que pudesse ser fonte de crenças e crendices foi explorado a fundo. Uma ampla transformação mistagógica da comunidade de Jesus de Nazaré. Santo Agostinho, que não se pejou de reprimir maniqueístas e donatistas "*manu militari*" ("força militar"), se viu às voltas com as inúmeras superstições oriundas de pagãos que foram acuados e forçados a "se converter".

O princípio daninho da união da Igreja constantiniana com o poder temporal foi que, a partir do 4º século, ela vai sempre buscar no poder civil a cobertura de sua expansão. Este fator tirou a força evangélica da Igreja, aquela da Tradição Apostólica. Já no tempo de Santo Agostinho, o poder civil é chamado para reprimir os que não são cristãos. As conversões por conveniência se multiplicam, e hoje, muitos séculos depois, praticamente nada sobrou do cristianismo no norte da África. No fim da vida, Santo Agostinho amargou profundamente o desmoronamento de sua proposta de evangelização. "O foco ideal de Agostinho fora a vida comum de absoluta pobreza levada por ele e seu clero na casa episcopal". Os cidadãos de Hipona bem podiam orgulhar-se disso: "Subordinados ao bispo Agostinho, todos os que vivem com ele levam a vida descrita nos Atos dos Apóstolos". Até quanto à roupa, a vaidade de papas e a de sacerdotes: "Alguém me traz de presente uma rica túnica de seda. Talvez caia bem num bispo (ironia!), mas não em Agostinho, não num homem pobre, nascido de pais pobres. Os homens apenas diriam que agora herdei roupas caras, tais como nunca poderia ter na casa de meu pai nem em minha carreira secular. Digo-vos que um hábito dispendioso me embaraçaria: não condiria com minha profissão nem com meus princípios e pareceria estranho a esses membros velhos, com meus cabelos brancos".

E ele adota postura determinante: "qualquer um que fosse apanhado fingindo haver renunciado a todos os seus bens seria degradado na mesma hora": "Que ele recorra a mil concílios contra mim, que parta para a corte quando quiser e faça o que puder, quanto puder: Deus me ajudará; onde eu for bispo, ele não será sacerdote" (Brown, P.).

Mas Agostinho morreu amargando duas realidades duras: sua posição de governo piramidal explodindo de todo lado e a constatação de que os bispos africanos "estavam longe de ser os líderes espirituais incontestes numa sociedade em que a Igreja e o Estado tornaram-se inextricavelmente interdependentes" (E. Pagels, *apud* Brown, P.). E essa interdependência por séculos manterá a Igreja presa a convenções políticas, distantes do evangelho.

A religião católica, como instituição do poder, sempre privilegiou o culto do sagrado em detrimento da experiência de Deus, e isto por uma razão muito simples. O culto do sagrado empolga o imaginário dos fiéis, os submete e garante o exercício ("necessário") do poder clerical já que este é o intermediário entre eles e Deus. Consequentemente, eles ficam capturados nesse imaginário do temor e do fascínio ou do devocionismo. O culto do sagrado passa a ser concebido e dirigido como uma ideologia. Foi assim que a experiência do Sentido Radical da fé foi se encobrindo com ritos, iniciações mistagógicas.

"O clero como classe separada é uma invenção de Constantino. Até Constantino, não havia distinção entre as pessoas sagradas e as pessoas profanas. Eram todos leigos. Porque Jesus apartou a classe sacerdotal e não tinha previsto de nenhuma maneira que aparecesse outra classe sacerdotal, porque todos são iguais. E, não há pessoas sagradas e pessoas não sagradas, porque para Jesus não há diferença entre sagrado e profano. Agora, na religião há uma distinção básica entre sagrado e profano. Em todas as religiões. E há um clero que se dedica ao que é sagrado. E os outros que estão no profano, na religião, são receptores, não atores. Não têm um papel ativo. É preciso ser realmente consagrado. Isso começa no tempo de Constantino" (Comblin, J.). E a partir daí, continua Comblin, "a história foi um conflito permanente entre o clero que defende e aumenta seus privilégios e o seu caráter sagrado e lembranças evangélicas que procuram salvar a Igreja desses defeitos. Sucede que os males foram atribuídos aos pecados das pessoas, sem reconhecer que os males vinham da estrutura e não das pessoas que eram vítimas das estruturas".

A cobiça alimentada pelo mito da "*Donatio Constantini*" resultou no mais empedernido apego ao poder e em repulsa a tudo o que é novo na religião católica. No intuito de manter o poder absoluto, a igreja-instituição-romana, a partir do século IV, foi tomando medidas severas, repressivas, às vezes violentas, tais como exércitos papais, conquista de territórios, pôr e depor reis, alianças com reis e governos, a lei do Padroado, o apoio à colonização da espada e exterminadora de culturas milenares, a ambivalência com a escravidão, incentivo à conversão por medo, a "guetização" dos judeus, a desastrosa Inquisição, o "Santo" Ofício, o dogma como garantia de poder, o Índex, o domínio da inteligência e da cultura, o Vaticano como estado, o clericalismo como classe social, a instituição do cardinalato como segurança na transmissão e guarda do poder papal, o centralismo curial, a abolição da colegialidade dos discípulos de Jesus (Atos dos Apóstolos) e proposta novamente pelo Concílio Vaticano II, o Direito Canônico prevalecendo ao evangelho, o medo ou a inveja diante dos teólogos-profetas, nada menos que centenas de condenados, mesmo por delação e não seus escritos, mas eles mesmos, sem direito de defesa, destituídos de suas funções pelo cardeal Ratzinger e João Paulo II... e isso depois de João XXIII ter declarado: "condenação nunca mais" e em que pese Jesus ter declarado diante de Pilatos: "...o meu Reino não é deste mundo, se meu Reino fosse deste mundo pelejariam os meus servos para que eu não fosse entregue, mas agora o meu Reino não é daqui". Ele avisou e repetiu o aviso, mas não adiantou: criou-se um sacerdócio, uma hierarquia sacerdotal, o papa virou imperador, chefe de exércitos, dono de terras e governante delas. "O meu Reino não é deste mundo" virou reino, império deste mundo! E Pio IX anatematizou quem negasse ao papa esses "direitos" e de fato: "A origem de todos os males é a cobiça" (1 Tm. 6:10).

É impressionante notar que a experiência radical de Jesus de Nazaré não tem a ver com clero ou classe sacerdotal, lugares sagrados ou religião. A experiência do Sentido Radical de Deus se tornar homem em Jesus de Nazaré "particulariza-se absolutamente nela" (H. Vaz). Ela nos convida a outra vida para o espírito, fora do sagrado, fora do encantamento. "Exprimir na nossa própria linguagem, escreve Vaz, num ato de suprema liberdade, essa linguagem paradoxal em que o Revelador se revela a linguagem mesma da revelação, eis a experiência do ato de fé". E a conclusão se nos impõe: "A experiência cristã de Deus é, portanto, a experiência da fé em Jesus Cristo... É traduzir em nossa linguagem e no nosso discurso a presença de Deus em Jesus Cristo" (id. ib.). Esta é a grande novidade, a "boa-nova", "o evangelho", a teopatia. Deus tornou-se homem. Jesus de Nazaré abole o Templo ("o véu rasgou-se de cima a baixo"), sacerdócio levítico ou qualquer outro, dispensa todos os mitos e lendas sobre Deus, elimina crenças e crendices do sagrado. Jesus, Deus em carne e osso, implanta a convivência de Deus com os seres humanos. Deus a partir de Jesus é Deus encarnado e ressuscitado. Portanto, a experiência cristã de Deus é uma experiência de fé e a experiência do sagrado é um imaginário dominado pelo sublime, pela sugestionabilidade ou pelo medo. Sobretudo pelo supersticioso. Deus passou a habitar entre nós porque "o *Logos* se fez carne" humana como a nossa... "Jesus vive abandonando-se a Deus, ao Pai, Abba... Busca sua vontade sem receios nem cálculos nem estratégias. Não se apoia na religião do Templo nem na doutrina dos escribas. Sua força e sua segurança não provêm das Escrituras e tradições de Israel. Nascem do Pai. Sua confiança faz dele um ser livre de costumes, tradições ou modelos rígidos. Sua fidelidade ao Pai o faz agir de maneira criativa, inovadora e audaz. Sua fé é absoluta. Por isso, aflige-o tanto a "pequena fé" de seus seguidores e a grande confiança de uma mulher pagã" (Pagola, A. J.).

Jesus sabe que sua existência terrestre terá um fim e que essa convivência dele com os seres humanos deverá ser estabelecida pelo Espírito até o fim dos tempos e, por isso, elege mensageiros, discípulas e discípulos, apenas enviados, cuja missão era serem guiados por esse Espírito para que dessem testemunho desse acontecimento máximo na humanidade e a todos fizessem chegar a abundância da vida de Deus por ele alcançada: "Eu vim para que tenham vida e a tenham em abundância". Talvez, nada mais triste para esse Jesus de Nazaré do que os mitos que se criaram ao longo dos séculos sobre ele, sobre Deus e sua encarnação. Esses mitos, todos eles são construções imaginárias que sempre animaram a fantasia dos seres humanos diante do mistério, do inexplicável ou do fascinante: *timor fecit deos* (o temor fez deuses). O mito é sempre a primeira "ciência" fabricada diante do desconhecido, é a maneira humana de enfrentar o real indevassável. Mas o problema do mito é duplo: sempre gera outro mito e o ser humano ou o grupo social que nele acredita se acomoda com sua "verdade" como sendo a Verdade. Deus, Jesus, o Espírito Santo, a encarnação, a eucaristia... são um mistério e é preciso que sejam acolhidos e respeitados como tal. É a condição da fé. As pretensas explicações "teológicas" dessas revelações, sobretudo quando viram dogma, são um equívoco. Um exemplo claro disso foi definir o mistério da eucaristia como um processo de transubstanciação. Ah, Aristóteles! O mal que tu, *malgré toi*, fizeste ao simples e cotidiano do aramaico de Jesus de Nazaré. As substâncias do pão eucarístico e as do nosso continuam as mesmas! As posições autoritárias tornam-se ridículas! Deus "jamais é o que nossas palavras dizem a seu respeito" (Queiruga, A. T.). É preciso ter o mínimo de recuo, de senso crítico de nossa limitação diante de Deus. Gera-se crença no dogma e perde-se a fé viva e vivificante do mistério. Além disso, há o temor real da condenação inquisitorial caso se ouse pensar de maneira diferente da ortodoxia dogmaticamente definida. É como se Deus pudesse ser coarctado no saber humano.

Esquece-se da missão dos três Sujeitos. A revelação presa ao dogma é coagulada. "O Concílio de Calcedônia define que Jesus tem uma natureza divina e uma natureza humana. Mas o que é uma natureza? Um ser humano não é uma natureza. Um ser humano é uma vida, é um projeto, é um desafio, uma luta, é uma convivência em meio a muitos outros, isto é fundamental se queremos fazer o seguimento de Jesus" (Comblin, J.). No dogma, só resta repetir a mesmice da "verdade" e a "*dynamis*" do mistério revelado é estagnada: "Desafortunada herança do curso que a teologia cristã seguiu na Europa é o fato de que a fé tenha chegado a indicar a adesão mecânica à "autoridade" (Radhakrishmans). Cito novamente José Comblin: "A teologia, os dogmas, a liturgia, a organização eclesiástica só servem como repelentes. Somente uma experiência vivencial poderá chamar a atenção e eventualmente convencer".

A mitogenia sustenta toda e qualquer religião. Assim, o devocionismo mantém a dinâmica da religião católica sempre em novas roupagens imaginárias. O devocionismo substitui os deuses especializados da mitologia pagã. Nós, católicos, acabamos por substituí-los por um santo ou uma santa para cada circunstância, evento ou necessidade da vida. Há santo para tudo e todos os gostos. Dom Helder dizia que nem Nossa Senhora podia estar de acordo com os devocionismos que fabricaram para ela. Até "Nossa Senhora dos Nós" ou do Crack! O marianismo pessoal de João Paulo II foi exageradamente exaltado. O devocionismo é prática religiosa danosa porque impede a experiência do Sentido Radical do Espírito. Fixa-se no imaginário, na magia do sagrado e abole-se a teopatia.

Mas há consequências sérias que dimanam dessa prática supersticiosa. Assim, o "São Bom Jesus de Pirapora" é um santo com manto vermelho coroado de espinho, que, para os romeiros (sobretudo os cavaleiros), nada tem a ver com Jesus de Nazaré. Igualmente, em Goiás, há a devoção ao Pai Eterno, que, para os devotos, também não é Deus, pai de Jesus. Vide o absurdo da representação da Trindade em três imagens, um Jesus seminu, o pai, um velho careca, duas figuras ridículas, a pombinha do espírito e, "quarta" pessoa da Trindade, Maria em atitude beata. É inacreditável que a congregação dos redentoristas permita tal mitologia e a alimente. O pai eterno é, no devocionismo popular, um santo, como é mais um santo o "divino" de São Luiz de Paraitinga, Estado de São Paulo. O livro de uma historiadora sobre o folclore dessa cidade diz que "o Espírito Santo é uma das divindades (sic!) da Igreja católica" (V, Nana). Os exemplos são múltiplos. A quem interessa essa mitogenia? Ao clericalismo, à manutenção da religião, a interesses de luta de prestígio, materiais e financeiros. Basta um sacerdote descobrir um veio (show-missa, santo, santuário...), para lá vai o povo sofrido e os cofres se recheiam! A última mitogenia: Nossa Senhora do Crack, nova devoção, incrivelmente elogiada pelo afã devocionista do cardeal de São Paulo, Dom Odilo Scherer. Vide onde chega a mitogenia: Nossa Senhora protetora das drogas ou dessa droga tão mortífera. E os drogados, a destruir a imagem, com mais senso do que o cardeal: "Não se pode misturar o nome de Santa com essa desgraça". E, quando a polícia dispersou a cracolândia de São Paulo, o mesmo cardeal afirmou que isso foi uma "ótima prestação de serviço a São Paulo"... E os viciados, os últimos, "os excluídos dos excluídos"? Bom, ainda bem que o padre Lancelotti pensa diferente!

Jesus de Nazaré, onde ficou a tua proposta libertadora de religião, de crenças e de superstições?

Assim foi na ignominiosa ação da Inquisição contra Galileu Galilei. Segundo o mito do astrônomo egípcio Ptolomeu, a terra era o centro do Universo. Este mito gerou outro. Se Cristo veio à Terra para salvar os homens, é porque a Terra é realmente o centro fixo do Universo. Todo mito é mitogênico: o religioso e o sagrado não perdem a oportunidade para fortificar seu poder, ampliar o domínio sobre os fiéis. E Galileu por pouco não foi queimado por demonstrar que a Terra não é fixa no Universo, gira em torno do próprio eixo e dá uma volta ao redor do sol no período de um ano: "*Eppur se mueve*", (contudo ela se move) disse ele após a condenação. Terrível humilhação histórica para a soberba do poder clerical. Mas, mesmo assim, a igreja-instituição não abaixa a cabeça. João Paulo II pediu perdão por essa ignomínia, mas tudo continuou na mesma forma de poder.

Exemplo evangelicamente acabrunhante: a discórdia do *filioque* em que a experiência da fé sucumbe ante a experiência religiosa.

Em 589, o sínodo de Toledo, na Espanha, propôs que o Espírito Santo procede do Pai e do Filho. Em latim, quando o "e" indica uma coordenação íntima, uma ligação estreita, em vez de "et" usa-se "que". Como o Espírito Santo é tão Deus como o Pai e o Filho, o "que" indicaria de maneira mais precisa para os latinos o mistério do procedimento do Espírito Santo. O sínodo propôs então que o Espírito procede "a Patre Filioque" "do Pai *e* do Filho". Em 807, Carlos Magno convoca um concílio e condena o império oriental por não adotar essa fórmula. A Igreja oriental, que tem absolutamente a mesmíssima fé na Trindade, portanto no Espírito Santo, expressa-se de maneira diferente: diz que o Espírito Santo procede do Pai via ("per" em latim, "dia" em grego) o Filho. Diante do fato de que as duas maneiras de tentar dizer o mistério denotam a mesma verdade, que é o mesmo objeto de ambas as crenças, o papa Leão III tentou resistir à imposição do imperador. O espírito da união com o poder civil é que a liberdade evangélica tem que ceder à imposição imperial. Foi assim que, em 1014, o imperador Henrique II da Alemanha, ao ser coroado por Bento VII, impôs o *Filioque* ao rito germânico e como tal se implantou no Ocidente.

O patriarca Focio, de Constantinopla, reagiu de maneira contundente defendendo a ortodoxia oriental. A guerra de poder ou de palavras chegou ao ponto de se altercarem e descerem a aleivosias.

Em 1054, o cardeal Humberto, legado do papa, foi a Constantinopla, excomungou solenemente a Igreja oriental em nome do papa. Os orientais foram acusados de "má fé e teimosia". A partir de então, as duas Igrejas, vergonhosamente, vivem separadas. Consideremos: primeiro, a Trindade é um mistério; é muita pretensão o ser humano querer dizer qual é a verdade dela; segundo, esse caso doloroso demonstra claramente que religião é invenção cultural, luta de prestígio, exercício de poder.

Essa excomunhão mútua foi levantada simultaneamente em 7 de dezembro de 1965, por Paulo VI e Atenágoras I, patriarca de Constantinopla. Em 25 de julho de 1967, ambos lavraram um documento em que lamentam "as palavras ofensivas, as censuras infundadas e os gestos condenáveis... deploram os nefastos precedentes e os acontecimentos posteriores"... Infelizmente, ambos "têm consciência de que este gesto de justiça e de perdão recíproco talvez não seja suficiente para pôr fim às diferenças"...

E de fato não foi suficiente: até hoje estão separadas, embora o Papa Francisco tenha tomado iniciativas consistentes para a união.

Ambas, uma só Igreja, ambas uma só crença e a desordem moral: em vez do amor mútuo, segundo mandamento de Jesus de Nazaré, o ódio e o culto do "narcisismo da diferença" (Freud). Confirma-se: religião, em sua estrutura, é disputa de ortodoxia, disputa de poder, luta de prestígio.

Essa insensatez anti-evangélica comprova que preservar a religião acaba sendo mais importante do que a fé, que o amor ao próximo como condição de amor a Deus é sem valor algum na hora em que se trata de defender a religião, a ortodoxia e a autoridade clerical. É a luta para afirmar o poder do sagrado. E a mútua excomunhão cria uma "situação impossível" (Comblin, J.) de se entender, embora ambas as partes afirmem que creem segundo o evangelho.

Essa contenda de palavra demasiadamente humana e mesquinha perdura há séculos. Bento XVI veio interrompê-la timidamente, escrevendo ao patriarca de Constantinopla e desfazendo-se do título de patriarca do Ocidente, que os papas vingativamente se deram ante a separação da Igreja Oriental.

O fanatismo religioso, tão fustigado por Jesus de Nazaré, que queria irmãs e irmãos livres em "espírito e verdade", está ínsito à estrutura religiosa. Todas as religiões, sem exceção alguma, se governam por ele sempre que, de algum modo, sejam questionadas ou contestadas.

Mais uma vez "a experiência religiosa não é a experiência de Deus". Ambas as Igrejas pautam sua crença pela mesma fé na Trindade e juram pelo mesmo evangelho. E, "situação impossível", ambas na prática, o traem hipocritamente.

O Papa Francisco, que não se preocupa com doutrinas, mas com o amor direto às pessoas, já se encontrou duas vezes com Dom Bartolomeu I, patriarca do Oriente.

Outro acontecimento evangelicamente constrangedor foi o que se passou com a Reforma. A Reforma é exemplo típico de que a religião acaba em luta de prestígio ou em destruição do outro.

Lutero e os primeiros companheiros não queriam fundar uma nova Igreja e, menos ainda, se separar de Roma. "Queriam corrigir a doutrina católica medieval por um retorno às origens, à Bíblia e ao modo de viver dos primeiros cristãos, denunciando tudo o que foi acrescentado e não era, para eles, conciliável com as origens" (Comblin, J.). Lutavam por um retorno à Igreja de Jesus pobre, a viver no meio do povo. "A corrupção da Igreja devia-se à sua riqueza e ao isolamento do clero – sobretudo da hierarquia, desfrutando de seus privilégios econômicos e políticos" (Comblin, J.). O movimento da Reforma visava enfrentar essa corrupção moral da religião católica e o descaso no seguimento de Jesus de Nazaré.

Os novos teólogos rejeitavam a escolástica, sobretudo aquela que citava textos isolados da Bíblia para justificar o desmando do clero. Queriam voltar à mensagem primitiva do evangelho.

Erasmo de Roterdam e Tomás Morus foram vozes fortes nessa campanha de renovação. Os protestantes se opunham às doutrinas das indulgências, do purgatório, do culto aos santos e à materialização da doutrina dos sacramentos, "todos assuntos ligados à corrupção financeira da Igreja, por serem grandes fontes de renda" (como é ainda hoje!) (Comblin, J.). Os pobres deixam de ocupar o lugar central. "Todos os poderes estavam nas mãos do clero, que usou esse privilégio para conquistar grandes vantagens na sociedade civil, e os leigos ficaram sem poder" (Comblin, J.).

Martinho Lutero, monge agostiniano, Doutor em Teologia Bíblica (1512), inspirou-se na teologia paulina. "Aplicou o princípio de liberdade de Paulo à insurreição contra todo o sistema complexo de obras inventadas pela Igreja romana para assegurar a salvação. Chegou à conclusão de que o que salva é a fé e não as obras, e que Deus salva gratuitamente" (Comblin, J.).

Em 1506, o papa Júlio II proclama indulgência para a construção da basílica de São Pedro. Numa visita a Roma, Lutero fica profundamente chocado com o "comércio religioso" da Igreja romana.

Nesse interim, há o escândalo de o bispo Alberto de Brandeburgo (1515) obter o direito exclusivo de propagar as indulgências na Alemanha com o fim de dividir o amealhado com os banqueiros Fugger, que lhe deram emprestado 29.000 florins romanos, a fim de obter de Roma a confirmação das suas três dioceses.

Em 31 de outubro de 1517, em Wittemburg, Lutero publica suas célebres 96 teses que seriam de enorme utilidade para a Igreja, caso as acolhesse. A sentença 33: "É contra a vontade do Espírito que os hereges sejam queimados". Lutero, certamente foi um sinal do tempo, um *kairós* do Espírito Santo, mas Leão X não tinha condições psíquicas ou apostólicas para o acolher. E assim passou o Espírito por ambos, com grande prejuízo para o único necessário: o *Regnum Dei.*

Em 1520, o papa Leão X ameaça Lutero de excomunhão com a bula *Exsurge Domine*. Lutero a queima. A excomunhão veio depois.

Lutero infelizmente não manteve seu propósito inicial de um verdadeiro profeta, iluminado pelo Espírito Santo. Sem dúvida, uma experiência do Sentido Radical da fé, um toque claro de teopatia a que, infelizmente, não conseguiu ser fiel. Não permaneceu no vigor profético do Espírito, nem o papa e a Igreja tiveram docilidade suficiente para acolher esse sinal dos tempos. Logo de início, se uniu aos príncipes e se refugiou no Castelo de Warterburgo, onde procedeu à tradução da Bíblia, monumento da literatura alemã. Teve um confronto sério com o companheiro da Reforma, Thomas Münzer, líder intelectual dos camponeses revolucionários. Lutero, já sob a proteção dos poderosos, e Münzer, na luta para defender os pobres e oprimidos, explorados pelos nobres.

A Reforma, como toda religião, começa se dividir logo de início: Luteranos, calvinistas em Genebra, França, Holanda, Zuingli, 1522, em Zurique, que morreu numa batalha contra os luteranos alemães, mais tarde Wesley na Inglaterra, presbiterianos, batistas nos Estados Unidos e as novas denominações não pararam mais.

Mas os profetas que assimilaram as ideias de Lutero a respeito do retorno à Igreja de Jesus de Nazaré, contra uma Igreja aliada aos ricos, como João Hus, os albigenses ou as beguinas... "foram tratados como traidores e muitos queimados vivos". "Além disso, quem ousasse querer uma reforma social era imediatamente visto como traidor da Igreja, pois confrontava com a aliança entre as classes ricas e o sistema clerical" (Comblin, J.). Luta insana ou escândalo na fé... tudo por causa do obstinado orgulho do poder, do domínio sobre o outro e da atitude absolutamente anticristã de não acolher o outro e muito menos se abrir à sua mensagem. Quando isso acontece, o Espírito Santo se recolhe, e os seres humanos ficam entregues à sua sorte brutal. Reforma, momento claro da presença do Espírito Santo, de volta à Igreja de Jesus de Nazaré. Infelizmente, cegueira de ambos os lados, luta de prestígio, "luteranismo" e contrarreforma, multiplicação de seitas e fechamento da religião católica por cinco séculos sobre si mesma, no culto do poder papal. "Protestantes" contra uma desordem generalizada e múltiplos desvios da religião católica.

Essa divisão em seitas e denominações é consequência da própria organização institucional das religiões. Mais dois exemplos.

O Judaísmo, hoje, tem pelo menos sete ou oito divisões que se combatem, se discordam ou se ignoram em função da certeza de que cada uma possui a Verdade sobre Deus. Pobre Deus ter que se submeter a receber louvores pelos canais culturais da religião atribuídos a Ele.

Assim o judaísmo ortodoxo, fundamenta-se com a circuncisão, com listas de rituais diários, roupas, cabelos, adereços, cerimoniais, observâncias rituais do tempo de Moisés, mas não imola mais animais nem tem o Templo, embora venere suas ruínas em Jerusalém. O judaísmo conservador se opõe a correntes revolucionárias ou diferentes, o judaísmo reformista, o judaísmo liberal, sobretudo dos Estados Unidos, o judaísmo reconstrucionista, o judaísmo humanista, o judaísmo secular e... o judaísmo indiferente.

"O avô reza em hebraico, o pai em inglês e o neto não reza" (Mayanot, 2002 – "Teremos netos judeus?").

Entre eles há, talvez, mais tolerância do que entre os cristãos e os islâmicos, embora os judeus ortodoxos achem-se os únicos fiéis verdadeiros.

Se nós nos voltarmos para o terceiro monoteísmo, o islâmico, o mesmo fenômeno. O islamismo atual está multidividido. Sunitas, aluitas, xiitas, sulfistas... que mal e mal se toleram e, no fundo, se odeiam mutuamente. E todos propõem a Bíblia e o Corão como livros sagrados para crença e prescrições, mas, na prática da vida, a contradição flagrante. No Egito, a irmandade muçulmana posta fora da lei, todo o norte da África abalado pela "Primavera Árabe" e todos os povos e governos emperrados por causa de consórcio abominável entre religião e estado civil.

No Líbano, 4 milhões de habitantes, apenas 10.400 km e 17 religiões que não se entendem. Uma "democracia" sectária: o primeiro ministro tem que ser sunita e o presidente da câmara, xiita; os sunitas, apoiando os rebeldes sírios, e o xiita Hizbullah enviando 4.000 combatentes para apoiar Damasco de Assad, sunita. Esses exemplos são o flagrante testemunho de que a violência é própria da estrutura religiosa. Democracia "sectária" é contradição nos termos ou, simplesmente, democracia impossível! "A história humana mostrou que a construção dessa paz não pode ser entregue a nenhuma religião" (Suess, P.). Sábio mesmo foi Jesus de Nazaré: sabendo de tudo isso, não fundou religião, eliminou sacerdócio e propôs o *Regnum Dei*, serviço para com o próximo, comunidades que abominam a competição e vivem a partilha da fé e do pão, do amor aos irmãos e às irmãs.

Judeus, cristãos e islâmicos, filhos de um mesmo Deus, de um mesmo Pai, e irmãos separados pelo ódio, inveja ou condenações mútuas.

Confirmação atual: no fim do Ramadã, 2012, a televisão mostrou o ditador Bashar al-Assad ajoelhado numa mesquita. Que religião é essa em que, por apego ao poder, eliminam-se sumariamente 500 mil irmãos da mesma fé e destrói-se um país inteiro? Hipocrisia revoltante! "Uma nação fundada na religião está fadada ao fracasso. As histórias islâmicas e cristãs mostram isso" (Banna, G.). Se o ditador Assad ainda vencer a guerra civil, certamente irá à mesquita para agradecer a Alá por ter trucidado irmãos na fé.

Conclusão: Os três monoteísmos têm a Bíblia como fundamento de suas crenças. É para eles a carta magna, escrita por homens e dentro dos costumes e concepções filosóficas de época, com contradições, mas admitida como fonte de fé, porque redigida sob inspiração de Deus. Essa convicção é indiscutível para os três: a Bíblia contém a palavra de Deus, sendo que o Novo Testamento não é tido como Bíblia para os judeus e muçulmanos, como não aceitam a Trindade. Mas os três acreditam em um só Deus, o invocam, o louvam e o honram.

Ora, os três monoteísmos dizem levar em conta a prescrição máxima sobre o relacionamento entre os humanos: "Não te vingarás nem guardarás ira contra os filhos do teu povo; mas amarás o teu próximo como a ti mesmo... E quando o estrangeiro peregrinar convosco a vossa terra, não o oprimireis. Como um natural entre vós será o estrangeiro que peregrina convosco: amá-lo-ás como a ti mesmo" (Lv. 19:18, 33,34). Jesus de Nazaré foi mais longe: colocou o amor ao próximo como segundo mandamento e nos ensinou no *Pai nosso* que o perdão do Pai é proporcional e condicionado ao perdão ao próximo.

Essa prescrição, essa orientação, como cremos, provêm do próprio Deus e poderiam transformar a face do mundo em rosto de Deus. Na verdade, durante séculos, muitíssimas vezes, os três monoteísmos fizeram dela uma caricatura, uma hipocrisia deslavada.

Ao propor a *jihad* como justificativa para a intolerância religiosa e a conquista dos não islâmicos, Maomé não fez outra coisa que codificar o que subjaz no cerne das organizações religiosas ou simplesmente nas religiões, pois cada uma vê as outras como "pagãos" a serem convertidos ou combatidos. Os três monoteísmos não se entendem, mas como se entenderiam se dentro de cada um há tantas divisões? Um exemplo muito simples. Os monoteísmos propõem um dia de guarda. Para os judeus é o sábado, para os muçulmanos, a sexta-feira e, para aos cristãos, o domingo. No mundo da fé, é incrível que nem nesse particular se entendam em honrar o Deus comum. No plano da globalização, um transtorno entre os continentes, sobretudo no âmbito da comunicação e dos negócios. Os católicos que, por exemplo, têm negócios com o Oriente Médio, precisam trabalhar no dia de domingo, que é dia de trabalho para judeus e muçulmanos. Nem que seja no home-office. Verdade irracional: como dizer que se crê num mesmo Deus e não se entender nem mesmo sobre o dia para o louvar? Ecumenismo é uma utopia estruturalmente inviável, tanto quanto ortodoxia como prática religiosa. Por isso, a proposta de Jesus é simplesmente admirável: nada de religião, tudo na comunidade de amor ao próximo... as bem-aventuranças.

As religiões se propõem a louvar a Deus ou a observar os mandamentos, mas na prática seus prepostos não impõem outra coisa que fórmulas de domesticação de seus fiéis.

Todos os três monoteísmos propõem e impõem a prática da experiência religiosa. A experiência do sentido Radical da fé permanece na tela de fundo, é encoberta pelos enormes encargos das leis e prescrições religiosas em que Deus é louvado em dias e horas certas. A experiência religiosa é privilegiada pelo poder dos clérigos e os fiéis acreditam estar bem com Deus por estar sob o jugo dessas leis: "Onde há teologia não há teofania, onde há ideologia fala-se de Deus, mas Deus não se manifesta" (Spinelli, B.).

As religiões são sociedades de crença que vão surgindo através dos tempos, portanto são instituições culturais e cada uma afirma agir em nome de Deus e sua verdade. Ora, está aí o princípio porque os monoteísmos não se respeitam nem intracrença como nem, e muito menos, diante de outras crenças.

Resumindo: a perseguição dos judeus aos cristãos no início do cristianismo, a perseguição dos cristãos aos judeus durante séculos, gueto, "pérfidos judeus" na liturgia, os islâmicos se apossando da "Terra santa", as cruzadas, a expulsão dos árabes do sul da Espanha onde os três monoteísmos conviviam respeitosamente, como hoje no Brasil, o escândalo de Pio XII e o holocausto, a reconquista de parte da Palestina pelos judeus, a luta de ódio entre judeus e muçulmanos que se prolonga sem definição, os Estados islâmicos a governar misturando Corão com política, perseguição com pena capital aos islâmicos que se convertem ao cristianismo ou aos cristãos que não se convertem ao islamismo, as guerras religiosas da Europa, enfim as prescrições veterotestamentárias e neotestamentárias... nada mais que letra morta. "Certos ateus, arrependidos de seus excessos, não hesitam em querer ainda acreditar em Deus... convocam a que se recarreguem as baterias do monoteísmo" e aqueles dos grandes relatos... "Receio que funcionem sob o modo da enunciação obsessiva (*e não do enunciado!*) persuadida de haver perpetrado um assassinato de Deus... Terminam, mesmo, por lembrar-se de *um mundo de ordem* que jamais existiu. *Lembrança encobridora.* Esse mundo era também um mundo de violência, de violência em grande escala, de violência transcendente. Em nome do grande relato dos Estados-Nação, os povos foram conduzidos em massa à carnificina. Em obscuras querelas, os monoteísmos se entredevoraram: milhões de judeus foram mortos sem que Roma se alarmasse. Ainda hoje, uma parte não negligenciável de filhos de sobreviventes dos campos de concentração emprega métodos expeditivos contra muçulmanos, enquanto uma parte destes tende para as derivas fundamentalistas que tentam, hoje, os demais monoteísmos" (Dufour, D. R.).

Muitos séculos de ódio, discriminação, condenações a prisões ou à fogueira, excomunhões, proselitismo escancarado, preconceitos...

Tudo em nome de um Deus comum às três crenças! Irracionalidade, contradição e violência inerentes às estruturas religiosas! Mas "não é mais cabível pretender impor aos demais a própria verdade" (Queiruga, A. T.).

A mitogenia, desde que a instituição clerical deixou para segundo plano a experiência radical da intervenção de Cristo na história, floresceu e cresce através dos séculos. A mitogenia católica teve início com o culto de Jesus e da eucaristia. "A religião começou quando Jesus se transformou em objeto de culto... Com isso desumanizou-se progressivamente. O culto de Jesus vai substituindo o seguimento de Jesus. E Jesus nunca havia pedido que lhe oferecessem um rito... nunca. Mas queria o seguimento, seu seguimento"... "A religião esconde a vida terrestre de Jesus. Jesus torna-se objeto de adoração no culto" (Comblin, J.).

Assim, espedaçou-se o corpo de Jesus de Nazaré: culto da face, das chagas, do coração, da cabeça, e agora da "mão ensanguentada", culto da eucaristia... Não bastou o que os carrascos fizeram com o corpo dele! "Todos nós, escreve Pagola, corremos o risco de converter Cristo em "objeto" de culto exclusivamente; uma espécie de ícone venerável, com rosto sem dúvida atraente, mas do qual foram apagados... os traços daquele Profeta de fogo que percorreu a Galileia por volta do ano 30... sem confundi-lo com qualquer "deus" elaborado por nós a partir de medos, ambições e fantasmas que pouco têm a ver com a experiência de Deus vivida e comunicada por Jesus". Há uma incrível "oração" que normalmente é rezada após a comunhão em que o corpo de Jesus é decorticado, sendo que o sangue dele é invocado como alcoolizante: "Sangue de Cristo, inebriai-me". É o Cristo do corpo espedaçado! Delírio religioso!

Durante a Idade Média, mas sobretudo com as quatro cruzadas, os mitos pululam por toda parte: escada santa, cruz, pedaços da cruz, cravos, sudário, correntes de Pedro, casa de Nazaré trazida "milagrosamente" para a Itália... Na igreja de São Francisco do "*Trastevere*", em Roma, há uma relíquia com "atestado" da Cúria que ela conteria um pedaço do lenho da cruz e outro da coroa de espinho. Sempre que um bispo ou um pároco descobre a possibilidade de explorar um mito do sagrado, lá se constrói um santuário especial, basílica papal e não raro, os juros das indulgências! No fundo, a verdade verdadeira: criar e usar o mito religioso, os devocionismos para a submissão e resignação dos fiéis ao poder e à produção de rendas, às vezes, muito altas. Assim foi com o mito do purgatório, uma criação da lógica escolástica. O abade Odilon de Cluny instituiu uma festa especial em homenagem aos defuntos – 2 de novembro – que gerou rendas abundantes a sacerdotes cuja atividade era celebrar missas para as almas que necessitavam de purificação e também se erigiram santuários das almas mundo afora. Vêm daí as célebres 30 missas chamadas gregorianas, pelas almas. Muitos sacerdotes pagavam e pagam sua estadia em conventos para estudar em universidades europeias celebrando a missa diária, sozinhos num altar isolado!

A experiência religiosa acaba prevalecendo sobre a experiência do Sentido Radical de Deus. Ela é visível, sensível, pode ser configurada no imaginário. É manipulada e encenada pelo pastor ou pelo clérigo. Por isso, ela retém a atenção e a concentração do crente na cena imaginária e a possível experiência de Deus se perde, esvai-se. "O padre ou o pastor falou bonito"... "Falou bonito". É este discurso que se chama de palavra vazia em psicanálise.

A experiência religiosa substitui a palavra revelada e revelante. A palavra de Deus é inibida em sua ação transformante, criadora que é do novo e fica obscurecida ou dificultada pelo discurso clerical ou moralizante, o discurso do mesmo. A palavra de Deus, ato do Espírito, acaba obstaculizada, a mensagem não ocorre ou fica na sombra porque prevalece a palavra insistente da experiência ou da encenação religiosas.

Na Igreja oriental, prevaleceu um lugar especial ao Espírito Santo, sobretudo na liturgia, e à Trindade. Tanto é que os ortodoxos fazem o sinal da cruz com o polegar da mão recolhido no indicador e médio, três em um só. Privilegiam a Trindade, Deus, e os católicos ocidentais insistem na ignomínia da crucificação. Dão mais importância ao serviço dos algozes do que ao ato de Jesus.

Na Igreja romana, investiu-se em sacramentos. A sacramentalização dos atos religiosos deixou na penumbra a experiência radical de Deus. As ações sacramentais tornaram-se ações religiosas com aspectos de magia. Basta administrar os sacramentos e a graça opera automática, "*ex opere operato*", "pela obra operada", ou seja, pela própria administração. Aqui, a mitologia prevalece graças à ação mágica do sacerdote ou do pastor. A Deus é suposto executar o que o sacerdote realiza mediante o ritual do sacramento. Deus tem que obedecer ao rito. Faz pena ver sacerdotes sacramenteiros ou misseiros, exaustos, irritados e, internamente, os mais inteligentes, questionando a que leva essa prática do sagrado. A verdade é que a sacramentalização, sobretudo a eucaristia como sacrifício ou devoção, transformou a proposta de Jesus na prática de uma religião e a religião arrefeceu a convivência permanente com o Espírito Santo e, consequentemente com a Trindade, abandonando o seguimento de Jesus que nunca deixou de viver na Trindade.

A escola jesuíta, depois de Trento, colaborou ativa e profundamente para a doutrinação dessa magia. Esse automatismo da graça cala o contato com o Espírito Santo, dispensa sua atuação na construção do Reino. Não é senão uma ideologia religiosa! Nada disso foi proposto por Jesus de Nazaré. Ele nunca falou de sacramento, simplesmente aboliu o sagrado. Sacramento é uma criação da religião católica e, pior, a "salvação" acabou condicionada ao uso deles e não à intervenção da Trindade na história humana. "Os sacramentos não foram instituídos por Jesus, a estrutura de poderes na Igreja não foi instituída por Jesus, nem a doutrina da graça... Não podemos tomar como objeto de fé toda a doutrina tridentina" (Comblin, J.). Os sacramentos chegaram a ser 12. Depois conservaram-se 7, número supersticioso. O sacramento do matrimônio, por exemplo, foi instituído em 1080. Os sacramentos foram criados para a prática da religião e a atividade sacerdotal. Comblin arremata: "os sacramentos deixam de ser sinais e apelos à vinda do Espírito Santo e das relações que o Espírito realiza com o Filho e o Pai. Os sacramentos são pensados em função da unção sacerdotal do presbítero, o centro da doutrina de Trento e a afirmação da dignidade sacerdotal dos presbíteros".

A teoria da graça encobriu que "a graça é o próprio Deus que se dá a nós" (Rocha, M.): "Se alguém me ama, guardará minha palavra e meu Pai o amará e viremos para ele e faremos nele morada" (Jo. 14:23); "aquele que guarda os meus mandamentos nele está e ele nele. E nisto conheceremos que ele está em nós, pelo Espírito que nos tem dado" (I Jo. 3:24). A condição para a morada da Trindade em nós é clara: "Se alguém me ama, guardará a minha palavra". E a iniciativa compete diretamente a Deus: "o meu pai o amará e viremos para ele e faremos nele morada". Palavra do Filho, assentimento de Pai e a certeza: "conheceremos que ele está em nós pelo Espírito que nos tem dado". Nada fora da Trindade. Frei Mateus Rocha pondera: "A teologia latina se mostrou preocupada em definir a graça, sobretudo como uma realidade criada, que vem acrescentar-se à natureza humana para transformá-la; nesta perspectiva, a graça seria uma espécie de adesivo que prende o homem a Deus; esse aspecto, por mais importante que seja, é secundário na teologia da graça. O essencial é compreender que a realidade fundamental da graça em nós é a presença do Espírito Santo, que nos faz entrar em comunhão com o Pai e o Filho".

A ideologia da graça se contrapõe à do pecado. Este é mortal ou venial. O mortal é mais forte que Deus: ele expulsa Deus da alma e para ele voltar é preciso a absolvição sacerdotal. Incrível força do pecado! Sem ela, é novo pecado grave, senão sacrilégio, comungar ou receber outro sacramento. Maniqueísmo persistente e paradoxal: luta entre Deus e o demônio ou entre o poder clerical e a consciência dos fiéis.

A administração dos sacramentos ou mesmo a ceia que, de memorial simbólico da encarnação morte e ressurreição de Jesus de Nazaré, passou a ser "sacrifício" da religião católica, tornaram-se uma experiência religiosa. É só ver como a missa diária se tornou rotina vazia do sagrado, um devocionismo, tanto é que o texto da cerimônia é sempre um texto frio, universal, desencarnado da realidade da comunidade. Dom Hélder dizia que era muito difícil fazer da missa diária um ato de fé, um encontro com Jesus. Além disso, os textos repetitivos do comum são algo rígido, sem sentido do real, cansativo. Um formalismo. A prova disso é constatar como aquilo que deveria ser o encontro da comunidade na busca da alimentação da caminhada passou a ser uma cerimônia eivada de devocionismos ou de invocações religiosas. É experiência do sagrado, longe da experiência radical de Deus na última ceia. "Desde os primeiros dias da Igreja, a eucaristia era a ação de toda a comunidade, mas, gradualmente, ela se tornou reserva do clero, em torno dos anos 500, e a participação das pessoas diminuiu com uma maior ênfase sobre a adoração das espécies consagradas" (Donavan, D.). "Na virada constantiniana, procuraram um sacrifício e nasceu a interpretação que faz da eucaristia um sacrifício. Seria o sacrifício oferecido pelos sacerdotes. No entanto, as palavras conservadas da última ceia falam do sacrifício da nova aliança por alusão ao sacrifício da antiga aliança. Ora, esse sacrifício era o ato fundador do povo, não era sacrifício oferecido pelos homens a Deus, mas oferecido por Deus ao povo. Não havia ato sacerdotal, mas se tratava de um ato profético, a função do povo... A revelação de Jesus diz que Deus é amor e o amor não exige a morte, o sangue para perdoar os filhos" (Comblin, J.).

Os sacramentos passaram a ser eventos sociais ou conveniências sociais: missa comemorativa, batizado, casamento. Onde o papa e o bispo vão celebra-se a missa, não se ouve a comunidade, não se ausculta o que o Espírito está a lhes dizer. Impõe-se uma cerimônia religiosa, faz-se um sermão de ocasião, de cima para baixo. Abafa-se o Espírito, e cala-se o povo.

Há uma crescente banalização dos sacramentos, como há superstições, amuletos que os acompanham. Vide o batismo como sorte, azar ou infortúnio. Recentemente um sacerdote, por sinal um homem de experiência de Deus, nos dizia: "Sinto-me incomodado ao testemunhar a cerimônia do casamento. Tenho a sensação de que o padre não é mais que a cereja do bolo". A sacramentalização acabou banalizando a experiência radical da fé. Constata-se que cada vez mais os fiéis se afastam dos sacramentos ou os recebem como fazendo parte do culto do sacral ou de uma cerimônia social. A confissão auricular está desaparecendo e a missa dominical, paroquial, uma reunião de alguns idosos. "O povo pratica cada vez menos os sacramentos porque não significam nada" (Comblin, J.). Em "minha" paróquia, enquanto viveu o pároco que fazia da missa um evento social, pop ou midiático, a igreja precisava de cadeiras a mais. Morto ele, aos poucos a igreja esvazia-se.

Notem-se duas coisas sérias: o IV Concílio de Latrão tornou a missa dominical obrigatória sob pecado grave, como obrigatórias se tornaram a confissão anual (absurdamente junto ao seu pároco) e a comunhão. "Durante muitos séculos, nas comunidades cristãs, propôs-se a fé como dever e obrigação" (Pagola, A.). À religião é essencial o culto e as determinações para sua prática, como as condenações aos fiéis recalcitrantes. Religião é sempre imposição de poder, ela é uma instituição cultural e social, ela é domínio das consciências, ela tem que procurar meios para submeter os fiéis e assim se manter. A classe dos clérigos e pastores precisa disso e assim se perpetua.

Segundo, no Brasil a cerimônia religiosa do casamento passou a ter validade jurídica. Consórcio abjeto! Jurídico por jurídico!

Esses fatos confirmam que a *ecclesia* dos Atos se transformou realmente numa religião de estruturas sacras, hierárquicas, de rituais e imposições do sagrado e da moral. Essa estrutura religiosa, como supra foi dito, tem uma finalidade precisa: confirmar e garantir o domínio clerical. Não é inimaginável que os 5 mandamentos da religião católica sejam colocados no mesmo plano que os 10 mandamentos do Antigo Testamento?

Assim, a absolvição era negada pelo santo Las Casas aos latifundiários que escravizavam os índios como era negada às mulheres que não cumpriam a *Humanae Vitae*, segundo a qual era pecado ter relação sexual sem "abertura à procriação responsável" e o uso de anovulatório seria "intrinsecamente mau". Conheci caso inacreditável: um pároco, na hora da comunhão, não deu a comunhão a uma mulher, pois fora informado que evitava filho. Ato canônico, violação fria e formal do evangelho.

"Cristo nos libertou para que vivamos em liberdade"... e "já que vivemos no Espírito, comportemo-nos conforme o Espírito"... aqui se enraíza uma das mais graves hipotecas que o fardo da história faz pesar sobre o cristianismo, como sobre toda religião que se prolonga no tempo. Perde-se a experiência, original, gratificante e matriz para ficar somente com peso das obras e, novamente, com a obrigação da lei. O evangelho transformado em doutrina, em lei! Pense-se, por exemplo, como grande parte da prática sacramental está "contaminada" por este desarranjo. Há algo mais absurdo do que falar de "obrigação" de participar no dom supremo da eucaristia. Ao cumprir-se esse ritual do sagrado, satisfaz-se a determinação da hierarquia ou da religião, mas como fica diante da Trindade um ato desse porte, formal, prescrito? Em que se mantém a experiência de Deus, própria da Igreja primeva? "Cristo nos libertou para que vivamos em liberdade" e a religião nos escraviza na prática do sagrado ..."já que vivemos no Espírito, comportemo-nos conforme o Espírito"! Mas, na prática, é difícil, porquanto somos obrigados sob pecado ou excomunhão à prática de rituais e às prescrições do Direito Canônico.

É incrível como a estrutura sacramental da Igreja latina deslocou a experiência do Sentido Radical, do histórico da encarnação e da ação do Espírito Santo na edificação da *ecclesia* e difusão da boa notícia para a experiência do sagrado. E a consequência disso é que a sacramentalização, mesmo a missa rotineira, não produz o Sentido Radical da fé, a santificação esperada, a união e a vitalidade da comunidade, porque permanece no sagrado, no ritualismo, prática que obnubila a experiência radical da fé e alimenta o sentimentalismo religioso ou escrúpulo da religiosidade. Clinicamente, se há escrúpulo, com certeza não há a experiência radical da fé que, essencialmente, é "A paz esteja convosco".

Isto posto, uma conclusão contundente, senão dolorosa, para nós cristãos: "A característica essencial da experiência religiosa como experiência do sagrado" é "a transgressão do histórico" como é "a passagem a um espaço e a um tempo mitogenéticos" (Vaz, H.). Duas afirmações contundentes e irrefutáveis: a experiência religiosa da religião católica e de outras dela derivadas é, primeiro, "transgressão do histórico", segundo, realiza-se num "espaço" e num "tempo mitogenéticos".

A religião católica transgride o "histórico" da manifestação da Trindade na Galileia, na encarnação do Filho do Pai, experiência radical da segunda intervenção dela na história. Nada mais radical do que o sentido de Deus tornando-se homem. Porque nada mais radical do que a experiência de Jesus de Nazaré, este homem itinerante, propondo a vida livre dos filhos de Deus, sem religião, sem rituais, sem temor de prescrições religiosas. A liberdade das filhas e filhos de Deus para se dirigir ao Pai diretamente em "espírito e verdade", nem no "monte Garizin nem em Jerusalém", mas em qualquer lugar, dia ou hora, liberdade de responder aos apelos do Espírito a qualquer momento, como Ele no deserto, nas montanhas, nos campos, nas estradas, no ar, no mar... como a presença de Deus nas flores mais esplendorosas do que as vestes de Salomão ou nos pássaros do céu a cantar a alegria da vida e da criação. Experiência radical: Jesus de Nazaré, independente de sacerdotes, escribas, fariseus, imperador ou governador, livre do peso contundente de leis e prescrições do sagrado, liberto em seu coração palpitante da vida de Deus trino, no "fogo" e na "força" do Espírito que o impele e o conduz em sua missão redentora: "Jesus, cheio do Espírito Santo, percorria as aldeias da Galileia curando os enfermos, expulsando demônios, libertando as pessoas do mal, da indignidade da exclusão" (Pagola, A.).

Doravante, filhas e filhos do mesmo Pai, Abba, são chamados à liberdade dos filhos de Deus. Doravante, o que conta é a obediência à teopatia do Espírito, àquele a quem compete a efetuação do seguimento de Jesus de Nazaré na nova era do Reino de Deus. O seguimento de Jesus não é senão pôr em prática o modelo de liberdade e independência do religioso, tal como Ele viveu. É preciso não continuar a "transgredir o histórico" perante uma religião que propõe devoção a um Jesus não histórico, um Jesus abstrato, um Deus não encarnado no mundo real, nos que sofrem, nos pobres, nos marginalizados, um Deus que não é a Trindade viva que nos foi revelada e que habita em todo ser humano.

É seguimento falso a prática de um ascetismo de manual, é seguimento equivocado a prática de rituais religiosos e leis canônicas, é espiritualidade de segunda mão aquela embutida nas propostas da hierarquia, nas constituições de congregações ou movimentos fundamentalistas ou na imitação de santos. O Espírito tem horror à inveja, à imitação. É por isso que "Imitação de Cristo" (Thomas Kemps) é abandono do que somos, é negligência dos carismas originais com os quais Deus nos dotou. O Espírito nos convoca e nos sustenta no seguimento de Jesus, não na imitação dele, já que a missão dele era dele. Ele faz cada um original, sua norma é não repetir ninguém, espera que os dons ou carismas originais dados a cada um sejam postos em prática, sejam honrados. E isto faz sua realização, sua glória. A fábrica de clérigos, todos formais e semelhantes, estanca sua ação que é desempenho dos dons, criatividade, sempre a busca do novo e do inovador. O Espírito tem uma característica fundamental: Ele ousa, simplesmente ousa, sem cessar, Ele "outra", e a religião repete. É por isso que os devocionismos são óbice aos atos do Espírito. A repetição, a cópia, são-lhe uma abominação, senão uma ofensa, pois, ao invés de explorar os dons próprios e transformá-los em ato, anula-os na imitação de outrem. Este seguimento é abandono do Sentido Radical da fé proposto por Jesus de Nazaré e volta àquilo que ele colocava a respeito das leis e normas do Templo, e que criticava acerbamente:... "fardos pesados sobre os ombros dos homens, eles, porém nem com o dedo querem movê-los".

O espaço da religião católica passou a ser o espaço euclidiano ou o espaço tridimensional de igrejas, catedrais, santuários, ou seja, Roma, para dizer religião católica, Vaticano, para dizer Sé apostólica, Cúria romana, cultos, paramentos, práticas supersticiosas... Esse espaço da extensão ou geográfico é cópia de religiões de todos os tempos.

Esse espaço é transgressão porque é "passagem a um espaço mitogenético". O espaço proposto por Jesus de Nazaré é o espaço topológico das representações psíquicas: no deserto, no lago de Genesaré, na montanha, nos campos de trigo, arroz, feijão, milho, nos pastos, nas florestas, na "chuva, que cai sobre os bons e os maus", no sol que a todos ilumina, fora de templos ou de prescrições legais, nos pobres, nos doentes, nas prostitutas... longe do espaço da extensão, é topologia do espírito, testemunho vivo do Espírito operando nas mulheres, nos homens, nas crianças, nos "excluídos e indefesos"... Muito longe do espaço da extensão é a experiência do Sentido Radical da fé. Jesus de Nazaré testemunha abertamente que Deus e seu Espírito não têm espaço nem tempo e muito menos precisam de espaço ou tempo para marcar presença da "chama viva" de seu amor. O espaço do sagrado é infinitamente mitogenético, desdobrando-se em múltiplos cenários imaginários, encenações ritualísticas, televisivos, internáuticos, ou seja, espaço que obnubila a manifestação psíquica do "logos" do Espírito e se afasta do Sentido Radical da encarnação e ressurreição do Filho.

A liturgia nunca foi adotada nem esteve presente na manifestação da Trindade, tanto em Jesus de Nazaré como no Espírito Santo. Pentecostes foi uma surpresa como fora surpresa de imensa alegria o aparecimento de Jesus ressuscitado a Maria Madalena. O Espírito é sempre surpresa, é a introdução, o acontecer do novo. Em nenhum momento da vida pública de Jesus, encontramo-lo reunindo o povo para um culto ou uma cerimônia religiosa. Em seus atos de cura ou de perdão, jamais repetiu um ritual. Isso não faz parte de seu histórico. Sua novidade é estabelecer o Reino de Deus entre todos os homens. Esse é o único objetivo de sua vida. Culto religioso, nunca propôs nem praticou em sua existência. Ele expôs um Novo Testamento, livre do sacerdócio e dos cultos do Templo. Essa é a sua revolução. A liturgia é espaço mitogenético que alimenta o imaginário do sacral, sustenta a religião e favorece a neurose obsessiva do ritualismo. Além de cansativa e rotineira, é sombra do que importaria: a experiência radical da fé. A experiência religiosa suplanta a experiência do Sentido Radical da manifestação do Espírito e o imaginário religioso dispara no deslumbramento do sublime ou do temor ou da parada imaginária.

Porém, não é isso que pensa o cardeal Antônio Lovera sobre a volta da missa em latim: ..."creio que, pouco a pouco, se começa a compreender que a liturgia é fundamental na Igreja e que nós devemos voltar a dar vida ao sentido do mistério e do sagrado em nossas celebrações". Eis a paixão pelo mito, tão importante para o clero de todas as religiões. O Papa Francisco o demitiu.

Jesus de Nazaré, embora jovem, foi um homem maduro, conhecia bem o coração das pessoas e tinha uma alma imensa para com aqueles que sofriam: "Para ele, torna-se insuportável ver alguém sofrendo e não agir imediatamente" (Pagola, A.). No "espaço" de Jesus de Nazaré ocorre uma mutação moral: "No Reino de Deus, o próximo toma o lugar da lei" (Pagola).

Ora, a religião católica transgride esse espaço, pois organiza-se em religião, em hierarcas, em templos, em cânones, em prescrições de toda ordem, em controle concentracionário de Deus, do Espírito, das classes sociais sacerdotal e leiga ou na pretensão de ser dona da Verdade de Deus ou de seu Espírito. A "cobiça do poder" (Santo Agostinho) tomou conta da cabeça dos papas e o poder absoluto, ditatorial foi adotado no espaço do Vaticano e da Cúria imperial, garantia do espaço da religião. Este espaço é, por excelência, a transgressão do espaço psíquico de liberdade em que Jesus de Nazaré se manifestou como Filho de Deus e irmão das mulheres, dos homens, das crianças e dos marginalizados da Lei. Esse espaço é transgressão inteira da proposta do fundador: "As raposas têm um covil e os pássaros do céu têm um ninho, mas este homem não tem onde encostar a cabeça". "Se o Reino tivesse sido aceito, escreve Boff, não haveria lugar para a Igreja, só para o Reino".

Era um acinte que o papa, vivendo como imperador num *palazzo* com guardas especiais, vigias e câmeras para sua segurança, pretendesse representar o humilde e desapegado Jesus de Nazaré, o filho de Deus! Como é possível usufruir desse poder majestático e adormecer a consciência diante do imperativo: "Se alguém quiser ser o primeiro, seja o último de todos e o servo de todos". Mais uma vez, não é farisaísmo intitular-se "*servus servorum Dei*", servo dos servos de Deus, quando, de fato, como um imperador, é servido em tudo, até para se vestir ou mudar de óculos? Onde ficou a proposta do humílimo de Nazaré: "*veni ministrare et non ministrari*" ("vim servir e não ser servido")? Enquanto persistirem esse escândalo e os esforços para o manter, com certeza não há lugar para o Espírito do Nazareno.

Do ponto de vista da experiência radical da fé, o Vaticano, o palácio papal, seu senhorio, sua corte imperial são um contrassenso, um escândalo. É muito difícil "reconhecer o Espírito para além das barreiras institucionais" (Queiruga, A. T.). Todo esse esbanjo visa preservar "a experiência religiosa que não é a experiência de Deus"

(Vaz, L.). Todo esse luxo e suas encenações pomposas do sacral não são senão curiosidades turísticas como a própria basílica de São Pedro. Tudo muito bom para o comércio e a hotelaria de Roma. "O movimento de Jesus, que prepara e antecipa o Reino de Deus, não deve ser um grupo dirigido por homens fortes que se impõem aos outros a partir de cima" (Queiruga, A. T.). Muito menos, interesses corporativos como os da Cúria romana impondo suas determinações ou condenações aos fiéis do mundo todo.

O Papa Francisco será o sinal de largada da quebra de todos esses extravios praticados pela tradição clerical e uma volta à Tradição Evangélica?

A "experiência religiosa é passagem... a um tempo mitogenético". A psicanálise nos ilustra que o tempo para o ser humano é o tempo do sujeito, o tempo de seu real. É aquele que acontece em seu mundo psíquico. O tempo do sujeito é a irrupção do inconsciente em fantasmas de desejo. Ora, esse é o tempo do Espírito Santo mediante o qual atua em toda mulher e em todo homem. Precisamente o tempo do sujeito e não o tempo cronológico ou o tempo mitogenético que é um tempo imaginário.

Esse ato do Espírito se passa num tempo cronológico, mas ele acontece sem o levar em conta. O tempo cronológico pertence aos homens e o tempo do Espírito Santo é um tempo liberto da matemática das horas, dos minutos ou dos segundos. Ele irrompe, como um abismo, como foi a irrupção da Trindade na Galileia, no Nazareno ou como a irrupção do Espírito em Pentecostes. Ele penetra no âmago da alma. Ele é a mensagem que transforma. Ora, a religião substituiu esse tempo do Espírito, tão vivamente testemunhado nos Atos dos Apóstolos (ele "cai", ele "derrama"!), pelo tempo cronológico: culto, ano litúrgico, espaço sagrado, rituais... a burocracia, o formalismo do sacral tão a gosto da religião do Templo ou das religiões.

A conclusão se impõe: "a religião é transgressão do histórico" e se realiza "num espaço e tempo mitogenéticos". Verdadeiramente, "a experiência religiosa não é experiência de Deus" (Vaz, H.), aquela vivida, praticada e proposta por Jesus de Nazaré e, após o Pentecostes, seguida pelas discípulas e pelos discípulos da Igreja dos três primeiros séculos. A Igreja das pequenas comunidades vivas, em tudo atentas a ouvir a voz do Espírito, longe da psicologia das massas e livre de poderes do sagrado.

Nesse momento após o Concílio Vaticano II, os papas João Paulo II e Bento XVI conseguiram silenciar a experiência de Deus, seja pela volta ao restauracionismo autoritário seja pelo incentivo às manifestações de massa e aos devocionismos seja pela visibilidade da mídia e da internet seja pela subserviência aos movimentos religiosos (Opus Dei, por exemplo, do qual a Igreja se tornou refém, Legionários...), sustentáculos e mentores do conservadorismo requentado do sagrado. Nessa época histórica de uma religião de massa, em que a religião católica passou a privilegiar a experiência religiosa ou o domínio do sagrado, "a vida cristã se vê forçada a refletir sobre a estrutura autêntica da experiência de Deus e sobre a originalidade da forma cristã dessa experiência, como experiência de fé" (id. ib.).

Se nos voltarmos para o que acontece na vida da Igreja hoje, é forçoso reconhecer que há uma dupla corrente que vai no sentido contrário a esse "boom" do sagrado. Uma corrente vem da reflexão teológica que tenta se desdobrar a partir do Concílio Vaticano II, sobretudo os teólogos da teologia da libertação que propõem uma leitura corajosa dos "sinais e dos tempos" como também os teólogos que, numa reviravolta, retornam ao Jesus histórico, não lendário, sem mitogenia nem mistagogia. A outra corrente, as Comunidades de Base que vivem na mais autêntica prática do Sentido Radical da experiência de Deus, na escuta do Espírito, na pessoa e na mensagem do Filho de Deus, na atenção viva e constante aos sinais do Espírito para o seguimento de Jesus.

O Papa Francisco teria iniciado uma corrente, uma volta ao evangelho, à Tradição Apostólica? Seus exemplos de vida lembram e testemunham essa Tradição. E já é muito o que está conseguindo vivenciar.

Podemos dizer que a religião católica privilegia o status clerical, o autoritarismo, o dogmatismo, a prática obsessiva de rituais, a exploração paroquial e mediática da experiência religiosa, da psicologia de massa e, de outro lado, um resto, como dizia Paulo: "Assim pois também agora neste tempo ficou um resto, segundo a eleição da graça" (Rm. 11:5). Mas não há como continuar a fugir:... "a vida cristã se vê forçada a refletir sobre a estrutura autêntica da experiência de Deus" (Vaz, H.). Como não pode continuar a não refletir "sobre a originalidade da forma cristã dessa experiência". Longe de uma experiência religiosa, é "uma experiência de fé" (id. ib.).

Na prática, há um cisma silencioso. De um lado, prescrições canônicas, moralísticas e, de outro, uma Igreja viva ao modo dos Atos, uma Igreja de "cima" e uma Igreja de "baixo" (Küng, H.).

O teólogo José Comblin, um dos teólogos mais iluminados na leitura dos sinais dos tempos, escreveu-me certa vez que a fé autêntica, emanada e sustentada pela experiência de Deus, sempre foi vivida ao longo dos séculos por uma minoria silenciosa ou silenciada: "Os que buscaram radicalmente o caminho do evangelho foram sempre minorias, "minorias abraâmicas" (Camara, D. H.). A maioria está em outro polo da religião" (Comblin, J.). Essa minoria é encontrada em todas as religiões, não só na católica ou nas denominações dela derivadas. Sujeitos humanos, famílias ou mesmo comunidades que vivem diuturnamente na presença e na luz do Espírito Santo do Pai e do Filho. Impregnados da vida do Espírito, embora sem a consciência da Trindade. Exemplos: a senhora islâmica que, em 2013, foi autorizada por sentença judicial a cegar o condenado que inutilizou seus olhos com ácido, porém ela não se vingou; ou a mãe da garota, em 2014, que teve a filha assassinada e perdoou o assassino, que, condenado, estava já com a corda no pescoço para ser enforcado e salvou-lhe a vida. Essa força heroica só pode provir do Espírito Santo! Não é deste mundo.

Como me referi a duas mulheres islâmicas heroínas da fé, não posso não prestar uma homenagem a uma terceira: Ayaan Hirsi Ali. Nascida na Somália, educada no maior rigor corâmico, sofreu mutilação genital quando seu pai quis casá-la com um parente remoto e fugiu para a Holanda. Aprendeu o holandês, tentou entrar na política, mas acabou se refugiando nos Estados Unidos, onde leciona na Universidade Harvard. Já publicou vários livros sobre sua luta contra o fanatismo islâmico e acaba de publicar: *Heretic Why Islam needs a Reformation Now* (Herético. Porque o Islamismo necessita de uma Reforma agora). Neste livro, propõe tirar o islamismo do século 7, o Alcorão não seria a palavra imutável de Deus, nem Maomé seria infalível, mudar a preferência pela outra vida e cuidar desta aqui e agora, deixar a sharia como sistema de governo da vida espiritual e material da sociedade e eliminar a jihad, a guerra "santa". Nos últimos capítulos, cita numerosos escritores e intelectuais que propõem as mesmas ideias. Além disso, conta com milhões de mulheres islâmicas silenciosas e silenciadas que estão intimamente convictas dessas mesmas ideias. Extraordinário o poder profético dessa mulher corajosa. O Espírito Santo tem seus caminhos e suscita seus profetas. Se Maomé vivesse em nosso tempo, com certeza reformularia o Alcorão.

Enfim, não posso deixar de mencionar Malala Yousafazai, 18 anos, Prêmio Nobel 2014, que, ferida pelo Taliban gravemente na cabeça por lutar pelo direito de as garotas estudarem, dedica sua vida às crianças sírias refugiadas no Líbano.

Em seu luminoso livro *A Profecia na Igreja*, Comblin nos dá um testemunho vivo de como a religião católica sempre condenou ou silenciou os profetas, pois estes, ao denunciarem e anunciarem, espicaçam os acomodados do sagrado. Bento XVI, quando presidente da Congregação para a Doutrina, conseguiu a proeza de condenar ou silenciar muitas teólogas e muitos teólogos, de maneira grosseira e pouco caridosa, porque eles propunham o novo, o sopro de Espírito e, vivendo em comunidades, estavam e estão longe da teologia da corte, que se tornou tão querida e praticada por ele. Neste afã de julgar e condenar os teólogos dos sinais dos tempos e suas contribuições inovadoras, há uma luta de prestígio e uma *invídia fraterna* sorrateira, tão bem descrita por Santo Agostinho de maneira imorredoura: "*Vidi ego et expertus sum zelantem parvulum: nondum loquebatur et intuebatur pallidus amaro aspectu collactaneum suum*", "Eu vi e experimentei uma criança invejando: não falava ainda e, pálido, via com um olhar amargo um colaço seu".

"O maior defeito do clero é a inveja. Os clérigos não suportam que outros se projetem mais que eles. No terceiro milênio, o grande pecado será a inveja, e maior preocupação dos confessores do clero será perguntar sobre a inveja" (Comblin, J.).

O filósofo Vaz termina seu livro com a seguinte reflexão: "Estabelecer uma relação necessária entre a experiência humana de Deus como experiência do Sentido Radical e a experiência cristã de Deus como experiência da sua presença na linguagem da fé em Jesus Cristo, eis, a nosso ver, um dos problemas mais decisivos que se apresentam à vida espiritual do cristão no mundo de hoje, mundo dividido e confuso entre a razão operacional das ciências e das técnicas e a extraordinária proliferação de novas formas de experiência do sagrado – de experiência religiosa – que irrompem vigorosamente à margem das enormes clareiras que a razão vai abrindo nos mistérios do universo e do homem".

Santo Tomás de Aquino, *malgré lui*, foi sem dúvida o teólogo que mais foi explorado para a sistematização do sagrado. Criou-se uma lenda de que teria ouvido uma voz, supostamente de Deus: "*bene de me scripsisti*" ("escreveste bem de mim"), ao que ele teria respondido: "*sicut palea*" ("como palha"). Outra lenda, esta com certeza com mais fundamento, prevendo o fim de sua existência terrestre e fazendo um balanço de sua obra, declarou ao seu secretário: "Não posso mais. Tudo o que escrevi me parece ninharia em comparação do que eu vi". Tempo depois veio a falecer, a caminho do Concílio de Lião, na abadia de Fossa Nova, em 7 de março 1274.

Teria ele se dado conta de que, em toda sua obra, cuidou de fazer teologia, isto é, explicitar a experiência religiosa, o saber sacral e, talvez, não tanto a experiência de Sentido Radical, que é a teopatia? Recorro a ele para fortalecer essa tese. E, escrito seu, relata-nos que a fé da "*vetula*", da velhinha, que lá estava num canto da igreja a conversar com Espírito, foi-lhe e era algo maior que toda sua obra. Como que iluminado por um raio diante da noite escura do mistério de Deus Trino e de sua realidade indevassável, vive num átimo a diferença abissal entre o saber especulativo de Deus e o saber da experiência dele. "Não posso mais"... continuar a colocar na lógica aristotélica a maneira aramaica como ele se revelou. De fato, talvez como profeta, vislumbrasse "o terrível fechamento da fortaleza da escolástica" (Queiruga, A. T.), o desastre que ela causou à Igreja e a alienação em que colocou a obra de Jesus de Nazaré. Ah! Que horror o Deus e a moral dos manuais.

"Um dos problemas mais decisivos" para o cristianismo hodierno é voltar ao Revelador e ao Revelado, voltar às origens da experiência do Sentido Radical de Jesus de Nazaré. O peso ciclópico de séculos de experiência do sagrado, de culto do poder clerical, de práticas do sacral se erige como um obstáculo quase intransponível em virtude do apego ao status. O centralismo do governo absoluto, o juridismo exasperado e exasperante da igreja-instituição postergam secularmente a experiência de Deus, alienando os crentes ao fixá-los num imaginário do culto do sagrado, de rituais prescritos, embaçando a presença, a espontaneidade e a voz do Espírito. Mas diante da proposta de Jesus de Nazaré, não há como não enfrentar esse "um dos problemas mais decisivos"; "um mundo dividido e confuso"... e "a extraordinária proliferação de novas formas de experiência do sagrado – de experiência religiosa"; não há como não acolher a intervenção de Deus na história facultando "a experiência humana de Deus como experiência do Sentido Radical... a experiência da sua presença na linguagem da fé em Jesus Cristo". Essa experiência não pode se perder ou continuar obnubilada pela mitogenia e pela mistagogia de prática alheia à experiência do Sentido radical. A experiência do Sentido Radical da fé na Trindade agindo por Jesus e seu Espírito precisa, por honra da obra divina, ser resgatada diante do obscurantismo ou da obstinação das múltiplas experiências do sagrado.

Por fim, nada melhor para ilustrar a experiência de Deus do que quem a viveu em seu corpo e em sua alma.

Teresa de Ávila, no capítulo 23 do seu LIVRO DA VIDA, nos relata sua primeira e decisiva experiência com o Espírito Santo.

Envolvida em múltiplas amizades mundanas, levava uma vida dividida entre estas futilidades que não conseguia deixar ("era muita afeição e parecia-me que seria ingratidão deixá-las") e a desculpa a fim de dar boa consciência: "já que não ofendia a Deus, porque haveria de ser ingrata".

Ao abrir-se ao novo confessor, este lhe recomendou que rezasse o "*Veni Creator*" "para que Ele me desse luz sobre o que seria melhor"...

"Tendo estado um dia em muita oração e suplicando ao Senhor que me ajudasse a alegrá-lo em tudo, comecei o hino. E, estando a dizê-lo, veio-me um arrebatamento tão súbito que quase me tirou de mim, coisa de que não pude duvidar, porque foi muito evidente (...) Foi a primeira vez que o Senhor me fez essa dádiva de arrebatamento. Ouvi essas palavras: "Já não quero que tenhas conversas com homens, mas sim com os anjos". A mim, causou grande espanto, porque o movimento da alma foi grande. E muito no espírito me foram ditas essas palavras (...)

Isso se cumpriu bem, pois nunca mais pude assentar em amizade, nem ter consolação, nem amor particular, a não ser por pessoas que percebo terem amor a Deus e procuram servi-lo. E não é algo que está em meu poder (...) Desde aquele dia eu fiquei tão animada para deixar tudo por Deus. Como se ele tivesse querido, naquele momento – e não me parece que foi mais do que um momento –, tornar outra a sua serva (...) Devia esperar que o Senhor operasse, como fez. E nem eu pensei em sair daquilo, porque eu mesma já havia tentado e era tanta tristeza que me dava. Pois eu deixava as amizades como uma coisa que me parecia não ser inconveniente. Já aí, o Senhor me deu liberdade e força para realizá-lo (...) Seja Deus bendito para sempre, pois em um instante me deu a liberdade que eu, com todos os esforços que tinha feito havia muitos anos, não pude alcançar por mim mesma, fazendo muitas vezes tanta força que me custava muito para a saúde. Como foi feito por quem é poderoso e Senhor verdadeiro de tudo, não me causou tormento algum".

Essa experiência de Teresa é a própria explicitação de como o Espírito age, de como Ele efetua a experiência dele, isto é, de Deus que, claramente, não é uma experiência religiosa.

Teresa constatou que, "sem a verdade experiencial de Deus", "nossa vida andará errando entre muitos deuses e muitos senhores: mas serão ídolos e imagens enganosas da Verdade que perdemos"... "era muita afeição e parecia-me que seria ingratidão deixá-las" (as amizades).

Mas ela tinha a intuição de que as coisas em relação a Deus não estavam transparentes: ... "eu, com todos os esforços que tinha feito havia muitos anos, não pude alcançar por mim mesma, fazendo muitas vezes tanta força que me custava muito para a saúde"... "E nem eu pensei em sair daquilo porque eu mesma já havia tentado e era tanta tristeza que me dava". *Veni Creator Spiritus*... (vinde Espírito criador) "para que me desse luz sobre o que seria melhor"... "pois eu deixava as amizades como uma coisa que não me parecia inconveniente". Eram contínuas as práticas religiosas ou devotas, e tudo na mesma.

Aí, apenas "comecei o hino"... "E, estando a dizê-lo, veio-me um arrebatamento tão súbito que quase me tirou de mim, coisa de que não pude duvidar porque foi muito evidente"... "o movimento da alma foi grande"... "Foi a primeira vez que o Senhor me fez essa dádiva de arrebatamento". E muitas outras Ele lhe propiciou depois. Teresa aprendeu na alma e no corpo o "Ele vos ensinará", não perdeu mais tempo: conexão direta com o Espírito e ininterrupta. Não o largou mais. E Ele, a ela tampouco. Ele é carinhoso com quem o mantém conectado.

Experiência de um Sentido Radical "absolutamente única", uma experiência de plenitude "não de uma plenitude que nos submerge ou nos esmaga, mas uma plenitude que é sentido, nos liberta e nos ilumina"... (Vaz, H.). A luz, o caminho e a energia num átimo tudo se fez: "já não quero que tenhas conversas com os homens, mas sim com os anjos"... "E muito no espírito me foram ditas essas palavras". A força para tanto veio simultânea: "isso se cumpriu bem, pois nunca mais pude assentar em amizade, nem ter consolação, nem amor particular a não ser por pessoas que percebo terem amor a Deus e procuram servi-lo"... "Já aí, o Senhor me deu liberdade e força para realizá-lo"... É a experiência de Deus explicitada num Sentido Radical: "liberdade e força"... "Presença e alegria"... tudo diretamente com o Espírito e do Espírito. "Liberdade" diante da escravidão e ilusão das amizades e "força" para serenamente as renunciar. "Liberdade" e "força"... Fora do *tremendum* e do *fascinosum*, fora do *rationale obsequium* da liturgia, fora de devocionismos, de "velhos ritos", dos "alaridos da teologia", e com a "purificação dos resíduos do sacral ou do religioso"... O melhor: sinal inconfundível de que a presença é divina: "não me causou tormento algum". É o Espírito em sua missão, na delicadeza e ternura de seu toque levando a alegria do Cristo ressuscitado a todas as eras... aquela de "a paz esteja convosco"! Quão infinitamente longe das manifestações psíquicas patológicas do ataque histérico ou do surto psicótico, quão infinitamente longe do sentimento de culpa ou de escrúpulo porque se deixou de cumprir um ato religioso, um terço, uma missa, um culto... Sentir-se em falta por descumprir uma cerimônia religiosa é algo patológico, próprio ao sintoma cuja essência é repetição, sentimento absolutamente alienado da vida com o Espírito.

A transformação, como em Paulo e outros, foi imediata e irreversível: "desde aquele dia eu fiquei tão animada para deixar tudo por Deus". Aí a gratidão pela visita. "Seja Deus bendito para sempre, pois em um **instante** me deu a liberdade". Liberdade... A Trindade, sobretudo seu Espírito, é apaixonada pela liberdade, a seu *usus*, a seu serviço.

Em relação ao Espírito, nada absolutamente que não seja em liberdade. Repugna-lhe o repetitivo, o contato com hora marcada, a prece cronológica... Como em Pentecostes: "súbito" ("um arrebatamento tão súbito"), "em um instante me deu a liberdade" de não depender mais de amizades fúteis.

Fica, pois, claro que "a experiência de Deus é a experiência de um Sentido Radical"... "é revelação de Deus na forma de uma linguagem particular". Evidencia-se, pois, que "a experiência religiosa é uma experiência do sagrado e a experiência de Deus é uma experiência de sentido"... "A experiência de Deus não é estruturalmente uma experiência religiosa. A experiência de Deus em seu teor autêntico comprova-se como uma experiência de Sentido Radical". Radical ao menos por duas razões: suas raízes estão simultaneamente lastreadas no Espírito e na alma, radical porque toda experiência de Deus é definitiva, irrevogável, insubstituível. Sempre uma nova... "tornar outra sua serva".

Não foi semelhante com Paulo, Francisco de Assis, João da Cruz, Teresinha de Jesus, Dom Helder, dom Romero, dom Casaldáliga, Papa Francisco... e milhões de outros que se entregaram ao *usus* do Espírito a partir de Pentecostes? Ele está à disposição, companheiro viajor da existência, é só acessá-lo. A todo momento, a toda iniciativa, a toda obra.

Condições: da parte dele, liberdade total, pura misericórdia, pura gratuidade; da parte do sujeito, absoluta falta-para-ser, despojamento... "e não é algo que está em meu poder"... "eu mesma já havia tentado e era tanta tristeza que me dava"... orar é preciso... "comecei o hino... e veio arrebatamento tão súbito"... "e não me parece que foi mais do que um momento"..., abertura diuturna do espírito, entrega total à presença viva, pronta, disponível do Espírito.

Esse, o plano do Espírito com Tereza... E a alegria da fé: o mesmo Espírito tem um projeto original e pessoal com cada um de nós, com todo ser humano... Maravilhoso! O *Regnum Dei*! Mas tamanha fortuna desde que não andemos "errando entre muitos deuses e muitos senhores", sobretudo de nosso imaginário. O Espírito vivendo em nossa alma, em nosso corpo! E é tão simples, simples como a Trindade, como seu Espírito: simplesmente estar atento à sua voz e não cessar de conectá-lo. Simples, direto e não indireto: dispensa rituais e cerimônias. Não se perder no entorno, mergulhar no núcleo, no cerne da Trindade. E o que é mais: esse mesmo Deus, esse mesmo Espírito que a ela se manifestou no século XVI é o mesmo que está à nossa disposição para nossa experiência pessoal neste século XXI.

Corolários

A experiência do Sentido Radical é algo que nos penetra, não há escape. Somos impregnados por uma transformação interna irresistível. É um ato no real que o simbólico registra e não apenas o imaginário. A experiência de Deus precipita-se na alma, nosso imaginário fica impotente, sem possibilidade de a configurar, e o simbólico nos propicia a luz da presença, embora quase sempre não consiga defini-la porque ultrapassa a representação humana: "revela, mas não desvela".

A experiência religiosa, ao contrário, passa-se no imaginário. Nós somos invadidos por admiração ou espanto, por sentimentos piedosos, mas fica sem consistência no real. O simbólico consegue registrar essa admiração ou esse espanto, sem mudança interna decisiva, isto é, o real fica intacto.

A experiência do Sentido Radical de Deus, essencialmente do Espírito, além de irresistível, é impregnante. A experiência religiosa, porém, é resistível, pode ser praticada ou não, pode ocorrer ou não. Logo uma é substituída por outra.

A experiência religiosa está invariavelmente ligada ao *tremendum*, ao *fascinosum*, e a sugestionabilidade tem função imaginária açambarcante.

Passa-se no entorno. A experiência de Deus simplesmente arrebata, arrasta para o abismo do Espírito, opera no centro da alma.

A experiência de Deus simplesmente acontece, é única, jamais se repete, é sempre nova. Não são os humanos que a criam ou encenam. A experiência religiosa, porém, é repetitiva, ritualística. Ela é montada por homens. A repetição, por definição, é própria ao sintoma, passa-se no imaginário... "A missa habitual é enfadonha... quando a liturgia era em latim, era melhor porque não se entendia" (Comblin, J.). Assistia-se a um rito mágico, o sacerdote virado de costas para a comunidade, a representação de uma cena religiosa. Aliás, não é à toa que se diz "assistir à missa", como se diz assistir a um espetáculo. Agora, a missa sendo em língua pátria, "uma vez que se compreende, se capta, seu estilo é insuportável", (o sacerdote virado de frente para o povo, a grande novidade da reforma litúrgica, mas separado da comunidade, e esta sem participação comunitária). É usada uma linguagem pomposa, formal, do tipo "humildemente pedimos"; ninguém fala assim. "Unimos nossas vozes às dos anjos": fórmula convencional que não responde a nada na vida. "Há centenas de fórmulas semelhantes" (Comblin, J.). Os saudosistas estão felizes com a volta ao ritual em latim da missa de Pio V: "A religião está voltada para o passado e o evangelho para o futuro" (Comblin, J.).

A experiência de Deus é subjetiva e mutante. Sua marca: "o caráter pessoal e histórico da relação com o Divino" (Queiruga, A. T.). Impossível voltar ao estado anterior. A experiência religiosa é massiva, fruto do ego coletivo e desfaz-se com a dispersão do grupo. Portanto, não é mutante porque não tem a consistência do real.

A experiência de Deus é subjetiva, mas simultaneamente voltada para a comunidade: ela sempre acontece em relação ao próximo. A experiência religiosa é individual, embora possa se concretizar numa manifestação coletiva que, finda, desvanece-se. É "uma individualidade de massa".

A experiência do Sentido Radical da fé, por se passar no real, impera atos subjetivos e comunitários, sempre transforma-se em ato: ... "a presença divina não é neutra ou passiva, mas busca a transformação efetiva da realidade finita... tudo depende de "nossa capacidade de acolhida para algumas dimensões de sua eficácia" (Queiruga, A. T.). A experiência religiosa é momentânea, é vivida no sentimento do sagrado e quase nunca se desdobra em atos, alumbra a consciência, amortece-a.

A experiência do Espírito é convincente, imprime persuasão irrestrita. A experiência religiosa é emocional, dura enquanto o espetáculo religioso se realiza ou até a emoção ser substituída por outra.

A experiência da fé viva é vivificante, eficaz e eficiente. Ela opera, como supra se disse, sempre em consideração ao próximo e à comunidade. Marca essencial do êxtase místico: não desliga o sujeito da concretude da vida comunitária. A experiência religiosa é sentimental senão sentimentalista; não raro se concretiza em ataque histérico: desmaios, gritos, línguas, espetáculo. O sujeito sai dele como um "bagaço" humano, completamente alheio à comunidade, às vezes demorando dias para voltar ao estado de equilíbrio físico e mental.

A experiência da presença do Espírito é de efeito permanente, pois vai produzindo acréscimo de vida sempre nova no sujeito e na comunidade. A experiência religiosa tem hora marcada (culto, liturgia), é fugaz, apaga-se com o evento, quando muito vira memória. Alimenta-se da repetição de cerimônias, terços, tambores giratórios, balançar a cabeça... como na neurose obsessiva. Preocupa-se em "satisfazer" um superego exigente e condenador.

A experiência verdadeira do Sentido Radical nutre a convivência com o Espírito, a conexão com ele é contínua e por ele sempre reativada por um novo contato. A experiência religiosa, por se realizar no imaginário, logo é substituída pelas preocupações da cotidianidade.

A experiência da presença do Espírito é determinante, pois conduz para uma vivência com Ele em todos os atos, trabalhos e eventos. A experiência religiosa, por ser pontual ou episódica, desaparece após a sua ocorrência ou fica na lembrança, não convence.

A experiência da vida do Espírito imprime um Sentido Radical da fé: o Reino de Deus é agora, nesse mundo, nesse momento. A experiência religiosa consiste numa prática de rituais ou sacramentos que visa a vida após a morte. Visa "comprar" o céu ou suplicar, aplacar o deus isolado nas alturas.

A experiência da vivência com a Trindade, do "toque" do Espírito, elimina o conceito e a prática do profano e do sagrado das religiões ou do natural e sobrenatural. A Trindade está toda em todos e em tudo. A experiência do sagrado pretende excluir o profano, é mistagógica, supõe local e ritual.

A experiência do seguimento de Jesus de Nazaré se caracteriza pela prática do amor ao próximo. A esmola, por exemplo, é dada ao próximo por ser ele e não por amor a Deus, já que, segundo Jesus de Nazaré, quem ama o próximo está amando Deus. É o caso de Cornélio:... "tuas esmolas chegaram até Deus". Na experiência religiosa, em toda esmola há uma duplicidade: não raro humilha o pobre, mantém a miséria e visa a vida eterna: "quem dá esmola empresta a Deus": "O Senhor Dom Juan de Robres/ de caridade sem igual/ fez santo hospital/ e também fez os pobres" (Triarte, J.). Ou: "Ali se verá (ao morrer) a fábrica de hospitais, se nasceu do socorro aos pobres, ou de tê-los feito primeiro" (Venegas, A.).

A experiência de Deus só existe se agirmos como ele age conosco: amor com desapego do retorno. Para ele isso é mais fácil, pois não precisa de nada daquilo que podemos lhe dar, nem mesmo louvor, ao passo que, para nós, é difícil por causa de nossa infantil e contínua busca de reconhecimento. Ágape, contudo, é de outra estrutura que o amor ou a caridade. "Não se ama alguém por ser bom, mas por ser" (Karnal, L.). Na experiência religiosa, a esmola, por exemplo, é dada por obrigação (dízimo), também por culpa, dó ou em troca pela vida eterna. Há sempre um interesse secundário, sem contar a intencionalidade inconsciente! Os bispos S/A pregam que Deus retorna segundo o *quantum* do dízimo, e papas ligaram indulgências a dinheiro para revogar as penas do purgatório e assim chegar mais cedo ao Reino dos céus.

A experiência vivida no Espírito, na vida diária dirige toda iniciativa, todo comportamento, atitudes, trabalho, contatos, negócios. A experiência religiosa é circunstancial, ardilosa, esperta, muitas vezes regida pela moral de ocasião.

Uma experiência de Deus: Dom Helder, despojado de tudo, servo de todos, libertador dos desvalidos, evangelho vivo, e, por isso, perseguido pela ditadura e pela Cúria, bate na porta de Paulo VI. Experiência religiosa: "continue, diz-lhe o papa, mas não vou poder defendê-lo publicamente".

Dom Romero, força encarnada do Espírito Santo, profeta, denuncia corajosamente os crimes da ditadura, é a voz de quem não "podia" ter voz. Na segunda visita *ad limina*, tenta entregar a João Paulo II vários dossiês sobre as atrocidades da ditadura. Experiência religiosa: "Já disse que não me tragam esses dossiês, não tenho tempo para os ler. O senhor deve agir sempre de acordo com o governo". Dom Romero explode em lágrimas diante de tamanha insensibilidade, sabe que a sua vida está por um fio e que uma atitude minimamente cristã do papa poderia modificar a situação dele e dos perseguidos da Nicarágua.

Na experiência religiosa, o devoto multiplica devocionismos e promessas. Percorre pequenas e longas distâncias, singra mares, corta os ares, atravessa continentes... saciada a devoção, foi e voltou sem uma palavrinha com o Companheiro que levava em seu peito... Ah, as romarias e as procissões!... Tudo no entorno do essencial. Na experiência de fé "o Espírito fala e este se manifesta no momento mesmo em que o espírito do fiel renuncia a si próprio, ganhando o inefável de uma língua secreta" (Congar, Y.).

Na experiência de Deus, aquele que crê vive esta certeza: "A Trindade torna-se o operador da história da humanidade" (Hegel). Na experiência religiosa, a Trindade não opera, operam magias, apenas o que o clero ou o pastor dizem, os sacramentos, as devoções, as superstições, os rituais obsessivos.

A experiência de Deus, por impregnar toda a mente e o corpo do sujeito, autentica-se na concretude e na prática cotidiana da vida. A experiência religiosa facilmente desliza para a hipocrisia. Jesus de Nazaré a denunciou com virulência. A hipocrisia é o escracho da fé verdadeira.

A experiência dessa presença atuante do Sentido Radical da fé orienta de contínuo a vida do cristão, imprime-lhe a qualidade de seus atos morais. A experiência religiosa é baseada na prática religiosa, essencialmente no que o padre ou o pastor diz e o fiel acredita que está bem com Deus por obedecer o preposto da religião. E assim passa a vida, dispensando sua vocação pessoal perante a Trindade e sua inserção histórica. Felizmente, "nossos contemporâneos não aceitam códigos morais, o fato que se lhes imponham condutas porque estão no código. Eles querem entender o valor dos preceitos ou das proibições. Ou seja, estão descobrindo a consciência moral que permite captar o valor dos atos... Antes a base moral cristã era a obediência à autoridade. Era preciso fazê-lo ou não fazê-lo porque a Igreja o ordenava ou proibia. Por isso, tantas vezes os leigos se perguntavam: isto se pode fazer? Se o sacerdote dizia que sim, o problema moral estava resolvido. Pois bem, isso pertence ao passado" (Comblin, J.).

Demasiadamente infantilizante! Domínio clerical da consciência e da subjetividade do outro. Violação da liberdade!

Experiência moral: na experiência de Deus, a moral dimana do convívio com a Trindade e a vivência entre os irmãos. É "a autonomia da lei moral" (Queiruga, A. T.). Na experiência religiosa, a moral é obediência às prescrições de clérigos e pastores. "É moral instituída" (Congar, Y.), "imposição autoritária", a Trindade, o Espírito ficam embaçados. Na experiência de Deus, "a iniciativa é toda do Espírito". O próximo é Deus encarnado nele, impossível violar a lei do amor, condição de amar a Deus. Moral é uma ascese contínua da fraqueza humana sustentada pelo Espírito de Jesus. O Espírito se transfunde em nós, Ele move misteriosamente e o resto segue.

Na experiência religiosa dos católicos, o juridismo está obsessivamente presente: para tudo há um cânon ou uma prescrição moral ou ritual. A religião é domínio da mente dos fiéis. Religião é ideologia.

Na experiência de Deus, "o Espírito impulsiona a Igreja para além dela mesma" (Congar, Y.). "Estamos longe de um agir puramente racional... um evento do Espírito: seu cosmo ético é um cosmo da vontade salvífica e santificadora de Deus, segundo medidas que ultrapassam toda racionalidade, até mesmo sobrenatural" (Congar, Y.). Na experiência religiosa católica, tudo gira em determinações da instituição: hierarquia, liturgia, sacramentalização com efeito automático.

Na experiência de Deus, a presença do Espírito age independentemente, apesar ou além da experiência religiosa. "só Deus pode fazer agir divinamente" (Congar, Y.). Na experiência da religião católica, como em outras religiões cristãs, o fiel tem Deus na tela de fundo, mas, na verdade, age conforme os ditames de eclesiásticos e pastores, seu agir procede de um superego do sacral, exigente, perseguidor e gerador de culpa: conformidade ou não conformidade às leis, regras, hábitos, determinações.

Na experiência de Deus: "um outro nos conduz: não sem nós, não de forma violenta, mas muito além de nossas visões e nossas previsões" (Congar, Y.). Na experiência religiosa, as religiões determinam seus objetivos, sobretudo no uso maciço da mídia televisiva, montam um esquema persuasivo de proselitismo, apelando a emoções, invocações, milagres e devocionismos.

Na experiência de Deus, "as forças espirituais não se moldam a planejamentos. Todas as mudanças operadas na Igreja caminham no sentido de voltar às origens, mas sempre se realizam de forma imprevista, em lugares e circunstâncias não previsíveis, habitualmente fora dos quadros oficiais estabelecidos. A Igreja pode aceitar ou rejeitar o testemunho dos profetas, mas não pode suscitá-lo" (Comblin, J.). Na experiência religiosa, arquitetam-se "as alianças de poder e privilégio, devido ao peso da instituição e de sua inércia histórica... e a incapacidade teológica para assumir o novo... A alta Igreja, com privilégios, dinheiro e poder se dará com a oligarquia do poder e com a monarquia restauradora" (Comblin, J.).

Na experiência das missões da Trindade... "que se apresenta cada vez mais nítido na América Latina o resto da Igreja autenticamente pobre, missionária e pascal, desligada do poder temporal e vigorosamente comprometida com a libertação do homem todo e de todos os homens" (Medellin III, 3.3a), é verdadeiramente uma experiência de Deus.

A experiência de Deus vive uma "nova e eterna aliança": "colocarei minha lei em seu peito e a escreverei em seu coração; eu serei o Deus deles e eles serão o meu povo" (Jr. 31:33). "A aliança nova é aquela da fé em estado puro: uma nova criação uma recriação"... É a obra da Páscoa (Gravel, R.). Na experiência religiosa, não há lugar para o novo, para "uma nova criação". Há a repetição do velho e culto do mesmo. Deus é obrigado a se submeter ao centro da hierarquia e ao culto que ela determina.

Na experiência do sacral da religião católica, "o sonho da cristandade nunca saiu da cabeça do clero e dos religiosos em geral, salvo exceções. A ordenação sacerdotal ou a profissão religiosa significam acesso a uma classe privilegiada. Este é o sonho alimentado por toda formação – ou aquilo que se chama formação" (Comblin, J.). Na experiência de Deus, Jesus, pobre, apaixonado pelos últimos, leigo, livra-se da religião e propõe uma única coisa: o Reino de Deus, uma comunidade viva, mantida pelo seu Espírito e a realização das bem-aventuranças.

Na experiência de Deus, "quanto melhor nós, seres humanos, vivermos nossa vida, quanto mais realizarmos nossas possibilidades, mais e melhor se cumprirá também, *por isso mesmo*, o interesse do autor e do ator. Não há concorrência de interesses: tanto Deus como o homem querem que a obra alcance sua perfeição" (Queiruga, A. T.).

Na experiência religiosa impera a dicotomia: a prática da religião é uma coisa e a vida profissional ou prática é outra.

Na experiência de Deus, "deste modo... o homem entregue à sua tarefa mundana e preocupado com a sua autorrealização está levando a termo, *nesta mesma atividade*, o plano divino... o plano divino consiste em que o homem alcance sua plena realização" (Queiruga, A. T.). Um pai tem orgulho de ver um filho seu crescendo no desenvolvimento dos dons, dos talentos que lhe transmitiu. Na experiência religiosa, Deus é um superego cobrador ou é um ente estranho, não penetra no âmago de todo agir humano, Deus e a cotidianidade estão separados.

Na experiência de Deus, "o progresso do homem significa justamente a realização do plano de Deus". Na experiência religiosa, o homem sempre está em dívida. Os erros, as falhas não podem fazer parte dos limites do humano. São culpas a serem reparadas.

A experiência religiosa tende a ser estanque, circunstancial, cumprimento de uma obrigação imposta, satisfação vaga de um sentimento piedoso. De poucas consequências para a vida do dia a dia, facilmente desconectada da vivência da fé.

A experiência do Sentido Radical da fé é um evento sempre novo e renovador; a presença do Espírito e a conexão contínua com ele é troca viva, é força atuante. Tudo ele dinamiza. A experiência religiosa é ato litúrgico, rotineiro em seu conteúdo e em sua encenação. As orações são expressão desencarnada da realidade da comunidade específica. Tudo é pré-fabricado pela instituição.

A experiência da fé ocorre no íntimo de cada sujeito, ela não é buscada, ela acontece. O Espírito bate na porta sem parar, abri la só depende de nós: "...a experiência bíblica traz como algo muito específico o caráter pessoal dessa presença: é o Deus dos pais, é o Abba de Jesus...

é sempre um amor personalizante... jamais força anônima ou muda, presença apessoal ou infrapessoal" (Queiruga, A. T.). A experiência religiosa é sempre uma cerimônia, supõe a ação de um intermediário que diz a mensagem e indica caminhos quase sempre morais. Alguém que se interpõe entre Deus e a comunidade e se apresenta como necessário para se chegar a Deus, tal como era a função do sumo sacerdote no Templo, prática abolida por Jesus histórico.

A experiência de Deus: "Deus não está em lugar nenhum, porque, como Espírito, está em todos os lugares. O que decide não é o lugar geográfico, mas o estado de alma: o adorar em comunhão com o Espírito que enche todas as coisas e age na história" (Boff, L.).

A experiência do Espírito conduz à comunidade e, na comunidade, propicia acolhimento e abertura às mensagens dele aos seus membros. Essa troca é de uma riqueza insondável, era própria à Igreja primeva e hoje está revivida nas Comunidades de Base. Essa experiência radical da fé induz ação imediata ao alívio do sofrimento e das necessidades das irmãs e dos irmãos.

A experiência religiosa é experiência de massa, passa-se em grandes templos ou nas paróquias. Vide as experiências midiáticas, sobretudo a TV em grande estilo de manifestação de massa, como a tentativa da Globo Gospel ou o "show de promessas" da Igreja Universal com central-telemarketing da religião do espetáculo. Mesmo a eucaristia não é partilha do pão entre irmãos, é ritual de um ritual maior, a missa. A missa como é hoje se apresenta como um rito mitogênico da instituição primordial.

Na ânsia do proselitismo religioso atual, no anseio de responder à religião do espetáculo e do consumo, a religião católica e as denominações dela derivadas competem para provar quem é mais capaz de produzir religião e religião de massa. Padre Marcelo Rossi se gaba de construir um templo para 100 mil pessoas e um mausoléu para se perpetuar, o pastor Valdemiro Santiago se orgulha de inaugurar um templo para 140 mil fiéis, paralisando, na inauguração, as rodovias Dutra e Ayrton Senna, em São Paulo. Silas Malafaia, da Assembleia de Deus da Vitória em Cristo (ou dele?), promete a construção de 1.000 templos. Edir Macedo, "Bispo S/A", bilionário (dois bilhões e cem milhões, o vigésimo quarto homem mais rico do Brasil), vivendo no luxo aqui e no estrangeiro, com problemas no fisco e pendências judiciárias, dono da TV Record, declara duas vezes à revista Veja que "vai botar pra quebrar", mas cobre tudo isso com o incrível manto de que a única coisa que lhe importa é o evangelho, só que, por "segurança", não vive em residência fixa. Quão longe do Nazareno! E ele se deu conta disso: diante da declaração de Paulo na ágora: ... "O Deus que fez o mundo e tudo que nele há, sendo Senhor do céu e da terra, não habita em templos feitos por mãos de homens"... ou... de ninguém cobiceis a prata nem o ouro, nem o vestido. Vós mesmos sabeis que para o que me era necessário a mim e aos que estão comigo estas mãos me serviram" ... o exemplo de desapego do Deus humilde Jesus de Nazaré... não lhe restou outra saída senão recorrer ao Antigo Testamento em busca de justificativa para sua imensa riqueza pessoal: nada mais nada menos que o modelo do riquíssimo rei Salomão e seu templo. Com barba longa, kipá e capa, o moderno rei Salomão, morando num templo de R$ 80 milhões de reais. E os fiéis seduzidos com a crença de que o dízimo pertence a Deus. Será também seu mausoléu? Enfim inauguração plena de religião e poder: o poder salomônico, os poderes republicanos, presidenta, governador, prefeito: o eterno consórcio abominável de religião e poder.

Estevam Hernandes, com passagem pela polícia e prisão por envio de dinheiro a paraíso fiscal, se gaba de sua Marcha para Cristo com milhares de pessoas e sua esposa Sônia, a explorar o "rebanho" com o kit *divinessence:* "durante todo o dia possamos exalar o bom cheiro de Cristo", do Cristo maquiado e explorado para ganhos financeiros, sequestrado, mas não de Jesus de Nazaré com cheiro de pobre suado, poeira de estrada e sem banho, o autêntico. Ignoram esse Jesus e exploram um fantoche, o Cristo S/A: venda de milagres, indulgências, água-benta, perfume, incenso, óleo abençoado, travesseiro antidroga, óleo contra o demônio, carnê-dízimo, conta bancária dos pix pastores ou do templo, tudo para manipular massas hipnotizadas por pastores e prestidigitadores do sagrado. Sob a capa do sagrado o que conta é o argentário. O despojado Jesus de Nazaré usado como "garoto propaganda" de pastores ambiciosos. Precisamente como em "*Os Irmãos Karamazov*", de Dostoievski, o grande inquisidor, o sinistro monge, diz a Jesus que as antigas massas devem ser subjugadas por superstição para que a religião mantenha seu poder. O teólogo, Frei Josaphat, assim resume essas seitas do Cristo S/A: "As religiões se tornam outras tantas capelanias do consumismo, propondo o deus ou os deuses da prosperidade. Vão até ao encontro dos marginalizados e excluídos, impedindo que suas reivindicações estraguem as festas dos ricos e privilegiados. Entram no jogo da concorrência, fazendo a oferta da religião da terapia, da resignação, da busca confortante dos milagres". É a religião "ópio" e alienação do Sentido Radical da fé. Todos os pastores, sobretudo os fundadores das seitas, se tornaram milionários, donos de ricas propriedades. E assim vai a marca enlouquecida da luta de prestígio (cf. Hegel). Mortífera, ela encapela os egos dos prepostos religiosos, ouriça os ânimos e à porfia disputam fiéis, ortodoxias e o ouro. "A duplicidade mestre e escravo é generalizada no interior de cada participante de nossa sociedade" (Lacan, J.). Mas é preciso reconhecer que muitos dos simples fiéis, embora dominados por esses homens ambiciosos, vivem na vida cotidiana e no meio dos mais desamparados, "os últimos", a presença viva da fé que o Espírito alimenta neles. Ainda bem que as poucas Comunidades de Base resgatam o Evangelho do *Regnum Dei*: "Grande sinal da presença do Espírito é a constituição das Comunidades de Base" (Boff, L.)... "A comunidade é para todos latino-americanos um descobrimento... um verdadeiro milagre... os membros que a constituem estão conscientes da mudança radical no seu modo de viver: este cria novas personalidades e as enriquece em todos os pontos de vista" (Comblin, J.).

A exemplo da religião católica, que sempre esteve ligada ao poder civil, todas essas religiões, sobretudo em tempo de eleição, disputam as benesses dos candidatos e mercadejam os votos de seus fiéis. Religião e política no eterno contubérnio de sobrevivência e troca de servidões voluntárias. "Quanto mais há poder, mais há ambição, rivalidade, queda de sentido moral" (Di Segni, R.). A história prova. "Sempre que a Igreja católica se apoiou no poder temporal para sobreviver, fez isso em detrimento de sua identidade própria e específica como comunidade de esperança" (Espeja, J.). "Quando a Igreja como instituição está associada ao poder, ela não pode apresentar a mensagem de Jesus como anúncio de um mundo de justiça e de paz porque não pode enfrentar os poderes com os quais está associada" (Comblin, J.).

Pobre Jesus, não bastou a crucificação e, agora, o dilaceram de todo lado. É a religião de massas e a disputa de poder, a luta de prestígio entre religiões, entre pastores e entre fiéis. A religião católica e as denominações dela derivadas vivem uma constante "crise de rivalidades miméticas" (Kirvan, M.). É a ganância do dinheiro sob o manto do sagrado, sem pagar imposto. Mas isso nada tem a ver com o Filho de Deus no humílimo Jesus de Nazaré, diarista, totalmente desapegado dos bens deste mundo. Como Jesus não fundou uma religião, essa efervescência de religiões reivindicando seu nome ou patrocínio é um despropério, senão um acinte, à sua proposta do Reino de Deus, que "não é deste mundo", e sim o reino de homens poderosos que usam e abusam de seu nome, transformando seu legado em religiões, em interesses dos prepostos, em clara contradição ao histórico, à fala de Jesus e ao testemunho do Evangelho.

As religiões não unem, dividem, se entredevoram. "As religiões são naturalmente intolerantes" (Comblin, J.). As religiões competem internamente e entre elas. Ora, onde há competição não há lugar para Jesus, seu evangelho e seu Espírito. "A competição é antissocial, hoje e outrora, porque implica na negação do outro, a recusa da partilha que é do amor (Boff, L.). A religião católica e os dois outros monoteísmos são incapazes de enfrentar a sociedade do acúmulo e da injustiça social: "A sociedade moderna neoliberal e de mercado se assenta sobre a competição. Por isso é excludente e faz tantas vítimas por todas as partes. Ela não traz felicidade porque não se rege pelo amor-relação" (Boff, L.). Ecumenismo é uma idealização, o *Regnum Dei* de Jesus de Nazaré é uma utopia... só que realizável.

A experiência de fé na comunidade renova continuamente o seguimento de Jesus de Nazaré, que dedicou sua vida à escuta e ao acolhimento dos últimos, dos excluídos, dos que sofrem. "O cristianismo é comunitário... A paróquia interrompeu o sentido de comunidade. Religião é massa. Mas estão aparecendo muitas formas de pequenas comunidades baseadas na livre escolha. Tais comunidades terão a capacidade de celebrar a eucaristia, o que pressupõe uma pessoa adaptada a presidi-la em cada grupo de umas cinquenta pessoas. Não existe nenhuma dificuldade doutrinal para isso, porque nos primeiros séculos a situação era esta e não havia problemas. Isto é fundamental, porque uma comunidade que não se reúne na eucaristia não é realmente uma comunidade cristã" (Comblin, J.). Boff confirma: "A experiência central que as comunidades fazem da vida, vida nova, viver em função do bem de todos, das transformaçoes necessárias em vista de uma vida mais justa, fraterna e melhor". Assim foram constituídas as comunidades de Paulo, que nunca foi sacerdote nem bispo e que participava da celebração da partilha do pão com as irmãs e os irmãos, como os Atos testemunham.

A experiência religiosa por definição é, como vimos, uma experiência de massa. De rebanho. E agora se aliou à sociedade do espetáculo: palmas, gritos, desmaios histéricos... É a teatralização da experiência religiosa reproduzida nos shows televisivos, mas sem consequência para a libertação e a transformação comunitária.

Medellín foi uma experiência de Sentido Radical: "A Igreja de Medellín estava com o povo pobre e perseguido e correu sua própria sorte... Milhares foram assassinados, entre eles dezenas de sacerdotes, religiosos e religiosas, uma multidão de leigos, mulheres e homens" (Sobrino, J.).

A resposta religiosa veio em seguida: "...altos personagens da Cúria Romana e de outras cúrias locais desqualificaram essa Igreja e construíram uma Igreja alternativa, diferente e mesmo contrária, mais devocional, intimista, de movimentos submissos aos defensores da hierarquia. E o que havia de evitar era que a Igreja voltasse a entrar em conflito com os poderosos. A Igreja popular, nascida em torno de Medellín, crente e lúcida, de Comunidades de Base, que vivia a pobreza do Continente, sofreu dupla perseguição do mundo opressor e, com alguma frequência, da própria Igreja" (id. ib.).

Em outubro de 2012, vivemos simultaneamente essa dupla experiência. Em Porto Alegre, Brasil, a experiência do Sentido Radical da fé durante o Congresso Continental sobre os 50 anos do Vaticano II e a Teologia da libertação. O auge aconteceu quando Gustavo Gutierrez, impedido por doença de comparecer fisicamente, apareceu no telão para sua conferência. 750 congressistas emocionados se levantaram e o congratularam como herói da fé em Jesus e com uma calorosa salva de palmas. Ele, Queiruga, Sobrino e tantos outros propiciaram uma experiência profunda de fé a ponto de todos saírem fortemente tocados pela teopatia do Sentido Radical. Transformação de Pentecostes: o Espírito e os sinais dos tempos. Um *kairos* do Espírito

Em Roma, na mesma semana, a experiência religiosa do sínodo na discussão sobre a nova evangelização. Houve algum testemunho do Sentido Radical, mas tudo terminou em mais uma experiência religiosa conduzida pela Cúria romana. Todos ouviram o que a hierarquia tinha a dizer. Algo mais do mesmo. "Claramente a gente pode fazer uma diferença entre evangelho e religião, entre fé e religião" (Susin, L. C.).

A experiência do Sentido Radical é vivida e testemunhada pelos místicos cristãos ou outros. Ocorre sempre fora da prática da religião, é uma intervenção direta do Espírito Santo. Santa Teresa de Ávila e João da Cruz testemunham em suas biografias, em seus tratados sobre a mística e mais ainda em suas experiências de teopatia aquilo que é chamado de transe místico. A experiência de Deus é um acontecimento fora da religião e é chamado gozo místico. Não há sacerdote, pastor ou intermediário entre Deus, seu Espírito e o sujeito humano. Verossimilmente como Jesus de Nazaré vivia suas experiências de Deus. É um dom, pura gratuidade de Deus, que "deslumbra" a alma: "arde, mas não queima", "Deus e sua obra é Deus"... "E assim não se há de entender que o que aqui se diz que a alma sente, é como ver as coisas à luz ou as criaturas em Deus, mas que naquela possessão sente ser-lhe todas as coisas Deus... Estas montanhas são meu Amado para mim... Estes vales são meu Amado para mim" (João da Cruz). "*A experiência de Deus leva suas próprias credenciais*" (Queiruga, A. T.). Lacan a descreve como "Presença" e "Alegria" do Espírito que inunda a alma, extremo oposto do transe (ataque) histérico que reduz o ser humano a rebotalho. É teopatia vivificante e uma inundação de plenitude, fora do imaginário porque não representável nele, inteira no real inconsciente com registro no simbólico apenas de que isso está acontecendo. Essa experiência de Deus é um evento concreto, implantado na realidade, sem fugas para imaginações ou fantasias. Transforma-se em ato, é eficaz. A experiência de Deus é produtiva, não se perde nem se dilui no mar de propósitos fantasiosos, mas se concretiza no Reino dele, *hic et nunc*, aqui e agora.

Jesus de Nazaré construiu sua vida na experiência do Sentido Radical de Deus: "A nós cristãos interessa muito conhecer tudo o que pudermos sobre a pessoa e a vida de Jesus precisamente porque cremos que, através dessa pessoa e dessa vida concreta, Deus se revelou de forma única, excepcional e irrepetível" (Pagola, A.). Interessa-nos vir ao encontro da experiência dos que conviveram com Jesus de Nazaré: "sintonizar com a Boa Notícia que descobriram nele"... "É difícil aproximar-se dele e não sentir-se atraído por sua pessoa"... "O contato com Ele convida a desprender-se de posturas rotineiras e postiças; liberta de enganos, medos e egoísmos que paralisam nossa vida, introduz em nós algo tão decisivo como alegria de viver, compaixão pelos últimos ou o trabalho incansável por um mundo mais justo. Jesus ensina a viver com simplicidade e dignidade, com sentido e esperança... Jesus pode levar a crer em Deus sem fazer de seu mistério um ídolo nem uma ameaça e, sim, uma presença amistosa e próxima, fonte inesgotável de vida e compaixão para com todos" (id. ib.). Jesus é a própria experiência da teopatia, Sentido Radical.

"Jesus propõe uma nova experiência de Deus". Nada de discursos teológicos ou de ritos religiosos e sacerdotais. Jesus fala da vida: "basta viver intensamente a vida de cada dia"... o vento "sopra onde quer", sem que se possa precisar "donde vem e para onde vai"... uma realidade mais profunda e misteriosa: "o Espírito Santo de Deus... para captar a experiência de Deus é necessário amar a vida e mergulhar nela"... "Deus é sempre surpresa" (Pagola, A.). É precisamente isso: "Deus é sempre surpresa"! "*Veni Creator Spiritus*", Vinde Espírito Criador... do novo e da inovação! Basta isso: "*Veni Creator Spiritus*". O resto segue. É só deixar Ele "outrar".

Para Jesus, "Deus não está ligado a um lugar sagrado. Não pertence a um povo ou a uma raça concretos. Não é propriedade de nenhuma religião. Deus é de todos"... "Deus não criou homens e mulheres religiosos, senão pura e simplesmente homens e mulheres humanos... Deus não é religioso" (Queiruga, A. T.). Em alto e bom tom: "Deus não é religioso"! Em plena liberdade de filhos: "Deus não é religioso!". E no batismo de João: "Jesus escuta a voz de Deus que o chama a uma missão nova"... "a atividade profética de Jesus origina-se de uma intensa e vigorosa experiência de Deus, vivida junto ao Jordão"... "esta nova experiência impele Jesus"... "Com Jesus, tudo começa a ser diferente"... O temor do juízo dá lugar à alegria de acolher Deus, amigo da vida... "Não só muda a experiência religiosa do povo... A própria figura de Jesus se transforma"... "O Reino de Deus está dentro de vós"... "Reino de justiça e de misericórdia" ..."Jesus experimenta Deus"... "o Reino de Deus é Reino de experiência do Espírito" (Borg)... "ungido por Deus com a força do Espírito Santo passou fazendo o bem e curando todos os oprimidos pelo diabo, porque Deus estava com ele"... "e os mais desgraçados já podem experimentar seu amor compassivo"... "Jesus rejubilava experimentando já o Reino de Deus na cura dos enfermos e na libertação dos possessos"... "Foram elas (as mulheres) as primeiras a experimentar Jesus ressuscitado"... "Jesus continuava comunicando a todos a experiência que ele vivia em seu coração: "Deus está aqui"... "sua própria experiência de Deus"... "comunicar sua experiência do Reino de Deus"... "não oferece doutrina"... "vai tomando posição em cada caso, partindo de sua própria experiência de Deus"... "A partir de sua experiência de um Deus não violento, Jesus propõe uma prática da resistência não violenta à injustiça"... Seus seguidores... "compartilharão com ele sua experiência de Deus"... "Todos devem aprender com Jesus. Todos devem abrir-se à experiência do Reino de Deus"... "Jesus os chama para que compartilhem sua experiência da irrupção do Reino de Deus"... "A experiência de Deus foi central e decisiva na vida de Jesus"... "uma pessoa profundamente unificada em torno de uma experiência nuclear: Deus, o Pai de todos"... "Jesus atuou movido pela experiência de Deus"... "a relação de Jesus com Deus causou profunda impressão"... "a mensagem e a atuação de Jesus não se explicam sem esta vivência radical de Deus"... "Para Jesus, Deus não é uma teoria... é uma experiência que o transforma e o faz viver buscando uma vida mais digna, amável e feliz para todos"... "a experiência de Deus como Pai perdoador"... nos salmos "Jesus alimenta sua experiência de Deus"... no batismo do Jordão dupla experiência: descobre-se: "Deus é seu Pai: Tu és meu filho querido" e "ao mesmo tempo vai sentir-se cheio do Espírito Santo"... "Jesus o experimenta como Espírito de graça e de vida"... "Jesus vive a partir da experiência de um Deus Pai"... "Abba, papai, eco da experiência pessoal vivida por Jesus"... a experiência da ressurreição, primeiro Madalena com aquela inconfundível voz: "Madalena"! e a irrupção da pulsão incendiando seu coração: "Raboni"!: "só Deus pode estar revelando a eles algo tão grande e inesperado"... "Eles haviam experimentado em Jesus a irrupção da força e do amor salvador de Deus, não estavam experimentando agora em sua ressurreição a irrupção libertadora de Deus, inaugurando já o Reino definitivo da vida? "...os relatos insistem sobretudo na experiência que os onze viveram... uma experiência pacificadora: "A paz esteja convosco"... sua experiência filial de Deus impele também Jesus a desmascarar os mecanismos de uma religião que não está a serviço da vida... quando a lei religiosa causa dano e mergulha as pessoas no desespero, fica vazia de autoridade, pois não provém do Deus da vida... movido por este Deus, Jesus se aproxima dos esquecidos da religião. O Pai não pode ficar açambarcado por uma casta de piedosos nem por um grupo de sacerdotes controladores da religião. Deus não outorga a ninguém uma situação de privilégio sobre os outros, nem dá a ninguém um poder religioso sobre o povo, mas força a autoridade a fazer o bem. Assim atua sempre Jesus: não com autoritarismo e imposição, mas com força curadora. "Liberta dos medos gerados pela religião, não os introduz, faz crescer a liberdade, não a servidão, atrai para a misericórdia de Deus não para a lei, desperta o amor não o ressentimento" (Pagola, A. *passim*).

A experiência radical de Jesus Nazareno se concretiza numa relação não menos radical com a Trindade: o natural e o sobrenatural, o profano e o religioso foram definitivamente abolidos pela encarnação, morte e ressurreição. Doravante, coirmãos dele, filhos de um mesmo Pai, Abba: a Trindade em nós e nós na Trindade, graças à intermediação de seu Filho e ao Espírito que nos vivifica e nos impele no seguimento de Jesus. O Espírito de Jesus e a execução do plano escatológico da Trindade no estabelecimento do Reino hoje, entre nós, Reino de justiça e de amor para todos, sobretudo para com "os excluídos dos excluídos". Doravante, a vida da Trindade e a nossa estão seladas e mantidas pela mesma "*dynamis*" do Espírito. Nossa vida é a da Trindade: "*ubi thesaurus vester ibi et cor vester*" (onde vosso tesouro aí também vosso coração) (Mt. 6:21).

A vinda e a vida de Jesus de Nazaré tiveram um único sentido e um único objetivo: o Reino de Deus entre os homens e mulheres de todos os tempos. O único desejo dele: que o seu Espírito Santo efetue o seu seguimento, isto é, o Reino de Deus até o fim dos tempos para que todos estejam com a alegria da "paz esteja convosco" dele ressuscitado. O Reino de Deus na Terra, eis a única razão de ser discípulo ou discípula de Jesus.

Finalmente, como "a psicanálise não é o que o discurso científico fala dela" (Perrier), pois ela é uma experiência, do mesmo modo o que aqui exponho não é a experiência do Espírito. Após escrever sobre as experiências do Espírito Santo, Comblin também afirma: "A experiência do Espírito não é o que foi exposto aqui".

Escólio

Comblin confirma: "Jesus não fundou nenhuma religião, mas anunciou a chegada do Reino de Deus"..."Jesus está na origem da

Tradição Evangélica. Esta Tradição foi e é obra do Espírito Santo"... "Se Jesus não fundou nenhuma religião, seus discípulos, sim, fundaram uma religião... a religião evoluiu, integrou elementos estranhos, seguiu várias inspirações. A religião cristã constituiu também uma tradição, uma tradição religiosa feita de atos simbólicos e de doutrinas misteriosas. A tradição religiosa é produto do sentimento religioso dos cristãos... Não se pode atribuir ao Espírito tudo o que apareceu na história do cristianismo".

Eis como Comblin diferencia experiência de fé e experiência religiosa:

- "A fé não conhece a distinção entre sagrado e profano. A religião está baseada nessa distinção".
- "A fé vem de Deus. A religião vem dos homens. A fé será sempre igual em todos os tempos e todos os lugares. A religião muda e varia de acordo com os tempos e os lugares, porque é criação humana".
- "A fé é universal, porque não está ligada a nenhuma cultura e não cria nenhuma cultura. A religião está sempre ligada a uma cultura e engendra ou modifica uma cultura. Por isso é sempre diferente, de acordo com a diversidade das culturas".
- "A fé é vivida na vida real, concreta, material, corporal, social. A religião é vivida num mundo simbólico. A fé exige ações concretas, destinadas a trazer mudanças neste mundo. A religião exige atos simbólicos como orações ou ritos ou observâncias. Ela não quer mudanças no mundo exterior, mas permanece indiferente ao mundo material".
- "A fé é renúncia ao poder. Ela não se impõe, mas quer a liberdade. Rejeita todas as forças de dominação. A religião busca o poder e o apoio de todos os poderes para ser capaz de se desenvolver e permanecer na segurança. A religião ignora a liberdade".
- "A fé vive em conflito com todos os poderes dominantes. A religião somente entra em conflito para defender os seus direitos. Não entra em conflito com os poderosos, quer a paz e a tranquilidade".

- "A fé é dada aos pobres para que sejam eles os atores da grande transformação do mundo. Os pobres são os eleitos de Deus para realizar a obra. Na religião, os pobres não têm nenhum lugar ativo. Ocupam um lugar secundário: a eles se deve dar esmola".
- "Uma pessoa entra na vida de fé por um ato de conversão pessoal. A pessoa decide seguir o caminho de Jesus. Na religião, a pertença se transmite em geral pela família ou pela força da pressão social, como no caso dos imigrantes que tinham nascido em outra religião" (Comblin, J.).
- Na chegada da divisão dos Testamentos, o Deus de Abraão, Isac e Jacó, o Deus de Moisés, se manifesta na própria divindade. Tira o ser humano da esfera da experiência do sagrado, da religião, do sacerdócio e a encarnação de Jesus, a presença do Espírito Santo, o transportam para esfera da experiência de Deus. Definitivamente. Até o fim dos tempos.

A Comunidade de Jesus de Nazaré e a Experiência Radical

O dia a dia da Igreja de Jesus de Nazaré nos Atos dos Apóstolos se desdobra sob a luz e a força do Espírito Santo. O grande valor dessa narrativa é ela não ter pretensão alguma de ensinar ou recomendar como, por exemplo, as epístolas têm. A narrativa descreve a cotidianidade dos enviados, discípulas e discípulos, atestando, cada página, que nada se fazia sem que o Espírito Santo os conduzisse. Essa atuação do Espírito persistirá viva na Igreja até meados do século terceiro, esmorecendo no início do século quarto quando passou a ser dominada por imposições do imperador Constantino. A "*ecclesia*" das comunidades cede lugar à religião católica, isto é, à religião de todo o enorme Império romano.

Logo no início da atividade das "testemunhas" de Jesus de Nazaré e do "dom do Espírito Santo", o que constatamos? "Então Pedro, *cheio do* Espírito Santo, lhes respondeu: Chefes do povo e anciãos ouvi-me".

A metáfora "cheio do Espírito Santo" vai predominar desde a manifestação pentecostal, cinquenta dias após a ressurreição, até o fim das narrativas sobre a existência e a vivência da Igreja primeira. Assim foi que "mal acabavam de orar" pelos libertos da prisão ocorrida por causa da cura de um homem coxo, "tremeu o lugar onde estavam reunidos. E todos ficaram *cheios* do Espírito Santo e anunciavam com desassombro a palavra de Deus". Então, "cheios do Espírito Santo" era o cumprimento da promessa de Jesus de Nazaré: o Espírito Santo "ensinará" e dará "força" às mulheres e aos discípulos para a práxis da nova mensagem da Trindade que deseja "adoradores em espírito e verdade". "Adoradores em espírito", isto é, em contato, em convivência direta com a Trindade e em "verdade", numa troca de vida e amor permanente, não num imaginário teológico ou dogmático. "Em espírito e verdade" não necessita de liturgia do sagrado, de prática de religião ou de ideologia fundamentalista. É vida na Vida, é "sopro" que oxigena a alma e enche suas velas, é alimento que a interpenetra e inebria o espírito, é luz que alumia o caminho e força que sustenta e conduz os passos. Numa palavra, a teopatia em ato contínuo.

A consequência dessa entrega ou docilidade ao Espírito Santo, executor da obra da salvação de Jesus de Nazaré, assim se evidenciava: "A multidão dos fiéis era um só coração e uma só alma". Estavam unidos na mesma obediência ao Espírito, libertador do sagrado e das práticas de rituais. Como conseguiam tal convivência? Porque o desapego, a atitude psíquica que mais agrada à Trindade, pois que ela elimina a morte da luta de prestígio e possibilita o verdadeiro amor ao próximo, era a disposição psíquica básica dos primeiros discípulos. O despojamento é da essência da Trindade e da obra da criação. Tudo é dom de Deus sem requisição ou espera de retorno.

Os primeiros cristãos se identificavam com a origem e a vida humilde de Jesus de Nazaré, que tendo escolhido pessoas modestas para nascer, nasceu pobre e viveu entre os pobres e marginalizados de Nazaré ou, como diz a lenda, não havendo lugar na hospedaria, uma cocheira com animais, esterco, serviu-lhe de primeiro abrigo e uma manjedoura com um pouco de feno recostou-lhe o corpo recém-nascido.

Na apresentação ao Templo, duas pombinhas foram as ofertas, pois era o que estava ao alcance de seus pais. O sentimentalismo do Natal hodierno e a exploração mercadológica e consumista dele obnubilam totalmente a realidade de um homem que manifesta o divino, "uma criança de condição humilde e em circunstâncias de despojo, desamparo e perseguição à morte". O Deus poderoso, onipotente, cede lugar ao Deus no "mais humano, no frágil, no excluído e até no perseguido" (Pagola, A.).

O despojamento de Jesus de Nazaré tocava profundamente os cristãos dos três primeiros séculos do cristianismo e, mais tarde, Francisco de Assis. Era um apelo irresistível a viver uma vida liberta das ilusões da vida material, que não se leva para a eternidade. Francisco de Assis retomou essa experiência radical. E o Papa Francisco surpreende com testemunho de despojamento.

A teologia, que é teorização da religião, isto é, um saber sobre a experiência do sagrado, a doxa do sagrado, conseguiu distanciar o divino do humano de Jesus a tal ponto que "chegou a entrar em conflito com as melhores manifestações da nossa própria humanidade". O cristomonismo obnubilou a Trindade e amorteceu a presença e a força do Espírito. "Deu-se primazia ao culto de Jesus. Jesus é o Deus que se adora, se suplica, que tem compaixão, mas que exige obediências. O conteúdo da vida humana de Jesus foi esquecido, apesar das leituras do evangelho que se faziam em todas as missas. Como a missa era recitada em latim e as leituras feitas em latim, essas leituras eram um puro rito que nada ensinavam" (Comblin, J.). Substituiu-se o seguimento de Jesus da Igreja primeira pelo culto dele na religião católica.

Mas a Teologia da Libertação veio recuperar esse retorno ao Jesus de Nazaré presente nos índios, nos caboclos, nos excluídos das terras e da moradia, nos multissecularmente espoliados por poderosos colonizadores, latifundiários, sempre com a cooptação das Igrejas católica e cristãs. A Teologia da Libertação é verdadeiramente a libertação da teologia. Deixa de ser teoria religiosa, discurso abstrato, especulativo, de um Deus pré-concebido, estratosférico e passa a ser a práxis encarnada nos que sofrem injustiças e são marginalizados. Aqueles a quem se dirigiu Jesus de Nazaré. Realmente, enfim, um retorno a este Jesus cujo discurso visava o Reino de Deus na terra dos homens. Marx, ante a Teologia da Libertação, certamente não poderia mais ter escrito: ..."Mas quando a experiência ensina que este amor não se tornou eficaz em 1800 anos, que ele não pôde mudar os relacionamentos sociais, nem fundar o seu Reino, segue-se manifestamente, portanto, que este amor que não pôde vencer o ódio não tem a força de impulso necessária para as reformas sociais. Este amor... enfraquece o homem com uma sopa quente de sentimento com o qual o nutre".

Para Marx, a cristandade (a experiência religiosa) é não só "ineficaz no realizar a mensagem de Cristo, "fundar o seu Reino (experiência do Sentido Radical), mas também responsável pelas condições de miséria, escravidão e opressão da história ocidental até tornar-se a "religião específica do sistema político-econômico do capitalismo"... "O cristianismo é, pois, a religião específica do capital". Enquanto religião, verdadeiramente "o ópio do povo", porque prática da experiência imaginária do sacral, busca da felicidade após a morte e alienada do Reino de Deus proposto por Jesus de Nazaré. Gandhi "com razão se perguntava por que os cristãos são os únicos que não entendem os evangelhos" (Comblin, J.).

A Teologia da Libertação é "aquela que destampou a liberdade de pensamento teológico, conseguindo superar a repressão promovida pelo hegemônico bloco ocidental da Igreja que a silenciava e a marginalizava... a necessidade de elaborar uma agenda teológica para o futuro nos leva a abrir-nos a um Deus livre, contrário a uma visão de um Deus preso a dogmas, ritos, normas morais e patriarcalismos" (Allegri, E.). A Teologia da Libertação fez ruir os mitos religiosos, tapume da experiência do Reino de Deus e passou a estar atenta ao *kairós* do Espírito. Por isso, "a paresia é o contrário dos que falam a partir da arrogância de posições dogmáticas" (id. ib.). Ora, esse profetismo evangélico das Américas acabou sendo muito incômodo para a religião romana do juridismo e do clericalismo.

É interessante notar que os Atos insistem sobre a ação do Espírito Santo nos apóstolos no sentido de "com grande coragem os apóstolos davam testemunho da ressurreição do Senhor Jesus. Em todos eles, era grande a graça". "Testemunho da ressurreição" de um Jesus que está vivo, não do morto na cruz e que apenas existiu algumas horas e que Jesus, homem, deve ter horror de lembrar!

Os enviados, com "grande graça", propunham o seguimento do Senhor ressuscitado, isto é, do Jesus real, de hoje. Os cristãos são convidados a partilhar a vida de Jesus atual, ressuscitado e não uma existência que não é mais a dele. Da existência dele o que importa é seu testemunho, o seguimento dele.

O Espírito Santo vai ocupando o lugar central da vida dos primeiros seguidores de Jesus. No caso de Ananias e Safira, ambos mentem não a Pedro, mas ao Espírito Santo: "Por que combinastes para pôr à prova o Espírito do Senhor"? Pedro não fica magoado ou ofendido na sua autoridade como se fosse a ele que teriam enganado. Como assumiu o múnus de verdadeiramente servir, o Espírito o secunda em todos os seus atos. Ele não nutre jamais uma relação dual com seus irmãos, movido à inveja ou pela luta de prestígio ou pelo autoritarismo. Sempre se coloca no lugar que lhe foi designado: uma posição terceira cuja função é colocar o Espírito como inspirador e fortalecedor dos irmãos, os homens e as mulheres.

Diante do Conselho, Pedro destemidamente diz que "importa obedecer mais a Deus do que aos homens... Deus é Salvador a fim de dar a Israel o arrependimento e a remissão dos pecados. Deste fato nós somos testemunhas, nós e o Espírito Santo, que Deus deu a todos aqueles que lhe obedecem". Já não apenas "nós" os enviados, mas, após Pentecostes, "nós e o Espírito Santo". Os apóstolos entenderam muito bem a função escatológica da manifestação de Deus através de seu Espírito. É grave o prejuízo que trouxe para a Igreja de Jesus de Nazaré dezessete séculos de quase esquecimento desse "nós e o Espírito Santo".

Na eleição de servidores do povo, que, em grego, se diz diáconos, é também ao Espírito Santo que é dada a iniciativa: ... "irmãos, escolhei dentre vós sete homens de boa reputação, cheios do Espírito Santo e de sabedoria"... Note-se: primeiro, os apóstolos ficaram fora da escolha, deixaram-na ao Espírito e à comunidade – nada de hierarquia ou centralismo de poder –, ela é do Espírito Santo e da comunidade; segundo, a condição essencial para esses servidores: "cheios do Espírito Santo". Trata-se de levar à frente a missão escatológica do Espírito Santo.

A Igreja de Jesus vai lentamente se organizando e aos carismas das discípulas e dos discípulos é dada a chance da articulação das comunidades.

Entre os servidores, destaca-se um: "Escolheram Estevão, homem cheio de fé e do Espírito Santo". Estevão é o cumprimento mais completo da promessa de Jesus de Nazaré sobre a ação do Espírito Santo: "Estevão, cheio de graça e fortaleza fazia grandes milagres e prodígios entre o povo". E a força da sua palavra era convincente. "E não podiam resistir à sabedoria e ao Espírito com que falava".

Os rabinos da sinagoga, Libertos, Cirenenses, Alexandrinos... "não podiam resistir à sabedoria e ao Espírito que o inspirava". O Espírito literalmente se apossou de Estevão, da sua cultura bíblica e seu discurso foi firme e contundente. Mas Estevão percebeu que não conseguia convencê-los: "Homens de dura cerviz e de corações e ouvidos incircuncisos! Vós sempre resistis ao Espírito Santo".

Tremo e temo ante denúncia tão incisiva, tanto por mim como pela minha Igreja que burocratizou ao extremo a mensagem da boa-nova e o Direito Canônico passou a ser o critério prevalente para tudo. A denúncia de Estevão é de perenidade e de oportuna atualidade. "A qual dos profetas não perseguiram os vossos pais? Mataram os que prediziam a vinda do justo". Através dos séculos, não foi isso que se repetiu com as excomunhões, os anátemas, a fogueira da Inquisição e o conluio entre Igreja, reis, generais e ditadores? Todo profeta se torna insuportável para a Igreja. Ou ela "não toma conhecimento dele" ou ela o condena sem direito de defesa nem que seja com o odioso "silêncio obsequioso". Assim, segue cega no reduto do poder.

Estevão não teve outra sorte:... "cheio do Espírito Santo, fitou o céu e viu a glória de Deus e Jesus de pé, à direita de Deus". Enquanto as pedras caíam sobre ele, "Senhor Jesus, recebe o meu espírito". A teopatia em plenitude.

Os caminhos do Senhor são veramente enigmáticos. Por que Estevão, homem inteligente, culto, de grande eloquência não foi um dos apóstolos, sendo quase todos eles caipiras, ignorantes? Talvez uma das respostas pudesse ser que Estevão, como Jesus de Nazaré, teve vida pública muito breve e, leigo como Jesus, irmanado com os simples do povo, seguiu lhe também os passos e foi-se em breve. Mas, assim como Jesus em apenas um ano e meio executou a tarefa que a Trindade lhe decidira, também Estevão, em pouco tempo, foi exemplo rutilante do que era viver na nova era do Espírito. Tanto Jesus quanto Estevão se entregaram à experiência de Deus, do Sentido Radical, da plenitude do Espírito Santo. Estevão é o acabamento dessa plenitude. A Trindade não o colocou à toa no início da experiência da comunidade de Jesus conduzida pelo Espírito Santo. Estevão é "marco regulatório" da comunidade fundada e conduzida pelo Espírito Santo.

O Espírito Santo se empenhou integralmente em assinalar sua presença e sua direção nesse início da nova era e Ele encontrou resposta. Literalmente, Ele se "derrama", dizem os Atos. Ele inunda a todos que se dedicam ao testemunho da boa-nova de Jesus de Nazaré. É "o Deus sempre presente e sempre vindo" (Queiruga, A. T.).

Felipe se aventurou pelas bandas da Samaria a dar testemunho da experiência de Deus: tocou muita gente e muitos foram batizados. Pedro e João foram visitar a nova comunidade: "estes, assim que chegaram, fizeram oração pelos novos fiéis a fim de receberem o Espírito Santo... Então, os dois apóstolos lhes impuseram as mãos e receberam o Espírito Santo". Este é o gesto que pais sobre seus filhos, cristãos sobre irmãs e irmãos, sãos sobre doentes podem empregar para perpetuar através das eras esta presença inefável e renovadora: "Vinde Espírito Criador!".

Pentecostes, festa da colheita, fora para as discípulas e os discípulos colheita de uma experiência tão viva de uma inundação do Espírito que os enviados não podiam conceber que a mesma graça e força não fossem outorgadas aos que se convertiam à nova ordem proposta pela Trindade.

O servidor Felipe era um discípulo muito sensível aos toques do Espírito. O ministro da rainha da Etiópia voltava de Jerusalém, onde fora adorar a Deus e, ao passar perto dele, "O Espírito disse a Felipe: aproxima-te para bem perto desse carro". Impressionante: "o Espírito disse". Naquele início da "ecclesia", os discípulos conversavam com o Espírito e ouviam sua voz, sua orientação! Por isso, a experiência de Deus se multiplicava rapidamente. A religião católica atual consulta primeiro a hierarquia, o Direito Canônico, a tradição eclesiástica, por fim até o evangelho, mas não o Espírito Santo.

Depois de explicar ao ministro a passagem de Isaías que ele lia, o ministro acreditou que se tratava de Jesus de Nazaré e foi batizado. Em seguida, "mal saíram da água, o Espírito do Senhor arrebatou Felipe aos olhares do ministro". Aqui, o Espírito simplesmente *arrebata!* Ele tem empenho em fazer o Reino conhecido. Os caminhos não são aqueles dos discípulos, são os do Espírito.

Assim, o Espírito Santo intervém em todos os passos da Igreja primeva, marcando presença e atuando para estabelecer e fortificar a nova era, comprovando que, doravante, compete a Ele levar a todos a obra da salvação.

Há três fatos muito curiosos. O primeiro diz respeito à conversão de sacerdotes (tribo de Levi) à nova fé. "E crescia a palavra de Deus e, em Jerusalém, se multiplicava muito o número dos discípulos e grande parte dos sacerdotes se converteu à fé". Surpreende que o Espírito os moveu a deixar o status e a segurança de classe, os compromissos sacerdotais da religião, a zona de conforto clerical para se converterem em leigos discípulos de Jesus de Nazaré. Essa movência do Espírito foi, com certeza, muito determinante, pois não é fácil trocar as experiências religiosas do sagrado, sacerdócio, status, direitos públicos, pela experiência do Sentido Radical da proposta de despojamento de Jesus. É impressionante a força de atração de Jesus de Nazaré!

Nesse mesmo sentido, milhares de sacerdotes da Igreja, sobretudo nas décadas de 1960-80, num testemunho profético de denunciar e anunciar, deixaram o sacerdócio canônico da Igreja católica para exercer o sacerdócio real e universal dos cristãos, na cotidianidade da existência. O papa João Paulo II, com atitudes nem sempre evangélicas e, sim, autoritárias, tentou frear esse movimento, mas ele continuou a ser adotado por numerosos sacerdotes de maneira ainda mais convicta e fundamentada. Esses sacerdotes foram verdadeiros profetas. Denunciaram um sacerdócio de status, canônico. Tanto é verdade que a Igreja diz dar importância à ordenação como sacramento e, de quebra, com impressão de caráter, mas, na hora da decisão, nada disso importa ou tem valor. A única coisa que conta é "rebaixar", reduzir o sacerdote ao status de leigo, isto é, expulsá-lo da ordem clerical como se membro de uma cavalaria ou de uma corporação militar. Na verdade, Jesus de Nazaré nem foi sacerdote e muito menos ordenou sacerdotes. A sacerdotização é "*affaire*" da religião católica e passou a existir a partir do início do quarto século. Não estava nos planos de Jesus de Nazaré e nem é de sua fundação. "Mito" (J. Comblin), "Investidura" (L. Boff).

De todo modo não é o sacramento que conta para o sacerdócio eclesiástico e, sim, o pertencer à hierarquia, como um oficial ao exército. Tanto é verdade que a Igreja romana nunca manifestou respeito a esses sujeitos profetas. Simplesmente os ignora. Não há aí a certeza de um inconsciente forte de que o sacerdócio é uma criação religiosa, clerical, cultural e não uma instituição de Jesus de Nazaré? Se assim não fora, como falar de ex-padre? Por ventura pode-se dizer ex-batizado?

Mas, o que importa é que o ato desses sacerdotes que se desligaram da hierarquia é um retorno à comunidade fundada por Jesus e edificada pelo Espírito Santo.

Aqui, é preciso render uma homenagem às esposas desses sacerdotes que se desligaram da canonicidade. Corajosas, profetisas como eles, assumiram uma opção cujos frutos virão em breve. Enfrentaram preconceitos e superstições religiosas sobre um sacerdócio secularmente mitogênico, estranho à comunidade primeva. Retomaram a experiência de fé proposta por Jesus de Nazaré.

Não se muda uma mentalidade ou ideologia religiosa conservadora sem que haja pioneiros que assumam a mudança. Não podemos esquecer que, dos 12 apóstolos, 11 eram casados, inclusive Pedro, e Jesus não viu obstáculo algum para que levassem mundo afora a experiência do Sentido Radical de sua mensagem. Neste ponto, é bom lembrar que se Pedro tinha sogra com certeza era casado com a filha dela. A mulher de Pedro não foi óbice algum para Pedro ser escolhido por Jesus nem a sogra foi empecilho. Pelo contrário, propiciou que Jesus manifestasse seu poder e sua aprovação curando-a de febre.

Neste ponto, temos que agradecer a Joaquim de Fiore, aos reformadores como Lutero, sobretudo Calvino, que se posicionaram firmemente sobre essa verdade. É uma volta à vida apostólica: a dessacerdotização.

"De resto, os apóstolos de Cristo chamam todos aqueles que creem em Jesus Cristo, sacerdotes, não em razão do ministério, mas porque todos os fiéis, sendo feitos por Cristo reis e sacerdotes, podem também oferecer a Deus sacrifícios espirituais (cf. 1 Pd 1:5). Portanto, são coisas muito diversas e diferentes do que sacerdócio e ministério. Pois o sacerdócio, como acabamos de dizer, é comum a todos os cristãos, mas não o ministério. E, portanto, não acolhemos o ministério da Igreja quando rejeitamos da Igreja de Cristo o *sacerdotium papisticum* tal qual ele é na Igreja Romana. Sabemos o bastante que, no Novo Testamento de Cristo, não há tal sacerdócio, senão aquele do povo antigo que teve uma unção externa, roupas sagradas, várias cerimônias que foram figuras do Cristo: o qual vindo ao mundo e cumprindo todas essas coisas também as aboliu. Mas quanto a ele, ele permanece o único sacrificador eterno" (Confissão Helvética).

O teólogo Carlos Josaphat assim resume essa passagem mitogênica:

"No caráter comum da vida cristã (dos dois primeiros séculos), a aproximação com a atividade cultural não comporta diretamente a evocação da função sacerdotal, e, sobretudo, não implica a atribuição dessa função específica a uma pessoa ou a uma comunidade determinada... A sacerdotização do ministério aparece aí como um fato consumado... como indo por si só".

Josaphat assim resume a sacerdotização do cristianismo:

"O primeiro fator é a concepção sacerdotal pagã e de maneira mais ampla: o ambiente religioso, sacral reinante no mundo greco-romano. Ao se desenvolver neste quadro social e cultural, o cristianismo não tenderá a tornar-se uma religião, uma religião popular, provida de um culto, duma liturgia, dum sacrifício, dum sacerdócio? A resposta a esta questão implica na determinação dos seguintes elementos: quais são os empréstimos efetivos que o cristianismo teria feito do vocabulário, das funções, das realidades, do sacerdócio pagão? Esta resposta está condicionada à questão mais geral, àquela das relações do sagrado cristão".

Justo o sagrado que Jesus eliminara.

Voltemos à vida do Espírito nos Atos.

O segundo fato que chama nossa atenção é que, quando Felipe se aproximou do ministro, assim como quando Pedro foi à casa de Cornélio, o Espírito Santo já estava lá. O Espírito precede o enviado. Assim, Ele precedeu e precede ao longo da história da salvação: "Quando o missionário chega, o Espírito já está lá" (Leonardo Boff)... "Bem antes da chegada dos missionários, Deus trabalhava entre os crentes de outros tempos e entre os não crentes" (Nicolás, A.). O Espírito, igualmente, chega sempre antes de nós mesmos. Basta não desconectá-lo.

O terceiro fato diz respeito a Simão, o mago, propondo comprar o "poder" dos apóstolos sobre o Espírito Santo. Nada mais lógico dentro da esfera do poder do sagrado: os sacerdotes, os pastores têm poder de dizer o que é sagrado e o que não é, até o que é Deus e o que não é. É uma questão de poder. Mas Pedro, que sabia ter sido escolhido para a experiência do Espírito e não do sacral: ... "cuidaste que o dom de Deus se alcança por dinheiro"...

Porém, isso não impediu que trocar dinheiro pelo sagrado, como vender indulgências para construir a basílica de São Pedro em Roma ("quando a moeda bate no fundo do cofre, uma alma é libertada do purgatório") acabasse denominado séculos afora como simonia. Exemplo hodierno dessa prática se encontra na tal teologia da prosperidade: quanto mais generosidade no dízimo, mais Deus atenderá aos pedidos!... para a regalia dos pastores. Os Legionários de Cristo se distinguem por essa prática de compra e corrupção do sagrado: cheque de um milhão de dólares para o papa João Paulo II, missas de $2.500 e fortunas para regalias e conforto do cardeal Angelo Sodano. É desse cardeal que os legionários "compraram" a aprovação do Ateneu Pontifício para o estudo das "ciências" eclesiásticas.

Voltando ao texto de que nos ocupamos, consideremos agora um exemplo histórico da comunidade de Jesus de Nazaré, talvez o mais contundente da experiência de Deus como Sentido Radical.

Paulo, fanaticamente a serviço da ordem sacerdotal judia, vai ao Sumo Sacerdote pedir cartas para as sinagogas "a fim de que, se encontrasse alguns daquela seita, quer homens quer mulheres, os conduzisse presos a Jerusalém". A história das religiões se repete ao longo dos séculos: cada qual se acha proprietária de Deus e se vê com poder de eliminar física, psíquica ou socialmente os "pagãos". A violência é ínsita a toda a forma de religião. Não é assim com a religião católica? Os judeus, denunciando e perseguindo os primeiros cristãos, os judeus confinados em guetos em Roma e alhures, a Inquisição, os índios das Américas, os anátemas, as excomunhões ...prolongamento refinado da ordem sacerdotal do Antigo Testamento com o agravante de haver aliança ou cooptação com os poderes vigentes! O fanatismo é parte integrante das instituições religiosas, cegueira paranoica do poder sacro. Cada uma está convencida da verdade e estigmatiza as outras e os outros crentes.

Mas o Espírito sabia que esse homem zeloso e dedicado, uma vez a serviço da experiência radical de Deus, seria "um vaso de eleição para levar meu nome diante dos gentios e dos reis e dos filhos de Israel".

O Espírito atravessa seu caminho: "Saulo, Saulo, porque me persegues? – Quem és, Senhor? – Eu sou Jesus a quem tu persegues"! O diálogo inicial já expõe a essência da experiência de Deus: Jesus de Nazaré encarnado nos homens e mulheres que Saulo quer reprimir: "Eu sou Jesus (já ressuscitado, no céu, junto ao Pai) a quem tu persegues", (meus irmãos, filhos como eu, do Pai).

Dois fatos importantes. Saulo, movido pelo Espírito que o cegou, porque estava cego no culto do sagrado e no fanatismo religioso que o impediam de enxergar a experiência do Sentido Radical da fé, primeiro cede ao apelo profundamente, deixa-se conduzir e, segundo, põe-se em oração. Uma reviravolta em sua vida... chocado. Nada podia entender. Paulo é inundado de uma imensa alegria: livre da religião, do Templo, dos sacerdotes, da Lei, exulta no convívio com Jesus ressuscitado, imerso na Trindade e absorto na luz e na direção do Espírito Santo. É esse Deus libertador, dele desconhecido, que anunciará por toda parte.

Ananias responde, como um dia Samuel, ao apelo do Espírito: "Eis-me aqui, Senhor". É, o Espírito é doce, seu toque delicado. Ele respeita a liberdade de consciência do sujeito: "Irmão Saulo, o Senhor Jesus, que te apareceu no caminho por onde vinhas, me enviou para que tornes a ver e sejas cheio do Espírito Santo". Essa experiência do Sentido Radical de Deus foi para Paulo um ato transformante, irreversível e de apelo irresistível para o resto de sua vida:... "todos os que o ouviam estavam atônitos". Doravante, "para que sejas cheio do Espírito Santo", este é o segredo e, por isso, "falava ousadamente em nome de Jesus". "É mais enriquecedor saber o que diz Paulo sobre sua própria experiência, porque a única testemunha que fala diretamente do que ele viveu". Em nenhum momento, Paulo a descreve ou explica em termos psicológicos ou teológicos. O que lhe aconteceu foi a inundação de um Sentido Radical, uma teopatia em plenitude. Um dom que ele atribui à iniciativa de Deus ou à intervenção do ressuscitado. Ele só pode dizer que "foi alcançado" por Cristo Jesus. O ressuscitado apoderou-se dele, tomou-o como se fora propriedade sua. Nessa experiência, Paulo descobriu o poder de sua ressurreição. Paulo tem consciência de que se lhe está revelando o mistério que se encerra em Jesus. O que ele está vivendo é "revelação de Jesus Cristo". Caem dele todos os véus; Jesus se lhe torna diáfano e luminoso. Não é uma ilusão. É uma grandiosa realidade: "Deus quis revelar em mim seu Filho". O impacto foi tão forte que provocou uma reorientação total de sua vida. O encontro com o ressuscitado leva-o a "compreender" de maneira radicalmente nova o mistério de Deus e a realidade da vida. Paulo já não é o mesmo. Aquele que perseguia os seguidores do crucificado anuncia agora a todos a Boa Notícia que antes queria destruir. Em sua vida, produz-se uma revolução total de critérios. Paulo se sente um "homem novo". Sua própria transformação é o melhor testemunho daquilo que ele viveu. A partir de sua própria experiência, pode proclamar a todos: "Já não vivo eu. É Cristo que vive em mim" (Pagola)... "para que sejas cheio do Espírito Santo". Paulo é o exemplo mais claro do que é a experiência de Deus, experiência do Sentido Radical: Não há possibilidade nem de voltar atrás nem de a repetir, e menos ainda de deixar de vivê-la na prática.

Pedro e Paulo são exemplos vivos da passagem da experiência religiosa para a experiência do Sentido Radical da fé. Ambos deixam o culto da religião para viver o seguimento de Jesus de Nazaré dinamizados pelo Espírito Santo.

De perseguidor, defensor, enviado e testemunha. A metanoia de Paulo é relevante porque o Espírito demonstra nela que a comunidade não podia parar nos que tiveram o privilégio de conviver com Jesus. Paulo é o primeiro da série dos que viriam depois. Não é à toa que os capítulos finais dos Atos privilegiem sua trajetória.

Pela conversão de Paulo, o Espírito prossegue em sua missão e anuncia como ela deve ocorrer. Paulo, tomado pela teopatia, leigo, liberto da sacerdotização e da Lei, cresce cada vez mais livre no vigor do Espírito Santo e irá até ao martírio em Roma.

O Espírito agia por toda parte: "Assim, pois, as Igrejas em toda a Judeia, Galileia e Samaria tinham paz e eram edificadas e se multiplicavam no temor do Senhor e na consolação do Espírito Santo". Aqui, o Espírito consola, acompanha, anima a cotidianidade da vida real. Ora, é isto que hoje voltou a acontecer nas Comunidades de Base, nas teólogas e nos teólogos que se voltam ao Jesus histórico e à ausculta dos que sofrem, aos últimos da vida: "Na realidade, tudo indica que as Comunidades de Base respondem aos critérios da orientação do Espírito Santo dentro da Tradição Evangélica" (Comblin, J.).

Outra narrativa impressionante da ação do Espírito Santo na fundação da comunidade de Jesus de Nazaré é o encontro de Cornélio com Pedro.

Esse episódio da Igreja nascente tem vários sentidos da experiência de Deus. Evidencia que tanto Cornélio, o pagão, quanto Pedro, o judeu, se comunicam pela intermediação do Espírito. Ambos, através da oração, receberam do Espírito uma mesma mensagem, embora não se conhecessem. Isto é um exemplo vivo do valor da oração que parte do amor ao próximo e do quanto podemos ajudar outros que precisam da assistência do Espírito Santo. De Cornélio: "piedoso e temente a Deus com toda a sua casa, o qual fazia muitas esmolas ao povo e de contínuo orava a Deus"... "As tuas orações e as tuas esmolas têm subido para memória diante de Deus". De Pedro: "subiu Pedro ao terraço para orar, quase à hora sexta". E aí a visão: "do céu descia um vaso, como se fosse um grande lençol... no qual havia de todos os animais quadrúpedes (portanto, também porco) e répteis da terra e aves do céu". E a voz firme: "Levanta-te, Pedro, mata e come", Pedro que, como os primeiros enviados, ainda não tinha se desligado totalmente do Templo: "De modo nenhum, Senhor, porque nunca comi coisa alguma comum e imunda". Eis a força da religião como prescrição moralizante ou, melhor, tabu. Toda religião se vale disso para o domínio dos fiéis. Religião vira ideologia, paranoia, fundamentalismo. O crente não pode ter contato com o impuro, o tabu. Está aí o inverso da experiência de Deus, a preponderância da experiência do sagrado.

Jesus de Nazaré aboliu definitivamente o puro e o impuro, o sagrado e o profano. Doravante, o que conta é a liberdade dos filhos e filhas de seu Pai: "Levanta-te, Pedro, mata e come"! Os tempos são outros, nova era, liberdade do Espírito! O homem em harmonia com a natureza e seus seres vivos, tudo obra do Pai de tudo e de todos.

Esta visão revela o quanto nesse início da Igreja a cabeça de Pedro e a dos demais estavam confusas, imiscuídas de duas mensagens: a do Antigo Testamento e a da nova proposta de Jesus de Nazaré. Mas a voz da libertação veio contundente e operante: "Não faças tu comum ao que Deus purificou". E o Espírito, sabendo que a religião desliza facilmente para a ideologia e petrifica a cabeça do crente, insiste... "e aconteceu isso por três vezes". Mesmo assim, Pedro não se convenceu, tamanho era o preconceito da injunção-tabu em que fora educado: ... "e estando Pedro duvidando" (nada mais humano, nada mais inerente à fé) chegaram os enviados de Cornélio. Elaborando suas dúvidas: ..."disse-lhe o Espírito: eis que três varões te buscam. Levanta-te, pois, desce e vai com eles, *não duvidando porque eu os enviei*". O Espírito, quando fala, quando se revela, produz ato na alma, elimina a dúvida, imprime certeza e convicção. Ele ordena a mente e fortalece a ação.

Simão, o curtidor, hospeda, além de Pedro, os três emissários de Cornélio. E Cornélio prepara uma festa para receber Pedro e "alguns irmãos". "E aconteceu que, entrando Pedro, saiu Cornélio a recebê-lo e, prostrando-se a seus pés, o adorou. Mas Pedro o levantou dizendo: "Levanta-te, que eu também sou um homem". Entre Pedro e os papas, seus sucessores, há um abismo chocante. Pedro guiava-se pelo Espírito Santo, ouvia sua voz e executava seus desígnios e os papas, nos séculos seguintes, se guiaram pela experiência do sacral, pelo Direito Canônico, alimentando seu culto pessoal e incentivando a admiração das multidões, exigindo obediência a eles e às suas prescrições, impondo reverências e beija-mão, até dos cardeais, morando em palácio, tendo uma corte a seu serviço e achando-se infalíveis para dizer quem é Deus! Pedro, porém, "levanta-te que eu também sou um homem", nada infalível, cheio de dúvidas, como qualquer filho verdadeiro do Pai. "Também sou um homem", nem sacerdote, nem sumo pontífice, nem santidade e nem epíscopo, simplesmente um homem do povo, como Jesus de Nazaré, escolhido por Ele para o serviço do Reino, mero instrumento, numa palavra, servo, como o Nazareno. "Um homem".

Pedro jamais abriu mão de ser um simples homem, "enviado", guiado pelo Espírito. Pedro, com escrúpulos de se juntar a pagãos: ..."Deus mostrou-me que nenhum homem chame comum ou imundo". Pedro, então, impelido pelo Espírito, deixou de guiar-se pela experiência do sagrado ou da religião. Passou a orientar-se pelo Sentido Radical da fé pela obediência ao Espírito no seguimento de Jesus de Nazaré.

Pedro consegue quebrar o tabu da prescrição da religião. "Reconheço por verdade que Deus não faz acepção de pessoas, mas que lhe é agradável aquele que em *qualquer nação* o teme e faz o que é justo". A justiça é a condição do amor ao próximo e, havendo ela, a Trindade não resiste. Sobretudo quando encontra "aquele que em qualquer nação o teme"! Em "qualquer nação", seja de cristãos, judeus, islâmicos e quejandos. "Deus não é católico" (Papa Francisco).

A nova revelação da Trindade é evidente: Jesus de Nazaré, filho do Pai, encarnado, assume todos os humanos e deles precisa para levar adiante a obra da libertação: "As operações do Espírito Santo nunca cessam de penetrar em toda raça humana desde sua origem e elas estão atualmente em pleno vigor, mesmo entre aqueles que estão fora da Igreja" (Manning). É projeto de poder ideológico clérigos e pastores se colocarem qual prepostos de Deus. Uma coisa é evocar o Espírito e outra é agir como senhor dos mistérios de Deus, afirmando mesmo assim que é Ele que está dizendo a verdade. Humildade, desapego e senso crítico não soem fazer parte do poder religioso. O poder clerical usa o Espírito Santo e condiciona sua presença na Igreja, quando a liberdade e liberalidade de Deus trino é bem o contrário: a Igreja se define "pela presença e ação manifesta do Espírito" (Y. Congar). A Reforma tinha razão, pena que, na luta de prestígio, Roma não se abriu ao anúncio profético de Lutero e Lutero não permaneceu em seu profetismo, pois se aliou ao poder profano para proteger a vida terrena. O cardeal Cajetano, enviado especial do papa para encontrar-se com ele: "A primeira condição, antes de iniciarmos a discussão é: O senhor se submete ao poder papal?" Poder, poder... deu no que deu! O Espírito acabou posposto por ambos os lados com a terrível perda de sua mensagem no profeta Lutero.

No tempo de Santo Irineu, a Igreja era ainda conduzida pelo Espírito Santo a ponto de ele poder escrever: "*Ubi enim Ecclesia, ibi est Spiritus Dei; et ubi Spiritus Dei, illic ecclesia et omnis gratia*" ("Onde a Igreja, aí o Espírito de Deus; e onde o Espírito de Deus ali a Igreja e toda graça"). Na instituição eclesiástica romana, o Espírito Santo está *também,* mas não ocupa o lugar que Irineu lhe destina: a instituição cultural igreja-religião está aí, evidente, mas "*ubi Spiritus Dei*"?

Cornélio, então, sentindo-se à vontade diante da simplicidade e do despojamento de Pedro: "Agora, pois, estamos todos presentes diante de Deus para ouvir tudo quanto por Deus te é mandado". Cornélio, o "pagão", "sabe" que Pedro é mandado por Deus e veio ao seu encontro não para fazer dele prosélito de uma religião, mas para confirmar numa experiência radical que "estamos todos presentes diante de Deus". Pena que a religião abafou essa verdade tão contundente. Pedro, livre da religião e de suas injunções, reparando na presença antecipada do Espírito Santo nesse homem: "Reconheço por verdade que Deus não faz acepção de pessoas". Pedro se dá conta da liberdade do Espírito que atua onde Ele quer, independente de crença ou raça: "em qualquer nação que o teme". Dá-se conta, também, de que todo ser humano que "o teme e faz o que é justo" é por força dele: "O Espírito secretamente conduz a obra de Deus no mundo" (Y. Congar). "Deus não faz acepção de pessoas", mas, em toda religião, os sacerdotes, os pastores incutem em seus fiéis a "acepção de pessoas": primeiro, a classe sacerdotal, clerical e os fiéis, os leigos, segundo, os seus "fiéis" são os eleitos, os outros são os outros, estão fora. Pregam que Deus fez, sim, acepção de pessoas os escolhendo para a religião ou a seita que presidem. Para muitas seitas, os que as abandonam são colocados no ostracismo e todas amizades ou contatos são cortados. Sem falar de certo islamismo que mata quem se converte a outra religião. A boa-nova de Jesus de Nazaré, que não fundou nenhuma religião, é que Deus é pai de todos e, aí sim, "não faz acepção de pessoas".

Pedro atesta a Cornélio e aos seus familiares porque Jesus de Nazaré era "o Senhor de todos": ..."Como Deus ungiu Jesus de Nazaré com o Espírito Santo e com virtude, o qual andou fazendo o bem e curando todos os oprimidos"... Pedro comenta, desse modo, o que testemunhou:... "a nós que comemos e bebemos juntamente com ele depois que ressuscitou dentre os mortos"... e "todos os que creem nele receberão o perdão dos pecados pelo seu nome". Mal acabou de dizer essas palavras,... "caiu o Espírito Santo sobre todos os que ouviam a palavra". Sim, literalmente, o Espírito Santo *cai* sobre todo ser humano que se dispõe ao "bem" e ao que é "justo". "Unge" o próprio Jesus, unge os irmãos de Jesus, "cai" sobre todos os que praticam a justiça, o amor ao próximo, as bem-aventuranças. Doravante, vige a teopatia como em Pedro, em Cornélio e sua família.

O pessoal da circuncisão, que levava no pênis a marca de filhos do povo escolhido e que acreditava-se destinatário preferido da boa-nova de Jesus de Nazaré, "maravilhava-se de que o dom do Espírito Santo se derramasse *também* sobre os gentios". Quando a religião vira ideologia, os que não a praticam são tidos em conta de infiéis, pagãos ou "simples criaturas", como propagam crentes de certa seita cristã no Brasil... Todo ser humano é objeto do amor de Deus, de seu Espírito.

Pedro não teve outra escolha que a escolha do próprio Espírito Santo que o precedeu: "Pode alguém recusar a água para que não sejam batizados estes, que, também como nós, receberam o Espírito Santo?" Pedro se dá conta da ruptura operada por Jesus de Nazaré e seu Espírito. É a irrupção de uma nova era, de uma nova epistemologia da Trindade.

Mas a inveja fraterna e a fofoca, sempre presentes nas religiões, rápidas apareceram na primeira comunidade. Ao voltar a Jerusalém, Pedro teve que prestar conta porque esteve em casa de "varões incircuncisos" e, ainda mais, "comeste com eles". Pedro, o escolhido: "Tu és Pedro e sobre esta pedra"... não apelou à arrogância ou ao autoritarismo. Humildemente, sem privilégio algum a não ser servir, como simples membro da comunidade, expõe aos reunidos, tomados de pruridos do sacral, como o Espírito agiu através dele e como era importante que doravante também eles agissem segundo a nova revelação: a graça da redenção é para todos os seres humanos pois "Deus não faz acepção de pessoa".

Foi bem diferente a reação de João Paulo II quando, na última reforma do Direito Canônico, consultado sobre os cânones que determinam a função petrina, sua sucessão e seu enterro, respondeu secamente: "isso sou eu que decido". Pedro, porém, aprendeu que era o Espírito que decidia sobre sua vida, sua missão e seu futuro.

O enviado Barnabé foi para Antioquia, onde surgiu pela primeira vez a denominação cristão, e "se alegrou e exortou a todos a que permanecessem no Senhor, com propósito de coração, porque era homem de bem e cheio do Espírito Santo e de fé". Mais um apóstolo "cheio do Espírito Santo" e guiado por ele, e assim foram todos. Esse é o fundamento da Igreja de Jesus: uma Igreja orientada exclusivamente pela missão do Espírito Santo e o Espírito Santo executando escatologicamente a parte dele na economia da Trindade: "sem a experiência do Espírito Santo, Jesus não teria movido os homens de seu tempo, nem sequer os seus ouvintes e os seus discípulos" (Comblin, J.).

Por essa mesma época, o profeta Agabo "dava a entender pelo Espírito que haveria uma grande fome em todo o mundo". Em obediência ao Espírito, todos se unem, amealham seus recursos e a fome é comunitariamente enfrentada. Hoje, o papa é rapidamente informado sobre a fome da África, sobretudo na Somália, e na América Latina... Aí o papa "lamenta" e exorta! Lá, era o Espírito que anunciava e movia. Aqui é a TV ou a internet que informam, mas o papa, a Cúria, os cristãos raramente se movem.

E Jesus de Nazaré, sabendo que sua obra não poderia caminhar sem os homens e sem o Espírito Santo, livra Paulo da prisão e o reconduz à comunidade.

O Espírito Santo acompanhava os enviados e os guiava: Barnabé e Saulo em visita à comunidade cristã de Antioquia... "disse o Espírito Santo: apartai-me Barnabé e Saulo para a obra a que eu os tenho chamado". É o Espírito Santo que determina os caminhos da Igreja nascente e, para tanto, é Ele também que "aparta" Barnabé e Saulo: "e assim estes, enviados pelo Espírito Santo, desceram a Seleucia e dali navegaram para Chipre". Realmente, o centralismo da cúria vaticana é uma excrescência religiosa, algo mundano, senão grosseiro, se o comparamos com a delicadeza da condução do Espírito Santo da Igreja de Jesus, o Espírito agindo em liberdade, sem trave da sacerdotização, hierarquia ou juridismo e em criatividade ininterrupta da inspiração do Espírito.

Ao enfrentar o encantador, Lucas assim descreve Saulo: "Paulo, cheio do Espírito Santo e fixando os olhos nele" ... Paulo, enviado pelo Espírito Santo, é por ele amparado e movido em todos os seus passos: "cheio do Espírito Santo". Perseguidos por mulheres religiosas e os principais da cidade, Paulo e Barnabé sacodem a poeira dos pés e partem para Icônio: ..."e os discípulos estavam cheios de alegria e do Espírito Santo". Que abundância de Deus soprando as velas da alma, que leveza de espírito, que liberdade deliciosa!

Assim caminhava a comunidade de Jesus de Nazaré: seu Espírito conduzia os discípulos e discípulas. Nessa condução, os queria alegres como coirmãos de Jesus ressuscitado e dóceis à teopatia: "cheios do Espírito Santo". Onde o Espírito, aí a alegria. "Paulo usa 28 vezes o verbo "alegrar-se" e 22 vezes a palavra "alegria", Paulo viveu para testemunhar o Cristo ressuscitado, o Cristo da alegria. Esta palavra evoca mais vezes uma experiência profunda ligada ao sentimento da presença do Espírito" (Comblin, J.). O cristianismo é a experiência do Sentido Radical de Deus e "o aspecto sensível ou emocional da experiência do Espírito é a alegria" (Comblin, J.). Paulo, fundamentalista que era, não conseguia conter a alegria de conviver com a Trindade, ser guiado pelo Espírito Santo e viver a liberdade dos filhos de Deus, livres da religião do sagrado... como Jesus de Nazaré.

A religião católica, como os dois outros monoteísmos, insiste obsessivamente no pecado, na culpa, no sacrifício, e a Igreja, aquela da comunidade de Jesus de Nazaré em seu seguimento, cultiva o perdão, a misericórdia, a alegria. "Deus quer que a nossa miséria seja o trono de sua misericórdia" (Padre Pio). O Pai, porque pai, o Filho porque irmão em carne e osso, o Espírito porque a *dynamis* dos Três, não suportam um filho, um irmão, um espírito triste ou arrasado na existência. "Deus nem quer, nem sabe, nem pode fazer outra coisa que amar" (Queiruga, A. T.).

Os dois voltam à Antioquia "confirmando os ânimos dos discípulos, exortando-os a permanecer na fé, pois que por muitas tribulações nos importa passar para entrar no Reino de Deus".

Ambos participam de uma reunião em plena colegialidade, dois discípulos como os outros e nada mais: "e havendo-lhes por *comum consentimento* eleitos anciãos em cada igreja, orando com jejuns, os encomendaram ao Senhor em quem haviam crido". Seguindo estritamente o exemplo de Jesus de Nazaré, homens entre os homens, sem pretensões ou ostentações, apenas servos do Senhor Pai, os discípulos e as discípulas, seguindo os hábitos daquela época, elegem colegialmente os mais idosos como responsáveis por cada comunidade. Simplesmente os mais velhos. Clero sequer passou pela cabeça de Jesus de Nazaré. A fundação da sua comunidade tinha algo de novo e original: nem religião e muito menos clero. Clero é uma classe social que foi criada a partir do século IV para fazer frente à classe dominante da sociedade civil e responder aos apelos de poder do imperador Constantino para substituir os sacerdotes ditos pagãos. O clericalismo cristão é reprodução mistagógica de hábitos e práticas da religião judaica ou das pagãs: "Ele descobre e reemprega os elementos da criação ou os aspectos institucionais que se achavam descentrados respectivamente na idolatria do paganismo ou no culto levítico" (Josaphat, C.). É o caso, entre outras, "sumo sacerdote", "sacerdotes", festa do Natal, da Páscoa etc. "Houve uma judaização da função sacerdotal" (Colson, J.), com escanteio da proposta de Jesus e da função do Espírito Santo. "O clero como classe separada é uma invenção de Constantino. Até Constantino não havia distinção entre pessoas sagradas e pessoas profanas. Eram todos leigos. Porque Jesus apartou a classe sacerdotal e não tinha previsto de nenhuma maneira que aparecesse outra classe sacerdotal, porque todos são iguais. Não há pessoas sagradas e pessoas não sagradas, porque para Jesus não há diferença entre sagrado e profano. Agora, na religião há uma distinção básica entre sagrado e profano. Em todas as religiões. Há um clero que se dedica ao que é sagrado. Os outros que estão no profano, na religião são receptores, não são atores. Não têm um papel ativo, é preciso ser realmente consagrado[3]. Isso começa no tempo de Constantino" (Comblin, J.).

Uma das consequências graves dessa fundação da classe sacerdotal ante a Igreja dos três primeiros séculos é que a evangelização passou ao cargo dos "funcionários" do sagrado e os simples cristãos se viram dispensados de serem evangelizadores.

Verdade é que, após a encarnação em Jesus de Nazaré, a distinção entre sagrado e profano é uma ofensa a Deus, um não reconhecimento do dom da encarnação.

"Com Jesus é diferente, seus seguidores, homens e mulheres, sentam-se em círculo ao seu redor; ninguém se coloca em posição superior aos outros; todos ouvem sua palavra e todos buscam a vontade de Deus. Também não se observa nenhum ritual nem normas hierárquicas nas

[3] Como nos evangelhos e nas epístolas nada se encontra sobre sacerdócio e o próprio Cristo foi apenas sacerdote-metáfora (Heb.) não restou outra saída para atender Constantino senão apelar para a consagração do sacerdote abraâmico: "Unja-o e consagre-o para que exerça meu sacerdócio" ... "A unção lhes conferirá o sacerdócio permanente por todas as gerações" (Ex. 40:13 e 15). Embora esse sacerdócio já tivesse sido abolido pelo Concílio de Jamnia havia duzentos anos. Após Jesus não há mais "sagrado" ou "consagrado", existe apenas o divino.

refeições; a ninguém se reserva um lugar privilegiado nos banquetes de Jesus. Dentro dessa igualdade fraterna não há diferenças hierárquicas entre varões ou entre mulheres... Homens e mulheres, filhos e filhas de Deus, convivem com igual dignidade a serviço de seu Reino".

"Por isso, em nenhuma das tradições evangélicas, apresenta-se alguém desempenhando algum tipo de função hierárquica dentro do grupo de discípulos. Jesus não vê os doze atuando como "sacerdotes" em relação aos outros. Não imagina seus seguidores vivendo segundo o sistema hierárquico do Templo: um sumo sacerdote, sacerdotes de diferentes linhagens e um conjunto de levitas. O tipo de relação que ele quer promover entre eles parece-se ainda menos com o modelo hierárquico vigente nas estruturas políticas do Império. Entre seus seguidores, ficam invertidos os valores normais daquela sociedade. A grandeza não se mede pelo grau de autoridade que alguém possa exercer, mas pelo serviço que ofereça aos outros. Jesus outorga o posto mais distinto ao escravo, o que ocupa o nível mais baixo do Império: 'Sabeis que os que são tidos como chefes das nações as dominam como senhores absolutos e seus grandes as oprimem com seu poder. Mas entre vós não deve ser assim. Quem quiser ser grande entre vós seja vosso servidor; e quem quiser ser o primeiro entre vós seja o escravo de todos'" (Pagola, A. J.).

O título "servo dos servos de Deus", usado pelo papa, soa falso, porque um soberano morando em "*palazzo*", com castelo particular para férias de verão, e bem servido por lacaios, 4 *memores domini* ("lembradoras" do senhor, as empregadas domésticas), dois secretários particulares, guardas da corte e serviçais, pouco ou nada tem de "servo". Em Jesus, porém, "o servo de Javé", aquele que só viveu para servir o próximo, sobretudo o mais desamparado, o título é justo e verdadeiro. Não se pode esquecer que a hipocrisia faz parte das estruturas das religiões.

Papa Francisco tem dado prova de querer testemunhar a posição verdadeira de "servo" do Senhor. Abandonou o "palazzo".

"O que vem de Jesus? As epístolas pastorais, os Atos falam dos presbíteros, isso não vem de Jesus. A tarefa da teologia consistirá em dizer o que é de Jesus, o que realmente quis, o que realmente fez e em que consiste realmente o seguimento de Jesus?" (Comblin, J.). No início do cristianismo, nem todos os cristãos abandonaram o judaísmo... "Há um começo de separação muito simples, porque ainda não há sacralidade, não há nada de sagrado. Os presbíteros não são sagrados, assim como os presbíteros das sinagogas não eram sagrados. Eles tinham uma função... de administração, mas não uma função ritual, ou uma função de ensino de uma única doutrina" (Comblin, J.). O teólogo Carlos Josaphat endossa: "muito provavelmente essa presidência faz parte da responsabilidade geral deles no que toca à boa ordem de vida e das atividades comunitárias. Mas não se dá uma insistência à função litúrgica dos chefes ou dos *episcopoi presbyteroi*"... "Eles são associados ao anúncio da palavra, eles velam pela boa ordem das comunidades e pelo bom encaminhamento das assembleias de oração comunitária, eles prolongam a solicitude dos apóstolos fundadores no que diz respeito à fé, à santidade, à lealdade de vida dos crentes e das igrejas, não há ênfase numa relação especial entre a função deles e a presidência de reuniões litúrgicas, celebrações da Ceia do Senhor". E ele chega a duas verificações. Primeira: "Numa perspectiva de inclusão dos redimidos na obra cumprida de uma vez por todas pelo Cristo, dir-se-á da comunidade de salvação encarada globalmente: todos os batizados são sacerdotes; segunda: "No serviço da salvação operado pelo Cristo, exalta-se sem dúvida o ministério apostólico que, portanto, jamais é qualificado de sacerdotal".

"O bispo ainda não é consagrado. Tem autoridade sobre a comunidade ou várias comunidades, mas não é pessoa sagrada. Ainda não se reserva a ele e aos presbíteros a celebração da eucaristia... Mas leigos são ministros habituais da celebração da eucaristia" (Comblin, J.). Insiste Comblin: "Jesus emancipou-se dos sacerdotes de Jerusalém. Somente foi ao Templo para expulsar os vendedores. Jesus nunca pensou em criar um novo sacerdócio. Era leigo, e os discípulos eram leigos. Mais tarde, pode ser que alguns sacerdotes se fizeram cristãos, mas não lhes reconheceu nenhum título sacerdotal para serem discípulos. Para Jesus, Templo, sacerdotes, sacrifícios não significam mais nada".

"Quando o Templo foi destruído e o sacerdócio desapareceu junto com os sacrifícios, os discípulos de Jesus nunca imaginaram que deveriam construir um novo templo, que deveriam criar uma nova classe sacerdotal ou deveriam oferecer sacrifícios. Ninguém imaginou que a eucaristia seria um sacrifício".

"Paulo explica isso: doravante, o templo são os corpos dos discípulos, os sacrifícios são as obras da vida humana e profana, as obras que constroem o povo de Deus e o sacerdócio é o próprio povo cristão que oferece suas vidas. O sacerdócio do povo é muito anterior ao sacerdócio dos bispos ou dos presbíteros. Este é criação da Igreja, somente o sacerdócio do povo procede de Jesus. Se existe um sacerdócio ministerial, está subordinado ao sacerdócio do povo" (Comblin, J.).

O título de sacerdote desapareceu do vocabulário. Somente existe um sacerdócio coletivo, não há sacerdotes. Todos os elementos do sistema sacrificial ou sacerdotal são espiritualizados. Referem-se ao próprio povo dos discípulos. Não há mais atividade sagrada. Sagrada é a vida toda dos discípulos. Graças à obra da Encarnação, todo o profano é sagrado. De agora em diante, como diz Pedro: "Vós também como **pedras vivas** sois edificadas, casa espiritual, sacerdócio Santo para oferecer sacrifícios espirituais agradáveis a Deus por Jesus Cristo... Mas vós sois a geração eleita, o sacerdócio real, nação santa o povo adquirido... vós que em outro tempo não éreis povo, mas agora sois o povo de Deus" (2 Pe. 5:9-10). Jamais passou pela cabeça de Pedro que fossem inventar um sacerdócio, uma hierarquia, uma cópia das religiões judia e pagãs. Para ele, com certeza, um retrocesso da Igreja nele fundada. A palavra de Jesus lhe era clara: "Tu és Pedro e sobre esta pedra edificarei minha Igreja". "Esta pedra" evidentemente é "pedra-pedro", ("pedras vivas") em carne e osso e não uma instituição jurídica religiosa. Para ele, só havia uma convicção, a nova era: "Purificando vossas almas pelo Espírito Santo na obediência à verdade para o amor fraterno não fingido; amai-vos ardentemente uns aos outros com um coração puro" (1 Pe. 1:22). Era-lhe claro: "agora sois o povo de Deus". Portanto, nem papa, nem pontífice, nem soberano, nem poder supremo e absoluto, apenas, humildemente, uma única função: ouvir os irmãos e as irmãs, confirmá-los na fé e servi-los conforme os ditames do Espírito Santo na união da comunidade. Nada mais do que "também eu sou um homem". E Comblin conclui: "A Igreja pode legitimamente reservar a celebração da eucaristia aos ministros ordenados, mas essa disposição não procede de Jesus e não responde à prática dos primeiros tempos do cristianismo. A Igreja poderia também delegar animadores de comunidades pequenas para celebrar a eucaristia em pequenos grupos". Historicamente, Jesus, leigo que era como leigos eram seus apóstolos, discípulas e discípulos, não fez reserva alguma na instituição da eucaristia como "provavelmente não pronunciou as palavras da consagração" (Congar, Y.). Nem criou palavra mágica para que esse mistério ocorresse. Apenas uma palavra de ordem: "Fazei isso em memória de mim". O resto é mito. Mesmo a saída engenhosa de Tomás de Aquino: "in persona Christi" (na pessoa de Cristo). É desconfortante pensar que o primeiro sentido de "persona" é máscara, sobretudo aquela usada no teatro grego. Não existe isso de "pessoa no outro". Imaginário delirante. Puro mito!

Em plena passagem dos Testamentos, Paulo e Barnabé se viram envoltos numa discussão aparentemente sem cabimento. Alguns convertidos defendiam que "se vós não circuncidardes conforme o uso de Moisés, não podeis salvar-vos". Paulo e Barnabé perceberam que a salvação proposta por Jesus de Nazaré era outra coisa que a eliminação de um pedacinho de pele do prepúcio e a crença em seu simbolismo religioso, como se advertiram também de que tabus religiosos, sobretudo quando de cima para baixo, têm que ser comunitariamente resolvidos e eliminados, senão ficam mal resolvidos. Uma vez recalcados retornam com força total, embaralhando a fé.

Rumaram para Jerusalém e, lá, "congregaram-se, pois, os apóstolos e os anciãos para considerar esse assunto". Nenhuma decisão autoritária, piramidal, nenhuma impostura. Ao contrário, Pedro, ensinado pelo Espírito Santo em diversas ocasiões, mas sobretudo no episódio de Cornélio e sua família, assim pondera no colegiado de discípulos e discípulas: "...bem sabeis que, já há muito tempo, Deus me elegeu entre vós para que os gentios ouvissem da minha boca a palavra do evangelho e assim cressem". Pedro insiste que o Espírito Santo o precedeu: "Deus, que conhece os corações, lhes deu testemunho, dando-lhes o Espírito Santo, assim como também a nós". Aprendeu tão profundamente a nova ordem da Trindade, executada pelo Espírito Santo, que Deus "não fez diferença alguma entre eles e nós, purificando seus corações pela fé". Diante da nova ordem de homens e mulheres espirituais assim conclui sua opinião: "Agora, pois, por que tentais a Deus, pondo sobre a cerviz dos discípulos um jugo que nem nossos pais nem nós pudemos suportar"? Aliviado, o discípulo se recorda: "meu jugo", ao contrário, "é suave"... "cremos que seremos salvos pela graça do Senhor Jesus Cristo, como eles também". Portanto, não mais pela religião, pela lei e sua observância ritualística, e, sim, "pela graça do Senhor Jesus Cristo", que "não faz acepção de pessoa". As pessoas, doravante, aliviadas dos rituais religiosos e do pecado ou da culpa ou ameaça de castigo por não os observar, têm a certeza da fé que "Deus conhece os corações" e, mais que isso, têm o discernimento, porque, "dando-lhes o Espírito Santo assim como também a nós", gozam da liberdade e da alegria de sua presença diuturna em todo agir.

Em seguida, Paulo e Barnabé tomam a palavra e narram "os grandes sinais e prodígios" que o Espírito realizara mediante os dois, confirmando assim a proposta de Pedro.

Tiago pede a palavra. Retoma o testemunho que Simão Pedro acabara de dar e propõe:... "Pelo que, julgo que não se deve perturbar aqueles dentre os gentios, que se convertem a Deus". E a assembleia votou unânime pela opinião de Tiago. "Nesta nova família formada por seus seguidores não há pais. Só o pai do céu. Ninguém deve ocupar o lugar dele. No Reino de Deus, não é possível reproduzir as relações patriarcais. Todos devem sentar-se em círculo em torno de Jesus renunciando ao poder, domínio sobre os outros, para viver ao serviço dos mais fracos e indefesos" (Pagola, A.).

Pedro jamais poderia imaginar o horror do Cânon 331: "Chefe do Colégio dos bispos... Possui na Igreja, em virtude de seu cargo, o poder ordinário, supremo, plenário, imediato e universal, que sempre pode exercer livremente". *Potestas* digna de um imperador romano, de um *roi soleil,* senão de um Pinochet, um Franco... Pio V, belarminamente inebriado dela, ousou dizer: "Eu sei o poder que eu tenho".

Pedro nas pegadas do humilde Filho de Deus e o papa imperador da religião católica. Pedro teria muita dificuldade em reconhecer seu múnus na pessoa dos papas atuais... felizmente, com exceção de João XXIII e, convictamente, de Francisco. Mais ainda, muito difícil para Jesus Nazareno encará-los como seus representantes, pois essa hiperplasia de poder religioso é intrinsecamente oposta ao seu testemunho de vida e à sua proposta do *Regnum Dei.* Com certeza, uma pequena noção do testemunho da vida de Jesus Nazareno exigiria a abolição imediata desse cânon anti-evangélico, anti-histórico ou, senão tanto, bastaria considerar a vida, a missão e a obra de Pedro executadas em obediência ao Espírito no seguimento de Jesus.

Enviaram carta à comunidade de Antioquia expondo o que a colegialidade dos discípulos e discípulas decidira:... "Pareceu-nos bem, reunidos *concordemente*, eleger alguns varões e enviá-los com nossos amados Barnabé e Paulo... na verdade pareceu bem ao *Espírito Santo* e a *nós* não vos impor mais encargo algum". Os discípulos, as discípulas e o Espírito Santo não se dissociavam em nenhum lance. O Espírito e eles agindo em plenitude de concordância, em sintonia de espírito, democraticamente resolvendo todos os problemas. Muito além da colegialidade de humanos, "na verdade pareceu bem ao Espírito Santo" – em primeiro e inalienável lugar – e, depois, "a nós não vos impor encargo algum". Não há mais necessidade de rituais para ter o acesso a Deus. Agora a presença da Trindade está em nosso espírito porque somos templos de seu Espírito Santo. Tudo isso muito diferente das decisões papais ou curiais: ... De Roma:... "pareceu bem a nós e ao Espírito Santo impor mais uma lei litúrgica ou canônica"...

Se, de um lado, os discípulos aliviaram os novos convertidos do peso da Lei abraâmica (circuncisão), de outro, importava preservá-los da prática da religião, sobretudo da pagã:... "que vos abstenhais das coisas sacrificadas aos ídolos e do sangue e da carne sufocada, e da prostituição, das quais coisas bem fazeis de vos guardar", porque retomar essas práticas seria trair a proposta de Jesus de Nazaré.

Graças à condução do Espírito Santo, a experiência do Sentido Radical da fé, proposta por Jesus de Nazaré, vai aos poucos se implantando, facultando aos discípulos a liberdade de espírito, a liberdade do jugo religioso, e, no contraponto, a abertura à teopatia do Espírito Santo.

Algumas considerações que dimanam dessa nova ordem da economia da Trindade no mundo.

Os homens eleitos pelo colegiado de discípulas e discípulos foram Judas, Barrabás e Silas. É importante notar que foram eleitos e não foram submetidos a nenhuma sagração sacramental, precisamente como Jesus de Nazaré era e viveu, exatamente como Ele mesmo elegeu as discípulas, os enviados e os discípulos. É a novidade da Trindade no mundo: Deus encarna no Filho e o Filho em carne humana se une a todos os homens e mulheres de seu tempo e, escatologicamente, de todos os tempos. É uma experiência de Deus e não uma experiência religiosa. Trata-se de um real absolutamente radical: Deus feito homem e homem transformado em Deus. Esta nova manifestação da Trindade é para todo sempre e para todos os seres humanos.

Outra consideração que se impõe: a vontade de Jesus respeitada integralmente. Primeiro, os discípulos, desde Pentecostes, a festa da colheita do ensino de Jesus, se conduzem pela iluminação das "línguas de fogo": ... "pareceu bem ao Espírito Santo e a nós".

Segundo, nada de prevalescência da função petrina, apenas serviço para com a causa e para com os discípulos. Pedro não impõe autoritariamente sua opinião, apenas testemunha como o Espírito Santo o dirigiu e "confirma" as irmãs e irmãos. Senta-se na assembleia para ouvir a opinião dos que desejam falar e, na assembleia, vota na opinião de Tiago. Este é o segredo: doravante, o importante é ouvir e não falar: ouvir o Espírito e ouvir o que Ele falou ao e no outro. Nada é imposto verticalmente nem reivindicado como "poder" acima dos discípulos. Quem tem a palavra final é Tiago. Todos votam com direito a voto de igual valor e a decisão é tomada por todos. Este colegiado ideal, dando lugar ao Espírito Santo como condutor da comunidade, foi aos poucos desaparecendo da Igreja, sobretudo a partir do final do século quarto... "Não é uma família estruturada hierarquicamente, entre eles reina a igualdade. Não é uma família fechada sobre si mesma, mas aberta e acolhedora. Sem dúvida, são estes os traços de que Jesus mais cuida entre seus seguidores e seguidoras: a igualdade de todos e a acolhida serviçal aos últimos" (Pagola, A.).

O Concílio Vaticano II tentou uma retomada dessa experiência fundamental que preserva a experiência radical do Espírito Santo, condutor escatológico do Reino de Deus. Mas não passou de uma maquiagem e deu no que deu: "20 anos vão ser necessários para apagar os efeitos do Concílio Vaticano II", afirmou o cardeal Ottaviani, cujo dístico era "*semper idem*" (sempre o mesmo). Infelizmente, nem tanto foi preciso! "Durante toda uma vida de teólogo me comprometi com a renovação da Igreja e da teologia católica, assim como com o entendimento entre as Igrejas cristãs. Pude ser testemunha de alguns sucessos, sobretudo sob João XXIII e durante o Concílio Vaticano II. Mas também tive que encarar reveses, em especial sob os papas pós-conciliares. Eles e seu poder curial traíram o concílio reformador e puseram de novo em pé, a fim de bloquear qualquer reforma, o sistema romano, antirreformador e antimoderno, próprio da Idade Média, com um colégio episcopal internamente domesticado" (Hans Küng). "Tudo o que ficar entregue à Cúria (e quando sairmos do Concílio o rio volta ao leito...) corre um perigo sério, como a experiência o demonstra" (Dom Helder). Não é que o rio tentou pegar outro canal, o de colegialidade, mas foi reconduzido inexoravelmente ao leito!

Há um fato extremamente simbólico. Na última década do papado de João Paulo II, um escultor ofereceu ao museu do Vaticano uma obra de arte em bronze representando o Concílio Vaticano II. Numa sala retangular ampla, em cada parede, uma paralela à outra, há duas fileiras de figuras humanas, a classe dos clérigos e a classe dos leigos: atrás de tudo, os simples fiéis, e, na sequência, os sacerdotes, os bispos de mitra, os cardeais e, no centro, onde as duas fileiras se encontram no fundo da sala, o papa e seus cardeais secretários. Note-se que essa obra de arte está na última sala da saída do museu. Um aviso para o visitante: o Concílio Vaticano II foi para o museu! Ainda bem que, na fileira do povão, pude descobrir um homem baixo, de cabeça chata: o Dom? Uma coisa é real, a abolição prática do Vaticano II, sobretudo com Bento XVI proibindo o uso da definição da Igreja como "povo de Deus" (1985) (*Lumen Gentium*), a anulação da colegialidade e enfraquecimento sistemático das Conferências episcopais, gerou um verdadeiro cisma na Igreja: ... "todos esses cardeais, arcebispos e padres estão em cisma. Isto significa que qualquer católico que esteja tentando viver os princípios do Vaticano II e do evangelho não está nesse cisma" (Fox, M.). "Desde então, nenhum documento romano faz referência ao povo de Deus que era o tema central da Constituição Conciliar" (Comblin, J.). "As aspirações do Concílio foram apagadas pela Cúria Romana, manipulada por organizações retrógradas como Opus Dei, os Legionários de Cristo e outras semelhantes que nasceram nas últimas décadas" (Comblin, J.). A Igreja, dizia o teólogo Barth antes de morrer, vive "um inverno eclesial".

A *Lumen Gentium,* 22, é um emaranhado de ambivalências ou contradições na questão do exercício dos poderes clericais. O poder papal concentracionário, absoluto é reivindicado mais de 10 vezes: ... "poder pleno, supremo e universal". Duas contradições: no início desse texto afirma-se que o "caráter colegial" é "expresso por disciplina muito antiga" e os "bispos de todo mundo tinham comunhão entre si no vínculo da unidade, da caridade e da paz, como também pelos concílios reunidos nos quais se resolviam em *comum* as questões importantes. Portanto, o caráter colegial não depende do poder do papa e, sim, da "unidade, da caridade e da paz, e as decisões são tomadas *em comum*", "auscultando ponderadamente a opinião de muitos". Parágrafo abaixo:... "o romano pontífice, sucessor de Pedro, no colégio episcopal"... tem que "permanecer intacto o poder primacial do papa sobre todos, quer pastores, quer fiéis". É a obsessão pela "*potestas*" que "ele pode sempre exercer livremente". Não estamos dezenove séculos distantes de Pedro, eleito por Jesus de Nazaré para presidir a base de sua "ecclesia", reunido com as mulheres e os discípulos nas assembleias de fundação? "A plenitude do poder (papa, Cúria...) se concentra nas mãos de uma classe governante que se perpetua por cooptação" (Dulles, A.). Sobretudo pela instituição do cardinalato, pura instituição política, para a preservação da *sacra potestas*.

De outro lado, diz-se que o poder de convocar concílio é do papa, mas "o mesmo poder colegial pode ser exercido pelos bispos dispersos por toda a terra, contanto que o chefe do colégio os convoque para uma ação colegial ou, ao menos, aprove ou livremente aceite a ação conjunta dos bispos dispersos de modo que se torne um verdadeiro ato colegial", como diz a constituição.

Os sínodos de bispos, maquiagem da colegialidade (convocados diretamente pelo papa) com pauta de assunto predeterminado pela Cúria e conclusões já tomadas, vieram eliminar qualquer pretensão de "o mesmo poder colegial". Quanto ao sínodo: "Uma perigosa defasagem entre o que o magistério diz e o que grande parte do povo cristão pensa e vive" (Comblin, J.).

Tudo não passa de uma encenação. Ironicamente o Espírito é lembrado como aquele cuja função é "revigorar a estrutura orgânica e a sua concordância com o primado e principado do seu chefe" (id.). O Espírito submetido ao poder central não lhe resta outra função que aguardar sempre de novo a sua hora. O Concílio, que poderia ser um retorno à comunidade de Jesus de Nazaré, passou a ser usado como uma defesa do culto e do poder do papa. Trata-se de uma sistemática centralizadora, empedernida. "A Igreja é a instituição definida pelo Código de Direito Canônico... O papel do Espírito Santo ficou ignorado e, desta ignorância, resultou a separação entre o mistério e a instituição que aparecem como duas realidades autônomas" (Comblin, J.).

O início da *ecclesia* encontrou obstáculos de duas ordens. De um lado, uma série de objeções de consciência, própria de qualquer convertido e, de outro, os problemas de conscientização dos discípulos. Esses problemas tinham em comum o fato de que as mulheres e os homens que se dedicavam a espalhar a boa-nova, em que pesem as constantes manifestações do Espírito Santo, tinham dificuldade de se entregar plenamente à liberdade de consciência proposta por Jesus de Nazaré como também ao Sentido Radical da experiência de Deus, em "espírito e verdade", "nem neste monte, nem em Jerusalém"... "Deus é Espírito e importa que os que o adoram o adorem em espírito e verdade". Era muito difícil para os discípulos e as discípulas entenderem essa libertação da religião, de ordenações do sagrado e passarem a viver sem rituais de abluções, horas de oração, prescrições, tabus de impurezas... indispensáveis para sustentar superstições e o poder dos clérigos em toda religião. Numa palavra, era-lhes uma alegria imensa e quase inacreditável que estavam convocados por Jesus de Nazaré a viver livremente como Ele, guiados apenas pelo Espírito Santo, buscando a experiência do Sentido Radical de Deus e não mais os ritos repetitivos senão paranoicos ou obsessivos da religião. Essa liberdade de espírito precisa de maturidade subjetiva e esta só se conquista na entrega total à condução do Espírito Santo. É a fé madura, própria aos santos, de despojamento e de desapego de qualquer segurança imaginária, sobretudo a da religião de massa. Jesus traz uma proposta absolutamente revolucionária: viver com Deus e em Deus "em espírito e verdade", diretamente sem intermediários a não ser seu Espírito para o seguimento de Jesus de Nazaré, sobretudo no amor ao próximo! Verdadeiramente a libertação e a liberdade dos filhos do Pai. Nessa proposta de Jesus, "o crente não se sente obrigado a crer" (Comblin, J.), ele crê livre e espontaneamente, e, pela força do Espírito, não dá para não crer.

A questão da dificuldade de convivência com judeus e outros crentes aparece várias vezes. Paulo e Barnabé discutiram pesado sobre uma questão sem importância. Barnabé queria também a companhia do discípulo Marcos. Paulo se opôs: "e tal contenda houve entre eles que se apartaram um do outro". Barnabé leva Marcos e navegam para Chipre e Paulo vai com Silas para a Cilícia. Isto depois de Paulo e Barnabé terem efetuado mais de uma missão em Antioquia e outras cidades. Já naquele tempo, em que pesasse a força do Espírito, a *invídia fraterna* (inveja fraterna) e a luta de prestígio faziam seus estragos. Mas é muito bom constatar que o início das comunidades não foi um idílio, mas uma vida real com muita exigência de abnegações, sobretudo do narcisismo exasperado e da luta de prestígio.

Outra coisa importante é notar que a dogmática nunca fez parte da maneira de pensar de Jesus de Nazaré, menos ainda dos seus discípulos. A contradição, tão inerente ao agir humano, aparece sempre, tanto na Bíblia, como aconteceu com Paulo, no encontro com Timóteo, em Listra, filho de mãe judia e pai grego: "Paulo quis que este fosse com ele; e tomando-o, o circuncidou por causa dos judeus que estavam naqueles lugares, porque todos sabiam que seu pai era grego". A pergunta vem logo: como pode Paulo agir assim se ele participou da assembleia de Jerusalém que decidiu o contrário? Contradição mais forte ainda: "E quando iam passando pelas cidades, lhes entregavam, para serem observados, os decretos (dispensa da circuncisão) que haviam sido estabelecidos pelos apóstolos e anciãos em Jerusalém". Humano, demasiadamente humano! Mísero respeito humano: "por causa dos judeus"!

O Espírito Santo não os abandonou por isso... "passando pela Frígia e pela província de Galácia, foram impedidos pelo Espírito Santo de anunciar a palavra na Ásia"... "quando chegaram a Mísia intentavam ir para Betínia, mas o Espírito não lho permitiu". Que segurança tinham os apóstolos! Ela procedia da atenção direta ao Espírito Santo, de sua iluminação e da força para cumprir a tarefa: "Acaso um homem poderia ver Deus sem que o Espírito Santo o ilumine"? (São Justino) ... "impedidos pelo Espírito Santo"... "o Espírito não lho permitiu"! Como é delicioso viver, agir impelido pelo Espírito Santo! Levar uma vida imergida na Trindade, liberto dos entraves de prescrições religiosas.

Em Atenas, no areópago, Paulo anuncia a boa-nova dos "adoradores em espírito e verdade": "O Deus que fez o mundo e tudo que nele há, sendo Senhor do céu e da terra, não habita em templos feitos por mãos de homens; nem tão pouco é servido por mãos de homens como que necessitando de alguma coisa; pois ele mesmo é quem dá a todos a vida e a respiração e todas as coisas"... E, no entanto, esse Deus "não está longe de cada um de nós".

Este discurso de Paulo mostra o que foi a conversão dele a caminho de Damasco. sua teopatia foi mesmo uma experiência de Sentido Radical e não uma experiência religiosa. O Deus que ele anuncia é um Deus que o chamou para uma nova ordem, uma nova maneira de viver o relacionamento com Ele. Paulo, judeu fundamentalista, ficou chocado que esse Deus dispensasse Templo e religião: ..."não habita em templos feitos por mãos de homens"! Esse episódio é semelhante à conversão (metanoia) de Pedro no caso de Cornélio. Foi um susto, uma iluminação fulminante, viver a fé como Jesus de Nazaré, diretamente com a Trindade, sem religião.

Esse Deus "fez o mundo e tudo o que nele há". Portanto, fez o homem, fez a mulher. "Sendo Senhor do céu e da terra", em nada quer exercer o seu senhorio, não quer vassalos nem precisa de homenagens ou tributos. Esse Deus "não habita templos feitos por mãos de homens"... Ainda bem que as catedrais estão ao mofo e as igrejas começaram a ser vendidas na terra de Bento XVI e alhures... Paulo não poderia imaginar que lhe iriam construir um templo "feito por mãos de homens" em Roma... ainda bem que "*extra muros*" (fora dos muros).

Esse Deus "nem tão pouco é servido por mãos de homens como que necessitando de alguma coisa"... Esse Deus, revelado por seu humilde Filho e levado pelo seu Espírito a todos os homens e mulheres de todos os tempos, não necessita "ser servido por mãos de homens"... Esse Deus é diferente de "soberano", pontífice... Esse Deus "não habita em templos", palácios, não necessita de guarda-costas, criadagem, dicastérios... Esse Deus não precisa de status, não necessita de roupas especiais e de adereços mistagógicos. Esse Deus é de uma humildade e de um desprendimento comoventes, no entanto: "ele mesmo é quem dá a todos a vida e a respiração e todas as coisas". Esse Deus, panenteísta, ao contrário dos senhores do mundo ou dos hierarcas, ele, incrível, nos serve: "dá a vida", "dá a respiração e todas as coisas" para o sustento da vida e a partilha entre os irmãos. Esse Deus "habita" em cada homem, em cada mulher. Esse Deus revelado em Jesus de Nazaré não é mais o "Deus das alturas", dos "exércitos", o todo poderoso da teodiceia ou do Antigo Testamento, o pantocrático. O Deus do céu doravante é o Deus da terra, é esse Deus que "não está longe de cada um de nós". Esse Deus encarnado em Jesus de Nazaré assumiu nossa carne, transformou nossa carne, passamos a ser habitados pelo seu Espírito, "ele não está longe de cada um de nós", ele está dentro de nós e nos conduz. Paulo se impressiona em sua experiência do Sentido Radical, nessa teopatia transbordante mediante a qual Deus aboliu nele o sagrado, o profano e, sobretudo, a religião. Confessa seu espanto: "esse Deus desconhecido" ele o encontrou em sua vida e o Espírito o "impele" a anunciá-lo... Acabou "Deus esteja no céu e tu na terra" (Barth, K.)... "Deus está sempre aqui entre nós: no homem, na mulher, na terra, na história. Está como iniciativa absoluta, sempre em ato: como o que sustenta e promove, salva e perdoa, chama e suplica... o movimento fundamental, infalível e que jamais falta, é sempre o que vai de Deus ao ser humano" (Queiruga, A. T.). Esse testemunho de Paulo em Atenas é contundente. É a explicitação mais viva no Novo Testamento da *ecclesia* de Pentecostes. É a mais pura e mais clara prova de como era vivida por ele a proposta do Sentido Radical da fé em Jesus e no Espírito Santo.

Esse "Deus desconhecido" é, por definição, o Espírito Santo e sua atuação. Ele esquenta e dinamiza o coração de todo homem e de toda mulher que são movidos pela boa vontade. Ele atua silenciosamente e, sem se desvelar, no desejo de cada um... não necessita de lugares sagrados. Ele não precisa de locais, dias e hora marcados para ser louvado ou adorado: ... Ele não está longe de cada uma de nós". Ele só precisa de que nós estejamos atentos e dóceis à boa-nova de que esse "Deus desconhecido" está em "cada um de nós" e Ele nos vivifica, nos sustenta em nosso amor mútuo. Esse "Deus desconhecido" nos fala, inspira, nos impele ao amor ao próximo e à comunidade.

O Espírito, independente de toda e qualquer religião, está presente e atua em todo homem e toda mulher de boa vontade. Ele simplesmente "subsiste". É impressionante encontrarmos sujeitos humanos em harmonia com si mesmos tanto no exercício de seus carismas como na convivência respeitosa com seus semelhantes. O Espírito discretamente os impulsiona e os alimenta. Doravante: "Todos os que são guiados pelo Espírito de Deus, são filhos de Deus" (Rm. 8:14). Essa abertura proposta pelo Espírito encontra obstáculo na mente e no coração daqueles e daquelas que vivem a pertença à religião como uma "classe" privilegiada diante de outras. Bloqueiam-no.

Paulo vai a Corinto e o Espírito o conforta: ... "Não temas, mas fala e não te cales, porque eu estou contigo e ninguém lançará mão em ti para te fazer mal, pois tenho muito povo nesta cidade". Nessa cidade, Paulo encontra o casal judeu Priscila e Áquila, expulsos de Roma. Esse casal ganhava a vida com a mesma profissão de Paulo. "E como era do mesmo ofício, ficou com eles e trabalhava, pois tinham por ofício fazer tendas". Paulo não via impedimento algum em ser enviado e, ao mesmo tempo, sustentar-se pelo seu suor. Recusou terminantemente viver como os parasitas do sagrado (sacerdotes, escribas...) ou a soldo do Estado já que a boa-nova de Jesus de Nazaré quebrara a herança sacerdotal levítica ou qualquer outra. Jesus é ruptura do sacral. Mas eis que a religião católica acabou se unindo ao Estado e seus sacerdotes e bispos, em vários países, passaram a ser funcionários públicos ou cidadãos com isenção de impostos.

Paulo foi até o fim de sua carreira como o mais autêntico discípulo e praticou verdadeiramente o despojamento proposto por Cristo: "De ninguém cobicei a prata, nem o ouro, nem o vestido. Vós mesmos sabeis que para o que me era necessário a mim e aos que estão comigo, estas mãos me serviram". Quantos papas, cardeais, bispos, pix sacerdotes e pix pastores passaram longe desse representante vivo, destemido, de Jesus de Nazaré... "para o que me era necessário a mim e aos que estão comigo, estas mãos me serviram". Quantos desses pretensos representantes de Deus teriam que se envergonhar diante do testemunho autêntico de Paulo.

O concílio Vaticano II sugeriu a retomada dessa prática já que Jesus de Nazaré, como diarista, ganhava a sua vida com o trabalho de suas mãos: "Todos os presbíteros..., contribuam eles para investigar ou transmitir a ciência, dediquem-se eles até a trabalhos manuais, participando da sorte dos próprios operários" (1165). Isto, depois de Pio XII ter proibido terminantemente a participação de padres no trabalho operário! Sempre que a classe eclesiástica, clerical é questionada na prática, o poder do sagrado reage protetora e conservadoramente. É a manutenção de privilégios que sustenta a hierarquia, embora envernizada com apelos ao divino. Hoje, a maior parte do clero vive do dinheiro dos fiéis ou, dos Estados, são funcionários públicos do sagrado, como na Alemanha, na Holanda, na Argentina... Este é um dos motivos fortes que, inconsciente ou conscientemente, atrai candidatos ao sacerdócio. Essas garantias como a dos religiosos e das religiosas minam o despojamento evangélico. As ordens ou congregações oferecem garantias para uma acomodação existencial despreocupada da luta da vida, até mesmo do enterro. O voto de pobreza dos religiosos perdeu seu sentido... "continuam professando um voto de pobreza sem conteúdo. O voto não muda a pessoa... não procuram uma vida de pobreza... muito pelo contrário, hoje em dia procuram uma vida mais segura, com melhores condições de vida. Acaba o testemunho quando entram numa congregação para receber gratuitamente o que os leigos podem comprar depois de muito trabalhar, como poderiam converter? O povo pensa que são preguiçosos e que não querem trabalhar e vivem às custas da religião" (Comblin, J.).

Mas o ministério de Paulo era de outra ordem e, por isso, mantido sempre fervoroso: "Mas em nada tenho minha vida por preciosa, contanto que cumpra com alegria minha carreira e o ministério que recebi do Senhor Jesus, para dar testemunho do evangelho da graça de Deus"... Esse desprendimento, que tanto agrada ao Espírito por concretizar a confissão da carência de sua assistência e o desejo da condução dele, gerava em Paulo uma confiança absoluta: nunca "pré-ocupado", mas sempre não se ocupando "senão com o que o Espírito Santo de cidade em cidade me revela", embora "dizendo que me esperam prisões e tribulações". Só gozamos da assistência do Espírito se nossa vida estiver em contínua falta dele. Todos os que se sentem abastados, minimamente cheios de si, no imaginário, no narcisismo do poder ou do status, consequentemente não se beneficiam do Espírito. Mas, embora dispensado, mesmo assim Ele fica na espera: "Eis que estou à porta e bato"... "Somente quem sabe de memória o mistério, porque o aprisionou na letra morta das fórmulas, pode se fechar à livre manifestação do Espírito 'que sopra onde quer'" (Queiruga, A. T.).

Paulo sabia recorrer ao alimento deixado por Jesus de Nazaré para fortificar seus irmãos através dos séculos: "minha carne é verdadeiramente comida e meu sangue é verdadeiramente bebida". Em sua última noite em Trôade, "no primeiro dia da semana, ajuntando-se os discípulos para partir o pão, Paulo, que devia partir no dia seguinte, falava com eles e prolongou a conversa até meia noite". Note-se: "ajuntando-se os discípulos para partir o pão"

Naquele início não havia "missa", nem reunião de massa. Havia busca de alimentação. Busca de uma experiência de Deus, de um Sentido Radical da eucaristia, da partilha do pão na comunidade e a troca dessa experiência: cada um relatando ao outro o que a experiência da participação do corpo de Jesus de Nazaré produzira neles. A partilha do pão vivida no real, numa casa, numa família e não um rito burocrático do sagrado, repetitivo e desligado da experiência do Sentido Radical, cumprido por injunção jurídica, mero ritual do sagrado, sempre o mesmo, numa alienação da massa, desconectado da comunidade local. A eucaristia guardava a autenticidade da origem: era alimento partilhado e não sacrifício... "*Vere cibus...vere potus*" (Verdadeiramente comida... verdadeiramente bebida). É "verdadeiramente comida", alimento daqueles que vivem o seguimento de Jesus de Nazaré. Imaginemos que um amigo me dá um presente de aniversário. No dia do aniversário dele, eu devolvo o presente dizendo-lhe que eu faço um sacrifício desse presente para agradá-lo, agradecer e louvar. Não há um *non-sense* em jogo?

A partilha do pão, segundo a instituição de Jesus de Nazaré, se destina à alimentação, à experiência de Deus reencarnando nas mulheres e nos homens de todos os tempos e não a um objeto de culto. Ela é o alimento da caminhada dos irmãos de Jesus, filhos do mesmo pai. O partir do pão não é um fim, mas um meio. Não se destina a sacrifício ou a culto do sacral. É alimento de viagem, sustento da marcha dos que vivem o seguimento de Jesus de Nazaré. É uma ingratidão, senão uma ofensa, fazer da eucaristia um dom "oferecido por Deus a seu povo, um sacrifício oferecido a Deus". É a devolução de um presente inestimável e indispensável.

As horas, esquentadas pelo Espírito, passaram rápidas, nem foi percebido. É muito bom partilhar a experiência de Deus, enriquecer-se com a contribuição do outro, do saber +1 que o Espírito operou nele, sobretudo na hora da partilha do pão. É nisto que, em nossos dias, consiste a experiência das Comunidades de Base, o lugar onde o Espírito voltou a operar sem o obstáculo secular do sacral, do juridismo ou do ritual prescrito.

A missa, hoje, se tornou mais um culto do sagrado aos domingos, obrigatória sob pecado mortal, mas em detrimento da experiência de um Sentido Radical de Deus. Uma experiência de massa, não uma troca comunitária. Um grupo regido pelo ego coletivo, não pelo testemunho vivo do Espírito operante em cada um. O "objetivismo sacramental e eclesiástico" (Barth, K.) se impôs como paradigma da prática da religião católica. "O culto ficou cada vez mais rico com a influência do culto imperial. A oração, ou seja, a oração pública tornou-se um teatro, cheia de reverências, criou-se uma liturgia digna das recepções no palácio imperial. Não importa que o povo não entendesse... O culto se afasta cada vez mais da vida terrestre de Jesus e, com o tempo, torna-se formalista. A oração torna-se formal, feita de palavras e de gestos que correspondem a um código religioso. O importante é fazer tudo o que está no livro litúrgico... O espaço reservado à oração é tal que não há lugar para o evangelho" (Comblin, J.).

Sempre penso que Jesus deve ficar muito constrangido, incomodado, contrariado mesmo quando sua presença na hóstia é manipulada em enormes ostensórios com apelações emocionais, em liturgias sentimentais de carismáticos, em procissões de *Corpus Christi* ou nos programas melodramáticos das TVs religiosas, como na última Jornada da Juventude no Rio de Janeiro. É distorção da última ceia. A ceia é alimento, não é objeto de culto, não se alteram as palavras nem se distorce a verdade que elas enunciam: "verdadeiramente comida". É esta a instituição de Jesus de Nazaré. Bento XVI afirmou que a eucaristia é o ponto mais alto da doutrina, mas assim, com justeza, não pensa Santo Tomás: "O que é primordial, o que constitui essencialmente a nova lei – que deve reger a Igreja – é a graça do Espírito Santo, que nos é dada pela fé. Tudo o mais, todos os mandamentos, até o texto do evangelho, até os sacramentos, vêm a ser secundário" (q. 106 da I-II).

A experiência religiosa é mitogênica e mistagógica. Ela explora um dado da religião e o multiplica em volutas imaginárias. Assim, a Santa Ceia (a missa) acabou ocupando o lugar "primordial" (Bento XVI), que competiria essencialmente ao Espírito Santo. Para tudo se celebra missa. Ela é parte inevitável de evento religioso ou cívico... No dia 25 de janeiro, comemoração do aniversário da cidade de São Paulo, tudo começa com a missa, à qual comparecem autoridades civis, que pouco ou nada têm a ver com a eucaristia, que é partilha do pão na comunidade de fé... a ceia já não é o partir do pão em comunidade, é simplesmente um culto religioso de massa, um ato cívico entre outros. Essa mitogenia se estende a uma multiplicidade de aspectos da experiência religiosa: adoração do Santíssimo, uma congregação religiosa dedicada a esse culto, ostensório em exposição, ou procissão, o feriado nacional de Corpus Christi... Nada disso pertence à fundação "meu corpo é verdadeiramente comida", "meu sangue é verdadeiramente bebida"... Portanto, na intenção do fundador, a ceia não é objeto de culto, de experiência do sagrado, mas, sim, alimento vivo ("isto é meu corpo") para a experiência radical da encarnação através das eras. Que pensar de não poder partilhar "nossa" eucaristia com os irmãos e irmãs cristãos de outras denominações? Papa Francisco (novembro de 2015), numa reunião comunitária com os luteranos em Roma, foi interrogado por uma mulher: "estando eu casada com um católico, por que não posso partilhar da eucaristia"? Ao que ele respondeu: "faça o que sua consciência lhe disser". Cinco séculos de muita condenação, enfim... removidos.

Os feriados religiosos impostos pela Igreja católica à nação toda são uma ofensa à liberdade de consciência dos cidadãos e uma prepotência anti-ecumênica. Propor o cancelamento deles seria um primeiro gesto de boa vontade e respeito para com outras crenças ou credos. A religião católica poderia propor a seus fiéis a comemoração dessas festas, a da padroeira, por exemplo, num sábado ou domingo. O certo não seria ter um dia nacional de todos os credos e crenças?

Além disso, essa experiência de Sentido Radical (alimento) em nenhum momento é rito sacrificial: "isto é o meu corpo que será entregue", portanto corpo antes de ser entregue. O corpo que, agora e nos séculos vindouros, será "entregue" é um corpo glorioso, ressuscitado, um corpo de alegria, de "paz esteja convosco" e não um corpo fixado na cruz. É um corpo cuja presença é e continuará sendo um mistério. Trata-se de um ato de fé de Sentido Radical. É religião que precisa de sacrifícios, ou de ritos sacrificiais, não a proposta radical de Jesus de Nazaré: "Na eucaristia, o Senhor nos doa o seu corpo glorioso, não nos doa carne para comer no sentido biológico. Dá-nos a si mesmo... entra no nosso ser... no meu ser... nos toca interiormente com o seu ser para que possamos nos deixar penetrar pela sua presença" (Bento XVI, 23/07/2011).

"A teoria do sacrifício foi introduzida pelos judeus. No Templo, se oferecem sacrifícios, os sacerdotes são pessoas sagradas que oferecem o sacrifício. Toda essa teoria, atualmente, não significa absolutamente nada. Que o padre seja dedicado ao sagrado para oferecer sacrifício e que a eucaristia seja um sacrifício, tudo isso vem de Jesus? Ah, não vem de Jesus. Então é preciso ver se isso vale. Para que manter algo que não vale"? (Comblin, J.). Eucaristia, que, em grego, é "ação de graça", não é sacrifício. Tem tudo a ver com memorial de um Deus que se encarnou: "O cristianismo conseguiu desconstruir totalmente a lógica do bode expiatório, mostrando-a em toda a sua lógica, posta numa cruz, trazendo-a à plena luz da revelação... Aceitando a cruz, Jesus aceitou ser o último bode expiatório, aquele que revela (desmascara) todos e nos impede de repeti-los ao infinito" (Kirvan, M.). Pois, "repeti-los", seria confessar que o sacrifício de Cristo não foi suficiente para a redenção, uma contradição, senão uma ofensa a Ele. No mínimo, um não reconhecimento ou ingratidão.

Em sua última estadia em Éfeso, totalmente imbuído de que era ao Espírito que competia a efetuação do Reino, Paulo perguntou aos discípulos: "Recebestes o Espírito Santo quando crestes"? E a resposta: "Nós nem ainda ouvimos falar que haja Espírito Santo". Ele lhes explica a diferença entre o batismo de João e o proposto por Jesus de Nazaré. Dispuseram-se a este batismo. Aí Paulo, leigo, servo do evangelho... "impondo-lhes Paulo as mãos, veio sobre eles o Espírito Santo". A partir de Pentecostes, era inimaginável para os primeiros discípulos pensar, menos ainda agir, testemunhar Jesus de Nazaré, sem ser sob a inspiração e os impulsos do Espírito Santo: a história de Paulo é a prova viva desse consórcio escatológico, o Espírito lhe "revela", "inspira", "impede", "aparta", "dirige", "proíbe"... É a nova ordem do Espírito efetuando a obra de redenção da humanidade.

Importante relembrar que Paulo não fez parte da assembleia das mulheres e dos discípulos que receberam as "línguas de fogo". Mas ele em nada foi menos convocado para a missão de levar a boa-nova de Jesus de Nazaré. A mensagem desse exemplo nos revela a missão do Espírito Santo que se destina a toda mulher e a todo homem de todos os tempos. Hoje, amanhã, essa mesma ordem da missão da Trindade está à disposição de todo ser humano, com o mesmo vigor e mesma destinação.

Os últimos capítulos dos Atos falam o tempo todo da experiência de Paulo. Lucas nos ilustra sobre a continuidade da Igreja de Pentecostes: Paulo não fez parte dos doze apóstolos nem dos discípulos iniciais. Não esteve presente no dia de Pentecostes. Não foi escolhido apóstolo e, sim, continuação dos apóstolos e de todos os discípulos que viriam após ele. Os apóstolos não fizeram sucessores, eles eram únicos. "Jesus não fundou nenhuma instituição religiosa. Enviou os apóstolos, mas eles não tinham um ministério religioso... deveriam anunciar a chegada do Reino de Deus e do Messias... Jesus não pensou que teriam sucessores porque a missão desses era única. Os apóstolos não designaram sucessores... Paulo reconhecia a abundância dos dons espirituais, mas não tinha ninguém que fosse designado para mandar ou dirigir" (Comblin, J.).

Paulo confirma essa missão quando diz aos anciãos de Mileto que é ao Espírito que compete levar a obra da redenção. "Olhai, pois, por vós e por todo rebanho sobre que o Espírito Santo vos constituiu bispos para apascentardes a Igreja de Deus, que ele resgatou com seu próprio sangue". Os bispos daquela época eram simples discípulos com função de organizar as comunidades, ainda não eram *epíscopos (bispos)*, aqueles que olham de cima ou por cima, que, não raro, não se misturam com os leigos e são mais administradores da diocese do que pastores, mais preocupados com o Direito Canônico do que com o evangelho. Não havia ainda clérigos, todos eram discípulos de Jesus de Nazaré com funções de diferentes serviços.

Os discípulos de Tiro tentam convencer Paulo de não voltar a Jerusalém: ... "e eles pelo Espírito diziam a Paulo que não subisse a Jerusalém. O profeta Agabo faz igual tentativa: ..."Vindo ter conosco, tomou a cinta de Paulo e ligando-se os pés e mãos disse: isto diz o Espírito Santo: assim ligarão os Judeus em Jerusalém o varão de quem é esta cinta e o entregarão nas mãos dos gentios".

Paulo entendeu o carinho dos que o rodeavam como entendeu que o Espírito, através deles, lhe antecipava seus desígnios, mas ele sabia, pelo mesmo Espírito, que a missão não estava terminada. Apelou a Roma e, lá, foi cumpri-la durante os dois últimos anos de sua vida até o martírio. Na casa que alugara, "recebia todos quantos vinham vê-lo, pregando o Reino de Deus e ensinando com *toda liberdade* as coisas pertencentes ao Senhor Jesus Cristo, sem impedimento algum".

"Toda liberdade", não apenas civil, como cidadão romano, embora esperando sentença, mas, mais ainda, livre da religião, religião que o fizera fanático, fundamentalista. Paulo é o mensageiro da nova era do Espírito, da liberdade de consciência tão amada de Jesus de Nazaré. A liberdade de normas jurídicas, sacrais, ritualísticas, a liberdade dos filhos de Deus, irmãos de Jesus, "adoradores em espírito", abertos às moções de seu Espírito, convidados a viver escatologicamente a experiência de Deus, o Sentido Radical da encarnação, a abolição de verdades fixadas, coaguladas, doutrinas, dogmas, cânones, instituições... É o plano da Trindade intervindo na história, doravante aos cuidados do Espírito. Vida, vigor, crescimento, alegria, sentido para a existência, eliminação dos entraves obsessivos do sagrado, libertação do imaginário religioso e entrega desapegada ao real da condução do Espírito. Nova era de luz, liberta de qualquer tirania do poder civil, religioso ou hierárquico.

O apóstolo Comblin assim resume a vivência e a "movência" de Paulo com o Espírito Santo: "Paulo oferece o mais antigo testemunho de como se viveu o seguimento de Jesus entre 20 e 30 anos depois da morte de Jesus. O que faz o Espírito 20 anos depois da morte de Jesus?

Paulo fala da experiência do Espírito vivida nas suas comunidades feitas de judeus e não judeus reconciliados. Nas suas cartas, fala de realidades observáveis nas comunidades fundadas por ele. A primeira experiência é a da vida. O primeiro sinal da vida nova é a liberdade. Os discípulos fazem a experiência da liberdade: "A Lei do Espírito de vida em Cristo Jesus te libertou da lei do pecado e da morte" (Rm. 8:2). "Onde se acha o Espírito do Senhor, aí está a liberdade" (2 Cor 3:17).

Essa vida não podia ser dada pela Lei (judaica). "Foi pelas obras da Lei que recebestes o Espírito ou pela adesão da fé"? (Gl. 3:2). "Aquele que vos concede o Espírito e opera milagres entre vós, o faz pelas obras da Lei ou pela adesão da fé"? (Gl. 3:5). O Espírito é "concedido", é "recebido" pela "adesão da fé": dom da fé, dom do Sentido Radical, dom do Espírito Santo!

Essa liberdade é fonte de alegria, de felicidade, de paz, uma experiência totalmente nova para quem estava dominado por leis severas como os judeus ou as estruturas de dominação no Império romano. "O Reino de Deus não consiste em comida e bebida, mas é justiça, paz e alegria no Espírito Santo" (Rm. 14:17). "Que o Deus da esperança vos cumule de toda alegria e paz em vossa fé, a fim de que pela ação do Espírito Santo a vossa esperança transborde" (Rm. 15:13). "O fruto do Espírito é amor, alegria, paz, longanimidade, benignidade, bondade, fidelidade, mansidão, autodomínio" (Gl. 5:22). "A alegria do Espírito Santo" (1 Ts. 1:6).

A alegria vem da consciência de ser filhos de Deus. "Porque sois filhos, enviou Deus em nossos corações o Espírito de seu filho que clama: Abba! Pai"! (Gl. 4:6). A filiação está acima de qualquer consciência. Mas a fé nessa filiação muda a oração. Deus já não é senhor, mas pai. É outra vivência da liberdade. "Não recebestes um espírito de escravos para recair no temor, mas recebemos um Espírito de filhos adotivos pelo qual clamamos: Abba! Pai"! (Rm. 8:15).

A fé ensina que Deus habita em nós. "Não sabeis que sois um templo de Deus e que o Espírito de Deus habita em vós"? (1 Cor 3:16). "Deus nos infundiu o seu Espírito Santo" (1 Tes. 4:8). Não existe consciência dessa habitação, o Espírito vela e não se desvela, mas saber que ela existe muda a orientação da relação com Deus. Em lugar de buscá-lo no Templo, devemos buscá-lo em nós mesmos, no próximo, na comunidade.

O Espírito Santo criou o modelo de apóstolo porque lhe dá força no meio das dificuldades da sua missão. "Na virtude do Espírito Santo [...] eu levei a termo o anúncio do evangelho de Cristo" (Rm. 15:19). "Julgo que também eu tenho o Espírito de Deus" (1 Cor. 7:40). O Espírito orienta o apóstolo para que anuncie a sabedoria de Deus e não a sabedoria humana. O apóstolo conta com o poder do Espírito e nenhum poder humano. A sua mensagem não é outra que "demonstração do Espírito". "Pois não quis saber outra coisa entre vós a não ser Jesus Cristo, e Jesus Cristo crucificado. Estive entre vós cheio de fraqueza, receio e tremor; minha palavra e minha pregação nada tinham da persuasiva linguagem da sabedoria, mas eram uma demonstração do Espírito e poder, a fim de que a vossa fé não se baseie sobre a sabedoria dos homens, mas sobre o poder de Deus" (1 Cor. 2:2-5).

"A nós, porém, Deus o revelou pelo Espírito Santo. Pois o Espírito sonda todas as coisas, até mesmo as profundidades de Deus. Quem, pois, dentre os homens, conhece o que é do homem senão o espírito do homem que nele está? Da mesma forma, o que está em Deus, ninguém o conhece senão o Espírito de Deus. Quanto a nós não recebemos o espírito do mundo, mas o Espírito que vem de Deus, a fim de que conheçamos os dons da graça de Deus. Desses dons não falamos segundo a linguagem ensina pela sabedoria humana, mas segundo aquela que o Espírito ensina, expressando realidades espirituais em ternos espirituais. O homem psíquico não aceita o que vem do Espírito de Deus. É loucura para ele; não pode compreender, pois isso deve ser julgado espiritualmente" (1 Cor. 2:2-5, 10-14).

O Espírito Santo nos chama a fugir do "sonho dogmático religioso", abrigo de mentes frágeis que não se libertaram da dependência edípica. O Espírito apela ao novo e ao renovador, à aventura de sua inspiração e condução, à ternura de seus afagos e delicados toques. Ele é a poesia da alma: a arte de viver e dizer o novo. Não repete ninguém, gosta da originalidade de cada sujeito, de cada comunidade e dos dons que ele lhes prodigalizou. Aprecia e deseja ardentemente a libertação psíquica de cada um e se regozija com o desdobramento de sua capacidade de crescimento ao longo da existência e fica feliz com o usufruto dessa realização. Ele leva muito a sério o dom da vida, os anos da existência como oportunidade de evolução, produção e maturidade. O Espírito é, por definição, atribuição e doação. Ele é apaixonado pela realização de todo homem ou mulher e sente-se feliz com a evolução e a conquista de cada um, de cada comunidade. Ele dedica sua deidade (*dynamis*) a vivificar e dinamizar cada criatura; não gosta de vê-la triste, abatida, sobretudo se a tristeza for causada pela injustiça ou o desamor; quer decididamente que todos vivam a alegria própria aos irmãos de Jesus ressuscitado, a alegria da fé na participação da vida divina, até aquela alegria paradoxal que animava os mártires ou confessores, como Estevão, Domitila, Romero, Angelelli, Helder, Casaldáliga, Martini, Luciano Mendes e tantos outros. Em vida, Jesus não podia ver uma pessoa triste, abatida, que ele não consolasse ou não amparasse com um ato eficaz. Imaginem agora, que está glorioso, quanto o toca ver um irmão seu sofrendo! A mitogenia de o cultuar sofredor já na via sacra, já no calvário, já nos crucifixos pendurados nas paredes ou sobre os altares, certamente não lhe agrada e, sim, o incomoda já que venceu a morte. Há, nessa prática, uma recusa de o reverenciar, de o reconhecer ressuscitado, glorioso. O Deus de Jesus, sobretudo de seu Espírito, é o Deus da vida! "Para ele, torna-se insuportável ver alguém sofrendo e não agir imediatamente"... "Jesus curava porque doía-lhe o sofrimento das pessoas enfermas" (Pagola, A.).

O Espírito tem horror ao repetitivo, ao obsessivo, ao orar com hora marcada, ao apego a seguranças imaginárias. A busca desse abrigo imaginário bloqueia seus "gemidos" e ele é obstaculizado a se comunicar. Consequência: não se cria, não se renova, estanca-se em expedientes iterativos, inócuos ou supersticiosos.

O Espírito Santo nomeado aqui e acolá na linguagem dos hierarcas encontra obstáculos numerosos na igreja-instituição: milhares de cânones, regras e regras de todo tipo, burocracias de toda ordem, poder central e centralizador absoluto. Mas como ele ama a Igreja de Jesus, aquela que não é nem religião nem poder, mas guardiã do Reino de Deus, não desanima, volta a animá-la, dá sinais mais que visíveis. No Vaticano II, a presença dele foi patente: "Um dom do Espírito Santo" (João XXIII). Não acolhido, afasta-se, mas não deixa de voltar. Seu amor é amor por definição subjetiva. De todo jeito quer salvar os seres humanos. Do lado dos "verdadeiros adoradores", vale a palavra de Agostinho: "Busquemos como os que hão de achar, e achemos como os que vão buscar". É a falta-para-ser que garante a busca constante do Espírito e abre-lhe caminho. "O Vaticano II permanece como um sinal profético. Em meio a uma Igreja prisioneira de um passado que não sabe superar, representa uma voz profética (Comblin, J.)... "O novo código fecha as portas a todas as mudanças que poderiam acontecer no Vaticano" (id. ib.). Afortunadamente o Papa Francisco está a romper com esse paradigma!

Nesse sentido é incompreensível que a encíclica *Ineunte novo milleneo* de João Paulo II, que contém mais de quarenta vezes a palavra "novo" ou "renovação", prometendo um *aggiornamento* na Igreja, não tenha resultado em "renovação" nenhuma. *Parola, parola* e nada mais. João Paulo II e o cardeal Ratzinger empederniram ainda mais a instituição central com nomeações de cardeais e bispos, tímidos, subservientes ou sabujos, sem colegialidade, os mais conservadores: ... "o obstinado apego de João Paulo II ao poder começava agora a expor alguns mitos profundamente alimentados desde longa data do papado" (Cornwell). E a encíclica ousa citar Paulino de Nola: "Precisamos escutar o que dizem todos os fiéis, porque em cada um deles sopra o Espírito de Deus". Não é ironia? "É horrível quando se fala em atualização, ensinar dogmas expressos em linguagem filosófica inteiramente superada e sem sentido para os ouvidos de hoje" (Câmara, D. H. - 1964).

O mais grave desse apego à "*potestas sacra*" é que ela obnubila a mente e trava a escuta do Espírito. É por isso que a igreja-instituição não consegue ouvir o outro, "o que dizem os fiéis", ver e entender os sinais dos tempos. Fechada sobre o repetitivo, ciosa da "*potestas*" e seus privilégios seculares, perde a oportunidade de ser fermento, luz para o mundo em transformação. Ela não salga as mudanças. Ela não age de dentro para fora, tal fermento, persiste no de cima para baixo. Quando ela chega, já foi, é tarde demais. Assim a triste e dolorosa perda dos operários e, agora, risco iminente de perder as mulheres, secularmente bajuladas, mas cruelmente excluídas. Preconceituoso lema "*mulier in ecclesia tacet*", "a mulher na igreja se cala", que imperou até o século passado. Machismo paulino, ("mulheres sejam submissas aos seus maridos, como ao Senhor"). Colonialismo da mulher, como sendo os homens os únicos transmissores da boa-nova, quando sabemos que a mulher foi a primeira a ser consultada sobre o "sim" generoso e corajoso da encarnação que primeira foi também a mulher que testemunhou a ressurreição e que, normalmente, é a mulher que transmite a fé aos filhos. O histórico: "O anúncio primeiro da ressurreição de Jesus está ligado às mulheres" (Pagola, A.). Quanto à confissão, o profeta Comblin sentencia: "Há muitas pessoas, muitas mulheres que podiam exercer esse ofício muito melhor, com mais equilíbrio, sem atemorizar, como fazem os sacerdotes".

Além disso, a Igreja, agora, não está conseguindo perceber a mudança da situação laboral dos que trabalham na nova tecnologia. Esses trabalhadores, funcionários de empresas, não têm o repouso da semana por estarem plugados no computador sábado e domingo. Nova forma de exploração da força de trabalho, escravatura branca. A justiça trabalhista brasileira já leva em conta essa situação e deu direito à paga por essas horas trabalhadas. A religião católica sempre vem depois, depois como na declaração dos direitos do homem em 1945.

Esse apego à "*sacra potestas*" distancia a religião católica do Espírito Santo, que dinamiza sem parar a vida da alma, a ilumina e a fortifica incessantemente, cria ininterruptamente o novo. A experiência de Deus é da ordem do poder do Espírito e não da autoridade eclesiástica que venda os olhos do espírito e mesmo do corpo, impedindo visão, entendimento e discernimento dos sinais da Trindade no mundo e nas suas criaturas. Vide a "incapacidade" de a Igreja da Cúria romana entender e fermentar todas as mudanças que vivemos quanto ao sexual. Ela continua mergulhada no mesmo e no tabu, desorientada, inábil para criar o novo. Pior, com medo! A Igreja está verdadeiramente com medo, sobretudo porque o silêncio imposto aos crimes sexuais do clero ou às intrigas e a luta de poder dos curiais vieram às escâncaras.

Essa pertinácia é catastrófica e engessa a igreja-instituição, alimenta um narcisismo presunçoso, autolaudatário, "autorreferenciado" (papa Francisco) e, quando o real a abala, como nos casos de pedofilia, ultraconhecidos dos sucessivos papas, ela se vê acuada, os papas "lamentam", mas nada fizeram senão transferir os clérigos criminosos de endereço, multiplicando o estrago alhures e, pior, insensíveis ao sofrimento das crianças violadas.

O cardeal Ratzinger confessou que estava a par dos casos, sobretudo de Wilfried Fesselman, vítima do Padre Hullermann, que o procurou enquanto cardeal em Munique, e do Padre Maciel, mas tudo foi posto debaixo do tapete. A Cúria acima do bem e do mal. Pior ainda, o cardeal Bertone, a afirmar em plena Semana Santa que a gravidade do crime da pedofilia não passava de "fofocas mesquinhas". Igualmente o cardeal Gianfranco Ravasi, de atitudes "vedetes", a declarar que, no mundo árabe, não há ninguém à altura de Bento XVI para dialogar com ele! Ou o mesmo cardeal, com uma inveja indisfarçável, a declarar que o "Jesus, Uma Aproximação Histórica" de José Antônio Pagola é "o modo mais transparente para guiar o leitor não técnico". Enigma: que seria um leitor "técnico" da história de Jesus de Nazaré? Milhares e milhares de exemplares em múltiplas línguas! Livro altamente "técnico" se o encararmos como epistemologicamente fundamentado. Donde vem tal reação: *Invídia fraterna*? Despeito? Luta de prestígio? Todavia é impossível ler esse livro e não amar Jesus, o histórico, limpo do mitificado, do lendário.

Verdadeiramente, não é possível não pensar na corte de Luís XVI, ele e Maria Antonieta a se comportarem como se nada estivesse acontecendo lá fora.

No *palazzo* papal, vive-se o mesmo clima da corte de Luís XVI de França. Estão todos em festa, no melhor dos mundos, com bajuladores de toda espécie e a guilhotina prontinha para agir: a corte papal indiferente à fuga dos fiéis para outras fontes do evangelho. Aqui também o raciocínio do louco e cego: "é melhor menos, mas fiel, do que muitos". Só que aqueles que se vão aos milhares, mensalmente, são os que não encontram o evangelho no reino dos papas. São exatamente aqueles a quem Jesus de Nazaré se dirigia: os desvalidos da vida. Eles partem à procura do Reino de Deus, à busca do evangelho encarnado em suas vidas. Não é à toa que, no Brasil, os evangélicos cada vez mais oferecem uma mensagem bíblica e mesmo de fé aos marginalizados da sociedade, embora muitos pix pastores os explorem para enriquecimento próprio.

Finalmente, o papa Bento XVI chora nos casos de pedofilia em Malta, mas não toma providência alguma sobre sua responsabilidade e, friamente, meses depois, manda aos bispos que entreguem os criminosos ao poder civil. A "*potestas*" tem que ser preservada a qualquer preço. Como na inquisição, é o poder civil que irá punir. À Igreja hierárquica, o gesto de Pilatos. Mas e a misericórdia, dom mais excelente de Jesus de Nazaré? E a solidariedade e a responsabilidade de quem abrigou os religiosos?

O escândalo dos padres e religiosos pedófilos só veio à tona porque as vítimas vieram a público e expuseram o crime de que foram objetos. O escândalo não está tanto no fato de que o ser humano, padre ou religioso, seja capaz de cometer o crime da pedofilia. O escândalo consiste no fato de que a Igreja vaticana sabia dos fatos e tanto João Paulo II como o cardeal Ratzinger, depois papa, não tomaram nenhuma iniciativa a não ser considerar a pedofilia como pecado e mudar os "pecadores" de paróquia ou função. Escândalo maior ainda, só vieram a se preocupar com as vítimas porque o judiciário e a mídia denunciaram o crime e a igreja teve que pagar somas astronômicas. É de se perguntar: que cristianismo praticam essas vítimas ao exigirem dinheiro para reparação de uma ofensa moral? Capitalismo bárbaro, tudo bem, mas no seguimento de Jesus? Ele jamais pediu que seus discípulos o vingassem de seus algozes.

Agora, as novas determinações deixam de considerar a pedofilia como pecado e só a encaram como crime. O "criminoso", como em tempos da Inquisição, é entregue ao poder civil e não recebe consideração da igreja romana a quem serviu como sacerdote, bispo ou cardeal. Estamos falando de uma religião que prega o amor cristão como essência da fé.

Aí, e só aí, houve choro, pedidos de desculpas. Sempre a mesma política: a igreja só muda na marra, ela sempre se achou imune às injunções sociais e acima do bem e do mal, indiferente aos sinais dos tempos. O Papa Francisco parece disposto a pôr a casa a limpo. E é o que fez a partir de fevereiro de 2019 na reunião especial de presidentes das Conferências Nacionais e superiores gerais.

Foi assim também na África e alhures, com as numerosas freiras violadas pelos padres que as estupravam para saciar seus impulsos com maior segurança de não contrair AIDS. Os crimes foram denunciados pelos relatórios das freiras Maura O'Donohue e Marie MacDonald ao Vaticano. O cardeal Carlos Eduardo Martinez, J. Ratzinger e João Paulo II que fizeram? Transferiram os criminosos de paróquia ou funções, não ouviram as vítimas, e puniram aquelas que engravidaram com a exoneração da congregação. Maligna "*potestas*", contradição do "vim para servir e não para ser servido"! Hipocrisia gritante?... Jogada corporativista?... Rompimento com a caridade?

Mas o mundo, sobretudo o mundo cristão, cada vez menos dá atenção aos escritos ou discursos papais. Literalmente, palavras, palavras! "Eles dizem, mas não fazem! Não convencem porque na práxis, os papas, os curiais dão testemunho do contrário: "A Igreja parece paralisada, não sabendo o que fazer. Publica documentos mais ou menos inofensivos que multiplicam advertências que quase ninguém lê" (Comblin, J.).

Vivemos um cisma prático: os papas, a Cúria romana continuam falando uma linguagem fora do tempo, "discutem assunto de hoje e de amanhã numa língua de anteontem" (Dom Helder), uma teologia das nuvens e não da terra, teologia da corte e de seus interesses, ou de um saber abstrato de Deus, teologia da religião longe do saber da experiência do Sentido Radical da fé, empregam os meios modernos de comunicação de massa, são vistos em cerimônias pomposas e fazem de conta que estão sendo ouvidos. Os cristãos, aqueles que vivem a encarnação de Jesus hoje, aqueles que estão inseridos nas comunidades vivas nem sequer tomam conhecimento de que o papa falou. Se tomam, é só "o que o papa falou". "O papa (Bento XVI) professor expõe uma mensagem muito atraente, mas infelizmente ninguém está ouvindo. Poucos ensinamentos chegam ao público" (Jr, Allen). "O linguajar eclesiástico não é ouvido porque não diz nada. Repete a mesma coisa de sempre" (Comblin, J.). O Papa Francisco rompe esse triste paradigma: fala e escreve como testemunha do evangelho.

Mesmo os sacerdotes atuais, em sua maior parte, em que pesem os meios de comunicação – TV, internet, twitter, facebook... –, sequer leem as encíclicas ou os discursos dos papas. Continuam em seus sermões com uma arenga moralística ou sentimental, regados com termos de psicologia barata, mas o querigma mesmo, este ficou lá pelos primeiros séculos do cristianismo.

Há uma questão encafifante: que apego à *potestas* leva um papa em semidemência senil, sem condição física e mental, a não renunciar? O argumento de que "Cristo não desceu da cruz" não soa falso? Logicamente, não desceu porque estava pregado, o que não era e não é o caso do papa, bem instalado no "palazzo". O bispo Stanislaw Dziwisz, poderosa e temível eminência parda, havia tempo no governo do Vaticano sob o dístico de "o papa quer", prolongou ao máximo a exploração dos sofrimentos do papa: ..."o show continuaria porque o Santo Padre está demorando a morrer. Ele se recusa a deixar o palco. É um homem que depende da adulação do público" (Yallop, D.).

Dia 02 de abril de 2005, um sábado à tarde, Karol Woytyla murmurou: "Deixem-me ir para a casa do Pai". Entrou em coma e seis horas depois morreu. "Deixem-me ir" quem ou o que o impedia de ir? Isto é, no mínimo, cruel de todo lado.

O cardeal Newman havia escrito que os papas, após vinte anos, se tornam desequilibrados e perigosos: "Não é bom para um papa viver vinte anos. É uma anomalia e não dá bom fruto; ele se torna um deus, não tem ninguém para contradizê-lo; não conhece os fatos e faz coisas cruéis sem o pretender".

Ainda mais, que move um cardeal de 78 anos com três além da idade de se aposentar, com quase nenhuma experiência pastoral, aceitar o comando da Igreja em vez de se retirar da ativa como todos os seus colegas em idade de aposentadoria compulsória? E não é ironia que o próprio Ratzinger citava o cardeal Newman: "as pessoas idosas não devem dirigir a Igreja". Como não escutou essas palavras? Que inconsciente é esse? O poder é incrivelmente fascinante, irresistível, mas radicalmente narcíseo, revelador. Tanto que se revelou um papa fora do real, sem experiência pastoral, autoritário e ao mesmo tempo incapaz de "governar" a fúria dos "poderes secretos" da Cúria e do IOR. "*Inimici hominis, domestici ejus*" (inimigos do homem, seus familiares).

A renúncia de Bento XVI, estando ainda na memória do mundo católico o "palco mundial" de João Paulo II, pegou os não informados de surpresa. As reações vieram diversas, desde lamentações, lágrimas até alegria e esperança. "Declaro que renuncio ao ministério como bispo de Roma, sucessor de São Pedro"... "Estou bem consciente de que esse ministério devido à sua essência espiritual deve ser cumprido não só com as obras e palavras, mas também igualmente sofrendo e rezando". É certo que o avançado e o achacado da idade o debilitavam, mas quem o acompanhou nesses cinco anos sabe que "esse sofrendo e rezando" foi de enorme tribulação. Ainda há um mês estourava o escândalo do cartão de crédito pago por curos desviados para a Alemanha... o *vatileaks*, o indomável dinheiro sujo do IOR, o banco do Vaticano, o escândalo da pedofilia, a Congregação Pio X, a forte pressão interna da Cúria... sobretudo depois que Bento XVI, finalmente, suspendeu Marcial Maciel Degollado *a divinis* e dele cortou os sedutores envelopes de dinheiro para os prelados da Cúria... "às vezes tenho a impressão de que a barca de Pedro vai afundar", declarou ele.

Quinze dias antes da renúncia, ele recebeu um dossiê de 300 páginas sobre as práticas sexuais dentro da Cúria Romana. Em virtude disso, o cardeal K. O'Brien foi cortado do conclave.

O jornalista David Yallop, já em 2006, primeiro ano do pontificado de Bento XVI, escreveu: "Para uma aldeia onde a esmagadora maioria fez voto de celibato, há uma preocupação pouco usual com questões sexuais. A homossexualidade, se não abundante no Vaticano, é claramente constatada e um fato frequente no avanço da carreira. Padres jovens e atraentes, invariavelmente referidos como *Madonni*, (veados) usam seus encantos para acelerar sua promoção. Alguns bispos descobrem motivos para trabalhar até tarde em um quarto fechado com apenas um *Madonno* para auxiliá-los. Missas satânicas acontecem regularmente com participantes seminus e encapuzados e vídeos pornográficos têm sido exibidos para audiências cuidadosamente selecionadas. Fui apresentado, por uma fonte, a um elegante romano, cuja principal fonte de renda era arranjar 'apartamentos seguros' para encontros sexuais, tanto hetero quanto homossexuais, para membros do Vaticano. Sua clientela inclui dois cardeais homossexuais, um padre alemão que tem encontros frequentes com sua 'esposa' e, até recentemente, um bispo americano que mantinha há muitos anos um caso amoroso com uma ex-rainha da beleza. Ele também fornece vídeos de pornografia infantil para 'vários' residentes do Vaticano". Portanto, o relatório trouxe pouca novidade para Ratzinger. Ele estava bem a par dos embustes financeiros e das práticas sexuais no Vaticano.

Diante desse consórcio abominável entre Estado e Sé "apostólica" uma declaração, melhor, uma confissão que revela o horror de seu sofrimento ou decepção: ... "que esse ministério, devido à sua essência espiritual", requer coerência "de obras e palavras". Sai não só porque as forças físicas e mentais esvaecem, mas porque as pressões internas e externas o colocaram numa rua sem saída, numa incapacidade de cuidar do "*Regnum Dei*", um ministério cuja "essência" é "espiritual". O Vaticano, a Cúria são obstáculos instransponíveis para cuidar dessa "essência espiritual". Ambos são o contraditório dessa "essência espiritual". A função petrina de "confirmar os irmãos e as irmãs", de os escutar, de agir em colegiado com eles para cuidar do "único necessário" – o *Regnum Dei* – se comprova inviável, senão impossível. Governar, julgar, administrar um Estado e uma religião são funções constantinianas, "mundanas" (Papa Francisco) exógenas à função petrina. Nada disso viveu e menos ainda propôs o humílimo Nazareno. Pedro, leigo, fiel ao múnus, manteve uma única atividade: escutar o que o Espírito tinha a dizer a ele e o que dizia aos homens e às mulheres que tinha que "confirmar na fé" em Jesus ressuscitado.

Bento XVI agradece "aos que me apoiaram em meu ministério" e, sem a arrogância ou prepotência do antigo presidente da Congregação da Doutrina da Fé, "peço perdão por todos os meus defeitos". "Defeitos"... problemas de caráter, temperamento – a cada um o seu lote da infância e adolescência – ou simplesmente perdão pelas faltas, sobretudo para com as irmãs e os irmãos teólogos, tão dura e friamente por ele condenados. Ah, como seria um gesto de Jesus de Nazaré chamar ao Vaticano os "condenados" e reconciliar-se com eles, pedindo perdão pelas condenações injustas, sem os ouvir e sem permitir suas defesas. Condenações inúteis, extemporâneas. Fechamento fundamentalista, incapacidade de ler os sinais dos tempos, de se abrir ao sopro do Espírito em tantas teólogas e teólogos. Critérios atávicos da ortodoxia da religião e insensibilidade ao vigor do Espírito atuante na Igreja viva de Jesus de Nazaré, nas contribuições hodiernas dos colegas condenados.

Aqui também, que intenções inconscientes moveram Ratzinger nesse golpe da renúncia? Certo é que foi o melhor que podia fazer, não fosse senão para poupar os cristãos de um novo melodrama final de apego ao poder e ao espetáculo, tão próprios a João Paulo II. Sua carta-renúncia não diz, mas por que não ver nela a impossibilidade de enfrentar as pressões da corte, as pressões de clérigos ambiciosos, os "corvos" de "forças ocultas", sobretudo do plano financeiro e de uma religião em frangalhos ou em divisões internas, mesmo no plano da fé, em correntes inconciliáveis?

Uma coisa é certa: Bento XVI se viu traído num ninho de cobras que ele mesmo alimentou por mais de vinte e cinco anos, fazendo o jogo da Inquisição: "*Crear cuervos que te sacaran los ojos*" (criar corvos que te arrancarão seus olhos). "O rei nunca terá certeza se seus vassalos se curvam por medo, tradição ou até ironia. O rei morrerá acossado pelas teorias conspiratórias e pelo sentimento do cinismo humano e das aparências" (Karnal, L.).

A renúncia de Bento XVI coloca um marco, espero definitivo, na história da religião católica: a dessacralização, a laicização da função petrina. Uma volta àquela função proposta por Jesus de Nazaré em que a estrutura do sagrado foi abolida definitivamente. "E agora, vamos confiar a sagrada Igreja aos cuidados de nosso supremo Pastor, nosso Senhor Jesus Cristo" e "peçamos à sua Santa mãe Maria que assista... os cardeais para eleger um novo sumo pontífice". Na despedida, a lembrança do "bom pastor", designação que coube inúmeras vezes ao papa João XXIII, o "papa bom", e nenhuma a Bento XVI.

A dessacralização teve confirmação imediata. No último *Angelus* de despedida (25/03/2012), era esperada uma multidão de 250 mil pessoas. Um enorme esquema de segurança foi montado pela polícia romana. Apenas um quinto compareceu. A mensagem de sua renúncia pegou. A religião do espetáculo não faz sentido, já que outra é a proposta de Jesus.

Pena que sua renúncia não foi completa. Ao invés de se retirar a seu país ou alhures, quis ficar no Vaticano vestido de papa e continuar usufruindo o conforto da Corte. Disse-se que por temor de ser preso ao perder a imunidade. Mas a verdade é que afastar-se do Vaticano colar-lhe-iam profundamente as palavras do humilde Pedro: "também eu sou um homem". Mas foi até o fim: seu corpo vestido de todas as insígnias papais, exposto vários dias à veneração dos fiéis, desceu à cripta da grande catedral e repousa no mausoléu dos pontífices. Funeral digno de um faraó.

Confiar a Igreja ao bom pastor e à "Maria". Mas como, nesta hora, esquecer que o fundador da Igreja é o Espírito Santo e que a ele compete conduzir a Igreja e levar os homens e mulheres à família da Trindade? Nem Espírito Santo e nem Trindade foram sequer nomeados, apenas o cristomonismo da religião e o marianismo. Realmente, a religião católica romana não é a Igreja que saiu de Pentecostes, aquelas comunidades vivas, vivificadas e iluminadas pelo Espírito Santo. A "sagrada" igreja é estranha à Igreja da fundação. Esta é a grande novidade: não era sagrada nem religiosa.

Toda religião, relembrando, é invenção humana, é fruto de cultura de época. A católica romana não o é menos! A Igreja que Jesus prometeu fundar e realmente edificou pelo Espírito Santo em Pentecostes está coberta "de cinzas" (Martini, C.) que abafam as brasas das "línguas de fogo". Na religião católica romana, como em toda religião, a luta pelo poder, a luta de prestígio, a vaidade da *sacra potestas*, a *invidia fraterna*, (inveja fraterna), a *invidia clericorum* (inveja clerical), as excomunhões e perseguições contra os que não estão conformes, a violência ínsita constituem misérias humanas inevitáveis: "**A violência é o coração e a alma secreta do sagrado**" (Kirvan, M.). Nada disso pertence à fundação da Igreja de Jesus de Nazaré, uma Igreja sem clérigos, sem sacerdotes, sem sacrifício, uma Igreja de irmãos e irmãs, leigos como Jesus, Maria, Maria Madalena, vivendo em comunidade, atentos à voz e à luz do Espírito, ao serviço dos irmãos e à justiça para todos.

Numa reunião na diocese de Albano, 31 de agosto de 2006, no primeiro ano de seu pontificado, Bento XVI, mostrando seu incrível conservadorismo e sua recusa em ouvir o clamor de seu clero, assim respondia às palavras de saudação do cardeal Sodano: "As palavras de São Gregório Magno que vossa Excelência citou, que cada um conheça "*infirmitatem suam*" (a sua enfermidade), também são válidas para o papa. Também o papa, dia após dia, deve conhecer e reconhecer "*infirmitatem suam*", os seus limites. "Dia após dia", Bento XVI foi avaliando *infirmitatem suam* e, inconscientemente, acabou realizando duas profecias.

A primeira, aquela que denuncia: a função petrina tem que voltar à laicidade de sua origem. Como Pedro, diante de Cornélio que o queria adorar: "Levanta-te que eu também sou um homem", Bento XVI conhecendo sua "enfermidade", eliminando a "sacralidade da papalatria" (Congar, Y.), declara perante a humanidade: "também eu sou um homem"... "renuncio"... "esse ministério é de essência espiritual". Não é uma religião com toda essa parafernália de culto, Direito Canônico, vestes, corte, cardeais, sacerdotes, Cúria, ambição de poder, politicagem, lavagem de dinheiro, corrupção: "Fizestes da casa de meu Pai um covil de ladrões" (Mt. 21:3).

A segunda, aquela que anuncia: numa mensagem radiofônica no ano atribulado de 1969, após a grande virada de maio de 68 na França e no mundo, Ratzinger profetizou a volta à Igreja dos Atos, isto é, depois de se despir da religião católica romana. "Encontramo-nos num enorme ponto de mudança na evolução do gênero humano. Um momento diante do qual a passagem da Idade Média para os tempos modernos parece ser insignificante... Da crise atual surgirá uma Igreja que terá perdido muito. Será menor e terá que recomeçar mais ou menos do início. Já não será capaz de habitar os edifícios que construiu em tempos de prosperidade com a diminuição de seus fiéis, também perderá grande parte de seus privilégios sociais. Recomeçará com pequenos grupos, com movimentos e, isto, graças **a uma minoria que terá a fé como centro de experiência**. Será uma Igreja mais espiritual, que não subscreverá um mandato político, cortejando seja a Esquerda, seja a Direita. Será pobre e se converterá na Igreja dos indigentes"... "um longo processo, mas, quando passar todo o trabalho, surgirá um grande poder de uma Igreja mais espiritual e simplificada". Então os homens "verão esse pequeno rebanho de crentes como completamente novo: o descobrirão como uma esperança para eles próprios, a resposta que sempre haviam buscado em segredo"... "A fé será o centro da experiência"... Eis o anúncio do retorno à experiência do Sentido Radical, o corte com a experiência religiosa, o reencontro com a teopatia da Igreja do "*sopro*" e do "fogo", vivida hoje nas Comunidades de Base.

Bento XVI, *malgré lui*, com o ato da renúncia deu uma lufada em cinzas e poeiras seculares. A Igreja "se converterá", não será mais um Estado com embaixadores e privilégios, um soberano numa corte com lacaios e bajuladores, "não subscreverá" mais ditadores e governos perversos, não terá o fisiologismo da hipocrisia religiosa, de escândalos sexuais e de dinheiro sujo... "será pobre e se converterá na Igreja dos indigentes"... Ratzinger, que nessa época ainda estava sob o Pentecostes do Vaticano II, certamente se inspirou em João XXIII: "A Igreja é de todos, mas principalmente quer ser uma Igreja dos pobres". Quem conheceu o poderoso cardeal Ratzinger, jamais poderia imaginar que essa profecia pudesse ter sido pronunciada por ele. Teria ele "esquecido" da radiofonia de 1969? Mas como o inconsciente é memória que não esquece, ele, inconscientemente, acabou cumprindo a própria profecia! Realmente "os caminhos do Espírito não são os nossos" (Nicolas, A.).

Impressionante a força profética. A Igreja "recomeçará com pequenos grupos"... "uma minoria que terá a fé como experiência"... "Será pobre e se converterá na Igreja dos indigentes"... As Comunidades de Base não têm precisamente "a fé como experiência"? O Papa Francisco veio para dar início a essa Igreja?

Finalmente um retorno ao Jesus histórico, à sua prática de vida, à sua proposta de um sentido Radical da fé e à abolição da experiência do sagrado. Bento XVI, que, imergido no poder curial, se insensibilizou aos sinais dos tempos, de repente, insciente, serve ao Espírito Santo. Como Pedro, "eu também sou um homem": "Renuncio!".

Breve haverá um papa, um santo, real, teopático, não da fachada de sua "santidade" nem de "santo Padre", que soprará definitivamente essas "cinzas" e as brasas do Espírito reaquecerão a Igreja da fundação. Por ora, ainda muitas tribulações. Como sempre, resistência aos profetas e profecias. O Papa Francisco representa as primícias desse retorno?

Dois eventos muito significativos revelam que, resolvida a questão da renúncia, a consciência e o coração de Ratzinger foram tocados. O primeiro foi em 26 de setembro de 2012, por ocasião da nomeação de novos bispos. Ele cita o discurso de João XXIII por ocasião da abertura do Concílio: "Um passo rumo a uma penetração doutrinal e a uma formação de consciência... é necessário que essa doutrina certa e imutável, que deve ser fielmente respeitada, seja aprofundada de modo que responda às exigências de nosso tempo. Poderíamos dizer que a nova evangelização começou justamente com o Concílio, que o beato João XXIII via como um novo Pentecostes que faria florescer a Igreja em sua riqueza interior e no seu estender-se maternalmente a todos os campos da atividade humana. Os efeitos desse novo Pentecostes, apesar das dificuldades dos tempos, se prolongam alcançando a vida da Igreja e todas as suas expressões".

No mês seguinte, no *Angelus*, volta ao papa João XXIII ao anunciar o ano da nova evangelização. Repete as palavras carinhosas do "papa bom": "Vão para casa e façam uma carícia nas crianças e digam que é o papa". Mas não conseguiu citar adiante aquilo em que o Papa João era exímio: "Caros filhinhos, eu ouço suas vozes. A minha pessoa não conta nada, é um irmão que fala com vocês, um irmão que se tornou pai por vontade do Senhor". Honestamente, Ratzinger percebeu que não poderia dizer essas últimas palavras que equivalem às palavras de Pedro a Cornélio: "Sou um homem". Ele as suprimiu ou porque delas não se "lembrou" ou porque não se via com envergadura bibliográfica para as encarnar.

Diante do imperioso da renúncia que já estava decidida, a lembrança do "papa bom", das propostas de *aggiornamento* do Concílio, num momento de avaliação de sua caminhada, de arrependimento e de frustração por ter lutado por uma igreja do poder e ter abandonado o "novo Pentecostes", já não tendo tempo para mais nada, a luz do candeeiro de João XXIII suscita-lhe uma centelha e as saudades por não tê-lo seguido levam-no a pedir-lhe voz e fala, sendo que sua palavra caiu no vazio. Feliz sinal dos tempos: volta a Pedro, dessacralização, laicização do poder eclesiástico. Mais uma vez, as veredas do Espírito não são os nossos caminhos: "Os caminhos do Espírito não são os nossos" (Nicolàs, A.): o gesto profético da renúncia de Bento XVI, sem dúvida alguma, mais contribuiu para o *Regnum Dei*, do que toda sua teologia de corte.

Todo aquele que contribui para esse regime de relação piramidal impede a ação libertadora e criadora do Espírito, patenteia uma trama edípica enrustida e procura refúgio numa autoridade parental substituta ao invés de correr o risco de existência própria ao sabor do Espírito.

Mas a Igreja pujante de vida do Espírito que vingou até o terceiro século estava escoimada da ganância do poder sacral e temporal, da ostentação e da exploração do religioso para resignação dos fiéis. Essa Igreja, guiada pelo Espírito, fez mártires numerosos, testemunhas impertérritas da fé na Trindade. Policarpo, com sua comovente carta: ... "para a ressurreição da vida eterna do corpo e da alma, na incorruptibilidade do Espírito Santo"; Domitila, Simeão, a força do Espírito sustentando-os, ele e os companheiros, nas torturas, nas feras; os mártires de Lião: Vetius Epagatus que "possuía o ardor do Espírito", Blandina: "Eu sou cristã e entre nós não há nada de mal"... "Por ela, Cristo nos ensinou que aquilo que é vil aos olhos dos homens, sem aparência e de pouco apreço, é julgado de grande glória junto a Deus, quando é animado por amor por ele, amor que não se contenta com fórmulas vãs, mas se prova em atos".

Essa Igreja, impelida pelo Espírito, gestou os chamados padres da Igreja, homens dóceis à iluminação do Espírito, cofundadores da Igreja de Jesus de Nazaré. Eles seguiam o conselho de Hermas, o pastor: "ponha-se cada um em estado de ser utilizado por Deus". Entre os numerosos Padres, Santo Irineu, considerado o pai dos teólogos; Santo Inácio de Antioquia; Clemente de Alexandria: "o logos nos dá assistência, tenhamos confiança nele! Jamais desejemos prata, ouro ou glória tanto quanto o próprio Logos da Verdade"; Santo Hipólito: ..."derrama agora a força que vem de ti – o Espírito de chefia que deste a teu filho querido, Jesus Cristo"; Santo Hilário de Poitiers, casado, eleito pelos discípulos e pelo povo de Poitiers; São Gregório de Nissa: ... "um só Espírito... vida-causa dos viventes, fonte santa, santidade dispensadora de santificação... no qual se manifesta Deus Pai... e Deus Filho;

São Basílio: ..."aproximar-se do Paráclito é purificar-se da deformidade contraída pela maldade e voltar à beleza nativa... Por ele se dá a ascensão dos corações, por ele os fracos são conduzidos, por ele se consuma a perfeição dos fortes... Daí a presciência do futuro, o entendimento dos mistérios, a visão do oculto, a variedade dos carismas, a vida celeste... a infinita alegria, a perseverança em Deus, a semelhança com Deus, o 'ultrapassamento' de todo desejo, a divinização"; São Gregório Nazianzeno, filho do bispo local: "Hoje o Espírito habita entre nós e se dá mais claramente a conhecer"; São João Crisóstomo, defensor e pai dos pobres; Santo Ambrósio; São Jerônimo.

Hoje a força de renovação do Concílio Vaticano II revigorou a presença do Espírito e já são numerosos os mártires da América caribenha e do sul, como os mártires atuais da África e da Síria. Santo Agostinho, o grande responsável pelo cristomonismo, engessamento da Igreja viva e vivificante do Espírito por muitos séculos, defensor da conversão à força (os *finti*, "fingidos") e usuário da Igreja unida às forças do Estado, a elas recorrendo para reprimir supostos hereges e não heresias e a paz selada na "ordenada concórdia dos cidadãos de comandar e obedecer", tornou-se o caminho aberto para a "*plena potestas*" dos papas. Sobretudo alimentando um superego feroz do pecado – preferentemente o sexual –, da culpa e da submissão.

Há um fato histórico eloquente. Alguns papas foram santos, outros declarados tais por interesse político do Vaticano ou pela promoção da *potestas*. João Paulo II? Pio XII? Incrivelmente Pio IX, Pio X e, agora, Paulo VI e João Paulo II? "Os papas herdaram a tradição dos antigos imperadores romanos que trataram de endeusar seus predecessores" (Wash, M.). É o ápice da autolaudação, hipertrofia da "*potestas*" do Vaticano I.

É interessante notar que uma multidão de canonizados ocorreu depois que João Paulo II ab rogou o advogado da acusação ("advogado do diabo"), sob a desculpa de economia de despesas e, além disso, as numerosas canonizações serviram para encobrir os problemas da Igreja, impressionar as mídias e mostrar serviço diante da indiferença cada vez maior dos fiéis.

Outros canonizados, por subserviência do Vaticano a favores financeiros. É o caso de José Maria Escrivá, fundador do Opus Dei, cuja canonização custou 1 milhão de dólares. Algo patético!

Ele foi canonizado a toque de caixa, sem saída para o papa, mas, sobretudo, porque os postuladores conseguiram calar o incontestável testemunho contrário da secretária Maria Carmen Del Tapia: "O Opus Dei, protegido pelo secretário do papa, Dziwisz, tem influência suficiente no tribunal para impedir que os críticos de Escrivá testemunhem... Parecia que a coisa toda estava montada. Os defensores de Escrivá receberam prioridade e tudo foi resolvido" (Woodward, K.).

A beatificação em cerimônia barroca, espalhafatosa, de João Paulo II se deveu a "papalatria" (Congar, Y.) requentada pelos movimentos. O recurso à dramatização mediática, o culto do sangue do falecido em relicário especial, Bento XVI a beijá-lo numa antropolatria ou, melhor, papalatria, se caracterizou como um dramalhão da experiência do sagrado. Lembrava banquete totêmico. As revelações documentadas sobre a atuação de João Paulo II, feitas pelo jornalista David Yalloup em *O Poder e a Glória – o lado negro do Vaticano de João Paulo II* (Planeta), certamente não foram lidas pelos promotores de sua causa, menos ainda por Bento XVI ou mesmo o Papa Francisco. A canonização de João Paulo II foi respaldada pela do "papa bom" e deu-se na simplicidade do Papa Francisco, que, provavelmente, não tinha escolha, porém no esplendor máximo de toda tecnologia de mídia, bem ao gosto do ator João Paulo II. A outra ampola-relicário com o sangue dele foi roubada, provavelmente para magia negra. A canonização dos papas da *potestas* é a consagração ou a condecoração da *potestas* clerical. Seria faltar à lógica da "*sacra potestas*" não os declarar santos.

A proposta de canonização dos últimos papas, com exceção do profeta João XXIII, tem uma perspectiva iniludível de autoglorificação. Sobretudo se pensarmos no descaso dos papas com os mártires das ditaduras latino-americanas cooptadas pelo Vaticano: Enrique Angelelli, Oscar Romero, Juan José Gerardi, os jesuítas Ignácio Ellacuría, Segundo Montes, Ignácio Martín-Baró, Amando López, Juan Ramón Moreno, Joaquin López-López e Elba Julia Ramos, Celina Meredith Ramos, Frei Tito, Ernane Henrique, Irmã Dorothy Stang, Chico Mendes, Santo Dias ou grandes confessores como Helder Câmara, Luciano Mendes de Almeida, Bartolomeu de Las Casas, verdadeiro Padre da Igreja... Todavia esses santos e muitos, muitos outros, a Igreja, por conveniência diplomática, não os pode canonizar. Além disso, não os pode canonizar por causa da cooptação dos núncios com os ditadores que os martirizaram, como a "amizade" escandalosa do núncio Pio Laghi com os sanguinários generais argentinos. "O Vaticano apoiou as ditaduras e condenou todos os movimentos de transformação social em nome da luta contra o comunismo. Miopia e paranoia de João Paulo II" (Comblin, J.). De outro lado, colocar o nome de um homem ou mulher de Deus no cânone (canonização) não seria congelar o vigor de seu testemunho de fé, vida e mensagem, como é o que agora tememos com o Dom, nosso querido Hélder Câmara? O devocionismo sequente é um anestésico mental da fé viva. Se, ao menos, fossem interditados a veneração, o uso e o comércio das imagens, que, ocupando o imaginário, obnubilam o testemunho e a mensagem da vida do santo. Deus, a Trindade, e o espírito do ser humano não se reproduzem em imagens.

A igreja-instituição-poder de Pio IX, com exceção de João XXIII, até Bento XVI está em estertor... Já não dá mais, foi explorada e abusada ao máximo. Há uma constatação preocupante. Com a perda dos estados pontifícios, a partir do Vaticano I, Pio IX e os papas subsequentes passaram a supervalorizar o poder espiritual do papa. Pio IX com o dogma da infalibilidade e os 19 anátemas, Pio X com as abjurações, Pio XII, descendente de uma família de juristas, com o sonho de fazer da Igreja uma grande sociedade jurídica... Tríplice coroa, João Paulo II e Bento XVI, ancorados no Vaticano I e no Concílio de Trento. João Paulo II, com uma pastoral do tempo do Vaticano I e Bento XVI, sem experiência pastoral, teólogo de gabinete, embalado pela ambição acadêmica.

"Quando o papa perdeu o poder temporal reforçou seu poder sobre as igrejas: e governa as igrejas como um imperador, ou seja, todos os poderes são centralizados em uma única mão e com todas as vantagens de uma corte. Se não há democracia na igreja, quem são aqueles que orientam o papa? A corte. Os cortesãos, os que estão ali próximos. Claro que ele não pode fazer tudo, mas, enfim, uma corte separada do povo cristão. João Paulo II disse que precisava mudar essa situação. Na "*Unum sint*", chegou a dar-se conta de que o grande obstáculo no mundo de hoje é essa concentração de todos os poderes no papa... Isto para dizer que tudo isso pertence à religião" (Comblin, J. passim).

Pio XII talvez seja o ápice da mania de grandeza papal. De tudo pretendia entender. Chegou a afirmar na *Mystici Corporis*: "se os bispos gozam do poder de jurisdição, este poder lhes é imediatamente comunicado pelo soberano Pontífice". Ah, a colegialidade dos bispos! A

Trindade, sobretudo Jesus de Nazaré e seu Espírito Santo, dispensados. O maior teólogo do século passado, Yves Congar, em setembro de 1956, escrevia a seguinte carta à sua mãe: "O papa atual (Pio XII), sobretudo a partir de 1950, desenvolveu um regime paternalista consistente, em que ele, e sobretudo ele, diz ao mundo e a cada um o que pensar e como atuar. Pretende reduzir os teólogos ao papel de comentaristas de seus discursos, sem que, sobretudo, possam ter a vontade de pensar algo, de ter qualquer iniciativa fora dos limites desse comentário: exceto, repito, numa margem muito estreita, perfeitamente demarcada e vigiada, de problemas sem consequências".

Hoje essa Igreja é ainda sustentada pela chamada "armada do papa" ou "os movimentos": Opus Dei, "sinistra, secreta, orwelliana" (Reche, J.) em primeiro lugar, da qual essa igreja é cooptadora e refém.

Sobre o Opus Dei, devido às suas tramoias com dinheiro e isenção de impostos, o jornalista David Yallop escreve: "o Poder e o sucesso globais do Opus Dei devem mais ao trabalho de mamon do que ao de Deus". "Neocatecumenato" de Kiki Arguello e Clara Hernandez; "Comunhão e Libertação", fundada por Dom Giussani, padre milanês e Focolare de Chiara Lubich. Todos esses movimentos pretendem pôr ordem na Igreja pós-conciliar e têm muito em comum: ..."rejeitar todos as definições ou descrições deles mesmos formuladas por estranhos, mesmo que sejam autoridades da igreja"... "consideram-se os primeiros cristãos do século XX"... "defesa e promoção das crenças e valores tradicionais"... "moral, teológica e politicamente da direita", "nunca julgaram conveniente reexaminar suas atitudes e se reajustar à luz do Concílio... estes movimentos rejeitam a esfera humana como totalmente sem valor, condenando a sociedade nos termos mais virulentos"... "Não é possível haver qualquer diálogo com os de fora a respeito de matéria importante como a fé, uma vez que os movimentos acreditam que estão na posse da totalidade da verdade e que, por conseguinte, estão em posição de ensinar, nunca de aprender. Eles têm todas as respostas não apenas no domínio espiritual, mas também na esfera secular". Os membros dessas seitas são totalmente fechados dentro do próprio círculo: "graças a uma doutrinação rigorosa, os membros chegam a ver cada aspecto de suas próprias vidas e do mundo através dos olhos do movimento" (Gordon Urquhart, *passim*). Lavagem cerebral? Fanatismo? Ortodoxia religiosa?... Conservadorismo eclesiástico, defensores do poder e do culto do poder clerical: "Quando o Opus Dei entra no governo, a identificação de dois deuses, o Deus da Igreja e o deus da burguesia torna-se quase total" (Comblin, J.). Além disso, o Opus Deus goza da benesse de um dicastério próprio e um bispo plenipotenciário, fora da colegialidade, tão amada e querida por Jesus de Nazaré e seus discípulos!

Pela desvalorização da razão e o condicionamento da experiência do sagrado, vivem a ideologia do integrismo que tem a pretensão de tudo resolver pelo sacral... "Desta maneira, eles conseguiram reavivar uma forma de triunfalismo de alcance muito maior do que aquele com o qual a Igreja pré-conciliar teria sonhado um dia". João Paulo II, que exerceu o papado como se o mundo fosse a Polônia, submetendo a Igreja a um corredor polonês, ele de um lado e o cardeal Ratzinger de outro, se entusiasmou com o apoio desses movimentos, garantidores de uma verdadeira papalatria ou de uma eclesiolatria. Teve, porém, um revés que veio estourar em seu sucessor. Trata-se do padre mexicano Marcial Maciel Degollado, fundador da Ordem dos Legionários de Cristo, pedófilo conhecido e comprovado, mas que mereceu as honrarias de João Paulo II com a declaração de que Maciel era "eficaz guia para a juventude", embora estivesse bem informado das acusações testemunhais de suas vítimas, cujos processos deixou empoeirar nas gavetas da burocracia vaticana. Além disso, viveu 20 anos com uma amante, Norma Baños, com quem teve a filha Normeta Rivas Baños, que desfrutou dos benefícios da Congregação (refúgio de Catija de La Paz no México, universidades... sustento)... Os três viviam em quartos contíguos na Cotija. Os superiores imediatos sabiam disso tudo, mas calaram-se. João Paulo II, além disso, estava comprometido por um milhão de dólares recebidos de Maciel.

João Paulo tinha "indulgência e grande simpatia por seitas católicas que rivalizavam com os movimentos evangélicos protestantes em sua aparente energia abnegada, intolerância, estreiteza de espírito e entusiasmo evangélico. No período que precedeu o milênio, João Paulo mostrou especial cordialidade e encorajamento em relação a grupos da Igreja que operam à margem da autoridade dos bispos e paróquias e professam obediência direta ao papa, citando e expondo constantemente documentos e homilias papais" (C, John). Tudo ao contrário dos Atos dos Apóstolos, do colegiado e das Comunidades de Base, das Américas e da Ásia e da África.

Sintomaticamente, os legionários eram obrigados a mais um voto, o voto do silêncio. Maciel afirmava que "seu médico o aconselhava a aliviar seu doloroso acúmulo de sêmen e, dizia ele, 'Pio XII, 'nuestro padre', lhe concedera permissão especial para que os estudantes o masturbassem'" (id. ib). Felizmente, esse jogo de "pôr debaixo do tapete" os problemas da Igreja, sobretudo os referentes ao sexo, acabou. A mídia e a justiça se encarregaram de tornar a situação insuportável e aí, e só então, Bento XVI o afastou, e grande parte dos legionários abandonaram a seita. Mas isso não impediu que muitos de seus membros fossem e são bem-intencionados, realizando, sobretudo individualmente, "boas obras no mundo inteiro".

"Em matéria política e social, os movimentos concordam perfeitamente com o sistema atual. São de mentalidade burguesa... Fornecem muitos quadros ao sistema atual, sem problema de consciência... São alheios aos movimentos sociais e, em matéria política, orientam-se para a extrema direita. São conservadores na política e na sociedade. Serviram às ditaduras militares sem problema. Não têm por objetivo uma mudança na sociedade para mais justiça e promoção dos pobres. O seu objetivo é o de levar a uma conversão espiritual, interior, para que haja adesão à Igreja" (Comblin, J.). A Igreja é-lhes fim.

"Dentro da Igreja, são os maiores defensores do sistema estabelecido... São clericais, exaltam a autoridade do clero – bem como a figura do papa, que acompanham em todas as suas viagens. Não pedem uma mudança radical da Igreja. Pelo contrário, insistem na continuidade com o passado. Querem a segurança das estruturas antigas. Defendem os aspectos mais intransigentes da moral católica tradicional em matéria de sexo e, com isso, asseguram o reconhecimento de seu valor, em Roma... para eles os pobres são receptores da caridade e dos 'dons' dos ricos. Embora possamos reconhecer muita obra de comprovado valor no plano individual (...) '*não é possível ver neles profetas*'" (Comblin, J.).

Esses movimentos representam uma força considerável para o reforço das experiências do sagrado e do culto do sacral e da papalatria. Estamos longe da experiência radical do "Espírito Santo mestre supremo da Igreja" (Rahner, K.). Os movimentos são frutos da tradição eclesiástico-clerical, como, evidentemente, os Arautos do Evangelho.

Mas há sinais claros de que o Espírito não se agrada mais desse desvio da Igreja de Jesus de Nazaré, a saturação de poder, a insensibilidade dos quiriarcas aos clamores do povo cristão, o acúmulo de cânones, regras, decretos alcançou uma situação insuportável. É patente cada vez mais que todo esse sobrepeso precisa ser dispensado, pois o mesmo discurso de Jesus de Nazaré cabe a essa igreja-instituição-poder: ..."colocam grandes fardos nos ombros dos outros e eles mesmos não os movem com um dedo". Há sinais visíveis da atuação do Espírito na quebra dessa hiperplasia clerical e curial. "A divisão atual vem de cima porque se tentou invalidar o Concílio Vaticano II, porque alguns estão convencidos de que é preciso reintroduzir a missa em latim... Simplesmente não podemos avançar baseando-nos em um senhor absoluto que prescreve o que deve ser feito na cama e que estabelece todas as normas desde seu limitado campo de visão. Creio que a política papal já demonstrou ser um fiasco e não deveríamos corromper mais" (Küng, H.).

Os discursos ou escritos papais. Parece-me importante que sistematicamente são palavras que caem no vazio. João Paulo II explorou ao máximo uma imagem midiática, teatral, inseriu a Igreja na sociedade de espetáculo, "um gigante do palco mundial", mas demonstrou forte apego ao poder, "falta de compaixão prática" e se recusou a renunciar quando não mais tinha, nos últimos anos, condição física e mental de exercer a função. Houve contradição entre propor uma imagem moderna e apresentar um conservadorismo canhestro, às vezes preconceituoso, como no caso dos sacerdotes casados, das mulheres ou dos homossexuais. A encíclica "*Ineunte novo millenio*" é exemplar: propõe uma renovação e tudo fica no mesmo conservadorismo ou no esforço restauracionista. Chegou até a recusar a dar a mão a um beneditino porque ele estava sem hábito. A devoção pessoal a Maria imposta a todos os cristãos, mas uma Maria "desmaterializada" (Murga, M.). E o mais sério: a anulação prática e sistemática do Concílio Vaticano II. Contradição gritante: afirmou aos bispos brasileiros que "os aspectos da teologia da libertação são não apenas oportunos, mas necessários", e a condenação dessa mesma teologia (1984) e vários teólogos da libertação, sobretudo pela bajulação e delação do bispo carreirista Alfonso Lopes Trujillo, logo feito cardeal. Essas contradições na vida real, testemunhal, leva descrédito à palavra papal.

Bento XVI mostrou-se de atitude mais canhestra ainda. Interessante notar que adotou o nome de Benedictus quando durante seus 25 anos de "inquisidor mor" como ele se denominou, não fora, de modo algum, "benedictus". Além disso, o último papa com esse nome foi papa durante a guerra de 1914 e propunha o fim da delação e das condenações, duas pragas incentivadas pelos papas pios. Seu primeiro documento? Uma encíclica acadêmica sobre o amor. É tudo, no mínimo, sintomaticamente curioso, se levarmos em conta a atuação dele à frente da Congregação para a Doutrina, sobretudo pelo tratamento desalmado que deu aos que interrogou e condenou.

Além disso, a inabilidade do discurso de Ragensburg ("violência do islamismo"... e a contínua violência da religião católica?) e, pior ainda, o escândalo da pedofilia cujos autores conhecia muito bem, como o caso de Munique, acima mencionado, cujo autor ele simplesmente transferiu de paróquia e não se preocupou com as vítimas? Parece-me que o obstáculo de fazer que sua palavra fosse ouvida ou, melhor, seguida foi que falava e escrevia como professor e não como um pastor, como foi João XXIII. Ele teve uma dificuldade estrutural de se comunicar, de ser simpático. Seus gestos eram curtos, forçados, não havia espontaneidade nem no sorriso. Mesmo querendo inovar na roda-viva da TV, não conseguia sorrir a uma criança que o interrogava. Esboçava sorriso e o reprimia. Além disso, estava preocupado com Santo Agostinho, os dogmas... Foi simplesmente chocante para o mundo cristão ou não cristão quando, de férias em Castel Gandolfo (outro luxo dos papas, porém, declinado por Francisco), declarou ao ultraconservador jornalista Seewald que "*ein postituiter*" (um prostituto) poderia usar a camisinha. Depois de tanto rigor, de ter sido recusado o acesso ao sacramento da confissão e da eucaristia a numerosíssimos fiéis por causa do uso de preservativo, o assunto é banalizado numa conversa com um jornalista. E aí o corre-corre da Cúria para explicar o que o papa disse ou não disse. Teólogo de gabinete, baixa sensibilidade pastoral, "ele procede de um ambiente conservador e internalizou esse ambiente. Apresenta-nos o Cristo dos dogmas, da Igreja e da administração" (Küng, H.). Lucetta Scaraffia assim define Ratzinger: "um intelectual de grande profundidade. Verdadeira exceção entre aqueles que, em geral, ascenderam ao solo pontifício". Além de "intelectual" os apelidos de "Banzerkardinal" (cardeal encouraçado) e "Rottweiller" do Vaticano. É impressionante como os anos da puberdade, anos de muda, biológica e psiquicamente muito importantes, marcam o ser humano: significantes-mestres implantam-se de maneira indelével e determinante para o resto da vida. Eles, infalivelmente, voltam e direcionam a mente e o desejo do sujeito, sobretudo ao redor da crise da andropausa. Bento XVI passou a adolescência sob a ditadura hitleriana e, avançado que era no Concílio, voltou às origens. Se ele "é um intelectual de grande profundidade, verdadeira exceção entre aqueles que ascenderam ao solo pontifício", o que o levou a uma Igreja " de 200 anos atrás"? (Martini).

O sinal de que essa função plenipotenciária dos papas é coisa do passado se evidencia nessas contradições da vida real que, por sua vez, jogam suas palavras ao vazio.

"A Cúria católica era cópia da Cúria romana e é hoje réplica do "komiterm" do partido comunista. Ela age como as polícias secretas e intervém de maneira sorrateira, autoritária. Em vez daquela "fraternidade onde as mulheres estavam presentes e onde havia uma comunidade carismática como nas comunidades paulinas, o contrário se pratica hoje. Atualmente reina uma estrutura medieval que, em princípio, só se encontra em países árabes. Recorda-nos o comunismo, baseia-se no secretário de um partido único que decide tudo" (Küng, H.). Um grupo de apaniguados do poder, ciosos de seus privilégios e aferrados em os preservar. "Na Cúria Romana, escreve Comblin, prevalece a imagem da Igreja tridentina. Prevalece a imagem do bispo tridentino. Aquele que se dedica a manter a disciplina no meio do clero ou das paróquias. O bispo tridentino governa a Igreja com o Direito Canônico na mão".

Mas o que mais contribui para o descrédito do papa e seus palacianos é a ambiguidade do discurso, "declarações" ou discursos que, diplomaticamente, valem para todos. Quem fala? O Estado Vaticano, a Santa (?) Sé ou a Igreja? Um Estado ávido de preservar seus privilégios milenares junto às nações, como a "concordata" de privilégios do Vaticano proposta ao governo brasileiro, aprovada apressadamente no Congresso, e, agora, felizmente contestada no Supremo. Esta era uma das maiores preocupações de Bento XVI ao visitar o Brasil. Mas onde ficou a Igreja de Jesus de Nazaré? Ela ressurgirá das cinzas dos escândalos financeiros, ressurgirá dos crimes de pedofilia, ressurgirá da surda e feroz luta de prestígio e de poder da Cúria, sobretudo da espúria instituição do cardinalato, da papalatria... O Espírito resgatará em breve, tempo da Trindade, *sua Igreja*.

Embora estejamos assistindo uma bolha clericalista, essa igreja-instituição-poder é insustentável: "Anuncia-se para o futuro um clero mais do altar, do sacramento, das celebrações, da organização paroquial, bem mais diferencial em sua visibilidade do que da presença discreta, do diálogo, da animação, da conversa confidencial, da orientação espiritual, da palavra profética. Incentivar-se-á toda iniciativa que centrar o clero em sua posição sacral na Igreja: dia do padre, festa e jubileus sacerdotais, ordenações festivas... o sacerdote encontrará mais facilmente reconhecimento social... Acontecerá assim o reforço da dimensão de poder, da organização da Igreja" (Libânio, J. B.). Um clero encantado com "festas, vestes, poderes", mas com "ausência de inquietação... com o destino da sociedade ou da Igreja, pouco amor (nenhum?) aos estudos, nenhuma paixão pelo ecumenismo, pela justiça social"... "Será um clero que cuidará dos pormenores de sua túnica, que usará alta tecnologia de som em seus sermões e liturgias, que recorrerá aos recursos teatrais e musicais sofisticados... sacerdotes de batina "prateada". Narcisismo exasperado.

Tudo isso faz parte da "sacralização pós-moderna que consiste numa combinação de um discurso mágico-fundamentalista (apologético) com recursos mercadológicos da comunicação de massa" (Benedetti, L. R.). É impossível não lembrar da igreja do espetáculo de João Paulo II. Mas essa bolha tem vida curta. Primeiro, porque ela é baseada na mitogenia religiosa e na religião de massa. Segundo, porque é construída na exploração do sagrado, o que desqualifica a proposta evangélica de Jesus de Nazaré. Terceiro, porque é egoica, individualista, amparada falsamente num narcisismo vazio. Quarto, porque ela é imaginária, sem fundamento no real, como toda mitogenia do sagrado. Quinto, porque os "funcionários" dessa bolha são seres humanos e os seres humanos são destinados a serem sujeitos. Ora, quem exerce uma função, sobretudo a sacral, com vistas ao reconhecimento do outro, mantém consigo mesmo uma relação imaginária, enganando-se ao tomar o ego pelo sujeito. Só o sujeito pode dispensar o desejo de reconhecimento do outro, tal a criança diante do pai, da mãe, pelo reconhecimento do desejo próprio. É por isso que esse tipo de sacerdote se mantém infantilizado, dependente, suscetível. Qualquer não reconhecimento de um desejo ou um pedido contrariado, ele esmorece inteiro psiquicamente. A mágoa e o ressentimento o envenenam. Exemplo claro foi a reação do Pe. Marcelo Rossi, conhecido por suas missas-show e religião do espetáculo, quando não lhe foi concedido cantar na visita do papa ao Brasil. "Fui traído duramente". O status, a admiração dos outros e o culto do ego esvaziam o seguimento de Jesus e a escuta do Espírito Santo. Sexto, ninguém consegue viver no imaginário continuamente: é só ver os neuróticos, obsessivos, os paranoides ou os fundamentalistas com uma vida atormentada.

Por mais que se tente prolongar a vida psíquica no imaginário, haverá sempre uma trombada com o real. O sacerdote que vive da repetição do sagrado, às vezes três ou quatro missas ao dia, acaba se enfastiando e termina por se perguntar: afinal que vida é essa? Qual é o sentido dessa repetição de rituais?

O narcisismo sempre tem dias contados e a depressão anunciada é sempre bem-vinda, uma saída de saúde.

Ao terminar este capítulo, é imperioso concluir que a religião católica atual está muito distante da proposta de Jesus de Nazaré e da fundação da comunidade de Pentecostes. Ela, mergulhada no absolutismo do poder, esqueceu-se da Tradição Evangélica, embora a cite, mas não cessa de propor a tradição eclesiástica, canônica, clerical. João XXIII e o Concílio convocado por ele foram um momento da presença viva do Espírito Santo. "João XXIII foi um guia pastoral que inspira e une. O papado atual (Bento XVI) é uma instituição de domínio que divide... Um homem como João XXIII teve um efeito maravilhoso na Igreja. Fez mais em cinco anos que Woityla com dezenas de viagens. Mudou toda a situação" (Küng, H. – 02/08/2011).

Os Atos dos Apóstolos comprovam: "A experiência religiosa não é a experiência de Deus" vivida por Pedro, Estevão, Felipe... Paulo e suas comunidades. Os Atos dos Apóstolos testemunham uma experiência inconfundível. Os cristãos viviam em convivência íntima com o Espírito Santo. O Espírito Santo os conduzia na busca de um projeto de vida a ser realizado cotidianamente: atenção e ajuda ao próximo e à comunidade. Um só sentido na existência: o Reino de Deus.

O Papa Francisco desperta esperança! Chegaremos lá.

Escólio

"Digo-vos: Pedi e vos será dado; buscai e achareis; batei à porta e vos abrirão. Porque quem pede recebe; quem busca encontra; e a quem bate se abre".

Não se diz o que pedir, o que buscar e a que porta bater. O importante é a atitude de viver pedindo, buscando e batendo. Como, um pouco mais adiante, Lucas diz que o Pai "dará seu Espírito Santo aos que o pedirem", parece que a primeira coisa que se deve pedir, buscar e invocar batendo à porta é o Espírito Santo de Deus.

"Pedi e vos será dado". Na Igreja, planeja-se, organiza-se e trabalha-se buscando eficácia e rendimento. Mas, muitas vezes, só contamos com nosso esforço. Não há lugar para o Espírito. Nem o pedimos nem o recebemos.

Pedimos vocações sacerdotais e religiosas, pensando que é o que mais precisamos para que a Igreja continue funcionando, mas não pedimos vocações de profetas, cheios do Espírito de Deus, que promovam a conversão ao Evangelho.

"Buscai e achareis". Muitas vezes, não sabemos buscar para além de nosso passado. Sentimos medo de abrir novos caminhos ouvindo o Espírito. Não nos atrevemos a dar por encerrado aquilo que já não gera vida e sufocamos a criatividade que nos incita a buscar algo realmente novo e bom.

Sem buscadores, é difícil a Igreja encontrar caminhos para evangelizar o mundo de hoje. No entanto, os jovens têm direito de saber se na Igreja nos preocupamos com seu futuro e com o mundo novo no qual terão que viver.

"Batei à porta e vos abrirão". Se ninguém bate à porta chamando pelo Espírito, não nos abrirão novas portas. Defenderemos a segurança com todas as nossas forças. Teremos medo das mudanças, porque, se este presente desabar, não há mais nada. Falta-nos fé no Espírito criador de nova vida. Construiremos uma Igreja segura, defendida de perigos e ameaças, mas será uma Igreja sem alegria e sem ar, porque nos faltará o Espírito Santo de Deus". (Pagola, J. A., *O Caminho Aberto por Jesus.* Vozes).

Jesus amado, Jesus misericordioso, Jesus da Samaritana, Jesus do samaritano, Jesus das bem-aventuranças, Jesus dos gestos de amor ao próximo, Jesus da eucaristia, Jesus dos discípulos de Emaús, Jesus de Maria Madalena, Jesus da "Paz esteja convosco", Jesus ressuscitado que, vivo junto ao Pai e ao Espírito, prova que continua o mesmo através das eras. Jesus do envio do Espírito Santo, Jesus querido, gratidão, gratidão e ação de graça por não nos ter deixado órfãos pela compaixão e a ternura do dom supremo do Espírito Santo.

A Igreja edificada em Pentecostes: a nova era do Espírito Santo

"É impossível chegar ao ato de fé sem a iluminação e a inspiração do Espírito Santo" (D. 377).

"A Igreja tem por coluna e por sustentação o Evangelho e o Espírito de Vida" (Sto. Irineu).

Jesus, o ressuscitado, retira-se ao céu após a missão cumprida. O Prometido inicia o seu trabalho na intervenção da Trindade no dia de Pentecostes, quando edifica a Igreja de Jesus de Nazaré na "festa da colheita" do que plantou o próprio Jesus e inicia a sua missão escatológica. "Pentecostes é o acontecimento da fundação. Ninguém pode ignorar, a partir de então, que a Igreja não nasce do homem, mas do sopro de Deus" (Marguerat, D.). A Igreja de Jesus de Nazaré "nasce do sopro de Deus". Portanto, não é uma religião, fruto da cultura de homens fundadores, como Constantino, Maomé, Lutero... É uma comunidade fundada diretamente pelo Espírito e, por três séculos, dirigida por Ele.

Esses fatos ocorreram há mais de 2 mil anos. Mas o Espírito nunca abandonou sua missão na manifestação da Trindade. De infinitas maneiras interveio, sempre discretamente, mas firme, ao longo desses séculos. Enquanto houver um ser humano na terra o Espírito não cessará: marcará presença, intervirá para que a obra do Filho opere a redenção.

No início, como vimos, Ele se manifestou de maneira sensível (vento, línguas de fogo) e transformante. As mulheres, os discípulos e os apóstolos com suas esposas se compenetraram de tal maneira com a "força" e a iluminação das "línguas de fogo" desse Espírito que, para todos, não havia dúvida de outra saída senão no "Ele vos ensinará". Nada faziam, nao tomavam iniciativa alguma sem consultá-lo ou sem esperar a ratificação dele em cada passo. "Recebestes o Espírito Santo"?

Era a questão fundamental colocada a cada convertido. A presença viva da Trindade. Viva esteve esta prática até a instituição da religião constantiniana. A partir daí, a ambivalência se instalou: a experiência do Sentido Radical da encarnação passa para tela de fundo e a experiência do sagrado, da religião ao estilo das religiões pagãs, se constitui mediante a criação do poder sagrado (hierarquia), específico a toda religião, e o consórcio com o poder civil, ambos alheios à fundação de Jesus de Nazaré. A Igreja do "sopro", edificada pelo "sopro" e pelas "línguas de fogo", passa para o domínio dos senhores do sagrado. A Igreja do Espírito é dominada pelo poder do sacral: "...o poder sagrado da hierarquia ganhou hegemonia e acabou colocando sob seu controle as manifestações do Espírito" (Boff, L.).

Alienou-se da intenção e dos planos do Fundador. Inicia-se aí a dicotomia Evangelho x religião, Tradição Apostólica evangélica x tradição eclesiástica ou clerical. Aí vale a ironia do teólogo Möhler: "Deus criou a hierarquia e desta maneira estabeleceu generosamente tudo o que é necessário até o final dos tempos" (1838).

A tendência a relegar a experiência radical em prol da experiência do sagrado e do poder temporal instala-se desde o início nessa religião. Assim, no terreno do Monte Célio, em Roma, que Constantino doou ao papa Milcíadis em 313, surge logo um palácio, o palácio de Latrão, que foi por muito tempo residência dos papas. No Vaticano, provável lugar do martírio de Pedro, na primeira metade do século IV, Constantino constrói a primeira basílica de São Pedro e, aí, um palácio foi erigido já na metade do século. Dante tinha razão: Constantino subverteu a Igreja de Jesus de Nazaré, por isso o colocou em seu "inferno".

Mas o Espírito não abre mão de sua missão na Trindade. Sua missão escatológica, Ele a põe em prática suscitando inúmeros profetas e mártires, como em nossos dias, sobretudo na América Latina, na África e no Oriente Médio.

Corria o ano de 1132 quando o Espírito Santo, no cumprimento dessa missão, suscitou um profeta que iria explicitar sua tarefa na economia da Trindade e num momento em que a Igreja estava mergulhada em pleno mundanismo eclesiástico.

Joaquim de Fiori era filho de um notário e, cedo, sentiu o chamado do Espírito. Entrou para um convento na Calábria, onde nascera, mas, de início, recusa o hábito e a ordenação sacerdotal. Acabou tomando o hábito de Cister e ordenando-se, mas fundou uma abadia em Fiori, centro de uma nova ordem "mais rigorosa e mais mística". Morreu em 30 de março de 1202.

Já em vida era tido como profeta, mas ele sempre dizia não ter tal dom. Dante, no canto XII do seu Paraíso, o reconhece como tal: (...) "*e Lucemi da lato/Il calarese abate Giovachino/di spiritu profético dotato*" ("e luz para mim ao lado/ o calabrês abade Joaquim/ de espírito profético dotado"). A Igreja não o beatificou... era um profeta! Mas ele é venerado como um santo. Ele mesmo recusava não só o título de profeta como o de teólogo. Dizia simplesmente "*agrícola sum*", "sou um camponês" que recebi um dom de concordar as Escrituras. Sua obra principal é de fato o "Livro da Concordância do Novo e do Velho Testamento". Chenu afirma: ... "há no profetismo do monge calabrês alguma coisa de abrupto, de solitário e quase selvagem".

Através dessa concordância, Joaquim de Fiori distingue três épocas ou idades da manifestação da Trindade na História.

A primeira idade corresponde à intervenção de Deus Pai desde a criação do mundo, a escolha de Israel como povo eleito para a revelação do Deus único até a vinda do Messias, Jesus de Nazaré. Idade do "temor do sagrado", característico da experiência religiosa.

A segunda idade diz respeito à encarnação do Filho de Deus no sujeito humano Jesus de Nazaré. Época do Novo Testamento, da promessa da fundação da comunidade cristã, da revelação de que Deus é três e a operação da redenção pela vida, morte (7 de abril de 30) e ressurreição de Jesus. Esta fase se estende até a ascensão de Jesus aos céus, aos trinta e três anos.

A terceira idade vai da vinda do Espírito Santo até o final dos séculos. É a idade da implantação do Reino de Deus entre os homens proposto por Jesus de Nazaré. "O verbo se fez carne e habitou entre nós", experiência do Sentido Radical, e, no fim de sua missão na Trindade, ele se foi. Glorioso, ressuscitado está junto ao Pai. Agora a Trindade leva à frente a redenção da humanidade: este "verbo que se fez carne" precisa ser reencarnado em cada ser humano para que viva na experiência do Sentido Radical. É ao Espírito Santo que compete essa missão até o fim dos tempos, como ficou demonstrado e provado nas primícias de Pentecostes e na missão de Paulo. Ele precisa das mulheres e dos homens para operacionalizar seu intento. Idade do Espírito Santo, um tempo sempre novo, idade do "outrar", renovando-se na experiência do Sentido Radical de Deus. Idade de justiça e de amor, de igualdade entre os homens, de concretização das propostas evangélicas que, finalmente, serão compreendidas por todos os seres humanos. Idade do "Reino de Deus" proposto por Jesus de Nazaré. "Ora, tomada *in optimam partem*, a pneumologia de Joaquim não poderia ser interpretada como querendo significar que a cristologia de certo modo jamais é *autossuficiente*, que Jesus sem o Reino de Deus não é senão uma abstração religiosa e que o tempo do Espírito é um período qualitativamente diferente daquele da presença histórica de Cristo? Neste sentido a alienação religiosa, em sua raiz teológica, consistiria em separar abstratamente o Cristo da construção do Reino sob a égide do Espírito, dito outramente: a fé da práxis militante e sofredora. O Cristo não veio para fechar a história da salvação, mas sua vida teve o efeito de a abrir ao cumprimento final" (Mottu, H.).

A missão de Jesus na economia da Trindade consistiu em propor o Reino de Deus "limitado e provisório" com escopo de "preparar o Reino soberano de Deus". Jesus, cumprimento das profecias, é ele mesmo a promessa da manifestação do Reino de Deus. "A apocalíptica, com o drama que lhe é próprio", é "a razão pela qual não se deve demasiadamente depressa *identificar* Jesus ao Reino". Não se pode apressadamente "afirmar na sequência de Orígenes que a esfera do Reino foi contida toda e inteira naquele que é ele mesmo esse Reino em pessoa: autobasileia" (De Lubac). "Assim, finalmente, Joaquim não teve razão de caracterizar o Cristo como aquele que "*tunc venit ostendere Regnum Dei*"? ("então veio mostrar o Reino de Deus"?) "*Ostendere*", manifestar o Reino, mostrá-lo, ilustrá-lo, indicar como construí-lo na nova era. "A relação de Jesus e do Reino não é uma simples relação de identidade, de repetição, de redundância; é a esperança de uma criação nova, o lugar de uma surpresa, a promessa de uma manifestação. A apocalíptica conduz necessariamente a colocar em questão o cristocentrismo e Jesus não é encarado senão como um profeta do Reino. É preciso refletir mais profundamente sobre a significação de *ostendere* e de manifestação. Nosso sentimento efetivamente é que uma cristologia do Verbo só, da Palavra, não parece estar à altura de traduzir adequadamente o drama que assinalamos: o Cristo não *diz* somente o Reino; ele o *mostra*, o inaugura, o pinta discernindo "os sinais dos tempos", luta e sofre por causa de sua justiça" (Mottu, H. *passim*). Cumprida a missão do Filho, segue a missão (a idade) do Espírito na Trindade.

Essa idade movida pelo Espírito Santo dispensa as instituições clericais ou as instâncias disciplinadoras quer de dogma ou da moral. Dispensa, sobretudo, "as estruturas institucionais do poder temporal da Igreja". Idade da "graça redentora", ela será sustentada pelo Espírito Santo que "tudo faz novo" e cuja sabedoria iluminará a todos. Essa luz beneficiará a todos com uma "inteligência espiritual" e os espirituais conduzirão as comunidades para que se despertem à docilidade do Espírito, à leitura dos sinais dos tempos e ao seguimento de Jesus de Nazaré.

A encarnação do Verbo neste mundo foi num tempo muito curto. Agora, quem leva o Verbo aos homens e às mulheres e quem o encarna, sempre o renova, o outro, é o Espírito Santo. Essa intervenção da Trindade na História é "última e decisiva revelação", ela é "progressiva" e "orgânica" e caminhará para a plenitude do tempo que coincidirá com a plenitude do Espírito. É a atuação escatológica do Espírito.

"Joaquim é um mestre espiritual". Ele intuiu profundamente que a Igreja sucumbia sob três obstáculos que se opunham ao evangelho: o legalismo, o juridismo e o institucional. Por isso temia a legalização do evangelho, a intelectualização exagerada da escolástica e a institucionalização crescente da igreja romana, pois, como profeta, se deu conta de que esses três fatores seriam fatais para a Igreja.

Os fatos vieram confirmar sua profecia, sobretudo depois do Concílio de Trento até culminar no dogma da infalibilidade e no poderio absoluto dos papas que vieram após Pio IX, com exceção de João XXIII, e, tudo faz crer, do papa Francisco também.

"O leitmotiv de sua teologia é "*Solus Spiritus*". Joaquim teve a visão de que a instituição eclesiástica deveria se abrir às injunções de Espírito: "Lá onde está o Espírito, lá está a liberdade". Princípio tão temido por Pio IX e Pio X e restituído pelo Vaticano II: "Ora, o Senhor é Espírito e onde está o Espírito do Senhor, aí há liberdade" (II Cor 3,17). Joaquim, impulsionado por essa liberdade, quer libertar os crentes "das pesquisas abstratas dos escolásticos", da estagnação dos dogmas, libertar a leitura da bíblia que, além de proibida, é não histórica. Joaquim quer a total liberdade do Espírito para, em ressonância com Ele, interpretar os sinais dos tempos graças à "inteligência espiritual". Joaquim tem a convicção de uma infraestrutura trinitária da história assim como uma supervisão trinitária dela: "a própria história se abre passo a passo à manifestação do Espírito e, sucedendo-se às idades, participa dessa espiritualização progressiva do mundo" (Mottu, H. *passim*).

Joaquim propõe uma "mutação escatológica, uma revolução da história e uma redistribuição dos papéis sociais". "A utopia de Joaquim, 'desenvolvimento progressivo da história da salvação': o Espírito vai transformar o mundo; o Espírito torna-se o sujeito de toda a sua apocalíptica e o princípio de todas as suas esperanças; a liberdade espiritual vira liberação total de tudo o que acorrentava pessoas e instituições ao passado e à crise da idade do Filho" (Mottu, H.). "Toda religião está voltada ao passado, só o evangelho se volta para o futuro" (Comblin, J.).

Na prática, ele propõe que a Igreja se liberte da "*Ecclesia tumentium magistrorum*", "da Igreja dos mestres enfatuados", e se torne uma "Igreja dos humildes", daqueles que vivem a "*sinceritas puerorum*", "a sinceridade das crianças". Haverá, graças a esta ruptura, outra sociedade: "a integração de pessoas casadas na vida religiosa comum, um esquema de redistribuição justa dos bens e das riquezas (economia comunitária) e a consciência da transitoriedade do segundo estado do mundo ao terceiro, idade do Espírito" (Mottu, H., *passim*). "O Espírito faz com que o evangelho seja anunciado em qualquer situação do mundo... O que Jesus disse e fez uma vez será repetido milhões de vezes até a vinda final do Messias" (Comblin, J.).

No fundo, Joaquim, profeta, quer recuar à Igreja dos Atos propondo a purificação da igreja-instituição e sua conversão. Joaquim deseja ardentemente que, graças ao Espírito, o Reino de Deus finalmente se estabeleça na terra: justiça para todos, dignidade e decência de vida para todos. Ele espera que a igreja-instituição deixe de continuar aliada àqueles poucos que se enriquecem e acumulam por meio da exploração dos muitos pobres. Todos os seres humanos são iguais perante a Trindade, todos têm os mesmos direitos como filhos do Pai.

"A nova era é viver o dom do Espírito que já foi e está sendo dado. O que significa uma revirada total da cristandade e uma reforma radical da Igreja, que vê na assistência do Espírito Santo antes uma garantia de perenidade das instituições e da ortodoxia" (Josaphat, C.). Infelizmente, o que verificamos é que o Espírito Santo não ocupa na religião católica o lugar central que detinha na Igreja da fundação, "mas a missão do Espírito Santo na Igreja somente pode ser a continuação da missão do Espírito Santo na vida de Jesus" (Comblin, J.).

O teólogo Carlos Josaphat coloca de maneira precisa a profecia de Joaquim de Fiori. Trata-se de um despojamento total da igreja-instituição-poder e a volta à Igreja de Jesus de Nazaré. Para usufruir do sentido da experiência radical da fé é preciso abandonar de vez a experiência religiosa do *fascinosum* e do temor, da imposição da quiriarquia, encobridora da atuação do Espírito. A trava da impostura.

"Viver o dom do Espírito Santo", dado por Jesus de Nazaré à sua Igreja, "significa uma revirada total da cristandade e uma reforma radical da Igreja" (id. ib.). Incrível, mas isso é o óbvio se, minimamente, levarmos em conta a Comunidade dos Atos dos Apóstolos, ou seja, aquela que saiu das mãos do Filho de Deus e do "fogo" do Espírito. A Comunidade despojada de poderes e riquezas materiais. A Comunidade rica do poder do Espírito Santo e pobre, desapegada dos bens e benesses desse mundo: "A Igreja tanto mais se afirma em seu mistério de comunhão, de graça, de presença fecunda do Espírito de amor, quanto mais se apaga, esvaziando-se de toda pretensão, de toda riqueza, de todo poder mundano" (Câmara, D. H.).

Outra observação lapidar do mesmo teólogo, duramente verídica. A igreja-instituição-poder "vê na assistência do Espírito antes uma garantia de perenidade das instituições e da ortodoxia". Tal observação é de inspiração divina: numa simples proposição, ele coloca aquilo a que está reduzido o Espírito Santo na atual hierarquia da religião católica. Neste caso, quando Ele é lembrado, cria-se uma ilusão nos fiéis, pois é invocado para justificar "a perenidade das instituições e da ortodoxia", porém quão distantes estamos da Igreja de Jesus de Nazaré. "A suspeita de uma domesticação do Espírito pelo apostolado é difícil de reprimir. Käserman a proferiu notoriamente, fustigando com a acusação de protocatolicismo essa regulação institucional do Espírito" ..."o Espírito é livre ou cativo da instituição?"... Os Atos nos confirmam que "o apostolado aparece ordenado pelo Espírito, o arquiteto da missão universal"... "A obra do Espírito é essencialmente profética... O Espírito não está à disposição da Igreja; Ele é pedido na oração e recebido como dádiva... a obra do Espírito é essencialmente uma obra da palavra que inscreve os cristãos na linha dos profetas" (Marguerat, D., *passim*).

O teólogo do povo de Deus escreve: "A teoria anselmiana explica a obra redentora de Cristo sem precisar do Espírito Santo. De fato, a soteriologia tradicional não precisa do Espírito Santo"... E "a eclesiologia nascida no fim da Idade Média e triunfante depois de Trento seguiu os passos das teorias de Belarmino: "aí o Espírito Santo não tem lugar. Prevaleceu o esquema: Deus – Cristo – Igreja. Neste esquema, Deus revela-se por Cristo e Cristo dá-se a conhecer pela Igreja, isto é, pela hierarquia da Igreja. O Espírito Santo está aí apenas como auxiliar da hierarquia para facilitar a comunicação de Cristo. Cristomonismo também na eclesiologia. A Igreja basta para fazer a ligação entre os cristãos e Cristo" (Comblin, J.). Como no Antigo Testamento, os sacerdotes se consideravam com "o poder de intermediários exclusivos do perdão e da salvação de Deus para Israel" (Pagola, A.). Acabamos indo longe demais das comunidades dos Atos dos Apóstolos! A tradição eclesiástica "abafando o Espírito".

"A ausência do Espírito Santo da consciência das Igrejas ocidentais criou distorções históricas que acabaram deixando situações impossíveis: a primazia de um discurso sobre Cristo, discurso que ninguém mais entende; uma Igreja animada por uma mística de obediência que se tornou social e culturalmente odiosa; uma missão desanimada e totalmente insegura ou então ativista e cega" (Comblin, J.).

"As situações impossíveis" nas Igrejas cristãs, sobretudo na católica, se devem exclusivamente à "ausência do Espírito Santo", o edificador da Igreja. A ausência do Espírito Santo ocorreu e ocorre pelo fato que a Igreja de Jesus de Nazaré se tornou uma religião, religião de clérigos e de massa, que tem tudo a ver com a refundação constantiniana.

Na medida em que a Igreja de Pentecostes se tornou uma religião imperial, o Espírito Santo passa para segundo plano e a instituição clerical impõe o poder jurídico como força de dominação. E a mitogenia religiosa cria um embuste: cumprir o canônico é priorizado em detrimento da vivência da fé na Trindade.

Ao mesmo tempo a instituição obnubila a comunidade primeva saída do Espírito Santo e institui um culto a Cristo que é estranho a Jesus de Nazaré: "um discurso que ninguém entende". Um Jesus desencarnado dos homens, a-histórico e separado da Trindade, sobretudo da missão econômica da Trindade.

A nova classe sacerdotal, a que substituiu a classe sacerdotal romana, se apropria de títulos e regalias dela e impõe "obediência" absoluta a clérigos e leigos, "obediência social e culturalmente odiosa" porque desrespeitosa à liberdade do Espírito e à liberdade subjetiva. A "obediência odiosa" vai de impostura séculos afora: excomunhões, anátemas, inquisições, moral rigorosa derivada de determinações clericais e não evangélicas.

Evidentemente, sem a *dynamis* e a criatividade sempre nova do Espírito, a Igreja passou a ter uma missão distanciada de sua energia, cada vez mais reforçando a relação de poder da instituição: "uma missão desanimada e totalmente insegura ou então ativista e cega". As manifestações do Espírito, tão vivas e evidentes nos três primeiros séculos, passaram a ser pontuais, à revelia ou apesar do poder (como por exemplo, Joaquim de Fiori, São Bento, São Bernardo, Teresa de Ávila, João da Cruz, Bartolomeu de Las Casas, Dom Romero, Dom Helder Câmara...). A Igreja oriental, porém, continuou privilegiando a presença do Espírito Santo.

O teólogo A. Halleux assim analisa essa situação: "O povo de Deus na Igreja ocidental se encontra submisso ao corpo de Cristo, o carisma à instituição, a liberdade interior à autoridade imposta, o profetismo ao juridismo, a mística à escolástica, o laicato ao clero, o sacerdócio universal à hierarquia ministerial, e, finalmente, o colégio episcopal ao primado do papa. Força de criação e renovação, o Espírito foi confiscado pela religião católica, que se fez guardiã suprema da ordem estabelecida por Cristo em favor de seu vigário, enquanto a Igreja Ortodoxa preserva, de sua parte, a subordinação recíproca e a tensão fecunda entre economia da encarnação e Pentecostes".

"O Espírito é quem revela Jesus às nações. Nós o anunciamos, mas não sabemos como vão entendê-lo. O que importa é a apresentação de Jesus assim como Ele se apresentou: pelos caminhos da humildade e da cruz. Jesus parte da pobreza, dos mais pobres. Apresenta-se como sem poder" (Comblin, J.). A Igreja vaticana, ao contrário, parte da riqueza, da concentração do poder, do status, da convivência diplomática com os países e da ostentação. Portanto, o oposto de "Jesus que parte da pobreza, dos mais pobres".

A condição para usufruir do "ensino" ("ele vos ensinará") do Espírito Santo é a falta-para-ser, viver a falta que é específica da estrutura do sujeito humano, a absoluta falta-para-ser na fé. Ora, quem está cheio de poder, quem vive no gozo dele e de uma vida palaciana ou "mundana" (Papa Francisco), pouco ou nada tem de falta. Vive na ilusão narcísea da autossuficiência ou "autorreferenciado" (Papa Francisco). Os empanturrados de riqueza e bem-estar não precisam do "ensino" do Espírito Santo. Os teólogos de ocasião estarão a postos para a justificativa do status quo e saberão usar o Espírito Santo como adorno da ortodoxia.

Essa "reforma radical da Igreja" supõe um triplo despojamento que aboliria o escândalo atual do Vaticano... "a hipertrofia da Cúria Romana, a pedra de escândalo" (Josaphat, C.): "...osso duro de roer há séculos, um poder enquistado que fagocita e destroça todos os intentos de reforma e renovação" (Campana, O.). Isto supõe um estado de espírito, uma abertura perene ao Espírito: ... temos de aprender a viver em mudança. Isto significa aprender a "despedir" o que já não evangeliza nem abre caminho ao Reino de Deus... não ter medo de despedir o que está a morrer, mas promover o que está a germinar" (Pagola, A.).

A eliminação total do consórcio abominável entre Estado e Sé Apostólica. Acabar definitivamente com o poder, sobretudo o poder temporal, Estado, abolição de núncios, ricamente sustentados pelos cristãos do mundo todo e morando em palácios, como, por exemplo, em Buenos Aires. Portanto, não tem sentido condenar, como fez Pio IX, quem propõe "que a supressão do império civil que a Sé Apostólica possui ajudaria muitíssimo à liberdade e à felicidade da Igreja" (D. 2976). Isto só é necessário para a continuidade do Império romano ou da instituição jurídica do Estado do Vaticano, mas jamais para as comunidades do Sentido Radical da fé, anunciadas por Jesus e edificadas pelo Espírito Santo em Pentecostes.

O escândalo da riqueza da religião católica é algo execrável do ponto de vista de seu Fundador. É um contratestemunho chocante: "Já é mais duro de ver o Patriciado Romano e o Corpo Diplomático. Lembram um compromisso com a riqueza e o poder. Enquanto isso, o povo fica fora da Basílica e da própria praça de São Pedro, como gado atrás de cercas que deixam espaço livre para que circulem os pullmans de luxo que transportam o comum dos bispos e os carros escandalosos que trazem cardeais e bispos mais graduados" (Câmara, D. H.). Hans Küng descreve como é patético um homem vestido à Idade Média ocupando o centro da praça de São Pedro e o povo ao redor. O centro é ele não a Trindade. Há, na fé, uma contradição insolúvel entre Vaticano, Estado, Sé Apostólica.

Roberto Belarmino, estrutura militar de um jesuíta, foi um equívoco grave na história da igreja-instituição: "... foi fundada por Cristo como sociedade perfeita, tendo no plano religioso toda a perfeição da sociedade civil que é o Estado, gozando de plena autonomia em relação a qualquer poder humano e tendo toda autoridade doutrinal e disciplinar recebida do fundador e garantida pela assistência do Espírito Santo" (Josaphat, C.). Só que essa empáfia de absolutismo é estranha a Jesus de Nazaré e à experiência radical do Reino de Deus. Com esse devaneio "teológico-clerical", realmente não há lugar para o Espírito Santo que agia nas comunidades primevas: "Para que alguém possa ser declarado membro da verdadeira Igreja, de que falam as Escrituras, não julgam que dele se requeira intervir qualquer virtude. Basta a profissão exterior da fé e da comunhão dos sacramentos, coisa que os próprios sentidos podem verificar. Efetivamente, a Igreja é uma comunidade de homens tão visível e palpável como a comunidade do povo romano, o reino da França ou a república de Veneza". É o juridismo, é a experiência religiosa, é a fenomenologia religiosa expulsando a experiência do Sentido Radical da fé, do Reino de Deus. Bastam o reino do Vaticano, sua corte e seus súditos. É a própria ideologia da hipocrisia.

Se basta a "profissão exterior", não estamos em cheio no farisaísmo religioso tão execrado por Jesus de Nazaré?

Se "a Igreja é como a comunidade do povo romano, o reino da França ou a república de Veneza", claramente já não é mais a comunidade fundada pelo Espírito Santo. Para o cardeal Belarmino, o reino do Vaticano é suficiente para a salvação dos homens, a Igreja da fundação torna-se supérflua. Esse equívoco institucional é aberração, obliteração da fundação da *ecclesia* e da intenção do Espírito em Pentecostes. Belarmino é o protótipo da instituição eclesiástica clerical. Essa declaração é o selo da religião da aparência, é a porta aberta ao farisaísmo: "Basta a profissão exterior da fé e da comunhão dos sacramentos, coisas que os próprios sentidos podem verificar". Ora, isso não é o farisaísmo que Jesus fulminou? Os papas, os cardeais e a hierarquia em geral não só não protestaram contra tal absurdo como acabaram ratificando tal doutrina na vivência e convivência diárias. A doutrina belarminiana do reino do Vaticano fazia jus à barbárie da Inquisição de que Belarmino foi inquisidor mor. Belarmino foi compensado com a canonização, prêmio dos instalados nesse equivocado poder, gratidão por defender que o importante é a tradição eclesiástico-clerical. E a Tradição Apostólica... Roberto Belarmino, ideólogo da igreja-estado, é o ápice do quarto voto da Companhia e a prova máxima de que esse esteve a serviço da hierarquia e não da Tradição Evangélica. É o inconsciente militar da Ordem em aberto.

Segundo, o despojamento de Jesus de Nazaré – "sendo Deus não achou humilhante fazer-se homem" – sua vida laboral de diarista para ganhar o pão familiar, sua pobreza e desapego na vida social, são virtudes-condições que não podem faltar em quem pretende segui-lo e, mais ainda, testemunhá-lo ou representá-lo. Essa pobreza evangélica é condição "*sine qua non*" para a atuação do Espírito Santo, senão como Ele conseguiria ser "*Pater pauperum*", pai dos pobres? Há duas pobrezas que, sem cessar, Ele procura prover: a dos desprovidos dos bens deste mundo por causa do enorme acúmulo de alguns, os injustiçados, os explorados, mas, sobretudo, a dos espíritos desapegados: "Bem-aventurados vós, os pobres, porque vosso é Reino de Deus". Ao escolher apóstolos, discípulas e discípulos, Jesus de Nazaré colocou clara sua exigência: ninguém deveria querer ser superior e, para ser seu discípulo, o desapego é condição essencial. Do contrário, como o seu discípulo poderia ser "cheio do Espírito Santo"?: "O Espírito é quem revela... Cristo parte da pobreza, dos meios pobres. Apresenta-se como sem poder" (Comblin, J.). Totalmente oposto às grandes paradas de papas e cardeais ao visitar as nações ou ao se ostentarem no Vaticano. A sentença do Senhor é contundente e inequívoca: "Não podeis servir a Deus e ao dinheiro" ou "as raposas têm covil e os pássaros do céu têm ninho, mas este homem não tem onde encostar a cabeça". "A Igreja tanto mais se afirma em seu mistério de comunhão de graça, de presença fecunda do Espírito de amor quanto mais se apaga, esvaziando-se de toda pretensão, de toda a riqueza e de todo o poder mundano" (Josaphat, C.). A Igreja que surgiu de Pentecostes é "Igreja... conduzida a se interpretar e a se perscrutar a si mesma enquanto criação viva e constante do Espírito, a favorecer essa ação criadora e santificadora. O magistério buscará reconhecer, acatar e expressar o sentido da fé vivida pelos fiéis e pelas comunidades, que o Espírito da verdade guia e ilumina" (Josaphat, C.). Esta proposta é o inverso do magistério piramidal. Se "*fides ex auditu*" (a fé é do ouvir), os que pretendem evangelizar precisam sempre partir da escuta do outro. Primeiro, "reconhecer, acatar" a mensagem que o Espírito lhe comunicou: ..."a transmissão da fé não é repetição das afirmações de alguém... A verdade de nossa fé não pode ser transmitida com afirmações abstratas" (Radcliffe, T.). A fé não é fruto de catecismo, doutrinações, ideologias e menos ainda do Direito Canônico. "A teologia, dogma, com toda certeza não convertem ninguém" (Comblin, J.).

Mas há outra pobreza absolutamente necessária: a que precisa extirpar o narcisismo. A condição clerical, sobretudo de celibatários, não raro imaturos ou efeminados, facilmente leva o representante da religião a inflar o ego, tirando proveito da posição que ocupa, teatralizando sua atuação no culto. O ego é o lugar do "desconhecimento e da objetivação de si" (Lacan, J.). E aí, adeus Espírito. O clérigo é o centro. Trata-se de sujeitos geralmente gananciosos, sob a aparência de humildade, estereótipos de linguagem adocicada e cabeça inclinada, que se valem da promoção clerical e tudo fazem para fazer carreira e gozar de posto privilegiado. "Atribuem-se a si – denuncia Comblin – a qualidade sagrada que os separa dos outros e os estabelece numa relação de superioridade. A partir disso, podem explorar a religião como meio de dominação. Exigem prestígio, privilégios, inclusive bens materiais, porque são donos do sagrado e todos devem passar pelo seu ministério para se aproximarem de Deus e terem chance de serem atendidos. As pessoas sagradas exigem respeito e obediência absoluta, atribuem às suas leis a força de uma lei divina... Os cristãos não resistem à mesma tentação. Toda a sua história mostra que se forma uma classe privilegiada porque se atribui a exclusividade de bens religiosos. No catolicismo, os sacerdotes se reservam uma série de atos religiosos, quando Jesus não faz nenhuma distinção. Envia os doze para anunciar o Reino de Deus, não para ser donos da comunidade" (Comblin J.).

"Mais grave ainda", escrevia Dom Camara em março de 1964, "do que ser apanhado pela engrenagem do dinheiro, é ser apanhado pela engrenagem do prestígio e da força". Exemplo triste desse lance foi o arcebispo Alfonso Lopes Trujillo, que atacou e delatou a teologia e os teólogos da libertação, bloqueou a beatificação de Dom Romero e logo foi promovido a cardeal. Além disso, cometeu erro grave afirmando mentira sobre a imunização do uso da camisinha. Ah, os bajuladores da corte sempre são bem-vindos e imediatamente recompensados! (...) "o linguajar eclesiástico de bajulação, hipocrisia, falsidade que os leigos percebem" (Comblin, J.).

O usufruto do status clerical pode produzir um gozo narcíseo, misto de imaturidade, vaidade e ostentação. Ora, o gozo é improdutivo, "não faz energia" (Lacan). Anula o desejo que específica a subjetividade e é motor da vida e da criatividade. Não é à toa, diz a lenda, que Narciso se afogou na própria imagem. Esse gozo leva a um apego ao poder, sobretudo ao status, ruinoso para a Igreja de Pentecostes. O clérigo está em tempo de se aposentar e assim mesmo tenta tirar proveito ao máximo do status como aconteceu com o cardeal Ratzinger: em tempos de se recolher numa comunidade, com o discurso de "campanha" do relativismo, candidatou-se ao papado e se elegeu papa. João Paulo II, em visita à Suíça, vê um menino bater-lhe palma e abanar as mãos: "Aquele menino está ensaiando para ser papa". O papa no usufruto do narcisismo clerical.

Há duas tiradas de Jesus que a psicanálise veio descobrir como duas verdades insofismáveis. Ambas derrubam toda forma de narcisismo ou de pretenso saber ou poder.

A primeira, "Aquele que quiser salvar sua alma perdê-la-á" (Mt 16:25) e, a segunda, "Assim também vós, quando fizerdes tudo o que vos for mandado, dizei: Somos servos **inúteis** porque fizemos somente o que devíamos fazer" (Lc 17:10).

Ambas explicitam uma primeira verdade sobre nosso relacionamento com a Trindade: no plano da fé, do Sentido Radical, dependemos absolutamente da misericórdia divina. Aqui nossa "falta-para-ser" se escancara *in totum*, inexoravelmente. Nada, absolutamente nada, podemos pelas nossas forças ou méritos. A bondade do pai do filho pródigo...

Além disso, no plano psíquico, neurose ou psicose, "quem quiser salvar sua alma perdê-la-á". A neurose religiosa, isto é, a obsessão, é a prova mais completa dessa impotência. Ela leva o indivíduo a perder o eixo de sua subjetividade, não consegue ser dono de seu desejo. Quanto mais quer "salvar" sua subjetividade, seu desejo, mais se atola em infindos atos compulsivos comandados pela doença (o Outro).

De outro lado, "somos servos **inúteis**", absolutamente. Depois de pregarmos, aconselharmos, "ajudarmos", interpretarmos, rezarmos, nada, nada realmente sabemos em que a nossa ação fará ato na mente, no coração, no psiquismo do outro. O efeito da palavra é *a posteriori*, só depois saberemos que palavra foi "vazia" e qual foi "cheia". Um psicanalista jamais sabe de antemão que intervenção produzirá ato no paciente. É sempre desconhecido apesar do analista, sobretudo de seu saber. Como quem sabe é o inconsciente, é sempre surpresa. No Reino de Deus é o Espírito que se serve da mensagem, escolhe a palavra, e produz o ato. De antemão, uma única verdade: "Somos servos **inúteis**"... "*Sicut palea*" ("como palha", Tomás de Aquino). Nossa tarefa: ..."fizemos somente o que deveríamos fazer" no plano da fé, no assentimento ao Espírito, no amor ao próximo. Só o Espírito, é preciso ter esta convicção absoluta diante de nossa impotência total, só Ele pode nos ser **útil**. "É o Espírito que envia o missionário" (Comblin, J.) e é o Espírito que já está lá, que efetiva a mensagem em ato. O Espírito é surpreendente. Ele efetiva O REGNUM DEI!

Disso deriva que todo narcisismo, sobretudo o clerical, sobre ser ridículo e extemporâneo em relação ao Espírito, é puro vazio egoico. Barreira entre Deus e ele, entre ele e ele mesmo, entre ele os outros. Muito além de um conselho barato de humildade, esses textos nos revelam nossa total falta-para-ser diante da Trindade. A nós, em nossa falta-para-ser, cabe-nos nada mais e nada menos que: "seja feita a vossa vontade... assim na terra como no céu"... "Sem o teu *númen* nada há no homem". Nada!

Os Atos narram que Pedro, Paulo, Estevão, as discípulas e discípulos estavam "cheios do Espírito Santo" e não poucos papas, cardeais, bispos, sacerdotes vivem cheios de si. Um arcebispo de cidade importante, reitor da Universidade, arredio em confrontar-se com os colegas que o interrogavam, tinha dois objetivos quando lá chegou. Primeiro, voltar a ocupar o palácio episcopal que fora desocupado por ser um escândalo e, segundo, em cada sala da universidade católica, colocar uma foto sua ao lado da foto do papa. Este ele o determinou de imediato e, aquele, por ter ficado extemporâneo pelo testemunho do Papa Francisco, dele desistiu.

É deveras estranho que prepostos representantes do Senhor Jesus de Nazaré se apresentem preocupados com vestes da Idade Média, púrpura, anel, corrente e crucifixo de ouro. Essa "vaidade das vaidades" a disputar cargos e ostentar aparências, vã glória de papas a gravar seus nomes em museus, fontes e pontes da cidade de Roma, imitando os imperadores romanos. Numa das visitas ao museu do Vaticano, vi com tristeza o nome do humílimo João XXIII numa sala que acabava de ser inaugurada:... por ele, certamente valeria: "que a mão esquerda não saiba..." Esse narcisismo assinala uma imaturidade própria à fase do espelho do desenvolvimento da subjetividade humana.

Essa defectibilidade se fundamenta no seguinte fato do amadurecimento psíquico do sujeito humano: a criança precisa do reconhecimento dos pais ou dos adultos. Isso se hipertrofia por volta de 5 anos. Caso contrário, ela não consegue se ver como sujeito e fica exposta a várias patologias. Na medida em que cresce, quando chega por volta de 25 anos, se a evolução foi normal, é esperado que o sujeito humano deixe de buscar reconhecimento do outro e passe a reconhecer seu próprio desejo e a viver segundo ele, com planos reais de o executar na profissão, no amor, na filosofia de vida. Esta é a passagem do amadurecimento do sujeito humano.

Ora, quando essa imaturidade egoica é cultivada, pode nunca ser resolvida. Ela pode se prolongar na existência do sujeito como eterna busca de reconhecimento do outro. Essa característica pode alimentar o narcisismo clerical que se expande no mundo do imaginário. Mas esse imaginário coloca o clérigo fora da realidade e da luta concreta da existência, fora, sobretudo, do despojamento necessário aos discípulos de Jesus.

Na última ordenação que assisti, o clérigo, religioso e de origem humilde, mãos densamente untadas, levantou-se, virou-se para a assembleia e, mergulhado no gozo do status conseguido, expunha as mãos frente e verso com um sorriso de vitória.

Esse narcisismo, patológico, pode ser retroalimentado pelo culto do sagrado. Em vez de cuidar do Reino de Deus, reina a preocupação em marcar monumentos com o "reinado" dos papas, imitando os imperadores! Há "numerosas expressões de devoção excessiva ao papa, expressões que, às vezes, roçam a idolatria ou a papalatria como aquelas que falam de uma presença de Cristo nele, semelhante à presença eucarística" (Congar, Y.).

Ora, o fato de o papa, o bispo, o sacerdote, serem celibatários (sobretudo se for por causa do decreto), e sempre estarem na mira da multidão ao seu redor, propicia que essa busca de reconhecimento se prolongue indefinidamente. Esse é o "*narcisismus clericorum*" (narcisismo dos clérigos). "Os religiosos vivem de símbolos e se esquecem da realidade" (Comblin, J.). Uma coisa é certa: "A renovação de que atualmente a Igreja precisa não chegará por via institucional, mas por caminhos abertos pelo Espírito" (Pagola, A.).

Mas, em contraponto, é preciso fazer jus a um número insondável de discípulas e discípulos, maduros na fé e no propósito, que, em teopatia com o Espírito Santo, entregaram e entregam suas vidas ao seguimento de Jesus de Nazaré, vivendo a mais autêntica Tradição Evangélica e Apostólica. Nem o martírio, não raro, os deteve no testemunho do Sentido Radical de sua fé. O testemunho desses filhos vivos da Trindade nos arrasta na confirmação da fé e nos alimenta no prosseguimento do ideal.

Sujeitos como padre Ibiapina, padre Cícero, Casaldáliga, José Lourenço da Silva, Maria de Araújo, Mariana Gurgel e muitos outros viveram como Jesus, imergidos no real e no sofrimento do povo, determinados pelo desejo esclarecido de servir aos irmãos.

Dom Hélder Câmara, profeta de Deus, que viveu em extremo despojamento, governado que era pelo Espírito Santo, repetia: "Pobreza – mal a evitar e espírito a salvar". Ele afirmava: "Francisco é, com razão, chamado *Homo catholicus*", e ele, o Dom, foi o "*episcopus catholicus*". Sempre movido pelo Espírito Santo! Abria-se a tudo e a todos. "A ninguém excluía". Ele se perguntava: "Como o pobre de Assis viveria hoje a Pobreza?" (...) "Igreja servidora e pobre"... "Não é menos misterioso, profundo e belo o diálogo com os pobres... Experimentem chegar a um pobre em momento de desânimo interior, de perigo, de qualquer sombra de travo, em instante de cansaço de alma, de timidez interior, de angústia invencível, de tentação... Cheguem tentando o esforço máximo de esquecer a própria aflição e no pobre encontrar o irmão. Basta, às vezes, perguntar como se chama, como está passando, como vai de frio, onde mora... Algo mais rico do que a esmola, mais quente do que uma palavra convencional. Basta, às vezes, um olhar de amizade (e é tão raro para os pobres receber esse tipo de ajuda, que mesmo os mais céticos, os mais amargos, os mais revoltados e os que não sabem a nossa língua, são tocados no fundo do coração") (8.9/11/1963). Essa aproximação produz o discípulo de Jesus e é o desapego que ao Espírito apraz preencher. Valha a experiência: vazio do desprendimento, preenchimento do Espírito Santo. O papa Francisco, será o novo *homo catholicus*? Esperamos que sim, pois, finalmente, um papa que pratica o que fala.

Numa audiência com Paulo VI, que muito admirava Dom Helder, este ousou uma sugestão: "Santo Padre, o senhor não acha que poderia eliminar o escândalo do Vaticano mudando-se para o prédio da nunciatura"?. O papa, inseguro e tímido que era, o acolheu: "Infelizmente, disse ele, há coisas que têm o peso de muitos séculos".

A palavra do Espírito a Francisco de Assis, "*Vade, Franscice, repara domum meam*". Esta mensagem do Espírito Santo a Francisco de Assis curiosamente está escrita na abside de uma Igreja de Mendonza, Argentina: "Vai Francisco, repara minha casa"... Estropiada e desorientada, tentando salvar uma organização religiosa que não se sustenta mais.

Mas Francisco não foi ouvido! O retorno à experiência do Sentido Radical só aconteceu na vida dele e de mais alguns. Inocêncio "era um papa muito poderoso; não podia entender a mensagem do profeta!" De pronto repugnou-se diante da figura esquálida. Despachou-o a cuidar de porcos. Francisco não se pejou, lá foi ele! Feita a tarefa, voltou à presença do papa, que não teve como não reconhecer a autenticidade de vida e de proposta. Nem seus discípulos entenderam a radicalidade de sua volta ao evangelho, clericalizaram-se rapidamente.

Ao contrário de seus primeiros discípulos, "compreende-se que, hoje em dia, os jovens que querem seguir o exemplo de Francisco não queiram ser sacerdotes porque, ainda hoje, o sacerdócio separa os cristãos e impede uma verdadeira comunidade. O sacerdote está acima da comunidade. Nunca é membro da comunidade" (Comblin, J.).

A Igreja de Jesus de Nazaré precisa ser escavada de tantos entulhos que sobre ela foram lançados. O papa Francisco seria promessa de iniciar a remoção deles?

Os encontros ecumênicos de Assis seriam uma abertura inicial, embora tímida, bruxuleante à mensagem contundente do "*poverejo*"? "Francisco associou a pobreza com o evangelho e com as primeiras comunidades cristãs... quis imitar o exemplo da primeira comunidade cristã e o exemplo da pobreza de Jesus. Queria que a Igreja desse um sinal de renúncia ao poder do dinheiro... O exemplo da Igreja seria um sinal para a sociedade inteira. Desapareceria a imensa desigualdade entre pobres e ricos. Dessa maneira, ele foi o percursor das lutas sociais do Ocidente... com ele ocorreu a ressurreição do evangelho... Francisco foi testemunho e agente da ascensão dos leigos na Igreja. Não quis ser ordenado sacerdote e não quis que seus irmãos se deixassem ordenar. Eram leigos sem nenhum poder... Foi sobretudo contra a riqueza da

Igreja que levantou a voz e, mais ainda, contra a qual toda a sua vida era um protesto" (Comblin, J.). Temo que os encontros de Assis possam dar em nada, do mesmo modo que a voz do profeta Francisco foi dulcificada nos Fioretti, no sermão aos pássaros, no presépio e em ícone da ecologia. A canonização anestesiou seu vigor profético: "A melhor forma de calar um profeta é torná-lo um herói" (Nicolás, A.). Assim, a canonização de João XXIII, simultânea à de João Paulo II, acabou amortecendo o vigor e a contundência do testemunho evangélico dele.

Mas, na história da religião católica, Francisco de Assis representa a volta mais radical à proposta do evangelho e ao seguimento de Jesus de Nazaré, iluminado e guiado que era pelo Espírito Santo, como nas comunidades dos três primeiros séculos. Em seu plano, Francisco de Assis visava o retorno à Tradição Apostólica. Quis ser como Jesus: leigo, pobre, desapegado de tudo o que é mundano. Francisco, na história da Igreja, após 700 anos, representou a retomada na íntegra da proposta de Jesus e da Tradição Evangélica e apostólica.

E o Papa Francisco? Suas palavras, seus gestos lançam esperança. Retomaria ele a ordem do Espírito a São Francisco: *repara ecclesiam meam*?

Outro exemplo comovente, atual, de Cristo vivo na Terra: Dom Pedro Casaldáliga: "ameaças de morte, 5 processos de expulsão do Brasil; vida integralmente entregue ao amor pelos despossuídos deste mundo, índios e posseiros. Seu lema: "nada possuir, nada corrigir, nada pedir, nada calar e, sobretudo, nada matar". Sua bela prece: "Deus nos livre de leigos com batina no espírito/ Deus nos livre de padres sem o Espírito Santo/ Deus nos livre de espíritos sem carne e vida". Ele, profeta, denuncia: "o eclesiocentrismo é uma das heresias cristãs que, com mais inconsciência e impunidade, se introduziram na história da fé, tanto nas suas formas mais declaradas, como nas mais sutis, tanto no passado como no presente". O exemplo de Casaldáliga mexe profundamente com a hierarquia. Homens como ele são simplesmente afastados, pois os testemunhos deles se tornam uma dor de consciência insuportável: "o bispo tem todo poder para me remover, mas seu poder não é suficiente para domar minha consciência" (agosto de 2012) (Dump, A.). "Prestai atenção aos profetas" (Inácio de Antioquia).

O Espírito Santo é automaticamente evocado no início e no final das orações da Igreja, vem citado nos documentos papais, mas jamais ocupa na práxis da Igreja o centro que ocupava na Igreja fundamental. Diz-se que, no Vaticano II, Ele está apenas "polvilhado" ("*éparpillé*", Congar, Y.). Ele é *passim* citado 258 vezes. No documento de Aparecida, mereceu um capitulozinho, mas não passou de uma lembrança. Esse foi o lugar que ele ocupou ao longo desses séculos. O teólogo Karl Barth, poucos meses antes de morrer, 1968, confessou que não tinha mais tempo para "refazer a teologia do Espírito Santo": "Vislumbrava que a tudo o que tinha escrito faltava a perspectiva do Espírito Santo como fundamento" (Comblin, J.). Muito semelhante a Santo Tomás às vésperas de sua morte.

Depois de Constantino, o Espírito Santo virou apêndice de doutrina na Igreja romana. Sobretudo com a retrógrada escolástica... "Roma teria substituído o Espírito Santo, deixado um pouco na sombra, em troca do papa, da Virgem Maria e do culto ao santíssimo sacramento... Acontece que o Espírito Santo é esquecido" (Congar, Y.). "O mais grave, escreve Comblin, dessa sacralização de uma classe que se reserva todo poder de decisão é que marginaliza a função do Espírito Santo na economia da Trindade. Na ideologia oficial, o Espírito Santo dirige a Igreja por meio do clero. O Espírito Santo está atrás das decisões tomadas por meio do clero". Vide as maquinações nas eleições dos papas, como foi o caso de João Paulo II e Bento XVI... "A quase ausência do Espírito Santo na Igreja Católica é construção clerical. O clero ocupa o lugar do Espírito Santo. O próprio Concílio Vaticano II enunciou algumas frases que o reabilitou, mas estava muito longe de propor uma teologia do Espírito Santo. Esta teologia está a mil léguas do pensamento da hierarquia ou do clero. Ainda teremos que esperar muito tempo antes que seja reconhecido o verdadeiro papel do Espírito Santo. Mas podemos iniciar um movimento. Essa seria a teologia mais necessária para a mentalidade atual porque estabelece um nível de igualdade entre todos os discípulos, ainda que alguns tenham serviços especiais dentro desse povo" (Comblin, J.).

A liturgia da Igreja tem Cristo como centro do culto e não o Espírito Santo e, sobretudo, não a Trindade. Santo Agostinho colaborou muito para isso com a sua noção de pecado e com a teoria das duas cidades. Mais tarde, como vimos, Roberto Belarmino muito contribuiu para o culto do papa e a tal "sociedade perfeita", culto hoje praticado sobretudo pelos movimentos. Longe da Tradição Apostólica!

A invocação do Espírito Santo de modo algum ocupa o lugar operante que tinha na Igreja primeva. A ele é reservada uma festa litúrgica e os domingos seguintes levam apenas o "após Pentecostes". À Trindade é dedicado um domingo mais simples ainda, como qualquer outro domingo comum. É lembrar para não esquecer, muito longe do centro da história. A curta liturgia do Espírito é apenas um fecho após o culto do Filho, a longa exploração de seus sofrimentos, a breve comemoração de sua ressurreição. Simplesmente uma distorção da história da salvação. A religião prevalece sobre ela.

No burburinho do Vatileaks I, da renúncia de Bento XVI, na revoada dos cardeais, todos afoitos para salvar a instituição maculada por uma sucessão de escândalos, como se ela fosse um fim, tudo em ordem a preservar o poder: ... "a salvação da instituição começa a ser mais importante do que as pessoas humanas concretas que são vítimas de seus defeitos. As instituições eclesiásticas não são diferentes. Por isso, nem a fundação nem a continuidade das instituições são obra do Espírito" (Comblin, J.). De fato, esqueceu-se da Trindade, sobretudo do edificador da Igreja de Pentecostes. Apenas um ou outro cardeal, lembrando do Espírito Santo vagamente, *en passant,* sem implicância real. A Trindade, sinalizada no gesto automático dos cardeais se benzendo, ironicamente foi nomeada de maneira formal ao estilo da formulação das condenações da Inquisição, na sentença condenatória do mordomo Paolo Gabriele: "em nome da Santíssima Trindade"... A Trindade invocada para a ratificação da sentença clerical condenatória... "tudo estava fora do lugar"...

Joaquim de Fiori se opunha formalmente ao fato histórico de que a religião católica fez da Igreja um fim quando, de verdade, a Igreja de Pentecostes é um meio, um serviço que no final dos tempos desaparecerá. É no mínimo paradoxal que se formem clérigos para servir a Igreja e não apóstolos para servir o evangelho. Joaquim pensava grande, pensava trinitariamente. A Trindade é o fim da revelação em parte feita pelo Pai, em parte pelo Filho e, agora, o Espírito operacionalizando a sua obra. A encarnação de Cristo em Jesus de Nazaré, sua vida desapegada e suas mensagens foram a páscoa entre os homens daquele tempo e de todos os tempos. Agora, a manifestação do Pai e do Filho quem a realiza é o Espírito Santo. Jesus de Nazaré, sacramento da redenção, não é fim. Fim é o encontro com a Trindade, graças à permanente intervenção do Espírito Santo.

Mas não é isso que a liturgia da religião católica propõe. A festa da Trindade é um domingo qualquer sem o mínimo significado e sem a importância central do Deus trino que nos foi revelado, alfa e ômega, início, meio e fim de todo a criação. O culto de Jesus-Deus reduziu-o a uma experiência do sagrado. Aboliu o Jesus histórico, o Sentido Radical de sua encarnação e, sobretudo, sua missão na Trindade. Ele foi praticamente isolado da Trindade. Como consequência, a experiência do Sentido Radical de Deus se tornando homem na pessoa dele ficou escamoteada e Jesus de Nazaré desaparece na configuração de um Cristo mitogênico, fluido ou como no absurdo do Cristo pantocrático. "Jesus foi transformado em imagem de imperador" (Comblin, J.), porém nunca foi poderoso, foi sim servidor, sobretudo dos últimos. Resta um Cristo meloso, cheio de devocionismos. Bastaria vê-lo diante de Pilatos, diante do sumo sacerdote e, mais ainda, na cruz. Cristo pantocrático ou rei é procurar boa consciência, cooptação para os desvios históricos do clero, sobretudo do papa como "soberano pontífice". Isso não faz parte do *Regnum Dei*.

Eis, porém, que a nova era se aproxima: "E a nova era de hoje que não hesite: fora do amor, do dom de si, sem o Espírito nem pode haver porvir para dar sentido e vigor aos nossos sonhos" (Josaphat, C.). Dentro da lógica da manifestação da Trindade na história humana, fica evidente que "sem o Espírito, que é energia purificadora e renovadora, não há salvação"... "sem o Espírito nem pode haver porvir para dar sentido e vigor aos nossos sonhos".

Mas importa fazer jus a uma minoria combliniana, abraâmica (Câmara, D. H.), que viveu e vive, embora embaraçada nas exigências jurídicas e canônicas, o mais autêntico Sentido Radical da presença da Trindade na história e da convivência ininterrupta com o Espírito Santo: bispos, sacerdotes, religiosos livres da religião como Paulo e das futilidades de status e poder que, sustentados pela força da fé, convivem com irmãs e irmãos em Comunidades de Base e outras, partilhando com eles a vida e a existência no pão cotidiano e no pão eucarístico.

O terceiro despojamento é a volta ao Espírito Santo e abandono do cristomonismo, da instituição clerical, do sacramentalismo, da eucaristia como sacrifício e objeto de culto, dos devocionismos e do formalismo religioso e dogmático. Pelo contrário: "A origem da Igreja primeva baseia-se em duas experiências: a experiência da ressurreição e a experiência da presença do Espírito Santo com a convicção que o Espírito vinha de Deus" (Comblin, J.).

Mais precisamente, o terceiro despojamento seria a eliminação da religião, o retorno à vivência do Sentido Radical da fé tal como, hoje, é vivido nas Comunidades de Base e como era vivido nas comunidades apostólicas.

Uma volta à Tradição Evangélica: a memória da vida, morte e ressurreição de Jesus e a memória da vinda do Espírito Santo. "A Tradição do Espírito Santo mostra como se transmite na história a vivência da vida de Jesus"... "O Espírito Santo atualiza o mandato da missão dada por Jesus"... "O Espírito Santo é aquele que ia difundir a palavra de Jesus no mundo inteiro" (Comblin, J.).

Os Atos dos Apóstolos é um texto pouco frequentado por hierarcas, sacerdotes e pastores. O testemunho das comunidades primevas dos três primeiros séculos revela que para eles, sacrifício, religião e sacerdócio não existiam. Paulo, vale lembrar, jamais foi padre ou bispo. Hans Urs Von Balthasar afirma: ... "Nos finais do século II, cai sobre o Espírito da Igreja uma geada que nunca mais desapareceu".

"O Reino de Deus vai inaugurar o seu Reino e estabelecê-lo neste mundo. É o outro Deus. O Deus que se faz homem, o Deus que vem participar da vida dos seres humanos para com eles realizar a mudança radical. A um reino de morte e destruição, um reino de pecado, que é destruição da vida, sucederá um mundo de justiça e solidariedade, um mundo dirigido pelo amor mútuo entre todos os seres humanos. Este Reino será feito pelos pobres, sem violência, sem poder, sem dinheiro, sem governo... Este Reino é o advento da liberdade... Somente se pede a fé: somente acreditar que esse dom existe, que 'eu posso' colaborar com essa transformação de mundo. Posso estar livre de todo o egoísmo, do medo, da cobiça, do poder do dinheiro, dos desejos, da inércia, da preguiça. Sobretudo livre do medo, que é o que paralisa tantas pessoas que poderiam agir... O dom de Deus é a libertação da lei... Paulo denuncia a ilusão de que por obras da lei, doutrinas, ritos, práticas religiosas se conquista o Reino de Deus... O Reino de Deus começa em pequenos grupos que vivem de acordo com o espírito da primeira comunidade apresentada por Lucas... O desafio é ter fé... Pela força do Espírito que nos é dada, podemos... evangelizar, porém não para ensinar uma religião, pois é exatamente o que Paulo condenava" (Comblin, J.).

"O Espírito Santo é o reunir da Trindade em nós" (Congar, Y.), em toda criatura, em todo ser humano. O centro é a Trindade, mais uma vez, não é Jesus de Nazaré, e absolutamente não é o papa. Ao papa, "*primus inter pares*" (primeiro entre pares), é servir e confirmar as irmãs e os irmãos na fé. E Jesus é meio, não é fim. Fim é a salvação da família humana na família da Trindade, graças a Ele e ao Espírito Santo: "Esse povo de Deus é comunhão no Espírito e do Espírito" (id. ib.).

Escólio

Em inúmeras mensagens póstumas, o profeta José Comblin assim escreve: "Vimos que o Espírito age dentro de cada discípulo, dando acesso a uma vida nova, de alegria e, sobretudo, de liberdade. Vimos que o Espírito Santo inspira os missionários para que anunciem a sabedoria de Deus e não a sabedoria dos grandes deste mundo. Ainda falta examinar a ação do Espírito nas comunidades. Qual é a mensagem paulina a esse respeito? Paulo escreve também sobre a comunhão realizada pelo Espírito, ainda que esse tema tenha sido muito mais desenvolvido na carta aos Efésios. "A comunhão do Espírito" (Fl. 2:1). "A comunhão do Espírito Santo esteja convosco" (2 Cor 13,13). "Fomos todos batizados num só Espírito para ser um só corpo, judeus e gregos, escravos e livres, e todos bebemos de um só Espírito" (1Cor 12,13). "Procurando conservar a unidade do Espírito pelo vínculo da paz, há um só Corpo e um só Espírito" (Ef. 4:3-4). "Num só Espírito temos acesso junto ao Pai" (Ef. 2:18).

"Naquele tempo em Corinto, Paulo não menciona nenhum ministério instituído. Predomina a espontaneidade. A comunidade é movida pelos dons do Espírito. O Espírito faz a unidade dos dons e por meio dos dons a unidade da comunidade. Há diversidade de dons, mas o Espírito é o mesmo; diversidade de ministérios, mas o Senhor é o mesmo; diversos modos de ação, mas é o mesmo Deus que realiza tudo em todos. Cada um recebe o dom de manifestar o Espírito para a utilidade de todos. A um, o Espírito dá a mensagem de sabedoria; a outro, a palavra de ciência segundo o mesmo Espírito dá a fé; a outro, ainda, o único e mesmo Espírito concede o dom das curas; a outro, o poder de fazer milagres; a outro, o discernimento dos espíritos; a outro, o dom de falar em línguas; a outro, o dom de interpretá-las. Mas tudo isso é o único e mesmo Espírito que o realiza, distribuindo a cada um os dons conforme lhe apraz" (1 Co. 12:4-11).

"Mais tarde, nasce uma organização tão forte que os dons já não são reconhecidos oficialmente. Somente aparecem os ministérios instituídos. Os dons ainda estão presentes até os dias de hoje, mas não se lhes reconhece um papel público. Até hoje, a Igreja está dividida em duas classes: a classe do clero, que tem todos os poderes, e os leigos, que não têm poder algum. Nessa classificação, não há lugar para os dons. Tudo funciona como se o Espírito dirigisse a Igreja por meio do clero. A Tradição representada por Paulo desmente essa separação e atribui iniciativa, inspiração e expressão a todos os dons. Todos recebem o Espírito, todos têm um dom do Espírito. O Vaticano II quis reformar a Igreja, superando essa separação tão forte. Alguns sinais foram conseguidos, mas, hoje em dia, a separação volta com cada vez mais força. O Espírito dirige a Igreja por meio de todos. Como organizar isso em cada época da história? Ainda falta muita imaginação e, sobretudo, a boa vontade do clero que se reserva todos os poderes graças ao sistema monárquico que prevalece em todas as instâncias. Temos uma Igreja em que poucos mandam e a imensa maioria obedece. Ora, os princípios que foram aplicados no início da Tradição ainda valem e exigem uma aplicação.

"Como conclusão, podemos dizer que a missão do Espírito consiste em dar vida plena mediante a sua presença nos que têm fé juntamente com o Pai e o Filho, dom que traz alegria, paz. O Espírito ensina a sabedoria do Pai, que consiste na cruz de Jesus, o que podemos associar à doutrina de Paulo sobre a sabedoria de Deus que consiste em usar o caminho da fraqueza em lugar da força e, por isso, escolhe a pobreza e o não poder em lugar do poder. Por fim, o Espírito realiza a unidade da comunidade cristã mediante os dons repartidos entre todos os membros. A partir disso, poderemos reconhecer na história a permanência da Tradição primitiva.

"O velho ditado: "Você não pode chegar lá daqui" é a pura verdade no mundo espiritual. Você não pode chegar na presença de Deus ou ser aperfeiçoado pela presença de Deus se iniciar a viagem no seu próprio esforço ou nas regras dos religiosos.

"Você não pode experimentar o processo do aperfeiçoamento pensando que o ponto de partida é você ou a religião. Somente pode chegar, fazer progresso no caminho da perfeição do amor, se começar e continuar na perfeita presença do Espírito de Jesus que habita em você.

"Foi a iniciativa divina em Jesus que permitiu que o Espírito Santo fizesse conexão com o espírito de cada discípulo. Esta conexão eterna e perfeita pelo Espírito é sempre o ponto de partida na vida espiritual".

"Nunca busque no esforço humano a perfeição que Deus exige de nós. Tendo começado no Espírito, continue assim recebendo livremente da graça de Deus, em Cristo, pelo Espírito.

"Se iniciar tudo no Espírito, um dia de cada vez, você chegará no destino da perfeição do amor que Deus tem em mente para todo discípulo (Comblin, J., O Espírito Santo e a Tradição de Jesus (Obra póstuma), São Bernardo do Campo: Nhanduti).

Concílio de Jamnia

O Concílio de Jamnia (hoje Yavne) é de suma importância. Até hoje 2023, não se deu o valor devido que esse concílio teve na história da salvação da humanidade. Ele aconteceu no final do primeiro século.

Em 70 os romanos destruíram Jerusalém e arrasaram o templo. A profecia de Jesus se realizou plenamente: não ficou pedra sobre pedra. Restou um pedaço de muro que até hoje perdura e que os judeus, sobretudo os ortodoxos, visitam e veneram. Lá depositam-se preces e ex-votos continuamente.

O concílio fora convocado com o primeiro objetivo de estabelecer a canonicidade dos livros da bíblia.

Os membros do concílio de Jamnia eram em maior parte representados pelos fariseus. O presidente do concílio foi o rabino Yochanan ben Zakai.

Os conciliares estavam preocupados com o crescimento da "seita" de Jesus Nazareno. Começavam circular nesta época os evangelhos e os escritos dos apóstolos, como, por exemplo, a narrativa de Lucas ("Atos") sobre a vida dos primeiros discípulos de Jesus de Nazaré. Preocupados também porque os cristãos principiaram a considerar esses escritos como continuidade da bíblia.

Os conciliares estabeleceram critérios para definir o cânon dos livros sagrados. Entre outros, que fossem escritos em hebraico e no âmbito da Palestina. Estarem de acordo com a Torá. O cânon de Jamnia passou a ser seguido sobretudo pelos judeus que se espalharam pela Europa.

Sim, o concílio teve esse valor. Contudo, seu significado é infinitamente mais importante.

Deus intervém diretamente na obra da salvação pela primeira vez elegendo Abraão. Convoca-o na cidade de UR e lhe determina que parta para a Palestina.

E ele, impressionante, parte!

Moisés é a figura central que vai libertar seu povo da escravidão do Egito e, sobretudo, firmar a Aliança entre Javé e o povo escolhido. Sinai, os dez mandamentos são o tratado da Aliança entre Javé e seu povo. Simplesmente impressionante a organização dessa pequena etnia, escolhida por Javé. O nível racional dessa Aliança, quase mil anos de Cristo, é inacreditável. Essa sociedade se organiza de maneira múltipla: constituição da família, do parentesco, da sociedade cível, da economia, da agricultura e, sobretudo, da fundação da religião: o sacerdócio abraâmico, o sacerdócio levítico, o Templo, a liturgia... Tudo em ligação direta com Aliança de Javé. A presença de Deus, único, uno, na alma, na mente e na prática da vida em cada membro do povo eleito. A circuncisão do prepúcio autenticando o pacto de Javé e seu povo.

Essa Aliança dura mil anos.

Enfim Deus, que se revelou Trino, no cumprimento dos tempos, envia seu Filho para o pacto final com os seres humanos. Jesus de Nazaré, Filho de Deus, abole a antiga Aliança e abre uma nova era: Ele, Deus, elimina *ipso facto*, o sagrado, o Templo, o sacerdócio abraamico-levítico, a religião judaica e apresenta uma proposta revolucionária que é a continuidade da essência da antiga Aliança: "amar o próximo como a si mesmo (Lev. 19:18- 34). É uma proposta de vida, de vivência com Deus, de troca contínua com a Trindade, de busca ininterrupta de luz e força do Espírito Santo, de prova e de obra de amor ao próximo como autenticação, como condição, de amar a Deus.

E aqui está a importância máxima do Concílio de Jamnia.

Numa misteriosa intervenção de Deus na Aliança com seu povo, embora os conciliares estivessem em repulsa aos cristãos, eles confirmam a proposta de Jesus de Nazaré.

Diante de Templo arrasado (ano 70) o Concílio cancela a religião, extingue o sacerdócio abraâmico-levítico, abole o Templo e grande parte da Escritura. Trata-se de uma intervenção de Deus na História modificando radicalmente sua relação com os homens e mulheres de todos os tempos a partir desse evento.

Desaparece a religião do Templo. De ora adiante, os judeus do mundo todo passam a viver a fé no Deus único, reúnem-se em sinagogas, oram, e estudam a bíblia.

É, incrível, a nova Aliança proposta por Jesus de Nazaré encontra no Concílio de Jamnia, uma ratificação histórica. A religião do Templo, definitivamente não agrada mais a Deus. Deus, misteriosamente, em seus desígnios e anseios por conviver diretamente com os seres humanos, age nesses conciliares chefiados por Yochanan, extingue a religião da Antiga Aliança e mantém a fé de seu povo. Deus não quer mais intermediários entre Ele e o ser humano. É a proposta do Messias, Jesus de Nazaré: não fundou religião, não criou sacerdócio, libertou o povo da dependência do Tempo, não impos culto, nem pediu celebrações religiosas ou louvor. Não precisa de glória, pede apenas que ame o próximo para poder amá-lo. Jesus propõe a liberdade dos homens e das mulheres, sobretudo a liberdade do jugo das imposições da religião. A liberdade de filhos de Deus. Hora e vez do Reino de Deus até o fim dos tempos.

Religião e Massa

"A Igreja Católica é o império romano"
(Fernando Pessoa).

Religião e Massa, um binômio indissociável.

Freud, em *Psicologia das Massas*, levanta pontos fundamentais sobre a organização das massas e seu comportamento.

Distingue dois tipos de massa: as que são sem condutor – como as que ocorreram em Madri, julho-agosto 2011 e em Londres, agosto de 2011, Brasil 2013 – e as que têm um chefe. Exemplo destas são, sobretudo, o exército e a Igreja. São artificiais e são mantidas por certa compulsão externa a fim de impedir a sua ruptura. Freud explica que as massas são mantidas pelo *Lieberkraft,* pela "força do amor". Eros é a força que une. Os laços sentimentais ou vínculos de amor são a essência das massas. As massas artificiais têm uma dupla ligação: com o condutor e com os indivíduos que as compõem.

Dessas ligações seguem consequências que estruturam as massas. A dependência do chefe cria uma relação ambivalente entre sentir-se protegido, guiado e o sentimento de possível rompimento da relação com ele. Essa relação entre a massa e o condutor é de muita fragilidade: ela é sustentada pela sugestionabilidade, "fato básico da vida anímica dos seres humanos", "reagir a um sinal, a um chefe maquinalmente, sem participação ativa da vontade e, menos ainda, do desejo. Enquanto os indivíduos que compõem a massa estão sob essa sugestionabilidade, eles perdem a liberdade. Não são sujeitos. Agem e reagem como massa e estão numa situação aparentemente de força, mas, na realidade, de muita fragilidade. O pânico ronda ameaçadoramente: medo da decomposição da massa. Quando ela ocorre, não tem chefe, não têm colegas ou torcedores: cessa a ligação afetiva, o pânico explode. Exemplo disso foi a reação dos torcedores do River Plate que, ao ver o time rebaixado, saíram do campo tresloucados e quase destruíram Buenos Aires (2011).

Outro exemplo trágico foi após o jogo do Vasco contra o Criciúma, em novembro de 2013. A pancadaria fez muitas vítimas: "Mata, mata!"Ou o trágico e destruidor 8 de janeiro de 2023: a fúria e a violência de uma multidão desvairada, réplica dos hunos de Atila invadindo Roma, a arrasar a civilização constituída, multidão durante quatro anos tangida como gado no "curralzinho bolsonarista" e açulada em disparos contínuos de ódio e destruição. Os recalcados explodiram em "ondas de destruição". O ego individual dissolvido no ego coletivo endoidecido. A violência, a pulsão solta disparada na insânia da destruição.

O mesmo pode ocorrer quando desaparece o condutor. "Ao desaparecer a ligação dos membros da massa com seu condutor, desaparecem as ligações entre eles e a massa pulveriza como uma lágrima de cristal". Em ambos os casos o que impera é "salve-se quem puder" (Freud).

A massa se caracteriza por uma multidão cujos indivíduos "puseram um objeto, uno e mesmo, no lugar de seu ideal de ego, em consequência do qual identificaram-se entre si em seu ego" (id. ib.). O ideal de ego subjetivo desaparece diante do ego coletivo: "a massa, diz Barthes, é insubjetiva".

A massa é estruturada por fugazes ligações emotivas. Os indivíduos massificados perdem a autonomia subjetiva, privam-se de iniciativas e amalgamam-se na uniformidade que, por sua vez, pode criar a ilusão da unidade. Os componentes da massa sofrem de um debilitamento da atitude intelectual e crítica. Além disso, a massa propicia a desinibição de emoções a ponto de despertar uma incapacidade de moderar-se ou de diferir ações. Ao contrário, há uma tendência a transgredir todas as barreiras no externar os sentimentos: "fracos por si sós, são obrigados a aguardar sua potencialização pela repetição uniforme da parte dos outros" (Freud). Vide as massas em fúria ou simplesmente a ôla nas torcidas de futebol.

Essas observações que provêm de Freud encontram ilustração na maneira como os fiéis religiosos ou membros dos movimentos (Opus Dei, Legionários...) e mesmo as próprias Ordens ou Congregações religiosas vivem: sempre tangidas por um chefe ao modo de rebanho. Há um estilo que os revela como se fossem "fabricados" num molde.

A troca de religiões ou seitas, aí incluída a religião católica, não raro, se deve à propaganda de um líder religioso convincente.

O consumismo religioso congrega massas conforme a teatralidade dos protagonistas. As redes de televisão perceberam que podiam participar desse dividendo: "circulam nesse mercado (sic!) R$ 2 bilhões anuais". A Rede Globo, fiel à Igreja Católica durante muito tempo (amizade com Dom Eugênio Salles, padre Marcelo Rossi, açambarcamento total da Jornada Mundial da Juventude 2013), foi a última a se abrir aos evangélicos. Roberto Muylaert, ex-presidente da Fundação Padre Anchieta, caracteriza de maneira precisa e irônica essa migração religiosa: "Quem tem mídia, tem fé" (Folha de S. Paulo, 18/12/2011). Assim chegamos às religiões do marketing, do self-service, sobretudo do capital.

O Brasil é um país que ama ser colonizado: o estrangeiro sempre é melhor. E assim vai também em matéria de religião. Pelo ano de 1974, o bispo americano Bill Hybels percebeu que o povo estava achando "chato" frequentar igrejas com cultos repetitivos, sermões iterativos... Resolveu construir um grande templo em South Burrington – Illinois – para 7.000 pessoas. A moda pegou. Porém, hoje nos USA, essa moda está em franco declínio: "As mesmas pessoas que achavam conforto na multidão, vieram a sentir falta, mais tarde, da relação pessoal que encontravam nos cultos menores em que o pastor ou o padre conhecem cada um pelo nome" (Época, dezembro de 2011): "Os fiéis descobrem que querem um contato mais direto com o Divino, o que não conseguem a partir de sermões impessoais" (id. ib).

No Brasil, mais de 30 anos depois, os padres e pastores não pensam assim. Entraram numa competição aberta para ver quem é capaz de construir o templo maior. "Os brasileiros têm necessidade de grandes basílicas e catedrais, de lugares grandes para congregar e orar", diz Marcelo Rossi, justo agora que a moda passou e as catedrais e igrejas europeias estão ao mofo ou à venda ou ao turismo.

Nas pegadas do papa João Paulo II, trata-se mesmo de alimentar uma religião de massa: "os megatemplos se convertem em megapalcos" (id. ib.). Marcelo Rossi, ao construir seu grande santuário, com um altar de 4 metros de altura, disse claro: "Quero que as pessoas me vejam de qualquer parte, e quero poder vê-las" (id. ib.). Sinais dos tempos: Igreja da visibilidade, do narcisismo clerical... "privilegiando a visão e a participação sobre a introspecção" (id. ib.). Jesus, o Espírito Santo, a Trindade... bem, não fazem parte da religião de massa ou de devocionismos. Visibilidade do pastor e hipnotização da massa são estratégia de religião.

O bispo de Belo Horizonte justifica a sua nova catedral replicando: "A fé cristã não é para ser vivida apenas individualmente". Mas Bento XVI a contesta: "Deus não é objeto de experimentação. Ele é sujeito que se manifesta **apenas** na relação de pessoa a pessoa" (30/06/2011). "Uma comunidade, em vez de massa, é aquilo que nos ajuda a viver lado a lado como indivíduos" (Radcliffe, T.).

Em 14/09/2011, a Folha de S. Paulo publicou uma nota curiosa sobre como funciona a religião midiática do padre-pop Rossi: ..."das 11h30min às 17h30min, ele autografou 1.200 livros, ou seja, um livro cada 18.7 segundos. A mão entrou em cãibra. Então, das 17:30 h às 19:30h, com a mão enfaixada, em 130 minutos, distribuiu 46 bênçãos individuais por minuto: uma bênção a cada 1.30 segundos". Depois há quem não acredite em milagre!

As grandes catedrais ou igrejas, como diz Comblin, já são museus, e museus que abrigam grandes obras de arte. A melhor solução para o futuro encontra-se hoje na catedral de Orvietto, na Itália. A catedral de Orvietto pode ser citada como modelo para as catedrais e igrejas do mundo no futuro. Retiraram-se os bancos, eliminaram-se os artefatos religiosos, a catedral faz pleno jus ao que se tornou: um museu. Sobretudo pelo impressionante Juízo Final de Signorelli. Cobra-se uma entrada que não é barata e os turistas circulam pelas obras de arte e pela própria catedral, que também é uma bela obra arquitetônica.

Seria desejável que até a basílica de São Pedro fizesse o mesmo.

Aquela multidão diária que forma imensas filas em "S" no amplexo das colunatas de Bernini poderia render muito. As somas arrecadadas, se não desviadas como no IOR, poderiam ser destinadas a eliminar doenças, fome do mundo e a sustentar as comunidades carentes. Além disso, seria uma maneira de devolver ao povo de Deus o dinheiro arrecadado com a venda de indulgências para construção da basílica.

Há uma religião para o consumo de cada gosto. Nos Estados Unidos, elas já são 38.000. O Brasil, com 117.000, segue velozmente o exemplo. É o apelo ao proselitismo, à hipnotização, à sociedade do espetáculo, à ambição de "pastores" que fazem surgir as novas e propiciam a troca. Nesse vale tudo, até a sentença de Jesus de Nazaré sobre a misericórdia e o amor do Pai:... "vim para que tenham a vida e a tenham em abundância" é distorcida pelo apelo materialista das riquezas dos pix bispos S/A, totalmente oposto à proposta e ao testemunho de desapego e pobreza do próprio Jesus. Enquanto isso, 10% dos salários são proclamados como condição do atendimento de Deus aos pedidos, a antiga grande sacola escancarada por quatro pessoas e os fiéis desfilando para depositar publicamente seu "óbolo", ou, enquanto é proferido o discurso apelativo do pastor esperto ou espertalhão do "show da fé", do "show da promessa", do "call center da religião" ou do "telemarketing da religião", que dirige o espetáculo televisivo, a base da tela estampa ininterruptamente os números das contas bancárias da "Igreja" ou, ainda mais moderno, o débito automático em conta bancária ou o pix tilintando sem parar. O inconsciente é uma instância poderosa, mas cruel; espirra nossas verdades impiedosamente. Como sua lei fundamental é que ele repete, a verdade sorrateiramente, subitamente vem à tona. Não poderia haver título mais preciso e precioso para a biografia de Edir Macedo: "Nada a Perder". Mestre na arte, é hoje um dos bilionários entre os mais ricos do mundo. O que é incrível em tudo isso, se levarmos em conta a vida humilde e pobre de Jesus de Nazaré, é que Ele acaba incumbido de ocupar o lugar de "garoto propaganda" de toda essa parafernália financeira. Diz-se que há três maneiras de se enriquecer rapidamente no Brasil: banco, tráfico de droga e religião. Haverá sempre novos pix pastores seguindo o exemplo. O apelo ao imaginário religioso é um ideário dos mais irresistíveis à dura existência humana, um dos mais sedutores, como também dos mais alienantes. O imaginário religioso, mais do que outro qualquer, cai sob a definição que lhe dá Roland Barthes: "O imaginário é exatamente aquilo sobre o que os outros têm poder. Aquilo que não é protegido por nenhum desvio, nenhum desencaixe". Em 1574, *Etienne de la Boétie* descreveu de maneira imortal em que consiste essa dependência em "Discurso da Servidão Voluntária".

Incrível, paga-se caro para participar do imaginário religioso. Cada nova igreja é uma nova financeira e os fiéis são responsabilizados, "culpabilizados" pela ideologia de que o "dízimo" pertence a "deus". Pague sempre o dízimo. Se você estiver desempregado, empreste o dinheiro, mas não deixe de pagar o dízimo, senão você não arruma emprego. A Didaqué já tinha sentenciado no primeiro século do cristianismo:

"Ao partir, o apóstolo não deve levar anda, a não ser o pão necessário até o lugar onde for parar. Se pedir dinheiro é um falso profeta".

O jornalista Hélio Schwartsman, da Folha de S. Paulo, e mais dois colegas fizeram uma experiência assustadora. Resolveram fundar uma "religião": "Igreja Heliocêntrica do Sagrado Evangelho". "Com apenas R$ 418,00 e cinco dias não consecutivos de trâmites burocráticos, conseguimos registrar o culto, abrir uma conta bancária na qual podemos fazer aplicações financeiras livres de impostos". O mais difícil foi o imediato fechamento da "igreja" experimental (Folha de S. Paulo, 22/12/2013). Eis a demonstração de que astutos pastores podem facilmente se locupletar ludibriando "fiéis" com um linguajar ensebado de bíblia e do sagrado. "Numa sociedade de mercado, a religião e a espiritualidade se transformam em mercadorias à disposição do consumo geral" (Boff, L.).

O fenômeno religioso contra o qual insurgiu Jesus de Nazaré é um imaginário poderoso, é a eterna procura do mito numa tentativa alienada de "entender" os mistérios da vida ou "desangustiar-se" deles e das agruras da existência. Toda religião acaba em ideologia: "aquilo que se repete e consiste" (Barthes, R.).

Freud cometeu um equívoco até grosseiro quando afirmou que o exército é conduzido pelo general e a Igreja, por Cristo. Oxalá fosse! A história da Igreja teria sido bem outra! Quem chefia a Igreja é o papa ou a Cúria Romana. Trata-se duma relação piramidal estrita e ditatorial, concentracionista. O Cristo, às vezes também o Espírito Santo, são evocados como ratificadores de seus atos ou ambos são lembrados como justificativa de seus decretos ou ações. Na prática, há uma inversão: o Cristo e o Espírito Santo estão a serviço, ao uso da hierarquia, como também se evidencia na Igreja Universal e em outras neopentecostais.

A religião como grupo ou massa apresenta outra característica: a intolerância. "Uma religião, embora se chame religião de amor, não pode deixar de ser dura e sem amor a quem não pertenceu a ela. No fundo, cada religião é de amor por aqueles a quem abraça e está pronta para a crueldade e a intolerância para aqueles que não são seus membros" (Freud). Vide a triste história da crueldade com que a religião católica alimentou a Inquisição, condenou hereges e perseguiu quem não pensasse conforme seus decretos, dogmas ou cânones. "Em 1739, Antônio José da Silva, "O Judeu", advogado e dramaturgo, natural do Rio de

Janeiro, seria executado no garrote por ser "apóstata e herético contra a santa fé católica, convicto, negativo e obstinado" (Folha 14/02/2015).

Vide, outrossim, o triste legado do concílio de Trento encabeçado pela Companhia dita de Jesus. Na verdade, as condenações da religião católica não têm cabimento, pura exibição de intolerância e autoritarismo. Isso, patentemente, nada tem a ver com Jesus de Nazaré, que "não veio para fundar uma religião, pois já havia muitas em sua época. Ele veio para ensinar a viver. O seu legado é uma prática destinada a gerar o homem novo, a mulher nova e não a criar filhos piedosos e fregueses de uma instituição religiosa" (Boff, L.). Pelo contrário, "Jesus viveu uma vida de liberdade total e sua vida é um apelo para a liberdade, para que todos entrem no mesmo caminho da liberdade" (Comblin, J.).

Essa intolerância foi herdada por todas as seitas derivadas da religião católica: os pastores apresentam sua denominação como a "verdadeira" e invectivam as outras. É comum a altercação entre eles. Todas as religiões acabam em divisões: a cristã e a islâmica são exemplos patentes. Pior, essas divisões não se suportam, excomungam-se mutuamente, guerreiam entre si. Vide a guerra civil na Síria entre sunitas, alauitas e xiitas: já ocorreram 500 mil mortes (2017). Após o anúncio da renúncia de Bento XVI, a imprensa internacional denunciou uma "guerra civil no Vaticano". "A violência está no âmago de toda religião": "Não haja partidos religiosos porque dividem as pessoas. Os extremistas, os talibãs e aqueles que combatem em nome da religião se retroalimentam mutuamente para exterminar as pessoas" (Assoum, A. – Grão-Mufti).

Vide o Boco Haran da Nigéria, segundo o qual a educação ocidental é pecado: sequestro, violação e venda de trezentas meninas adolescentes, bombas e incêndios em igrejas e escolas cristãs. Vide judeus ortodoxos (Haredin) jogando pedras ou cuspindo em mulheres que se recusam a se vestir como mulheres de 7 séculos antes de Cristo e a exigir que elas andem em outra calçada ou tomem ônibus de transporte feminino (Bet Shemesh, Israel – Maio de 2014). Tudo isso em nome de Alá ou Javé, acreditando que estão sendo fiéis a ele e não alienados na paranoia de um feroz fanatismo religioso: "A doença mortal do homem é a carência de simbolização" (Barthes, R.). Por isso, o fanático é um indivíduo mentalmente indigente: só tem certeza. Ele não pensa mais, ele é pensado, como na paranoia ou no delírio do louco, vegeta bloqueado em estado de sideração.

A verdade é meridiana: "a história humana mostrou que a construção da paz não pode ser entregue a nenhuma religião mundial" (Suess, P.).

Na massa ou no grupo, é muito difícil ocorrer a experiência de Sentido Radical da fé. Os indivíduos abrem mão de sua subjetividade e de seus ideais de ego para responder como massa aos ideais do chefe. Exemplo disso são as viagens internacionais dos papas e as Jornadas Mundiais da Juventude, ótimas para a experiência do sacral, do encantamento, da admiração. Todos ficam enlevados pelo contágio do chefe e do sublime: é o *fascinosum* em ação. Este mesmo fenômeno impregna todos os movimentos – Opus Dei, Comunhão e Libertação, Arautos do Evangelho... – apagamento da consciência subjetiva e da liberdade pessoal diante do "liderismo" de seus chefes. Puro "fideísmo". "Só na dureza da lei e no rigor da punição é que minha fraca virtude pode se realizar" (Karnal, L.).

Toda religião ou movimento visa a "homogeneização das massas" (Comblin, J.). O chefe do Levante, xiita, Abu Bakr al-Baghdadi, declarou escancaradamente a seus seguidores reunidos numa mesquita: "Vocês obedeçam a mim como a Deus". "A religião – denuncia Comblin – é nefasta se fecha o indivíduo em si mesmo, nas práticas religiosas, fazendo crer que a salvação virá de todas essas práticas".

O movimento carismático, que partiu dos Estados Unidos e invadiu o Brasil, é por excelência uma religião de massa. Modelo dessa experiência religiosa é a "Canção Nova" da cidade de Cruzeiro, São Paulo. O movimento carismático não é mais que um novo devocionismo que separou o Espírito Santo da Trindade e o cultiva à parte, não raro com fantasias exaltadas. Pois essa religião de massa é individualista, exclui o essencial do evangelho que é o próximo, a comunidade das mulheres e homens, o social, inerente à essência da mensagem evangélica. A "Canção Nova" aplica os recursos de domínio da massa: a sugestionabilidade, a hipnotização, a exploração da fantasia religiosa e os recursos virtuais e televisivos. E "canção antiga". A TV século XXI se dedica à expansão da religião da tradição eclesiástica e clerical em detrimento da Tradição Evangélica ou Apostólica. "Mão ensanguentada de Jesus" (?!) (horror!). Em vez de vida na Trindade, devocionismos de todo tipo, sacramentalismo, espetáculos religiosos, sentimentalismo em ampla teatralidade. A bem da verdade, um canal de TV chato, enjoativo como os programas de TV ou de rádio de pastores neopentecostais. O objetivo é "com-vencer" os fiéis, quebrar-lhes a resistência e eles "se converterem" à religião em palco. O movimento carismático não passa de uma bolha devocionista. Passará como passaram tantos outros devocionismos ou associações religiosas: devoção ao sagrado coração, Filhas de Maria, Legião de Maria..., à mão ensanguentada de Jesus, shopping católico...

Portanto, o movimento carismático que o papa Francisco chegou a comparar com "uma escola de samba" pouco ou nada tem a ver com a vida pujante do Espírito Santo nas comunidades dos três primeiros séculos: "cheios do Espírito Santo", o Espírito "cai", "derrama", "conduz", "impede"...

É por isso que a experiência religiosa não é a experiência de Deus. Desfeita a massa, as emoções desvanecem, permanecendo, apenas, a lembrança do evento, se tanto. Vide, por exemplo, quem se lembra da emocionante Jornada da Juventude de 2013? Vem daí que a experiência religiosa é obstáculo à experiência do Sentido Radical. Este é permanente, vivência com a Trindade, aquele é passageiro, apenas uma emoção.

A experiência de Deus é uma irrupção interna, no real do inconsciente. Esta transforma o sujeito, aquela alvoroça indivíduos massificados pelos sugestionamentos, pelas fortes emoções, que se desfazem assim que o chefe, o hipnotizador, se vai. João Paulo II, no "palco do mundo", foi um exímio mestre nessa arte, até a hora da morte. Os líderes religiosos, os pastores são expertos na arte da sugestão: hipnotizam a massa com palavras de ordem, a dominam com um discurso intenso, contínuo, em *crescendo*, fazem as pessoas sentar, levantar, articular gestos coletivos com os braços, a cabeça, tudo acompanhado de uma música de fundo apropriada ou um canto que não permite outra saída senão render-se à emoção do grupo. Se, via sugestão, ensaiam um "milagre" no palco ou na tela, os indivíduos sucumbem no abismo da psicologia de grupo. Um arrebatamento. Exatamente como o hipnotizador exerce o seu ofício. Aí não há como não ceder ao domínio do chefe, não há como não encher as sacolas. "A linguagem religiosa é uma linguagem triunfalista" (Barthes, R.).

Outra consequência grave da experiência do sacral na religião de massa é que ela gera o sectarismo e, ao mesmo tempo, incita o proselitismo. O sectarismo embrenha-se num beco sem saída: o fanatismo, que é a fixação imaginária de uma ideia religiosa que é apresentada à mente do crente como a Verdade. Nada mais a governa senão a ideia fixa, o imaginário coagulado dessa "verdade". É semelhante ao que acontece ao louco. Mas, evidentemente, isso nada tem a ver com a experiência de fé proposta por Jesus de Nazaré, que é uma experiência de liberdade dos filhos do Pai, de igualdade de todos perante ele. Liberdade de paz na deliciosa convivência com a Trindade e com os irmãos e irmãs. A liberdade subjetiva é condição *sine qua non* do ato de fé. Os fanáticos, os fiéis dominados pela psicologia de grupo das massas estão alumbrados pelo Outro da paranoia, não são mulheres e homens livres.

De 2010 até 2017, o centro da África tem se mostrado violento contra os cristãos. Os muçulmanos incendeiam as igrejas, perseguem ou matam os cristãos. Os cristãos viraram os bodes expiatórios de seu fanatismo religioso sem saída, de suas misérias políticas, econômicas ou objeto de inveja da liberdade religiosa deles. A diferença é simplesmente insuportável. A propósito da África, ou melhor do islamismo de lá e do Oriente Médio, os islâmicos perseguem os homossexuais. Nigéria e Uganda aprovaram lei que os pune com prisão, prisão perpétua, morte. Cartazes foram exibidos em passeatas como um grande feito: "*For God and my country not sodomy*" (Por Deus e meu país nada de sodomia). A homossexualidade é ilegal em 36 países e punida com morte na Mauritânia, na Somália e no Sudão. Esse fanatismo religioso encobre o sol com a peneira. Homossexualismo é uma identidade sexual provinda da educação: o masculino com predominância da mãe, e o feminino com predominância do pai. O homossexualismo é, portanto, fruto da cultura familiar. Sempre existiu no mundo e continuará a existir. Os que o execram e o punem o fazem por motivo religioso do passado. Isso, portanto, faz parte da cultura de quando a religião foi fundada. Mas esse dogmatismo exclui de sua crença o amor e o respeito aos seres humanos que ela prega, a seres humanos que nada fizeram por assim serem e assim se expressarem em sua maneira de existir e amar. É batalha perdida punir ou matar homossexuais. Além de motivos religiosos moralísticos, essa perseguição a homossexuais elabora crassa ignorância sobre a sexualidade humana e apoia-se em preconceito desastroso. Imagine-se que Shakespeare, Fernando Pessoa, Mozart, Caravaggio e tantos outros teriam sido eliminados nessa cultura fundamentalista e a humanidade teria ficado sem o tesouro incalculável de suas obras. Nada mais devastador na sociedade dos humanos do que o preconceito ou o fanatismo, sobretudo o religioso. Em nada aparece tão evidente que "o saber é da ordem da paranoia" (Lacan, J.). O fanatismo arrebata pela sideração: "A sideração é produzida por uma cena que ouço, mas não vejo" (Barthes, R.).

Toda identificação sexual diferente nos interroga intimamente em nossa própria identidade sexual. Quanto mais violência com o diferente sexual, mais confessamos a angústia da interrogação que ele nos desperta. É também muita ignorância clínica pensar que a identidade sexual é estanque: "O sentido do sexo é precisamente produzido pela história do sujeito e não pela natureza" (Barthes, E.). O papa Francisco pensa de outro modo contra essa violência: "Quem sou eu para julgá-los"?

O fanatismo é fruto também de uma religião inapta a se adaptar ao mundo hodierno e, pior, incapaz de este mundo lhe ser mensagem: "O maior desafio do século XXI é realmente a relação entre Islã e modernidade. Vemos os efeitos negativos disso sob muitos pontos de vista: como o terrorismo em nome do Islã. Se o Islã não for capaz de encontrar o seu espaço no mundo moderno, o terrorismo seguirá em frente e se tornará ainda pior. Seria uma catástrofe para as futuras gerações" (Roseu, D.). Não é exatamente isso que estamos vivendo no islamismo do Norte da África e de todo Oriente Médio, sobretudo na Síria, Líbano, Paquistão, Iraque, Yemen e Irã? Uma guerra fratricida sustentada por seitas de uma mesma religião. Os sulfitas são os mais abominados por todas. Maomé dificilmente se reconheceria entre esses islâmicos atuais, supostamente praticantes de sua religião. Nós não temos que ter a humildade de confessar que a religião católica sempre viveu em guerra, senão em excomunhões como com o luteranismo e as chamadas heresias? Comblin escreve: ..."as religiões são acusadas de ser fator de guerra. É verdade que as guerras de religião são as mais cruéis e que a religião está na origem de muitas guerras. As religiões são naturalmente intolerantes. O apego à própria religião gera uma hostilidade contra as outras religiões, sobretudo as religiões vizinhas". "A Inquisição católica, a carta de Lutero recomendando matar os judeus, os calvinistas enforcando os supostos feiticeiros em Salem: a história cristã é, basicamente, uma história de crimes. Acima de tudo, uma história institucional de negação de solidariedade e de compaixão" (Karnal, L.).

O fanatismo, sobretudo o religioso, é devastador. Contardo Calligaris faz a seguinte observação: "É quase uma regra: qualquer suscetibilidade externa é sinal de fragilidade interna. Em outras palavras, a facilidade com a qual eu me sinto ofendido revela que eu mesmo devo concordar, ao menos em parte, com a ofensa que recebi... a suscetibilidade muçulmana manifesta que deve existir na alma um conflito entre o tradicionalismo religioso e uma aspiração à liberdade em suas manifestações modernas ocidentais" (Folha 27/09/2013).

Depois dos atentados terroristas de Paris (janeiro 2015), o papa Francisco declarou: "Não há nada mais destrutivo do que o fanatismo religioso. Podemos atirar bombas e lançar drones, mas este fanatismo não irá cessar até que o confrontemos teologicamente"... A história das religiões revela: "se abordarmos qualquer um dos textos religiosos como uma mensagem fundamentalista direta de Deus e não como um texto historicamente contextual de um período particular, se abordarmos qualquer um deles como verdade absoluta e revelação final, então ele irá conduzir ao fundamentalismo terrível e à religião desviante". No segundo terrível atentado (novembro de 2015), apenas acrescentou: "Não, isso não é de Deus... Em Paris, o nome Deus foi usado para fechar os corações". Não seria isso uma luz?

A religião pouco modifica os sujeitos, pois desenvolve uma relação imaginária com Deus, indireta, muitas vezes egoísta e interesseira senão por culpa ou escrúpulo. Essa relação consiste na multiplicação de práticas religiosas, não raro supersticiosas ou mistificadoras, propostas por clérigos ou pastores como algo que agradaria a Deus, o comoveria ou o aplacaria. Afinal, o fiel acha que agradará tanto mais a Deus quanto mais executar prescrições ou recomendações dos que se qualificam como representantes dele. Pior, sentem-se culpabilizados se as não cumprem. Deus, sobretudo seu Espírito, fica impedido de propiciar experiência radical dele, pois a barafunda de prescrições ou de práticas devocionais desvia a inteligência direta da fé. O sopro do Espírito passa e o sujeito não o percebe porque está preso ao imaginário do sacral, no repetitivo das práticas religiosas ou na iteração incessante dos discursos religiosos, sobretudo sermões. A obediência aos clérigos, aos pastores ou aos fundadores dos movimentos (Arautos do Evangelho, Legionários, Opus Dei...) cega o crente a ponto de acreditar que não pode chegar a Deus a não ser pela intermediação deles. Eles é que pretendem dizer quem é Deus e como Deus se comunica com os humanos. As exigências e prescrições estatutárias dos movimentos centram a atenção dos sócios na observância das determinações dos seus chefes, obscurecem a luz do Sentido Radical da fé e a voz deles abafa a voz do Espírito. Daí o conhecido fanatismo de seus membros. "Geralmente é sempre assim: Lá, onde reina a ordem da instituição cristã e, com isso, se inaugura o poder sagrado (*sacra potestas*) menos se sente a necessidade da invocação do Espírito para animar a comunidade. A rotina substitui a criatividade que vem do Espírito" (Boff, L.).

A religião tira sua força em manter Deus na tela de fundo, mas, de fato, ancora-se em prescrições, leis morais, rituais que submetem os fiéis sob a sanção de pecado ou narcisismo de pertença. A não observância dessas imposições faz o fiel sentir-se em culpa senão em excomunhão ou em infidelidade, não tanto à religião, mas, incrível, a Deus. Essas injunções medram um sentimento de culpa (Shuldgefühl) (Freud) manipulado habilmente pelos prepostos religiosos para a submissão dos fiéis. O crente se vê excluído da massa e desamparado do chefe. É o efeito da ideologia religiosa ou da pressão do grupo. "Opor-se ao rebanho, escreve Freud, equivale a separar-se dele e, por isso, evitar-se-á com angústia. Ora, o rebanho desautoriza o novo, o inabitual". A inclusão na massa gera acomodação imaginária e esta dispensa a procura do Sentido Radical da fé, bastam a inserção na própria massa e o cumprimento da obrigação religiosa. O novo incomoda, interroga, desaloja, ousa, outra, importa pois "desautorizá-lo". Mais uma vez: "o misterioso receio ancestral à chegada e ao novo" (Pessoa, F.). O Espírito é essencialmente o novo. A "chegada" dele é contínua, inesperada, surpreendente, "misteriosa". Por isso matam-se os profetas. Portanto, a exploração do sentimento de culpa – desvio entre o ego e o superego religioso – é a grande arma daqueles que presidem as religiões.

A convivência com a Trindade é alimentada diretamente pelo próprio Espírito, Ele se comunica pessoalmente sem cessar e dispensa intermediários, sejam padres ou pastores. Ele é Deus! Ele é livre, inventivo, criativo: o vento, o frio, uma folha, uma flor, uma paisagem, sobretudo um irmão que respeita o outro, um desamparado, vítima da miséria ou mesmo um covarde ou um canalha... Uma dúvida, uma doença, uma perda, uma conquista... misteriosamente Ele marca presença, nos comunica sua mensagem e nos mergulha no abismo da Trindade. Ah que alegria! Tudo é uma mensagem para aquele que vive o Sentido Radical da Fé! O papa Francisco propõe que pastor ou fiel só o são se portam o "cheiro de ovelha"; nada de superioridade ou massificação que isto é obra de "clérigo carreirista, mundano", disse ele.

Além disso, em todo clérigo ou pastor imperam um narcisismo larvar e um gozo de poder em ter sob sua dominação um grupo obediente às suas determinações ou prescrições, senão ambições materiais inconfessáveis. Passam aos "fiéis" a ideologia de que eles são os únicos necessários intermediários entre Deus e os homens. Assim se alimenta e se perpetua a religião, seja ela qual for: a religião precisa da massa, cria a massa, fomenta-a e sobre ela exerce seu controle. Paulo advertiu: "Não percam a liberdade cristã" (2 Cor 3:7).

A experiência radical da fé, como irrompeu em Jesus de Nazaré, quebra esse círculo vicioso e propicia a experiência do Reino de Deus, a libertação subjetiva, a comunicação com o Espírito, a paz e a alegria das discípulas e discípulos de Jesus. Na partilha da comunidade, a experiência do Sentido Radical encarnada em Jesus de Nazaré consiste na libertação das prescrições do sagrado, dos rituais repetitivos da lei religiosa, e opera-se na comunicação em "espírito e verdade" com o Espírito Santo e o que lhe importa é estabelecer o Reino de Deus, Reino de justiça e amor ao próximo, sobretudo aos excluídos. Por isso, se Jesus tivesse fundado uma religião estaria em contradição com a sua proposta radical da fé. Jesus, como deu exemplo vivo em sua existência, é apaixonado por seguidores livres que ponham em prática e em marcha seu seguimento. Na comunidade de irmãos. No amor ao próximo, sobretudo aos últimos da sociedade: "O Reino de Deus não é nenhuma realidade religiosa. Não consiste em atividades religiosas, e não se conquista por atividades religiosas. O Reino consiste no amor entre todos os seres humanos, amor que é reconhecimento, serviço. O amor dirige-se prioritariamente aos pobres" "O Reino de Deus é movimento" (Comblin, J.) do Espírito Santo.

A independência de Jesus de Nazaré diante da religião, da Lei, do Templo, das prescrições rituais e sabáticas, dos escribas, dos fariseus e dos sacerdotes, a liberdade de atuação junto a puros ou impuros, leprosos, marginais, prostitutas, mulheres menstruadas ou não, é o Jesus, filho do Pai, guiado pelo Espírito Santo, é o Jesus da "boa notícia", da justiça para todos e da libertação de todo poder escravizante, sobretudo do poder religioso massificante. Sua proposta é de vida em pequenas comunidades nas quais mulheres, homens e crianças partilham os bens, as lutas e os problemas que enfrentam e, sobretudo, nas quais partilham as experiências da fé, na escuta e obediência ao Espírito Santo e no partir do pão. A proposta radical de Jesus de Nazaré abole totalmente a religião, consequentemente o sacerdócio e, sobretudo, a religião de massa e suas manifestações triunfalistas: "Ora, o Senhor é Espírito e onde está o Espírito do Senhor aí há liberdade" (2Cor 3,17). "A mensagem de Jesus é uma mensagem de liberdade" (Comblin, J.).

A religião católica banha-se num paradoxo. Ela é a única religião no mundo que tem condição de origem e de fundação para eliminar a religião de massa: Jesus não a fundou como não fundou nenhuma religião. Jesus, leigo, em Pentecostes do Espírito Santo, edificou uma comunidade de leigos. Bastaria voltar às origens. Mas, aí, suporia abolir o sacerdócio e a hierarquia, que não vêm de Jesus. Mas o apego ao poder e a seus privilégios... A religião católica, não nos esqueçamos, foi fundada por Constantino, e a Igreja católica foi edificada pelo Espírito Santo: "A Lei do Espírito de vida em Cristo Jesus te libertou da lei do pecado e da morte" (Rm 8:2).

Religião de massa por religião de massa, a religião católica está em desvantagem séria em matéria de prática da fé diante das Igrejas protestantes e mesmo das neopentecostais. O culto religioso católico é formal, sempre o mesmo, determinado piramidalmente a partir do Vaticano, fora da realidade comunitária. O culto consistiu em fazer da eucaristia um sacrifício e obrigar os fiéis a assistir à missa. As leituras bíblicas chegam a fazer parte desse culto, mas ocupam apenas um dos itens da burocracia litúrgica.

No protestantismo ou seitas dele derivadas, o culto se concentra na leitura da Bíblia e o texto escolhido é analisado e transformado em mensagem para a caminhada. Os simples a recebem e tiram dela energia para a vida cotidiana.

Consequência: o cristão sai da missa com a certeza de ter cumprido uma obrigação eclesiástica ou canônica, a lembrança do ritual permanece algumas horas ou algum dia na memória e se apaga. O imaginário é o cenário onde a cena se representa. Dura pouco. "O imaginário é imaginário de imagens" (Barthes, R.). O católico está condicionado ao automatismo do sacramento ou da graça. Terminado o rito, tudo está cumprido, ele está quites com o clero e, acha ele, com Deus também. O evangélico, porém, além da meditação no culto inteiro sobre um texto bíblico, sai do culto com a Bíblia embaixo do braço e ela vai lhe ser companheira na semana toda. A ela se dirige nos mais diversos momentos do dia e, como as palavras da Bíblia são aproveitadas pelo Espírito de maneira pessoal em cada sujeito, elas se tornam vida, força e coragem para enfrentar, na fé, os problemas do dia a dia. Exemplo disso, analisa muito bem o profeta Comblin, foi a fé que salvou os mineiros presos no fundo da terra durante 70 dias, no Chile, em 2012. Eles confiaram no Senhor e o Espírito os confortou para que não desanimassem, não se desesperassem e aguardassem a libertação na esperança do Senhor. Acabaram sendo salvos. Isso lembra os mártires e as catacumbas dos três primeiros séculos do cristianismo.

Todavia quando a Bíblia se torna sagrada e o biblismo, ideologia apaga-se a proposta do Diarista de Nazaré. Os católicos atuais, porém, foram acostumados a repetir fórmulas devocionais ou formalismos rituais. Uma coisa é certa, Deus não é e não está na massa. Está nos sujeitos.

O que é difícil de suportar são os evangélicos ou católicos fundamentalistas, inconvenientes, que vivem para fazer prosélitos sem parar e martelam em intermináveis programas de rádio e TV aquilo que é pura ideologia religiosa, marketing barato, tedioso. É preciso notar uma clara insegurança, uma irrequietude entre os neopentecostais: o tempo todo citando a Bíblia de maneira ingênua, numa leitura literal, sem exegese sincrônica, criticando ou condenando o comportamento dos outros. Os católicos, como diz o papa Francisco, não estão isentos da maledicência. Estes "fiéis" são chatos e inoportunos. "O proselitismo é uma bobagem solene, é ingênuo e imprudente" (papa Francisco). E, sobretudo, aborrecedor. Quer converter por "com-vencimento".

A exclusão dessa religião de massa [4] é a volta promissora às comunidades dos três primeiros séculos, operada hoje pelas Comunidades

---

[4] 2016 – 2017: Dois anos que comprovam "que as guerras de religião são as mais cruéis e que a religião está na origem de muitas guerras" (Comblin, J.).

- Os cristãos coptas do Egito e suas igrejas foram covarde e cruelmente atacadas. Os atentados mataram muitos cristãos. Os islâmicos os explodiram.

- Os yazidis, que têm uma crença sincrética com princípios derivados do cristianismo e do islamismo, foram pesadamente atacados pelo Estado Islâmico: muitos fuzilados, degolados e as mulheres raptadas para serem escravas sexuais. Desesperada a minoria yazidi fugiu para as montanhas de Sinjar, onde vivem em condições de miséria. Com o desmantelamento do Estado Islâmico, eles começam a regressar para suas terras.

- Mas, talvez, o mais cruel de todas as guerras foi a violência e a truculência com que a maioria budista de Mianmar tentou exterminar a etnia rohingya de crença islâmica: "apoiados por grupos radicais budistas, os militares de Mianmar fuzilaram homens, estupraram mulheres, assassinaram crianças de forma brutal e sistemática" (Folha 15/01/2018). E o número de mortos chegou a 7.000. A população em massa fugiu para as montanhas e florestas de Bangladesh, onde os refugiados vivem apinhados em tendas precárias sem condição alguma de higiene e infraestrutura. A fé os mantém unidos: "Não importa onde estejamos, a religião nos lembra quem somos. Ela nos dá força na dificuldade" (id.ib.). Um acordo entre Bangladesh e Mianmar, com forte intervenção do Papa Francisco, vai permitir que os rohingya voltem para Mianmar.

As religiões são estranhas: seus filhos invocam o mesmo deus e eles se destroem.

A luta de poder das religiões é desastrosa. O fanatismo que é fruto da estupidez humana, cega o fiel. O outro que pensa e crê diferentemente é inimigo. Ou ele converte ou é eliminado. Não só não há tolerância como não há racionalidade. A crença cega, engessa o imaginário e o simbólico se torna único. Exatamente como na loucura, seja no delirante, sobretudo no paranoico.

Quem se lembra daquele pastor da Igreja Universal, na prática de uma religião de massa e de palco, chutando a imagem de Nossa Senhora Aparecida, padroeira do Brasil?

Erram e erram histórica e teologicamente os evangélicos a procurar os benesses do presidente da república. Os papas (inúmeros!) que fizeram isso, a procura do favor dos poderes temporais, afundaram a Igreja de Jesus. Inocêncio III chegou a ser tão poderoso que nenhum rei do ocidente poderia reinar sem antes passar pela sua unção. Dante em sua Divina Comédia não hesitou em colocar Constantino no Inferno – "*di quanto mal fu matre*" – e três outros papas que abusaram do poder. Ao procurar a proteção do poder temporal os pastores perdem o poder da crítica evangélica e da eficácia do projeto de Jesus. Coniventes com o poder estão, queiram ou não, a apoiar os desmandos do governante. Se tornam reféns.

No Brasil bolsonarista, os pastores Silas Malafaia, acólito e coroinha do presidente, e Edir Macedo, o pastor Salomônico, se notabilizaram pela busca do poder. Após as eleições, ambos: "só resta rezar pelo novo presidente". Não caíram na real. Passaram a responsabilidade para Deus e não se lembraram de que o sumo sacerdote Caifaz fez a mesma coisa com Pilatos e deu no que deu; salvou a religião, e enviou Jesus à morte. Outro exemplo chocante senão monstruoso: o patriarca Cirilo a abençoar Putin pela invasão e destruição do povo ucraniano. As religiões são oportunistas e crucis. Sempre que procuram o guarda-chuva do poder encharcam e conspurcam o Evangelho.

E aí, desastrosamente os pastores não estão ao que vieram. Não há como não tergiversar, repito: "Ao partir, o apóstolo não deve levar nada, a não ser o pão necessário até o lugar onde for parar. Se pedir dinheiro é um falso profeta" (Didaqué).

"O princípio de todos os males é o amor ao dinheiro. Sabendo, portanto, que nada trouxemos ao mundo e que deste nada podemos levar, armemo-nos com a arma da justiça primeiro a nós mesmos a caminhar conforme o mandamento do Senhor".

de Base tanto de cristãos católicos como de luteranos e de outras denominações. Massa é indissociável de religião, comunidade de fé é a essência do Sentido Radical do Reino de Deus. "Na realidade, tudo indica que as Comunidades de Base respondem a critérios da orientação do Espírito Santo dentro da Tradição Evangélica" (Comblin, J.). A preocupação dos membros dessas comunidades é uma só: "Não entristeçam o Espírito" (Ef. 4:30).

Jesus de Nazaré sabia muito bem que religião é massa. Quando seus ouvintes estavam prestes a virar massa. Ele os dispensava e alonga-se na montanha para orar. Não encarnara para ser fundador de religião ou condutor de massas. Encarnou-se para fundar o Reino de Deus entre os seres humanos: uma proposta de vida com a Trindade e convivência fraterna na justiça e no amor ao próximo.

Corolário

Segundo a análise refinada de Freud, massas:

- A massa se constitui e se sustenta, por um líder, por uma força ideológica ou fanatismo ou torcida ou divertimento;
- A massa amalgama os indivíduos numa única direção de manifestação;
- A massa elimina a autonomia do sujeito;
- A massa inibe iniciativas pessoais
- A massa impõe uniformidade de conduta ação e reação;
- A massa provoca rebaixamento do indivíduo;

"Mantenham-se distantes do amor ao dinheiro" (Policarpo). À sombra do poder estiola a força moral, esvazia-se a mensagem evangélica. Jesus foi morto por não se aliar ao poder civil ou religioso. Seu projeto é independente: O Reino de Deus. Sempre que o cristianismo procurou a sombra do poder, perdeu o sol da Trindade, o evangelho estiolou-se. Foi o que aconteceu com Malafaia e Macedo quando Bolsonaro covardemente se escafedeu... Narcisismo doentio e a ganância de poder! Bajuladores, interesseiros do poder acabaram indiretamente endossando os atos criminosos do ex-presidente – genocídio (antivacina, setecentos mil mortos, yanomamis, trinta e dois milhões na fome) – excitação ao ódio – subversão dos poderes constituídos, golpe... Traição ao evangelho, descrédito generalizado. Ah! Diarista de Nazaré, te deixamos na poeira da estrada.

- A massa anula a liberdade de sujeito;
- A massa suscita o rebaixamento da atitude intelectual;
- A massa seduz para desinibição das emoções;
- A massa precipita a incapacidade de moderar-se e de deferir a ação;
- A massa excita a tendência a transgredir todas as barreiras no externar os sentimentos;
- A massa enseja, "autoriza" a descarga na ação, o ilusório desrecalque das frustrações e fracassos existenciais;
- A massa torna o covarde "corajoso":

"Os indivíduos, fracos por si sós, são obrigados a aguardar sua potencialização pela repetição uniforme da parte dos outros".

Concluindo: Massa, manipulação de massa... tiranos políticos, mal-intencionados, pregadores de religião, nojento proselitismo, poder, dinheiro, narcisismo... influenciadores, internet, TV...

Massa: nada mais oposto ao testemunho, à proposta do humílimo e despojado Jesus de Nazaré!...

"Assim, qualquer um de vocês que não renuncia a tudo quanto tem, não pode ser meu discípulo" (Lc. 14:33).

A obsessão pelo poder

"A origem de todos os males é a cobiça"
(1 Tm. 6:10).

Ao longo dos séculos, sempre que a Igreja se desvia do evangelho, praticando, não raro, crimes abomináveis ou acobertando-os, o Espírito não deixa de suscitar um profeta que a denuncie e proponha o retorno aos princípios do Fundador. Os erros ou crimes da religião católica sempre são fruto do maligno apego ao poder ou do abuso dele.

No século IV, precisamente a partir de 313, a Igreja de Jesus de Nazaré se descaracterizou de maneira disruptiva. Constantino foi um desastre para a Igreja. Não vendo futuro algum na religião romana do culto aos deuses, numa intuição política muito hábil, viu que não podia sustentar o império dividido entre o Ocidente e o Oriente. Vislumbrou a possibilidade de mantê-lo unido através da crescente crença nova que se espalhava por todo o Império. Mas, para tanto, era preciso fazer dela uma religião, e romana. Seu êxito foi completo, sua sedução funcionou excelentemente. Convocou os primeiros concílios, promoveu os enviados à classe de clérigos, construiu-lhes igrejas, palácios e os enviados passaram a contar com o poder civil, na ilusão de que a Igreja de Jesus de Nazaré encontraria meios mais eficazes para enfrentar os obstáculos e as resistências dos não cristãos. Por medo de represálias da polícia, os súditos passaram a uma "conversão" de fachada (Agostinho).

Essa contaminação perigosa, esse compadrio espúrio, vai atravessar séculos. Santo Agostinho é exemplo dessa religião ligada à "*potestas*", usando do poder da polícia para perseguir pelagianos, donatistas e os que não se convertessem ao cristianismo. Facilmente se deu boa consciência, passou a conta para Deus para que se acertasse com aqueles (*finti, fingidos*) que se "convertiam" na aparência. Além disso, ele se assenhoreou do poder civil de julgar as causas e as dissenções. A obsessão pelo poder temporal vai inebriar a classe clerical séculos afora. Assim, por volta de 314, o rei armênio Tiridates "concedeu ao bispo Gregório, o iluminador, e a seus descendentes os títulos de sumo sacerdote e bispo principal, juiz mor do Reino e protetor dos pobres, funções exercidas pelo chefe dos sacerdotes pagãos" (Alain Corbin). Status, paramentos, posses, ostentação, lacaios... tudo em função da experiência do sagrado e do domínio mistagógico e mitogênico. O que mais impressiona é a força da sedução de um lado e, de outro, o pronto abandono da proposta radical de Jesus de Nazaré, humilde cidadão da Galileia, de tudo despojado, sobretudo de si mesmo, embora filho de Deus. Assim foi que a religião constantiniana passou a prevalecer sobre a experiência de Deus vivida na encarnação e nos três primeiros séculos.

A religião católica vai, a partir daí, século após século, tentar uma conciliação impossível entre o poder temporal e o poder religioso, mantendo a ilusão de que a experiência do Sentido Radical está sendo procurada. É isto que se denomina hipocrisia. Para grande escândalo dos cristãos, a Igreja de Jesus de Nazaré, construída sobre o homem Pedro, sobre discípulas e discípulos em colegialidade e comunidade, viraria um estado, um país "da soberania maldita que levava o papa a ter exércitos, a declarar guerras e a ter prisões" (Câmara, D. H.).

A situação é tão grave que se criou uma ambivalência contaminadora: tanto falamos de Igreja quanto do Vaticano, tanto falamos de Roma quanto falamos de Igreja. Daí o absurdo: *Roma locuta, causa finita* (Roma falou, a causa acabou). Ditadura (última da Europa) ofensiva à liberdade de consciência. Esta, apanágio por excelência da proposta evangélica de Jesus de Nazaré e de seu Espírito Santo, tão precisamente recuperada pelo Vaticano II. Essa ambivalência chega a manter embaixadores em 198 países, sendo que os núncios não têm outra função que ficar em cima do muro para preservar as "boas" relações dos Estados com o Estado do Vaticano. Essa atitude gerou distorções ignominiosas como o "Doble Juego" (Verbitsky, H.) do cardeal Pio Laghi, núncio apostólico (?) na Argentina durante a repressão violenta do cruel ditador Jorge Videla, com quem jogava tênis e se reunia em jantares ou lhe dava comunhão, enquanto os cristãos estavam sendo torturados na Escola de Engenharia. O cardeal de Buenos Aires, o jesuíta Jorge M. Bergoglio, atual papa Francisco, leva suspeita de ter perseguido dois confrades cooptando com as forças repressoras e de ter colaborado com a ditadura. Capelães (horror!) militares que "se gabavam de ter informações privilegiadas sobre cidadãos capturados e torturados" (id. ib.). Bergoglio chegou a ser inquerido pelo tribunal encarregado de julgar os criminosos da ditadura.

No Brasil, Dom Eugênio Sales acabou morrendo com o título de "Cardeal da ditadura"... "ele nem disfarçava, ao contrário, manifestava publicamente orgulho do livre trânsito que tinha entre os militares e os poderosos". Numa entrevista à Folha de S. Paulo, declarou que, ao subir para o palácio episcopal do Sumaré, no Rio, à noite, o importante era circular com a luz interna do carro acesa. Os traficantes podiam ver a autoridade do Vaticano. De certa feita, nesse trajeto, encontra um morto: para o carro e reza por ele. Em seguida se vai como o sacerdote diante do samaritano ferido... Sua ambiguidade eclesiástica ficou patente diante da omissão total no caso da expulsão do Padre Francisco Jentel, recusando o apelo de seu desafeto Dom Casaldáliga e na prisão e execução de Stuart, filho de Zuzu Angel, nos porões da Aeronáutica. Os jornais, em sua morte, falaram de milhares de protegidos por ele... "Mas é preciso dizer, em respeito à memória deles, que Dom Eugênio tinha suas virtudes, mas uma delas não foi certamente a solidariedade aos perseguidos políticos para quem os portões do Sumaré, até prova em contrário, permaneceram fechados" (Freire, J. R.).

Longe desse "doble juego", Dom Helder Câmara, Dom Waldir Calheiros, Dom Cândido Padim e Dom Paulo Evaristo Arns foram testemunhas vivas do evangelho, colocando-se imperterritamente em defesa dos perseguidos da ditadura. Só que, do Vaticano, coube a Dom Eugênio o elogio de "intrépido (sic!) pastor" (Bento XVI).

João Paulo II recebeu em audiência o cruel general Videla e este, ao sair, declarou: "*El Santo Padre ama mucho a la Argentina y ha demonstrado mucha compreensión*"... "E na verdade o papa não moveu uma palha..." "*asi nunca pronuncio una palabra por los mártires de la Iglesia argentina*". Torturados cruelmente, assassinados ou jogados ao mar em containers, testemunhas do Espírito Santo por defenderem a causa dos injustiçados, dos excluídos da sociedade: "*Para la Iglesia la sangre seca rapido*" (Verbitsky, H.; *passim*). O mesmo general, já na prisão, declarou: "Mantivemos uma relação (com o clero) muito cordial, sincera e aberta. Capelães militares davam assistência por anos e nunca foi quebrada essa relação de colaboração e amizade" (17/02/2011 – Estado de São Paulo). "Colaboração" entenda "delação", "cooptação".

Consequência: "Recentemente, todos os profetas da América Latina foram perseguidos pela própria Igreja e pelas autoridades de seu país. É menos doloroso suportar a perseguição das autoridades civis do que a perseguição das autoridades eclesiásticas" (Comblin, J.).

Muito triste para nós cristãos que essa atitude "diplomática" (doble juego) da religião católica ditou seu comportamento através dos séculos. Ela foi sistemática com os generais ditadores do Brasil, com Pinochet no Chile, e os tiranos da América Central.

Mas, na Argentina, felizmente a justiça fez seu papel e, no Brasil, o Supremo Tribunal fraquejou em sua missão ao cooptar com os crimes imprescritíveis contra a humanidade e deixou impunes os torturadores, como, um pouco depois, foram por ele protegidos os políticos de ficha suja, contrariando os anseios dos cidadãos conscientes.

A Comissão da Verdade foi uma maneira tardia de restabelecer a autenticidade dos crimes de tortura durante a ditadura militar. Terminado o relatório, divulgado seu nefasto conteúdo, teme-se que o tempo o leve desastrosamente ao olvido.

É essa mesma "política" que levou Pio XII a não condenar o holocausto, achando que o nacional socialismo de Hitler seria a única força que podia deter o comunismo. De um lado, a esmola de fornecer passaporte ou ajuda a *alguns* judeus de Roma ou alhures e, do outro, os trens lotados de judeus que partiam de Roma e da Itália para os campos de extermínio e o assentimento para a supressão do partido católico que se opunha a Hitler, possibilitando que este se apossasse da educação. Silêncio escandaloso sobre o extermínio de seis milhões de judeus, homossexuais, deficientes ou opositores. A política se sobrepondo ao evangelho, o tal consórcio abominável. O fato é que Pio XII se omitiu gravemente de condenar os campos de extermínios e fornos cuja lenha eram cadáveres de prisioneiros, homossexuais, defeituosos, oposicionistas mortos por inanição, trabalhos forçados ou câmeras de gás.

Esse conúbio maligno, oposto extremo à Igreja de Jesus de Nazaré, acabou persistindo através dos séculos. Essa promiscuidade de poderes procura justificativa caricatural, representando o Cristo como imperador ou rei, reservando-lhe uma festa e as construções de igrejas vão apresentar em seus frontispícios o escudo do império e um escudo eclesiástico. Vide as igrejas barrocas de Minas Gerais. As catedrais, as igrejas importantes passam a ser sarcófagos do alto clero, de reis ou imperadores, endinheirados ou banqueiros. Exemplo: Santa Maria del Popolo, em Roma: a igreja Santa Maria del Popolo (1090-1534) é um escândalo: capela riquíssima do banqueiro Agostino e Sigismundo Chigí, de quem a religião católica era refém, Capela de Ascanio Sforza, Capela de Giovanni de la Rovere, papa Sisto V, túmulos de Andrea Sansovino, de Cerasi, do cardeal Lorenzo Cybo e seu sobrinho Alderano, todos ricaços da época!... Do povo, apenas uma pintura do século XII, a "Madonna del Popolo". Até a igreja "*del Popolo*" foi tomada pelos poderosos, aqueles que se enriqueceram pela exploração dos pobres, até da igreja dita deles.

Dom Hélder Câmara, apóstolo de Igreja de Jesus, sucessivas vezes se referiu ao Vaticano como uma pedra de escândalo para os cristãos e não cristãos. Chegou mesmo a imaginar que uma bomba sobre ele faria um bom serviço à Igreja. Mas, desolado, afirmava "certamente um Rockfeller reconstituiria tudo de novo". O mesmo Dom Hélder escrevia em 11/11/1963: "Mas é curioso: assim como hoje, aqui em Roma, já podemos entender que a Providência se utilizou de Vitor Emanuel, Cavour e Garibaldi para livrar a Santa Sé dos Estados Pontifícios, assim também, um dia, veremos que Deus permitiu o preço caríssimo da perseguição comunista para livrar a Igreja húngara (e polonesa) da sua aparente posição feudal"... "que não se livraria (a Igreja) sem a medida violenta que Deus aceitou e permitiu, se vê, ainda hoje, com a impossibilidade prática de santos como o papa João e homens da visão de Paulo VI se arrancarem do peso morto terrível e da pedra de escândalo das tradições do Vaticano"... O ideal de pobreza de Dom Helder: "Queremos a Igreja toda, de modo a ajudarmos o papa a livrar-se das riquezas do Vaticano que tanto escandalizam e dificultam os caminhos da união". Não foi por acaso que esse homem de Deus liderou o pacto das Catacumbas.

Há um detalhe na arquitetura geral da basílica de São Pedro que chamava a atenção de Dom Hélder de maneira muito incomodante: a estátua equestre de Constantino do lado direito da basílica, símbolo gritante do contubérnio funesto da religião católica e do império. Ele dizia que, às vezes, ao ouvir certas intervenções reacionárias e reivindicativas da "*potestas*" curial (como a do "Inquisidor mor" Ottaviani), escutava as patas do cavalo de Constantino no interior da basílica ou nos jardins do Vaticano: "O cavalo de pedra é um monstro que arrepia... ouve-se o galope ensurdecedor"... "Quem disse que terminou a era constantiniana? Durante a cerimônia toda – parecia um pesadelo – quase via e ouvia o cavalo de pedra passar a galope pela basílica, carregando o rei, que, coitado, se tornou o triste símbolo de uma fase que desejamos superar, mas que está ainda vivíssima" (15/12/1963).

A estátua do cavalo com a pata dianteira levantada para dar o passo é símbolo de que a religião católica, desde então, caminha paralela ao ritmo da marcha do imperador... dos reis, ditadores, governantes. A estátua de Constantino ao lado da basílica maior da cristandade é uma homenagem a ele e gratidão por ter fundado a religião católica e a classe dos clérigos. É o símbolo explícito em pedra, pedra real e não "pedrapedro", de que a religião católica e Constantino nunca deixaram nem deixarão de marchar juntos. De modo geral, o clero se conformou com a política dos reis... Primeiro, converter os reis fazendo deles novos constantinos, e, depois, os reis impunham a nova religião aos seus súditos. "Desde então, a relação da Igreja com o mundo é essencialmente a relação do clero com os poderes civis e militares" (Comblin, J.). E não é que, para muitos, Constantino acabou sendo considerado santo!

O poeta, profeta Dante, viu o que estamos impedidos de ver: mandou para o inferno Constantino, vários papas e eclesiásticos:

"Ahi, Constantin, di quanto mal fu matre,
Non la tua conversion, ma quella dote
Che da te prese il primo rico patre"

(Ah, Constantino, **de quanto mal foste mãe**, não a tua conversão, mas aquele dote que de ti tomou o primeiro rico pai (papa Silvestre)... "*Il faut sécouer la poussière impériale qui s'est déposée depuis Constantin, sur le trône de Saint Pierre*"!, "É preciso espanar a poeira imperial que se depositou desde Constantino sobre o trono de São Pedro"! (Congar, Y.)... "Na historicidade nós nos empoeiramos" (01/06/2012) (Ravasi, G.).

O profeta Comblin: "Até o fim do século II, só havia presbíteros (que não eram sacerdotes!). Aos poucos, a partir daí, organizou-se o esquema episcopal... Mas uma entidade para institucionalizar tudo, não existia. Quem inventou essa Igreja foi o imperador Constantino. Ele reuniu todos os bispos que havia no mundo com viagens pagas por ele, alimentação também paga por ele e toda organização do concílio foi dirigida pelo imperador".

Isto constitui um precedente histórico de gravíssimas consequências para o evangelho, para a Tradição Apostólica, para a fé que provêm da comunidade de Pentecostes. Até hoje, não estamos livres disso "que a Igreja universal tenha nascido com o imperador. Depois, na história ocidental, caiu o imperador romano e, então, progressivamente, o papa conseguiu chegar à função imperial. Na Idade Média, o papa sempre lutou contra os imperadores. Foi generalíssimo das cruzadas e dos Estados Pontifícios". De 21 concílios ecumênicos, os 8 primeiros foram iniciativa de imperadores. "Todos os impérios humanos precisam de uma religião. O império que foi a cristandade, teve a religião cristã"... Todavia, nada disso estava nos planos de Jesus Nazareno e do Espírito em Pentecostes: na proposta deles um único projeto: o *Regnum Dei* e "o Reino de Deus não é uma instituição, mas um movimento" (Comblin, J.) do Espírito Santo.

Autoritarismo

"A tentação de poder é a tentação fundamental. O poder é a fonte de todos os pecados. A dominação pelo poder é o pecado universal do qual Jesus tem a missão de libertar a humanidade"
(Comblin, J.).

"O poder tem uma malignidade própria"
(Josaphat, C.).

À guisa da associação livre, prossigo aqui citando alguns exemplos de como esse autoritarismo do papa e, mais ainda da Cúria, manipula ou humilha os cristãos. Os exemplos ao longo dos 16 séculos são fortes, embora a Cúria romana tenha sido criada no século 12. O Denzinger está repleto dessa volúpia de condenações. É difícil escapar uma página.

Em primeiro lugar, disso é exemplar a maneira como o cardeal Ratzinger procedeu com Leonardo Boff. O leitor poderá medir a truculência da entrevista e da acusação-delação sem direito de defesa, lendo o processo todo em seu livro "*Igreja* e *Poder*". João XXIII tinha escrito: "Não saiam da caridade para vocês não saírem de Deus" e, em outro momento, "Condenação nunca mais"... Mas isso foi o papa-profeta! Luciani, papa por um mês... e "depois dele subiu à cátedra um cavalo de raça, um grande, grandíssimo ator"... até a morte: "a agonia foi muito longa e unicamente grandiosa" (Scalferi, E.).

Por ocasião da indicação de Ratzinger à chefia da Congregação da Doutrina, Leonardo foi cumprimentá-lo, pois fora aluno dele e lhe disse que tinha muita esperança nos novos caminhos que a direção dele poderia tomar. O cardeal o atalhou: "Há uma pendência sobre você na Congregação": o seu livro: Igreja, Carisma e Poder. Leonardo, inocente senão ingênuo, foi ao encontro do cardeal.

Leonardo mal é cumprimentado. Ele lembra ao cardeal se, primeiro, não seria importante invocar o Espírito Santo, como é habitual nas reuniões cristãs... As acusações se precipitam... Imagino que esse livro corajoso, robusto em sua lógica evangélica, deva ter incomodado profundamente a consciência cardinalícia instalada.

Boff é proibido de dirigir a Editora Vozes, é proibido de lecionar teologia, simplesmente um humilhante "silêncio obsequioso". Mas Boff se propôs e se propõe servir ao Reino de Deus, ao seguimento de Jesus de Nazaré, à Tradição Apostólica, e não à Cúria. Não caiu na cilada do ressentimento, não "abafou o Espírito". O Espírito o transformou num dos teólogos mais lúcidos na leitura dos sinais de nosso tempo. Sem dúvida, é o teólogo mais fecundo, mais inspirado e mais lido no mundo. Boff é um verdadeiro profeta.

Contudo, nada deteve o autoritarismo de Ratzinger: Boff, Schillebeeckx, Dupuis, Lagrange, Chenu, Congar, Gutierrez, Küng, Sobrino, Gerbara... Ao sair de uma severa condenação de Ratzinger por causa de seus escritos, o teólogo Dupuis precisou ser internado de urgência por um grave distúrbio gástrico.

Foram aproximadamente 100 ou mais teólogas e teólogos. O pior não foi botar reparo em seus escritos ou criticá-los, foi a condenação das pessoas, destituí-las de suas funções, humilhá-las... É impossível não pensar em luta de prestígio ou na estrutural *invidia fraterna* para com os verdadeiros inovadores... Fica no ar uma aura de vingança ou sadismo. É difícil não nos lembrarmos que Ratzinger passou a adolescência "na escuridão nazista" da ditadura hitleriana. A adolescência é época de muda. Vício ou hábito adquirido nessa fase é muito difícil de ser abandonado. Reprimido, tenderá a voltar em época da andropausa. Teria isso ocorrido na maturidade de Ratzinger? É um mistério que tenha tido tantos sinais dos tempos – Vaticano II, teologia da libertação, grandes teólogos, verdadeiros luminares do Espírito Santo, como o Cardeal Martini, (..."evangélico porque nunca comprometido com cálculos ou maquinações de astúcia eclesiástica e política" [Bianchi, E.]), o retorno ao Jesus histórico, às Comunidades de Base... e tenha se fechado, feito restauracionista convicto, e não se abriu a *kairos* tão afortunado. Ele mesmo participou da redação da *Gaudium et spes 44,2:* "Com o auxílio do Espírito Santo, auscultar, discernir e interpretar as várias linguagens do nosso tempo".

Um fechamento tal, uma incapacidade tal de ouvir o outro e se ater apenas a seu ponto de vista: apego à ortodoxia e ao culto do "narcisismo da diferença" (Freud): "Ele (Ratzinger) é absolutamente contra a liberdade... Ele tem uma ideia medieval do papado" (Küng, H.).

É preciso mencionar outro fator que o profeta Comblin analisa: "Tantos os irmãos Torquemada como Ratzinger são vítimas das ideologias de época das instituições que servem". Incrível, mas com isso se dão boa consciência, embora estejam inspirados pela ortodoxia e pelo Direito Canônico, pura tradição eclesiástica mas com exclusão da Tradição Evangélica, apostólica. O certo é que o evangelho nem é doutrina e muito menos ideologia! Então, fica difícil aceitar que coisas tão graves contra o evangelho se justifiquem por "ideologias de época". Desde Jesus, o evangelho é o mesmo e sempre o será.

Outro exemplo humilhantemente doloroso foi a maneira como João Paulo II se desfez de Dom Paulo Evaristo Arns na arquidiocese de São Paulo. Em estrita obediência ao Concílio, Dom Arns descentralizou o poder da cúria e devolveu aos bispos auxiliares a autonomia comunitária de suas regiões, numa feliz iniciativa de retornar à prática de evangelização dos dois primeiros séculos da Igreja do Espírito Santo. Todos, cardeal, bispos auxiliares e fiéis numa bela tentativa de viver a colegialidade proposta pelo Concílio Vaticano II. Nos 1.200 centros comunitários que construiu com o dinheiro da venda do palácio episcopal, tudo caminhava em harmonia fraterna, na convivência do amor cristão e na reivindicação dos direitos à saúde, à educação e à mobilidade urbana. Diríamos que foi uma tentativa real de volta à Igreja dos Atos dos Apóstolos. Era uma grande esperança numa cidade imensa e de crescimento descontrolado. Era esperança, sobretudo para os excluídos, habitantes da periferia, das favelas. Mas – *horreo referens* – Dom Arns atingiu idade de aposentadoria compulsória e, para o seu lugar, veio Dom Claudio Hummes, também um franciscano, em seguida Dom Odilo Scherer, que desmontaram essa experiência tão alvissareira, peça por peça, e tudo voltou ao autoritário centralismo curial.[5] O intrépido apóstolo, herói nacional

[5] Mais tarde, Dom Odilo, extremamente conservador, "a Teologia da Libertação é coisa do passado" (?), disse ele, veio a abrir um seminário ao estilo de Chiara Lubich,

contra a tortura da ditadura, autor de 49 livros e do livro-pesquisa *Brasil, Nunca Mais*, foi posto de escanteio e votado ao silêncio. Grande sofrimento: sua obra voltou ao retrógrado centralismo curial e paroquial. Sua biografia (2013) restitui a história de sua dedicação evangélica aos desvalidos, vivo testemunho do seguimento de Jesus e de volta à comunidade de Pentecostes.

Dom Claudio foi indicado para esta sombria missão porque já tinha dado prova de que era "competente" para desmantelar as iniciativas conciliares do Vaticano II. Substituiu Dom Aloisio Loscheider em Fortaleza, que foi removido para Aparecida, "castigo para os bispos" (Comblin, J.) e "suprimiu tudo o que havia de social na diocese, despediu todos: 300 pessoas com longa trajetória de serviço, com capacidade humana" (Comblin, J.)... Em vez de carismas, cânones!...

Outra experiência quebrada na raiz se deu na arquidiocese de Recife. Dom Helder Camara introduziu o espírito da colegialidade, cuja prática ele já antecipara muito antes da realização do Vaticano II. Em 16 de novembro de 1965, 40 bispos, sobretudo da América Latina, chefiados por ele, assinaram o pacto das catacumbas e passaram a viver como os pobres: nem ouro, nem adereços, nem prata, nem propriedade, nem carro, nem conta bancária, não lisonjear ricos, conviver com os pobres e resgatar-lhes a dignidade, serviço para os irmãos, Igreja serva e pobre, tudo dentro da estrita colegialidade.

Esse profeta, esse homem de Deus, esse Francisco do século XX, fez-se servo de Deus e sua palavra tornou-se disputada entre os povos da Terra. Durante o Concílio Vaticano II, convidava teólogos lúcidos para falar para cardeais e bispos de visão curta ou mesmo fechados que reunia na *Domus Mariae*. Jornalistas do mundo todo e convites de todo quadrante assediaram o profeta do Espírito. Multidões apinhavam-se para o ouvir em Paris, Nova Yorque e em outras cidades do mundo. Porém, João Paulo II o advertiu: "Eu levo o evangelho aos povos". Ele se retirou. Indicado para o Nobel da Paz, a ditadura brasileira e o

---

fundadora do movimento conservador Focolare. É preciso relembrar que nas reuniões prévias à eleição do papa Francisco, Dom Odilo foi defensor ferrenho do IOR (Instituto para as Obras Religiosas), banco com prática de lavagem de dinheiro e outros crimes. Em janeiro 2014, o papa Francisco o dispensou de conselheiro do banco com grande repercussão nacional e internacional.

Estado do Vaticano urdiram sua destituição. Chegada a aposentadoria compulsória, retirou-se num quartinho da sacristia e lá, confinado, viveu os últimos 15 anos de sua vida. Também ele viu sua obra sendo desarticulada pelo centralismo curial de Dom José Cardoso Sobrinho: "Deram-lhe um sucessor com o encargo de fazer desaparecer todos os vestígios de sua ação no Recife" (Comblin, J.). Dom Sobrinho acabou se aposentando como herói do Direito Canônico, excomungando uma menina de 9 anos que teve que abortar, sua mãe e os médicos: "O bispo tridentino governa a Igreja com o Direito Canônico na mão. O bispo do terceiro milênio percorre o mundo, tendo na mão o evangelho" (Comblin, J.)... "Quando aplicamos o Direito Canônico em lugar do evangelho, nós contradizemos a mensagem de esperança de Cristo ressuscitado e deformamos o rosto de Deus" (Gravel, R.).

Outra mostra desse autoritarismo foi a substituição de Dom Gonzalo López Marañon, capuchinho, no Vicariato Apostólico de San Miguel de Sucumbios, divisa do Equador com Colômbia, 40 anos convivendo com a comunidade e inteiramente ao serviço dela. O núncio, muitas vezes convidado para uma visita à comunidade, não tomou conhecimento. Apresentando sua aposentadoria (outubro de 2010), recebeu do núncio uma carta: o papa aceitara sua renúncia e, para o substituir, nomeou o administrador apostólico Padre Rafael Ramón Ibarguren, da Sociedade Clerical Virgo Flos Carmeli. Dom Gonzalo foi convidado a se retirar para seu país natal, Espanha, mais ao modo de uma expulsão. Diante desse desrespeito e dessa prepotente desumanidade, a comunidade se revoltou e denunciou "a forma como se deram os fatos e a maneira depreciativa com que se despediu o nosso querido amigo e irmão Gonzalo". Ibarguren introduziu autoritariamente os Arautos do Evangelho para impor sua visão medieval de Igreja, numa "prelazia que havia mantido uma trajetória exemplar de Evangelho". A comunidade reagiu novamente e pediu a retirada deles da diocese (janeiro de 2011). Também aqui, dias contados, seria a volta para o Vaticano I. O desmonte de Comunidades de Base que aprenderam, a duras penas, a agir como comunidades de fé na defesa de sua cultura e de suas terras, comunidades regidas pela força do Espírito. Abolir essa experiência seria um retrocesso em termos da fé, pois seria o retorno ao formalismo religioso, o abandono da experiência do Sentido Radical e a volta ao culto do sagrado.

Há uma malignidade nesse procedimento. O núncio não visitou essa província nem tomou conhecimento dos sucessivos convites a fim de ficar politicamente bem com o governo equatoriano que teve que enfrentar forte oposição dessa comunidade contra a invasão de suas terras. Como sempre, ia prevalecer o Estado (Vaticano) ao evangelho. Mas a união e a firmeza das discípulas e dos discípulos conseguiram que Roma voltasse atrás e nomeasse um visitador apostólico. Pode-se bem pensar que a Cúria cedeu para evitar um incidente diplomático com o Vaticano, uma vez que o presidente do Equador avocou a si a causa, condecorando D. López e ameaçando aplicar a concordata que lhe permite não aceitar nomeações de bispos. Dom Gonzalo se impôs um jejum sem prazo, "para a união dos cristãos de sua diocese". Após 24 dias, finalmente o Padre Rafael e os arautos, que tomaram de assalto a rádio comunitária e demitiram seus funcionários, foram obrigados a se retirar da diocese e a Igreja equatoriana interveio no apaziguamento da comunidade.

Em outubro de 2012, durante o Congresso Continental de Teologia, em Porto Alegre, a comunidade de Sucúmbios fez chegar uma carta aberta em que cristãos e cristãs denunciavam a perseguição do clero local inserido nas Comunidades de Base pelo administrador (apostólico!) Dom Paolo Mietto: "intimidações a estes sacerdotes e às comunidades, remoção desses sacerdotes sem a mínima satisfação, sacramentalismo clientelista, fé individualista, ações e atitudes violentas, ameaça de morte, fanatismo e fundamentalismo religioso que colocam em perigo a paz social da religião"... "Um plano sistemático de destruição da Igreja local".

Finalmente, em 22 de novembro de 2013, "buenas nuevas pá mi Pueblo": Mons. Celso Lazzari é nomeado vigário apostólico de São Miguel de Sucumbios: "que nossa igreja local volte a ser 'Casa e Escola de Comunhão' e, a seguir, sonhando que 'a libertação integral de homens e mulheres, a partir dos pobres, pela causa do Reino, é possível'... e nosso bispo Gonzalo Lopez regresse à Igreja à qual dedicou 40 anos de sua vida e quer fazê-lo até o fim".

Esses exemplos expõem, de maneira evidente para nós, a ditadura da corte. Essas nomeações, destituições, imposições são feitas de modo traiçoeiro, desleal e desrespeitoso. Trata-se de um procedimento autoritário, com inteiro descaso da ou das pessoas em questão. A determinação chega sem que se conheça a verdadeira origem: há um processo larvar, e, quando ele chega, a pessoa em questão fica sem defesa, porque pega de surpresa, sendo tratada sem a mínima consideração. A colegialidade vira poeira. João Paulo II e Bento XVI tinham aversão à aplicação do Vaticano II e foram sistematicamente sem piedade para com os protagonistas da aplicação dele. O Vaticano II foi uma reviravolta na Igreja, "embora Joseph Ratzinger e seu predecessor tenham feito todo possível para voltar a um paradigma medieval" (Küng, H.).

Processo semelhante aconteceu com dom Pedro Casaldáliga, também convidado para se retirar à Espanha, após sua renúncia compulsória. Mas, aqui, também as comunidades local e nacional reagiram dando apoio a esse representante vivo de Cristo e ele acabou ficando na diocese, sendo que o bispo que o substituiu concordou com isso e procurou preservar a comunidade, vivida e desenvolvida por D. Casaldáliga. Em dezembro de 2012, diante da sexta ameaça de morte, a conselho de amigos, foi obrigado a se ocultar. Escreveu seu belo poema de martírio: "Eu morrerei de pé como as árvores/ me matarão de pé... De golpe com a morte/ minha vida se fará verdade/ Por fim terei amado".

Esse santo homem, luz viva do Espírito Santo, poeta de Deus e dos desvalidos, passou por toda a sorte de humilhação e ameaças, até várias ameaças de morte provindas dos senhores do agronegócio. Também ele em nada compreendido, acolhido ou apoiado pelo Vaticano. Em uma de suas visitas "*ad limina*", coerente com o evangelho que vivia em sua própria carne e irmanado com índios e posseiros, apresentou-se com trajes e sandálias que envergava o tempo todo na comunidade, tal como Jesus de Nazaré se vestia conforme os hábitos de seu tempo. No final da visita, na hora da foto convencional, João Paulo II olhou para o fotógrafo e balançou o dedo para que não fizesse a foto.

Em seu diário descreve a maneira grosseira como o cardeal Ratzinger o recebeu e a ironia com que o aparteou sobre o que era essa história de venerar Dom Oscar Romero como mártir.

Assim João Paulo II e Bento XVI foram substituindo os cardeais, bispos, sacerdotes ou leigos que representavam a força viva do Espírito Santo atuando segundo as propostas do Concílio Vaticano II. Para seus lugares, foram promovidos homens às vezes ignorantes ou subservientes, administradores de diocese, executores do Direito Canônico... "O sínodo dos bispos, a colegialidade episcopal e o dicastério dos leigos foram esvaziados... tudo ficou concentrado na figura do papa" (Boff, L.). Jesus já tinha advertido. "Não vos deixeis chamar de mestres, porque um só é vosso mestre e *todos vós sois irmãos e irmãs* (Mt. 23:8).

Outro exemplo triste desse autoritarismo foi a intervenção do Cardeal ultraconservador Franc Rodé, 76, ex-presidente da Congregação para os religiosos, que, em 22 de novembro de 2008, decretou, após delações, uma investigação na comunidade das mulheres religiosas dos EUA. A reação das religiosas, injustamente questionadas, com razão, em sua maior parte, foi muito reticente ou negativa, recusaram-se a preencher o formulário inquisitivo ou não consentiram em serem entrevistadas: "de lá para cá foram um desperdício de energia e uma ansiedade inútil"... "mais de três anos de injustiça descarada"... "Assim, estava visto que o empreendimento inteiro estava dedicado a acusações de misogenia" (Ton Fox). Investigação conduzida por homem, que custou U$ 1.1 milhão e ninguém sabe donde veio o dinheiro. Finalmente, Roma nomeou Madre Mary Claire Milea para continuar a investigação, mas a resistência das religiosas, com justa razão, continuou firme. "Para taxas de injustiça generalizada, os prelados só podiam dizer: 'Confiem em nós, sabemos o que é melhor'". Tal presunção machista evidentemente não foi suficiente. Bento XVI afastou os investigadores e, para substituí-los, nomeou o Geral dos Redentoristas, Joseph Jobim, e o arcebispo brasileiro João Braz de Aviz, "que expressou uma ignorância apaziguadora" (fevereiro de 2011).

As congregações de religiosas gozam do maior prestígio nos Estados Unidos: são admiradas e amadas pelo seu trabalho de inserção social, vivendo o amor ao próximo, sobretudo junto aos excluídos, aos últimos da sociedade. Por isso, a *invídia* clerical e a luta de prestígio acabaram ressurgindo.

Em 18 de abril de 2012, a Congregação para a Doutrina da Fé emitiu um documento denunciando "sérios problemas doutrinários em muitas pessoas que vivem a vida consagrada", pertencentes à organização "*Lidership of Conference of Women Religious*", conferência de religiosas semelhante às conferências dos religiosos dos diversos países. Os erros – "política de dissenso coletivo" – seriam no âmbito da sexualidade (questão de justiça), homossexualidade (união gay) e sacerdócio feminino. À associação foi imposta a revisão dos estatutos e a humilhante supervisão do bispo de Seatle, Dom Peter J. Sartain, um conservador. Como sempre, mais uma vez a religião católica não considera as mulheres, sobretudo as competentes em matéria de teologia, Bíblia e moral. Mas, na realidade, trata-se de medo, medo de como as religiosas e teólogas americanas avançam em matéria de moral sexual e liderança teológica. Além disso, "mais de um comentarista sugeriu que o fim da repressão à LCWR poderia estar na recaptura de propriedades, bens e reservas de pensão das comunidades religiosas" (Manson, L. G.).

A mesma teóloga, irmã Manson, escreve: "A Igreja católica está se tornando rapidamente um refúgio para aqueles que têm medo do mundo. A Igreja que, há 50 anos, chamou a si mesma para imergir no mundo moderno está, em vez de se abrir, encolhendo, recusando-se a se envolver de forma significativa e pastoral com as lutas e as necessidades humanas de hoje. A hierarquia está tão arraigada em ideologias que esquece que existem complexas histórias humanas por trás das questões como contracepção, ordenação de mulheres e união homossexual. Não é à toa que tem medo de mulheres religiosas que construíram uma Igreja de integridade e credibilidade moral por imersão na realidade da vida humana e pela coragem de se comprometer com um mundo cheio de sofrimento, fissura e paradoxo".

A LCWR continua sob a mira da Congregação para a Doutrina da Fé... "as religiosas e principalmente as suas lideranças estão no meio de uma tempestade". Mas a LCWR foi eleita para o prêmio Herbert Haag, pela liberdade da Igreja, como "reconhecimento pelo profundo compromisso em favor dos pobres, dos setores marginalizados e dos fracos da sociedade" e pela reflexão sobre os sinais do tempos à luz do Vaticano II, fazendo das irmãs pilar da Igreja dos Estados Unidos" (Vatican Insider).

Esse prêmio chegou num momento precioso: a fundação LCWR tinha acabado de declarar que "as acusações são infundadas e representam o resultado de um processo de investigação que carece de transparência... a intervenção da Congregação para a Doutrina da Fé foi considerada escandalosa por muitos católicos, sobretudo nos Estados Unidos" (id. ib). Mulheres profetizas, paladinas da liberdade do Espírito! Maria e Maria de Magda de nossos dias! Küng "vê a tentativa de conter a LCWR como um sinal de miopia, uma falha de visão"... Vê "a repressão contra a organização das lideranças das irmãs norte-americanas como sintoma de uma estrutura de bode expiatório" (Berry, J.).

A LCWR, "maior grupo de liderança de ordens religiosas dos Estados Unidos", encampa um movimento da mais viva inserção evangélica: "O fortalecimento das teologias feministas, a nova consciência de que a mulher não é subordinada ao homem, a emancipação e a militância da mulher nas comunidades eclesiais abriram novas perspectivas para a Igreja e também para a sociedade como um todo" (Dalla Rosa, L. C.).

Mas é preciso observar que as congregações femininas passam por problemas semelhantes aos das congregações masculinas: membros idosos, pouca vocação e, especificamente, a discriminação por serem mulheres... sacristãs, lavadeiras e faxineiras do culto, decoradoras, mas fora de o presidir ou de participar das decisões. A discriminação das mulheres está no âmago da estrutura eclesiástica. Ela continua se pautando por uma concepção de dois mil anos atrás. Mesmo o papa Francisco mantém essa discriminação. As outras duas religiões monoteístas continuam exercendo um domínio humilhante sobre o corpo das mulheres e as punem se não usam véu (Lei da Sharia), se usam calça comprida, se dirigem carros, sem falar do preconceito milenar da menstruação, totalmente eliminado por Jesus de Nazaré. E o horror da prática da infibulação ou da clitoritomia a frio em grande parte do islamismo na África e no anunciado Estado Islâmico! Essa violência contra a mulher a atinge no que ela tem de mais íntimo em seu corpo e a priva do direito de usar de um órgão que a dignifica como sujeito de desejo e gozo. Trata-se de um preconceito machista, ignorante, senão estúpido. Como toda religião, voltada para o passado, é incapaz de acompanhar e vivificar a diacronia da cultura. No EI, "as mulheres são obrigadas a se cobrir inteiramente, incluindo olhos e mãos e não podem sair desacompanhadas. Chegaram a proibir as mulheres de comprar pepinos na feira, por causa do formato sugestivo, e de consumir sorvetes, porque não havia na região na época de Maomé" (Folha 13/02/2015).

O homem, ao invés de dar conta de seus impulsos sexuais, sacrifica a mulher, exige que ela se cubra inteira e a quer para gozo exclusivo seu. Além da mutilação cruenta e cruel, a eliminação da partilha da mulher num ato que poderia ser a expressão de um amor mútuo. Definitivamente, pelo menos após os Direitos Humanos, só a mulher pode dispor de seu corpo. Os homens islâmicos precisariam se revoltar contra essas práticas abomináveis: passar a exigir que as mulheres tenham a dignidade da integridade de seu corpo e o direito do uso e gozo dele.

Outro exemplo de truculência clerical. Fato grave foi a violação do texto final da assembleia de Aparecida em 2008 e assinado por todos os votantes. Mais de 300 alterações maquiadas para agradar ao papa, à Cúria e, assim, conseguir sua aprovação. Colegialidade? Texto de assembleia, pelo direito, só pode ser alterado pela própria assembleia. O "verdadeiro ato colegial" dos bispos reunidos? Traição sorrateira, larvar dos irmãos. Essa indignidade foi feita sem o menor pudor moral e sem a menor atenção à caridade evangélica. Questionados, os responsáveis desconversaram. Artimanha de consciência jurídica e bajulação de cortesãos. Mas antiética e antievangélica.

Outra prova desse autoritarismo é a revogação recente da determinação dos bispos do Japão sobre a atuação dos neocatecumenais, cujo estilo de vida "não se integra na cultura japonesa e é incompatível com a Igreja local", "estilo sectário", "criam divisões nas paróquias". Os kikos a alegar que "a Igreja local dá muita importância ao diálogo com as culturas e com as religiões e pouco anúncio do evangelho" (sic!). Como se o diálogo com as culturas não fosse evangelizar. Os kikos esqueceram de Paulo no areópago! Na ideologia do movimento, são incapazes de anunciar o "Deus desconhecido". O "Deus desconhecido" de Paulo não lhes interessa, interessa o deus conhecido do movimento, dos dogmas e do Direito Canônico.

Cinco bispos japoneses, reunidos em Roma com 4 cardeais curiais, diante do apreço do papa pelo reforço do poder que os movimentos garantem, logicamente voltaram para suas dioceses com a injunção de revogar o decreto que pedia o afastamento dos kikos. O desrespeito à colegialidade é selado com ironia e desautorização: os 4 cardeais recomendam "o fortalecimento do diálogo entre eles e os bispos"! Meça-se a força dos movimentos! Mas não são os bispos que seriam tidos como os representantes atuais dos apóstolos?

Um exemplo de autoritarismo na Austrália. Dom William Morris, bispo da diocese de Toowoomba, Queensland, desde 1993, em 2006, publicou uma carta pastoral na qual denunciava a falta de sacerdotes para assistir seus 68 mil fiéis. Sugeriu que casados fossem ordenados sacerdotes e que mulheres também pudessem receber a ordenação. Idêntica proposta fora feita por Dom Paulo Koop, da Congregação dos Missionários do Sagrado Coração, bispo de Marília, SP, durante o Concílio Vaticano II, questão que Paulo VI evocou a si. Essa carta foi denunciada em Roma por católicos conservadores.

O ultraconservador Charles Chaput, bispo de Denver, foi nomeado visitador apostólico para verificar in loco as acusações contra o bispo. Essa verificação foi feita sem escuta do interessado e à revelia dele, sob a desculpa de confidencialidade e um relatório foi enviado ao Vaticano. Tempos depois, Dom Morris recebia uma carta de Roma forçando-o a renunciar.

Um exemplo do consórcio espúrio entre Vaticano e Sé Apostólica. Os enormes escândalos financeiros. Eles estão ligados a dois episódios. Um, à figura sinistra de Monsenhor Paul Marcinkus, promovido a arcebispo, já falecido, e, outro, ao IOR, Instituto para as Obras da Religião.

Marcinkus chefiava o banco do Vaticano e mantinha ligações escusas com o banco Ambrosiano de Roberto Calvi, trabalhando ambos, por mais de uma década, com lavagem de dinheiro, sobretudo com a vinculação à loja maçônica P2 e a Máfia, "intermediada por Michele Sindoma que, por sua vez, era ajudado por Lúcio Gelli, do Banco Ambrosiano, mestre em chantagem, fascista... agente múltiplo, sócio de traficante de drogas e regimes militares de extrema direita da América Latina" (Yallop, D.). Apertado pelo fisco na Itália, Marcinkus desviou os investimentos da Itália para os USA e paraísos fiscais. "Essa decisão conduziu a Igreja a uma série de relacionamentos escandalosos, criminosos e financeiramente desastrosos, com um custo de incontáveis milhões de dólares e toda a sua reputação moral ameaçada. Os recursos da Igreja e, acima de tudo, suas imunidades e privilégios, foram usados reconhecidamente em uma escala maciça para evasão de impostos e controle cambial, lavagem de dinheiro, suborno e fraude. A Igreja coletivamente e membros da alta hierarquia, individualmente, lucraram com essa atividade criminosa. Os sócios da Igreja faziam uso sistemático de chantagem, assassinato e terrorismo em suas atividades" (id. ib).

Vaticano e Sé Apostólica sempre foram sinônimo de ambivalências político-religiosas. Não se pode esquecer que o Vaticano permitiu comemorar o aniversário de Hitler no púlpito das Igrejas, o ditador Franco recebeu uma carta do papa apoiando seu golpe de estado, o núncio do Equador, diante da prisão dos bispos, declarou em Riobamba "se a Igreja não tem o apoio dos governantes, não pode evangelizar".

Quando o bispo Fernando Lugo (25/06/2012) foi deposto no Paraguai, o núncio Claudio Gimenez o culpou pela morte de 14 campesinos, o Vaticano foi o primeiro país a reconhecer o novo presidente do golpe branco, e, no dia seguinte, ele estava na catedral de Assunção recebendo a comunhão de dom Claudio.

Outro escândalo da Igreja constantiniana é "o Instituto para as Obras da Religião, IOR, e a Propaganda Fidei". O montante de dinheiro movimentado por essas duas instituições é enorme, milhões de dólares que provêm do "óbolo de São Pedro", contribuição anual da Igreja do mundo todo e das ordens religiosas. Aproximadamente 200 milhões de dólares por ano. A Propaganda Fidei, com sede em Piazza di Spagna, possui 761 edifícios, 445 conjuntos de terrenos e 2.325 apartamentos com um valor aproximado de 9 bilhões de dólares. O Cardeal Crescenzio Sepe, diretor (2001 - 2006), suspeito de subornar funcionários públicos para financiar o trabalho que, em alguns casos, "nunca foi concluído", está sob investigação anticorrupção.

Em 2010, o Banco do Vaticano foi multado em "30 milhões de dólares" por violações das leis europeias de antilavagem de dinheiro e o IOR sofreu o embargo de 23 milhões de euros pelo Banco da Itália. O Cardeal Sepe, hipocritamente, disse: "Eu agi unicamente pelo bem da Igreja". Constantiniana?

O Banco do Vaticano mantém contas secretas ou com titulares falsos utilizando nome de santos a fim de ocultar falcatruas, mas "documentos judiciais recentemente divulgados indicam que os promotores suspeitam que os membros do clero com contas no banco podem estar envolvidos na lavagem de dinheiro para empresários corruptos e até mesmo para a máfia italiana" (id. ib.).

João Paulo I sabia de tudo isso e, tendo recebido um relatório minucioso do Cardeal Egídio Vagnozzi sobre a corrupção monetária e os corruptores Calvi e Marcinkus, na tarde de 22 de setembro de 1978, ordenou ao Cardeal Villot que dispensasse Marcinkus no dia seguinte. "Horas depois, Albino Luciani estava morto e tiveram início as mentiras e o disfarce que cercou a morte do papa" (Yallop, D.). João Paulo I: "Assim, em um gesto dramático, ele demonstrava que a cobiça eterna da Igreja pelo poder temporal estava abolida" (id. ib.). O papa Wojtyla adotou o nome de João Paulo e prometeu continuar o governo da Igreja iniciado por João Paulo I. Informado das fraudes, "rejeitou toda e qualquer mudança e reconfirmou todos esses homens em seus cargos no Banco do Vaticano" (id. ib.). Marcinkus e Calvi continuaram a praticar suas ações ilícitas e "o montante final do roubo atingiria 1,3 bilhão de dólares". Após o colapso do banco (Ambrosiano) de Calvi, Lúcio Gelli comentou sucintamente: "Se alguém está procurando pelos milhões que estão faltando, deve procurá-los na Polônia" (id. ib).

Em 14 de janeiro de 2013, o Corriere della Sera publicou que os cartões de crédito internacionais, desde 1º de janeiro de 2013, não podem mais ser usados nos 80 estabelecimentos comerciais dentro do Vaticano. Os pagamentos efetuados nesses pontos de venda confluem para uma única conta aberta pelo IOR no Deutsche Bank. O IOR, em mais um negócio sujo, não pediu autorização ao Banco da Itália para abrir essa conta na Alemanha. As vendas despencaram, uma vez que elas só podiam ser efetuadas em dinheiro vivo. Nos últimos meses, circularam mais de 40 milhões de euros, "dinheiro sobre o qual não se sabe praticamente nada"... "O problema é sempre o mesmo: não se conhece o titular efetivo do depósito e, sobretudo, quem tem poder para operar essa conta e, por isso, não se podem aplicar as normas contra a lavagem de dinheiro". A lei assinada por Bento XVI para operar na "lista branca" é de 30 de dezembro de 2010! A corrupção é mais forte que as boas intenções de Bento XVI.

"Roma" é uma moeda. De um lado, a face da mamona, do outro, a face religiosa e a de seu governo: monarquia absoluta, eletiva, teocrática. Última da Europa. Sob essa orgia mundana, Pedro, sobre quem Jesus de Nazaré edificou sua Igreja: 17 antipapas, 55 anos em Avinhão, muitos Borgias, outros santos, mas lá permaneceu e está a Igreja de Pedro. Só que paira uma pergunta angustiante: onde o evangelho, onde as bem-aventuranças, onde a pobreza, onde as exigências fundamentais do Fundador, o Filho de Deus, onde a Tradição Apostólica? A tradição clerical, eclesiástica obnubilou a experiência do Sentido Radical da fé. "Onde o poder predomina, fecham-se as portas ao ouvir, à misericórdia. A instituição, fundada no poder, torna-se facilmente rígida, inflexível, conservadora e hostil a toda inovação" (Boff, L.). Consequentemente, não há lugar para o Espírito Santo.

De baixo da basílica de São Pedro, em Roma, as escavações descobriram um cemitério, cuja existência a história registrava. Diz também uma certa tradição que Pedro foi aí crucificado e enterrado.

Aqui, uma metáfora do que aconteceu com a Igreja de Jesus de Nazaré. Assim como a atual basílica foi construída sobre as ruínas de uma mais antiga e sobre o cemitério, também a *ecclesia* ficou soterrada pela imponência da basílica atual, construída com dinheiro de venda de indulgências e do poderio papal. A *ecclesia catholica*, comunidade de discípulas e discípulos de Jesus de Nazaré, guiada pelo Espírito Santo, em perseverança escatológica, foi sufocada pela religião católica da "*potestas*". Como ser ensinado pelo Espírito Santo ou escutá-lo soterrado por tantas excrecências que são antípodas da proposta do Fundador?

Em novembro de 2013, a Cúria resolveu autenticar fragmentos de ossos encontrados no subsolo da basílica de São Pedro como sendo relíquias dele. Por inverossímil, o papa Francisco, no encerramento do fracassado "Ano da Fé", apresentou, numa urna, fragmentos de ossos como se autênticos fossem de Pedro e os beijou diante de uma multidão reunida na praça de São Pedro. Lá no céu, Pedro, vendo-se objeto de outro em papalatria: "Que é isso? Eu também sou um homem!".

Bento XVI, em março de 2011, fez uma tentativa de tirar a Igreja da "black list" ou da lista preta, cuja finalidade é crime de lavagem de dinheiro ou financiamento de terrorismo. Ettore Gotti e Paulo Cipriani, ex-diretores do IOR, são investigados pelo desvio de 23 milhões de euros. O novo diretor, nomeado pelo papa, Antônio Maria Marocco, espera agir numa linha de limpeza depois de mais de 40 anos de negócios sujos. Os escândalos financeiros do passado contrastam com a "purificação buscada pelo papa em todos os setores da Igreja". Ao longo da história, o papado, não raro, sempre esteve envolvido em escândalos financeiros ou outros como os de Alexandre VI, o infame papa Borgia. A coisa é tão complicada e diabolicamente tramada na lavagem de dinheiro e financiamento de terrorismo, que, até 2013, Bento XVI não conseguiu pôr a limpo a corrupção financeira do Vaticano. Francisco está determinado: o papa já não mais cooptará com essa imundicie. Os oito cardeais por ele nomeados o secundarão na limpeza da Cúria. Uma das primeiras iniciativas foi alijar o IOR de seu grande defensor, o cardeal de São Paulo, Dom Odilo Scherer.

Em 17 de novembro de 1487, o papa Inocêncio VIII publica a Constituição política "Inter multiplices": ... "nós que ocupamos na terra o lugar daquele que desceu dos céus para iluminar as inteligências humanas e dissipar as trevas do erro... livros e tratados contendo erros e opiniões perniciosas... como nos obriga o encargo pastoral que recebemos do alto... sob pena de excomunhão *Latae sententiae* e de multa a ser determinada pelos ordinários... rigorosamente proibimos imprimir ou deixar imprimir, para o futuro, qualquer livro, tratado ou escrito, quaisquer que sejam eles, sem ter previamente consultado o Mestre do Sacro Palácio na referida Cúria Romana... em virtude de nossa autoridade, ordenamos que notifiquem e requeiram a todos e a cada um dos impressores e a outras pessoas quaisquer que sejam sua dignidade... sob a pena de excomunhão entreguem os livros julgados contendo qualquer coisa contrária à fé católica para queimar... os contraventores devem ser coagidos por censuras e, em caso de necessidade, pelo recurso ao braço secular... A este, para que esteja mais bem disposto a colaborar, concebemos a metade de multa pecuniária exigida"... (Apud Josaphat, *Ética e Mídia*).

Aqui, é o papa que "ilumina as inteligências humanas". Ora, na Igreja dos três primeiros séculos, era o Espírito Santo que desempenhava essa tarefa na comunidade. "Nós que ocupamos na terra o lugar daquele que desceu dos céus"... Jesus dispensado! E Paulo nada mais que "servo de Senhor Jesus Cristo" (Rm. 1:1). Além disso, como pode alguém ocupar o lugar que é do outro, sobretudo se esse outro é o Outro? Mesmo sendo ele Deus, seria possível ocupar o lugar d'Ele?... Delírio de poder absoluto! Além disso, um papa não recebeu do "alto" "encargo pastoral" algum de perseguir a liberdade dos sujeitos humanos, condição *sine qua non* para a ação do Espírito Santo (Vaticano II). A nós, século XXI, que conquistamos a duras penas a preciosa liberdade de imprensa, é quase impossível admitir tão enorme impostura. A Constituição em pauta pereniza o conluio com o poder temporal (sacerdotes judeus e o poder romano a condenar Jesus) para a Igreja poder lavar as mãos como Pilatos e o pacto ficar selado com a sedução pecuniária. Isso só é próprio a um "Sacro Palácio", isto é, a uma instituição religiosa, não à proposta de Jesus de Nazaré.

De Pio IX a Bento XVI, foram cometidos dois graves erros históricos. Por hipertrofia da experiência do sagrado, que é "transgressão do histórico", sobretudo os papas Pio IX e Pio X fizeram "a passagem a um espaço e a um tempo mitogenéticos" do poder hierárquico, condenando o modernismo e se opondo ao progresso das ciências. Hoje, os anátemas e o juramento antimodernista soam como uma insensatez.

Paranoia de poder a tentar parar a história. Não há porque recuar diante do progresso das ciências, da tecnologia e dos sinais dos tempos. Pio IX e Pio X provaram total indisponibilidade para abertura e leitura dos sinais do tempo. Ambos totalmente fechados na tradição eclesiástica do poder absoluto. Essa tentativa de segurar a história pela religião, melhor, pela hierarquia, é algo suicidário, uma traição ao evangelho, senão um *non-sense*.

Outro caso de autoritarismo foi o que ocorreu com o padre Alfred Loisy *(L' Evangile et l' Église)* e com mais alguns exegetas. Loisy estava avançado mais de um século. O que ele propunha sobre as Escrituras é, hoje, paradigma corrente. Loisy escreveu ao papa Pio X pedindo para ele abrir o coração. O papa responde ao cardeal de Paris: "a carta apela ao meu coração, porém ela não está escrita com o coração". Além desse julgamento cruel, um decreto do Santo Ofício, "Lamentabili", de 3 de julho de 1907, veio como uma resposta condenatória de ponta a ponta. A 7ª sentença: "Ao prescrever os erros, a Igreja não pode exigir dos fiéis assentimento interno algum (sic!) para que abracem a sentença por ela pronunciada" (D. 3407). "*Homo evitandus*", "homem a ser evitado", prescreve o decreto, abuso extremo de poder e uma sentença horrivelmente antievangélica e antiapostólica. Clericalismo no mais alto grau. Longe ficou o "eu quero misericórdia, não sacrifício"! Mas uma coisa veio a ser verificada: sobre a "historicidade do Gênesis, dos evangelhos, da Igreja e da ressurreição, Loisy tinha muito mais razão que Pio X" (Comblin, J.). Depois de Constantino, os papas perderam o hábito que Pedro tinha de ouvir a comunidade.

Um exemplo de profetismo repelido violentamente pelo papa foi Felicité de Lamennais. Sacerdote ilustre, culto, tentou conciliar as ideias de liberdade da revolução francesa com a doutrina católica. Fundou um jornal, "L'AVENIR", cujo lema era "Deus e a liberdade". Lamennais foi a Roma e tentou se explicar ao papa Gregório VI. A resposta foi fulminante: a encíclica *Mirari vos*, 1832.

O papa entendeu que a proposta de Lamennais era o "indiferentismo... em qualquer profissão de fé se pode conseguir a eterna salvação da alma... e desta bem fétida fonte do indiferentismo brota a absurda e errônea sentença, ou melhor, o delírio de que se deva admitir e garantir para cada um a liberdade de consciência. E este erro sobremaneira pestilento prepara o caminho a plena e desenfreada liberdade de opinião"...

(D. 2730, 2731). Isto não é um verdadeiro delírio clerical, sobretudo porque a liberdade de consciência está no cerne do evangelho?

Lamennais respondeu com o livro *Paroles d'un Croyant*. Este livro tinha um tom profético e teve uma penetração impressionante na França, 40.000 exemplares naquele tempo. Lamennais propôs uma leitura dos evangelhos a partir dos operários que eram explorados com mais de 12 horas de jornada, com baixos salários e sem direito algum. "O grande escândalo era a condição em que se encontrava a classe operária... a trágica nova pobreza criada pela indústria... O silêncio, a timidez e, no fundo, a ignorância da miséria operária foi o que determinou o destino da Igreja na Europa"... Pio XI reconhecia que o grande escândalo do século XIX é a Igreja ter perdido a classe operária... "podemos acrescentar: perdeu-a por ignorância, por covardia, porque o clero se converteu numa classe de funcionários de Deus, apegados à sacristia e vivendo na ilusão do passado" (Comblin, J.).

Lamennais foi nominalmente condenado em 1834 na encíclica *Singulari nos*. Mas Lamennais "professou um cristianismo de Jesus, sem referência à estrutura clerical" (Comblin, J.). Um homem de Deus, um profeta que foi capaz de ler os sinais do tempo, movido pelo Espírito Santo, e um papa aferrado ao poder, fora do *kairos*.

Nessa esteira de prepotência clerical, a perseguição arquitetada contra padre Roberto Landell de Moura (1861 – 1928), no Brasil, é algo, evangelicamente falando, no mínimo constrangedor. Certamente um dos gênios do século passado, cientista e inventor do rádio, do transmissor de ondas, do telefone e do telégrafo sem fio. Obteve patentes de suas invenções, mas a Igreja romana o perseguiu duramente, sobretudo o bispo de São Paulo, Dom Duarte L. Silva. Foi transferido de paróquia múltiplas vezes, suas descobertas foram interpretadas supersticiosamente como se possuísse uma comunicação com o diabo, seus instrumentos de pesquisa foram destruídos. Não podemos esquecer que viveu sob arrogância máxima do poder papal.

Outro exemplo triste na história da Igreja do Brasil foi o apoio e a insistência de Dom Luis Antônio dos Santos, arcebispo de Salvador, à campanha militar que exterminou de maneira bárbara e extremamente violenta a comunidade de Antônio Conselheiro no sertão baiano. A igreja-instituição, como sempre, aliada ao poder e ao exército. Euclides da Cunha, em seu memorável *Sertões*, declara em primeira página:

"Aquela campanha lembra um refluxo para o passado. E foi, na significação integral da palavra, um crime. Denunciemo-lo".

Joaquim Nabuco, por sua vez, não contou com absolutamente nenhum apoio da hierarquia católica para a libertação dos escravos. A própria Igreja não se pejava de ter os seus. A escravidão é uma vergonha infame: três séculos de comércio e exploração de seres humanos e a igreja a silenciar-se diante de tão horrendo crime, mancomunada com os poderes dominantes. Como foi possível durante tanto tempo se omitir, embora pretendendo representar o Evangelho?

O esforço de João Paulo II e Bento XVI para silenciar o Vaticano II e os teólogos e teólogas que o levaram a sério, desdobrando suas propostas, causou um desastre na Igreja, fazendo-a regredir ao Vaticano I, ou a "200 anos", como declarou o Cardeal Martini. Esta falta de leitura dos sinais dos tempos fez essa série de papas, com exceção de João XXIII e, de certo modo, Paulo VI, e agora evidentemente o papa Francisco, mergulhar num narcisismo deslumbrado e numa cegueira de poder. Mas a religião católica está pagando caro essa incúria de não acolher esses sinais dos tempos: "A própria Igreja paralisada, não sabendo o que fazer. Publica documentos mais ou menos inofensivos que multiplicam advertências, mas que quase ninguém lê" (Comblin, J.). "Se a Igreja não acolhe mais as indignações, as urgências, as invenções que seus membros fazem ouvir como gritos de fé, então ela nada mais é do que uma instituição morta" (Noyer Jacques).

As consequências para a Igreja são graves: a palavra do papa e a da Cúria simplesmente vazias; a ela, o pior de tudo, a maior indiferença e os fiéis, sobretudo os pobres, os marginalizados tão queridos de Jesus de Nazaré, a deixar a Igreja e a procurar outras denominações religiosas. Muitos passando de uma para outra com um dar de ombro que "todas são iguais". Esse indiferentismo é um marco desconcertante e paradoxal da pós-modernidade. Mas talvez um sinal dos tempos para repensar o afastamento da Igreja de Jesus de Nazaré.

A Folha de São Paulo publicou uma pesquisa (15/08/11) segundo a qual o número de evangélicos sem vínculo institucional, de 2003-2009, aumentou de 4% para 14%, "um salto de mais de 4 milhões". Mas o maior perdedor foi a religião católica, que nesse "supermercado da fé" (Bento XVI), ficou sem seu monopólio: "*Believing without belonging*". Mas não é isso que cada vez mais está acontecendo entre os católicos e, mais ainda, por paradoxal, no clero? É o que Hans Küng constata em seu livro *A Igreja tem salvação?*

Em fevereiro de 2014, a ONU criticou publicamente o procedimento da Igreja com relação aos religiosos pedófilos. O papa Francisco, finalmente, além de aumentar as penas contra os pedófilos, passou a agir com firmeza.

Os fatos são inumeráveis. Esse autoritarismo permeia os séculos. Os exemplos são infindos. Tudo fruto de a religião católica ter-se afastado da "*ecclesia*" de Pentecostes.

Uma coisa é patente. O papa Bento XVI estava sobrecarregado de um trabalho insano: ditador de um Estado e sumo sacerdote de uma religião, presidente da política e doutor presidente da doutrina, chefe dos dicastérios vaticanos, embaixadores... Francamente, deve-se ter pena deste homem: a maior parte do tempo cuidando do que é inútil para a fé, gastando sua maior energia no supérfluo, agenda política, cultos e ritos sociais ou religiosos com pouco tempo para o "único necessário": o *Regnum Dei.*

Hans Küng, o profeta, denuncia: "A doença é o sistema romano". "O papismo, o absolutismo papal segundo o qual uma só pessoa na Igreja tem a última palavra. O papa quer ser o senhor entre os senhores. Aparece como um faraó moderno. Se observarmos as cerimônias na Praça de São Pedro, uma só pessoa está no centro, ao passo que os bispos se mantêm à distância, como figurantes. Ninguém tem nada a dizer, apenas uma pessoa fala, apenas uma pessoa decide tudo... Esta não é uma Igreja de nosso tempo. E não corresponde absolutamente ao Novo Testamento, nem à sua época em que reinava a fraternidade, as mulheres estavam presentes e havia uma comunidade carismática, como se vê nas comunidades paulinas".... "A estrutura hierárquica da Igreja representa uma forma institucionalizada de dominação patriarcal que não pode se conciliar com o evangelho" (Tedeschi, G. E.). Este fato é melancólico, pois "Jesus viveu sem poder. Não deu aos discípulos nenhum poder. Eram totalmente fracos. Jesus queria converter o mundo sem poder, sem nenhum constrangimento, nenhuma imposição. Bem sabia que o poder é o nó do problema. O poder está ligado ao pecado, porque o pecado vem do abuso do poder. Explicou aos discípulos as tentações pelas quais passou, que eram tentações de agir com poder" (Comblin J.).

É acabrunhante para nós cristãos e deve ser muito decepcionante para Jesus de Nazaré o fato de que a sua proposta de Reino de Deus tenha sido, graças a um imperador romano, transformada num projeto de governo e poder: uma religião.

Os papas, na medida da hipertrofia do poder ao longo dos séculos e da burocratização da religião na Cúria romana, no Direito Canônico, nos dogmas, na moral e na liturgia, esqueceram que "a verdadeira autoridade na Igreja é o Espírito Santo, que fala de diversas maneiras, e todos os outros na Igreja, incluindo detentores de cargos, devem se esforçar para ouvir e discernir o chamado do Espírito"... "O perigo para a autoridade da Igreja é alegar certeza muito grande para seu ensino e propostas... A pressão por certeza fecha muito facilmente a mente e, às vezes, também o coração. A graça da dúvida de si permite a humildade epistêmica, condição básica para o discernimento moral, comunitário e individual" (Irmã M. Farley).

Fantástico o que essa mulher escreve. "A graça da dúvida de si permite a humildade epistêmica". Como esse princípio seria regenerador no sentido do evangelho se a hierarquia (não constituída por Jesus) deixasse de governar e dirigir os outros com as certezas dogmáticas, canônicas, morais, litúrgicas, disciplinares... Ela passaria a ter "a condição básica para o discernimento moral, comunitário e individual". A arrogância eclesiástica desapareceria e o Espírito poderia ter o lugar que lhe compete.

A religião, sobretudo a ortodoxia, a doxa, podem ser um obstáculo sério e contínuo à voz do Espírito. As práticas devocionistas, o cumprimento das determinações religiosas impostas pelos fundadores ou clérigos sustentam um imaginário obsessivo que ilude o fiel, cegando-o ou deixando-o surdo ao fato que "Deus é surpresa", que "o Espírito sopra sem que saibamos de onde vem o vento". Pode haver um abismo entre cumprir as prescrições religiosas e pensar que se está bem com Deus. De novo, não podemos esquecer que Jesus nunca foi religioso. Ao contrário, testemunhou a maior liberdade diante da religião judaica ou romana. Testemunhou, como filho de Deus, que um dos maiores tesouros da liberdade humana é permanecer livre de religião e conviver com a Trindade como Ele.

"Crer em Jesus, Filho de Deus, salvador, é primeiramente crer em nós, na nossa humanidade já transformada por ele, porque habitada pelo seu Espírito... se é através de nós que Jesus pode falar e agir hoje, isso quer dizer que a sua presença não pode ficar fechada em um dogma, uma regra, uma Igreja ou um templo. A sua presença é sempre nova. Ela não pode ser fixada numa definição" (Gravel, R.).

Se tal, não seria Deus, sobretudo aquele que nos foi revelado na liberdade de Jesus de Nazaré e sobremaneira em seu Espírito, que se revela no coração de cada ser humano? Revelação do Espírito: ininterrupta. É só prestar atenção. É só acolhê-lo.

Concluindo, o autoritarismo dá prova cabal de que "a experiência religiosa não é a experiência de Deus".

Espírito Santo e os Sinais dos Tempos

"A teologia ocidental nasce com um defeito: não abre nenhum espaço para o Espírito Santo" (Comblin, J.).

"O Espírito leva à submissão do real" (Comblin, J.).

O Vaticano II alude à necessidade de os cristãos estarem atentos aos sinais dos tempos. Lima Vaz discorre sobre a teologia dos sinais dos tempos.

Trata-se da leitura dos planos de Deus na diacronia dos séculos até a plenitude da era do Espírito: É "a decodificação salvífica da história profana" (Vaz, L.). É a abertura à sincronia da fé, à voz do Espírito, à cada época, à cada momento da história da evolução humana. É a atenção permanente, a sensibilidade ao *Regnum Dei hic et nunc* (O Reino de Deus aqui e agora). É o cuidado indefectível ao projeto histórico da Trindade na condução da história. É a teopatia em ato contínuo.

A Trindade, ao criar a Terra e o Universo, dotou-os de estruturas e energias intrínsecas, cuja ciência e harmonia os homens, no caminhar dos tempos, vão descobrindo como uma ordenação admirável. As crenças mitogênicas da ordem do mundo, muitas vezes defendidas pela religião católica como imutáveis, foram, em parte, e serão, no futuro, desmistificadas. Proibições absurdas, condenações irracionais ("Eu tenho vergonha de certas atitudes da minha Igreja" - Bento XVI) sempre fizeram parte dessa posição autoritária da Igreja, impostura que veio a exigir retratações vexatórias.

Foi assim com as descobertas de Galileu, as de Copérnico, (que só não foi condenado porque morreu cedo), aquelas da anatomia humana, sobretudo dos órgãos reprodutores e de sua fisiologia e muitas outras, sem falar da ignorância e o preconceito machista a respeito da mulher e sobre a sexualidade humana.

Mas, aos poucos, os seres humanos foram se libertando dessa leitura mítico-religiosa da natureza graças às descobertas científicas universais ou pelo fato que, cada vez mais, o poder eclesiástico ter sido obrigado a recuar ao gueto da religião diante da autonomia do poder civil. Histórico exemplo dessa dicotomia, deveras simbólico, sinal de novos tempos, é Napoleão ter convocado o papa para o coroar e ele mesmo ter-se coroado diante do papa.

Toda religião é mitogênica e a católica não foi e não é pouco. A ordem do universo, a infinitude dele, a ordem da Terra com todas as suas admiráveis estruturas, a evolução, a anatomia e a encantadora fisiologia humana, os segredos do átomo, a composição da terra, o ciclo biológico oxigênio x carbono, o equilíbrio entre água, terra, floresta, as maravilhas da tecnologia, os satélites, a TV, a internet... Tudo ínsito ao potencial da obra da criação que, graças à inteligência humana, aos poucos vai sendo descoberto. Descobrindo também que a Terra já dá sinais alarmantes de exaustão.

A teologia dos sinais dos tempos tem um papel inalienável, que é espertar-nos diante de toda mudança para uma leitura da presença do Espírito: "O conceito de história da salvação é uma função ordenadora central" (Vaz, H.). O Espírito está atento à sua missão escatológica de fazer a obra de Jesus de Nazaré fecundar todo momento da história: "A história contemporânea como texto articulado pelos sinais da presença e da ação de Deus" (Vaz, H.). É preciso pensar grande, estar atento ao "Reino de Deus": "A práxis do discernimento vive os acontecimentos à luz do Espírito e, sob sua moção, no exercício de seus carismas. Ela não é uma prática científica da realidade nem nos proporciona uma teoria do tempo da história" (Rahner, K.). O discernimento que procede da "decodificação salvífica da história profana", isto é, do Reino de Deus.

Mas a religião, o sagrado, o mitogênico interpõem barreiras que interceptam os sinais do Espírito por causa do apego ao autoritarismo, ao formalismo de culto, ao juridismo, ao material e, mais ainda, às mentalidades e ideologias religiosas de antanho instaladas e engessadas. O Espírito, como em Pentecostes, perpassa como a brisa que sopra ou a luz que rastreia caminhos, mas os espíritos e os corações pesados não conseguem percebê-lo. A teologia da religião, a doxa ou o fanatismo que, respectivamente, vivem da repetição ou da violência são os maiores obstáculos, até intransponíveis, para a sensibilidade da presença do Espírito que tudo faz novo. A teopatia fica blindada.

A teologia dos sinais dos tempos certamente pode detectar determinadas mensagens que comprovam o quanto o Espírito já se cansou do culto do poder clerical, do autoritarismo da religião católica e da Cúria romana.

Um dos mais gritantes sinais dos tempos é a hipertrofia do poder clerical desde Pio IX até Bento XVI, com exceção de Bento XV ("delatores nunca mais") e sobretudo de João XXIII, o papa-profeta, que representou, na história, a mais estreita conexão com Pedro, o primeiro papa: "Não se via um papa como ele há muito tempo e não se viu desde então. João foi muito mais pastor que pontífice" (Scalferi, E.). João foi **pastor**... por breve tempo, desalterou os cristãos da sede de Jesus de Nazaré e de seu Espírito. Uma lufada de Pentecostes sobre as "cinzas" seculares que encobriam as línguas de fogo do Espírito. Pio IX é exemplo mais claro de insensibilidade aos sinais dos tempos, João Paulo II, o modelo clerical do apego ao poder eclesiástico, à religião do espetáculo, Bento XVI, "*Rottweiller*" do Vaticano, o "*Panzerkardinal*", "o cardeal encouraçado", o "Grande Inquisidor"... "Nos últimos anos, têm crescido a desconfiança na força do Espírito e o medo a tudo que possa nos levar a uma renovação. Insiste-se muito na continuidade para conservar o passado, mas não nos preocupamos em executar as chamadas do Espírito para preparar o futuro. Pouco a pouco estamos ficando cegos para ler os "sinais dos tempos" (Pagola, A.). O papa Francisco, que aí está, o seu testemunho imprimirá um retorno às comunidades oriundas de Pentecostes, ao seguimento de Jesus de Nazaré?

Essa hiperplasia do autoritarismo clerical esteve no auge graças aos movimentos conservadores, senão bajuladores, do poder quiriárquico. Mas a impostura dessas congregações aos poucos vêm à luz graças à imprensa livre, como foi o caso do padre Marcial Maciel Degolado, fundador dos Legionários de Cristo.

Caso também dos sinais dos tempos é o escândalo de pedofilia, cuja praga Bento XVI bem conhecia, mas, como seus predecessores, encobriu até não poder mais. Só tomou atitude quando o poder judicial e a imprensa dos diversos países não permitiram mais o jogo sujo da ocultação ou da mudança de paróquia ou de posto do protagonista e, pior, da indiferença solene para com as vítimas. Tem mais, isso está apenas no começo. Em outras partes do mundo, como na América do Sul e Central, os escândalos pouco apareceram, talvez por causa do jeitinho ou do "deixa-pra-lá". No Brasil, dolorosamente, foram denunciados Monsenhor Luiz Marques Barbosa, 82, de Arapiraca (AL) e padre José Afonso Dé, 74, de Franca (SP). A cortina está se abrindo! Horror!

Em 2014, Marcelo Ribeiro, vítima de pedofilia de um padre, publica *Sem medo de falar – Retrato de uma vítima de pedofilia* (Ed. Paralela). Em 2010, comunicou o fato ao presidente da CNBB, Dom Geraldo L. Rocha: "Agradeço-lhe a confiança, escreveu-lhe Dom Geraldo: "o assunto foi encaminhado à assembleia jurídica". "Esperava que a entidade tomasse ao menos meu depoimento formal". "Ninguém me procurou"... "Cheguei a falar diretamente com Dom Geraldo. Ele disse que eu não precisava me preocupar mais". Sempre o mesmo jogo: ignorar a vítima e proteger o clérigo. (Folha de S. Paulo, 15/06/2014).

É um começo, mas descobertas outras virão. Assim há o escândalo de padres que vivem com uma companheira publicamente e outros, ocultamente. Há o grande problema das uniões homossexuais de padres, permanentes ou casuais, que os bispos fazem de conta de que não estão a par ou, como dizia um bispo, "o que importa é que minha paróquia tenha padre". O escândalo de padres, seminaristas nas salas de bate-papo homossexual, clérigos que vivem vida dupla, covardes confessam para hipocritamente celebrarem ou comungarem. Mau-caratismo: um a dar cobertura ao outro, farisaísmo escancarado do comércio religioso.

Em 20/07/2011, o primeiro ministro irlandês, Enda Kenny, fez um duro ataque contra "a disfunção, a desconexão, o elitismo e o narcisismo que dominam o Vaticano até hoje". O Vaticano, não podendo fugir à grave acusação, não pôde ter outra atitude que não uma atitude de Estado: chamar seu núncio. À Irlanda, tão católica, foi um escândalo sem medida: "privilégio clerical e vestígios de teocracia". O bispo John Magee, secretário de três papas, "se sentia livre para fazer o que quisesse", até para ocultar os numerosos casos de pedofilia.

Em 13/09/2011, o National Catholic Reporter (USA) estampava: "Os crimes contra dezenas de milhares de vítimas, a maioria crianças, estão sendo encobertos por autoridades no mais alto nível do Vaticano. As autoridades do Vaticano denunciadas nesse caso são responsáveis por estupro e outras violências sexuais e pela tortura física e psicológica das vítimas em todo mundo, tanto através da responsabilidade de comando, quanto pelo encobrimento direto dos crimes. Elas devem ser levadas a julgamento como qualquer outra autoridade culpada por crimes contra a humanidade". É forte sinal dos tempos que, pela primeira vez na história pelas razões acima, foi instituída no Estado do Wisconsin, USA, uma ação legal contra o Vaticano e o papa: "John Doe 16v. Holy See". O próprio advogado que a sustentou, Jeff Anderson, em 10 de fevereiro de 2012, a retirou. Isto, poucos anos atrás seria inimaginável. Chega de imunidade, impunidade e arrogância clerical. Todos somos cidadãos sujeitos à lei e temos que responder pela cooptação criminosa.

Finalmente, em fevereiro 2012, fez-se um simpósio internacional "Rumo à cura e à renovação" na Universidade Gregoriana, em Roma, com representantes de 110 conferências episcopais e de 30 ordens religiosas. Mas isso só depois, muito depois de milhares de vítimas de pedofilia por parte de cardeais, bispos, padres e religiosos. A instituição só age na marra, quando não mais pode recorrer à hipocrisia ou escapulir. O celibato por decreto, com certeza clínica, tem na criança ou no homossexual um "objeto substituto da mulher". Mas pedófilo é pedófilo, é uma identidade sexual, não se trata de doença, portanto de cura. É especificação de uma estrutura sexual. Por isso, colocar um pedófilo na educação de crianças ou homossexual para conviver com homens é brincar com fogo, seria exigir comportamento heroico. A religião católica poderia ter aproveitado o escândalo para, finalmente, entender que sexo, no ser humano, passa pela linguagem e se especifica num significante-estampagem por volta dos cinco anos, determinando peremptoriamente o modelo subjetivo da sexualidade. Trata-se de um processo de "sexuação" (Lacan J.), do qual resulta a "posição" (Lacan J.) sexual do sujeito, subjetivamente única, só dele.

O Espírito dá sinais evidentes de que essa hipocrisia religiosa não pode mais continuar.

Nesse quesito, o Espírito emite sinais claros de que conselho não pode virar lei e, sobretudo, que o preconceito agostiniano sobre a sexualidade não pode prosseguir regendo a moral sexual. Santo Agostinho teria sido um homossexual? Sua forte ligação à mãe e o desprezo e mau trato que deu à sua esposa, abandonando-a em Milão e partindo para a África com a mãe seriam índices clínicos dessa suposição? A história de Agostinho não deixa claro qual teria sido sua identificação sexual verdadeira.

Celibato "por causa do Reino", "*Se ipsos castraverunt*", "castraram-se a si mesmos", supõe liberdade de escolha, definição de um desejo esclarecido e assumido de servir aos irmãos e às irmãs dessa forma. "O celibato é uma regra da Igreja que pode mudar... a remoção do celibato ratificaria realmente a opção dos que escolheram '*propter regnum*' [por causa do Reino]" (Cardeal Daneels, G.). É isso aí: só esta posição é, além de única evangélica, única real e sadia. O resto é ou formalidade jurídica ou posição imaginária. Ao praticar a castidade, o sacerdote está entre o seu propósito e a obrigação canônica jurídica. Não é totalmente livre para o conselho, está adstrito ao jurídico. Vive-se na prática a contradição entre conselho e lei.

Conselho é uma opção de liberdade evangélica, não é mandamento e, muito menos, pode ser lei. Virando lei, corta-se-lhe a essência. Suprime-se a liberdade do Espírito. A castidade por lei disciplinar é muito problemática para o psiquismo humano. Diz-se que é de livre escolha. Contudo, primeiro, é obrigatória para quem quer ser padre. Segundo, quem se submete a essa lei para atingir o fim, na práxis, nem sabe, na existência cotidiana, o que está renunciando, condicionado que é à disciplina fechada e alienada do seminário.

A beleza da sexualidade e a realização reconfortante e enriquecedora que ela traz à existência humana sequer podem ser vislumbradas pelo clérigo, disciplinado no meio de homens desde o início, no isolamento do seminário ou no convento. Só mais tarde, diante dos impulsos sexuais e da inserção na vida real, perceberá que fez uma renúncia induzida, mas não por uma opção amadurecida. Nesse caso, ele poderá passar a vida a viver uma castidade amarga ou problemática. Não terá a paz da sublimação que resulta do desejo assumido, da "estética da renúncia". Terá que viver uma castidade por decreto. "O celibato obrigatório também leva a viver situações insustentáveis: vários sacerdotes desejam ardentemente o amor e o calor de uma família, mas, na melhor das hipóteses, só podem ter, escondida, numa relação eventual que, em muitos lugares, se torna um "segredo" mais ou menos público. Se, depois de uma relação, nascem filhos, as pressões que vêm de cima levam-no a mantê-los escondidos com consequências devastadoras sobre a vida dos interessados" (Küng, H., 01/10/2011). O celibato só tem sentido diante de Deus e dos homens se for de livre escolha, se produzir a "estética da renúncia" numa frutuosa sublimação em relação ao próximo e à cultura. Caso contrário, vale a advertência do Talmud: "Quem não tem mulher é um ser sem alegria, sem benção, sem felicidade, sem defesas contra a concupiscência, sem paz; um homem sem mulher não é um homem".

A religião católica está perdida diante das transformações radicais do uso ou abuso do corpo e o peso moralista a impede de detectar o sopro do Espírito nessa mutação da humanidade. "O papa lamenta" é o estribilho. Nunca é: o papa, os bispos, os fiéis estão a pensar no "fermento", no "sal", na "semente" ou no "caminho" evangélico. Uma coisa é certa, a Igreja precisa urgentemente rever os conceitos sobre a sexualidade humana. Os sinais dos tempos estão a exigir definição diante dessas mutações. Não dá mais para continuar a pensá-la dentro do paradigma de Agostinho, ou seja, que "*de sexto nisi grave*", do "sexto mandamento a não ser grave". Pior ainda. Além de encarar o sexo como pecado, lidar com ele com preconceitos do passado, como aqueles de Aristóteles e Tomás de Aquino. É ignorância encarar os movimentos das pulsões sexuais como pecado ou tentação do demônio. É pura mitologia atribuir ao demônio o movimento hormonal ou as fantasias sexuais, estruturas próprias da sexualidade humana que resultam do fato de que o homem é um ser falante. Santo Agostinho chegou a afirmar que a ereção masculina é consequência do pecado original! A fisiologia sexual se passa além do natural, do instinto. Passa pela linguagem, pelo desejo que especifica o humano. Chicotear-se como Escrivá ou rolar o corpo no espinho como São Bento ao sentir desejo por uma mulher é recalcar a pulsão para ela voltar com mais força ainda. Por que mortificar o corpo se ele não faz senão o dever dele? O problema está na mente, na representação simbólica: encaminhar a pulsão sexual para seu cumprimento ou sublimá-la? A responsabilidade é do sujeito não do corpo.

O sexo é um bem do corpo. Quando exercido no consentimento e no respeito mútuos, ele é realizante, reconfortante e apaziguante para os protagonistas. É energia e sustento do amor: "O sexo é uma modalidade importante para expressar o amor entre duas pessoas... Os atos sexuais são agradáveis a Deus quando ajudam o crescimento das pessoas e melhoram as suas relações. Mas não são agradáveis quando causam ofensa às pessoas e pioram as relações" (Robinson, G.).

A religião católica persiste na ignorância sobre o sexo e a identidade sexual. Não há lei natural para o sexo humano, como é ignorância dizer que a relação homossexual não seria natural. Todo criador de gado sabe que, na falta de um touro, as vacas montam e gozam na vaca em cio. A "*Humanae Vitae*" foi devastadora. O poeta Carlos Drummond – ah, sempre os poetas – bem resumiu essa angústia de consciência:

> "Quem papa
> A pílula
> Poupa parto.
> Porém perde a parusia".

Aliás, que cristão hoje vê problema no uso de anticoncepcionais? Quanto gravemente se carregou a consciência das mulheres tolhendo-lhes a liberdade do uso de seu corpo.

As religiões não podem continuar confundindo pulsão com instinto. O instinto rege o bicho e, ao homem, o dever de responder pela pulsão. Este é o fundamento de toda a ética. Não há lei natural, lei é, por definição, linguagem, ordenação da cultura. Ter o sexo em conta de lei natural é ignorar que ele está a serviço e disposição do homem. Por isso restringir o seu uso à procriação é destituí-lo do humano e devolvê-lo ao instinto, ao animal. O homem deixa de reger-se pela linguagem que nomeia e assume o sexo para o rebaixar ao impulso animal. É uma inversão, um despropósito. A identidade sexual resulta da linguagem com a qual os pais encaram a diferença anatômica dos sexos. São os pais que determinam a identificação sexual, ela é fruto da cultura dos pais. Isto ocorre nos cinco primeiros anos de vida com a marca definitiva (estampagem, castração) por volta do quinto ano da existência.

Os sinais dos tempos revelam uma mudança irreversível na concepção do corpo e da sexualidade humana. Com certeza não se pode ficar cego com visões retrógradas, preconceituosas ou fundamentalistas. Como fecundar com a presença do Espírito, apaixonado pelo novo, esses sinais dos tempos? ... "um novo estudo de tudo o que tem a ver com a esfera da sexualidade para melhorar o ensino da Igreja em matéria de relações tanto hetero como homossexuais. Na verdade, todo ensino que disciplina todas as relações do tipo sexual deveria ser atualizado, porque o sexo é uma modalidade importante para expressar o amor entre as pessoas" (Robinson, G.). A Igreja da moral pena para subsistir por falta de oferecer vida: "A nossa sexualidade, como nossa personalidade, é parte de nossa vida, é nosso direito vivê-la plenamente" (Claé).

Se a missão do Espírito é escatológica, ele tem algo a dizer em nosso tempo sobre tema tão humano-estrutural, mas isso supõe escutá-lo... "Para desempenhar tal missão, a Igreja, a todo momento, tem o dever de perscrutar os sinais dos tempos e interpretá-los à luz do evangelho" (GS 205). O Concílio é claro: interpretar os sinais dos tempos "à luz do evangelho" e não do Direito Canônico ou da moral eclesiástica! Por isso, é sinal dos tempos a maneira como a igreja-instituição desconsiderou o Concílio Vaticano II. Primeiro, todo o autoritarismo de João Paulo II ("vocês me elegeram papa, vocês vão ver quem escolheram") e de Bento XVI (que, de teólogo avançado do Concílio, elogiado por Dom Hélder, virou teólogo da corte), o primeiro ignorando soberbamente a colegialidade dos bispos e o segundo seguindo o predecessor na mesma concepção e, ainda mais, abolindo a proposta de fé no Vaticano II, contida no conceito do "povo de Deus", expressão também cara a Agostinho, "*populus Dei*". "O que eu também não esperava foi que pudéssemos ter tal movimento de restauração com o papa polonês e agora com o papa alemão" (Küng, H.). O Reino de Deus é o povo de Deus e não o reino da hierarquia eclesiástica (*Regnum pontificis, cardinaliun et ecclesiasticorum* – reino do pontífice, dos cardeais e dos eclesiásticos). No povo de Deus, todos são iguais, todos leigos, todos sem distinção outra que filhos de Deus.

A colegialidade, uma das práticas estruturais e estruturantes da Igreja primeva, é a garantia da profecia na Igreja. No ano 2000, o Teólogo-profeta José Comblin escrevia: "A profecia será entendida? O novo modelo será seguido? Aparentemente, estamos assistindo a um retrocesso. Dada a política romana da restauração da Igreja tridentina, política seguida sistematicamente durante vinte e cinco anos, tem-se a impressão de que a Igreja quer, de novo, fechar-se sobre seu passado. Os discursos tão bonitos sobre a evangelização não enganam ninguém. Na realidade, a prioridade é manter o passado, consolidar o tridentinismo que ficou abalado pelo Vaticano II, de tal sorte que a evangelização do mundo se torne impossível. Foi uma reação violenta diante dos desafios colocados pelo Vaticano II".

Frei Betto afirmou: "O poder não corrompe, revela aquele que o ocupa". Não foi isso que aconteceu com João Paulo II assim como com o Cardeal Ratzinger? Duas observações sérias. Primeira, o magistério ensina que a decisão dos padres conciliares impõe crença e observância em matéria de fé, "mas a maior parte dos bispos voltou ao papel de funcionários, simples destinatários das ordens vaticanas, sem demonstrar um perfil autônomo e uma tomada de responsabilidade" (Küng, H.). Segunda, nesse abuso de poder, os dois últimos papas apoiaram-se na estrutura de poder plenipotenciário, na Cúria que o garante e nos movimentos ultraconservadores denominados "A Armada do papa". Em 01/10/2011, Hans Küng declarava ao jornal La Republica: "...a grande crise que se desenvolveu no interior da Igreja é uma crise de liderança... uma crise sistêmica... Bento XVI continuou teimosamente no caminho da restauração traçada pelo seu antecessor, tomando distância do Concílio e da maioria do povo da Igreja em pontos importantes e fracassou em relação aos abusos sexuais dos membros do clero em todo o mundo". Para completar, os estudantes de teologia em Roma resolveram lhe dar o título de "Legislador Canônico". A prova de que Bento XVI tinha em mente o propósito da restauração da Igreja tridentina ficou clara, se é que já não era evidente, na nomeação dos novos (velhos) cardeais (2011), pois, com poucas exceções, todos eram doutores em Direito Canônico ou curiais de longa data. Não prevalece uma sucessão preocupada com o evangelho, com Jesus de Nazaré, com o Espírito Santo, com "o povo de Deus" e, sim, com a consolidação da instituição. "O que torna doente a situação atual é o monopólio do poder e da verdade, o clericalismo, a fobia sexual e a misoginia" (Küng, H.). Diante da maquinaria do poder o mesmo teólogo afirma: "Eu acredito que o evangelho de Jesus é mais forte do que a hierarquia". Francisco será a prova disso?

"O papa, escrevia Comblin, "deveria ser eleito por uma representação de todos os continentes". Isto será real daqui menos de quarenta anos. O cardeal Koenig, da Áustria, antes de morrer declarou que se arrependeu de ter votado em Wojtyla. Não sem certa ironia, Comblin acrescenta: "o pior é se diz que quem decide a eleição é o Espírito Santo, quando se sabe muito bem o que aconteceu e não houve, em nenhum momento, a revelação do Espírito Santo. Por que enganar os católicos como se fossem todos infantis? Todo católico minimamente a par da instituição sabe que o que busca a administração é o poder" (Comblin, J.).

Fim de fevereiro de 2012, ..."este é um sinal... o problema católico é a corrupção no topo"... "Em 2009, o diretor do jornal Avvenire (dos bispos italianos), Dino Boffo, foi obrigado a renunciar "com um documento falso e difamatório por ter denunciado hábitos privados do primeiro ministro" (Sílvio Berlusconi). Este descobriu dentro do Vaticano o perfil de quem poderia executar esse plano... "isso explicaria porque os "corvos" vaticanos se multiplicaram de modo tão rápido e devastador" (Franco, M.).

Paralelamente, sempre 2012, delações e cartas anônimas começam a circular, são as lavadeiras a fim de roupa suja. As intrigas da corte estão a toda: "O mais surpreendente é que ninguém parece ser capaz de controlar um jogo de massacre que, de repente, saiu do controle" (Franco, M.). "E a coisa é tão sofrida que Bento XVI disse que precisa orar mesmo para aqueles que nos caluniam": "um Vaticano mais imerso do que nunca nas rixas do subpoder curial, "italianizado" no sentido mais provincial e duro do termo, aos olhos de episcopados que estão enfrentando desafios que causam calafrios na Igreja Universal" (id. ib). O cardeal Bertone, 78 anos e muito apegado ao poder, foi visado, primeiro, porque resolveu mudar algo na proposta de Bento XVI para o saneamento das finanças do Vaticano (passar definitivamente para a "White list") e, embora fosse religioso salesiano, com voto de pobreza, vivia em apartamento de luxo e porque, diante da crise do euro, enviou 180 milhões de euros a bancos alemães; segundo, porque despachou para Nova York o cardeal Carlo M. Vigno, que enviou cartas a ele e ao papa com várias acusações contra alguns dirigentes da Cúria. Uma coisa é certa: "a corrupção da religião é a pior" (Comblin, J.).

O bispo de Ivrea, Itália, Dom Luigi Betazzi, atestou que o papa, conforme declarou ao jornalista Seewald, poderia renunciar. Uma carta anônima anunciou o assassinato de Bento XVI. O papa esperava receber a renúncia de Bertone, que de modo algum renunciou, com o mesmo apreço que acolheu a de Dom Hummes, que, no aeroporto de São Paulo, antes de seguir para Roma e assumir a Congregação para o clero, declarou que "o celibato não é um dogma". Mal chegou a Roma, teve que redigir um comunicado humilhante para desdizer a verdade de suas palavras. Aos 75, seu pedido de aposentadoria foi aceito rapidamente e de bom grado. Por uma virada aos bons tempos de bispo de Santo André, teve a lucidez de sugerir ao cardeal Bergoglio o nome de

Francisco, fundador de sua Ordem. O mesmo Luigi Betazzi declarou, em abril de 2014, que o Papa Francisco, efetuadas as mudanças que tem em mente, também renunciará.

Bento XVI, sempre à procura do "núcleo duro de servidores da instituição, pensava no cardeal Mauro Piacenza, do qual apreciava a extrema ortodoxia... a acusação contra o mundo moderno, sua defesa do modelo sacerdotal assim como é, sem sombra de tentações reformistas" (Politi, M.). Ele participava de uma paranoia vaticana: "há uma conspiração contra a Igreja... comandos que visam seu progressivo enfraquecimento" (id. ib.). O perfil de Piacenza: "Entre 2009 - 2010, quando Bento XVI convocou o Ano Sacerdotal, Piacenza fez com que não fosse organizado um único momento de reflexão sobre os efeitos práticos da crise das vocações e sobre como enfrentar estruturalmente o problema das paróquias sem liderança" (id. ib.). Para Piacenza, o padre é "testemunho do Absoluto", "dispensador dos mistérios de Deus" e não testemunha do evangelho nem do Espírito Santo, nem do Reino de Deus e, menos ainda, um *inter pares* na comunidade. Eis a primazia da tradição eclesiástica, do culto religioso e de um modelo do narcisismo clerical. O papa Francisco o dispensou.

Nesta mesma linha, é sinal dos tempos o papa Bento premiar três teólogos do Absoluto, Manhio Simonetti, Olegário Gonzalez de Cardedal e Maximilian Heim. Porém, os grandes teólogos da volta ao histórico Jesus de Nazaré...

No ano 2000, o papa João Paulo II, no Dia do Perdão, rodeado de cinco cardeais e dois bispos, pediu a Deus perdão pelos pecados cometidos pela religião católica contra os judeus ("e queremos nos comprometer com uma fraternidade genuína"), perdão pelas cruzadas, perdão pela Inquisição, perdão pelo tratamento dado a "grupos raciais e étnicos" e "desprezo pela sua cultura e tradições religiosas", perdão pelas mulheres, muito frequentemente "humilhadas e marginalizadas" e perdão "pelas divisões entre cristãos", a incrível arrogância da Igreja romana para com os protestantes e, sobretudo, com os ortodoxos que professam exatamente a mesma fé, apenas dita por uma palavrinha diferente. Após cada perdão, o papa beijava o crucifixo.

Reconhecer os erros do passado da Igreja romana não é tão difícil, como não é difícil pedir perdão pelos erros dos outros irmãos nossos que nos precederam. Não fomos nós que os cometemos. Nós cometemos os nossos. O problema é que lição tirar desses equívocos estranhos ao cerne do evangelho, isto é, pouco adianta pedir perdão e tudo na práxis da Igreja continuar como sempre. A questão não está apenas em pedir perdão de nossos pecados, mas em converter-se, isto é, não continuar fazendo o mesmo contra nossas irmãs e irmãos na fé. Nesse sentido, Bento XVI, em vez de ficar afagando teólogos da corte, teria dado um testemunho de fé se se reconciliasse com Leonardo Boff e outros teólogos, teólogas e bispos que ainda estão vivos e que ele condenou tão impiedosamente.

João Paulo II e seu braço direito, Ratzinger, foram campeões em perseguir os irmãos e irmãs e os condenar. Além disso, João Paulo II interagia com Ronald Reagan (reino do "bem" e do "mal") e os cruéis ditadores da América Latina, Pinochet, Videla, Noriega... O tratamento dado a Dom Romero, a Dom Hélder, ao Cardeal Arns, ao Cardeal Lorscheider e a tantos outros mostra que, na prática, ele dava continuação à mesma igreja de cujos erros pedia perdão... Como a trave de nosso olho é tão difícil de ser enxergada! É triste, senão trágico, que João Paulo II, celebrando missa para grande multidão, em El Salvador, sequer citou o martírio de Dom Romero: "A indiferença com relação ao assassinato do bispo Romero enquanto rezava missa em El Salvador foi uma das páginas desagradáveis de seu pontificado" (Scalferi, E.). Com idêntica indiferença, nessa mesma ocasião, recusou-se a cumprimentar o jesuíta Cardenal, então ministro do governo, e exigiu do Geral que ele o desligasse da Ordem. Francamente, muitas saudades de Jesus de Nazaré ou de quem o testemunhou. Cardenal, em consciência, viu que o célebre quarto voto é poeira diante da Tradição Evangélica e Apostólica, diante das irmãs e irmãos perseguidos. Mas a insensibilidade evangélica, a hipocrisia dos gestos de João Paulo II o sobrepujaram. Felizmente o Papa Francisco anulou todas as condenações de João Paulo II a Cardenal e no leito de morte voltou a celebrar missa.

Era de se esperar que o próximo papa seria ainda mais restauracionista tendo em vista os novos cardeais de Bento XVI, com mestrado ou doutorado em Direito Canônico e, além deles, os curiais. Opus Dei, Comunhão e Libertação dividem os cardeais. De novo, estávamos em tempos borgias: Espanha (Opus Dei) e Itália (Comunhão e Libertação)... "Os estudos teológicos são um dos fortes sustentáculos do sistema clerical, do qual o povo de Deus, em geral, está excluído" (Soares, G.

S.)... "A verdadeira eclesiologia não se encontra nos manuais ou nos escritos dos teólogos, ela se realiza e vigora nas práticas eclesiais e está sepultada dentro das instituições eclesiásticas" (Boff, L.). O Espírito, incrível, operou a virada. Francisco, sinal dos tempos, testemunha, anuncia a misericórdia de Jesus de Nazaré.

A verdade é que "Deus e sua graça não estão presos fatalmente a esta ou àquela articulação sacramental" (id. ib.). Por isso, "o povo leigo das Comunidades de Base devem organizar-se em associações autônomas para, assim, resistir ao poder do sistema eclesiástico" (Comblin, J.). O profeta Comblin, que idealizou e pôs em prática a teologia da enxada, propunha uma teologia de missão: "O Espírito Santo como suscitador de iniciativa do povo agindo autonomamente a serviço de seus iguais".

Outro sinal nítido é o questionamento da infalibilidade do papa. Aqui, o grande profeta é Hans Küng com sua tese sobre "a impossibilidade de proposições infalíveis a priori". Há duas questões fundamentais. Primeira, esse dogma é um delírio do poder papal. Visa unicamente a preservação do poder absoluto que nada tem a ver com a missão de Pedro, "*primus inter pares*" (primeiro entre pares) de "confirmar os irmãos na fé", de servir, não de governar, e respeitar a colegialidade da comunidade. A função dos que presidem é acolher o saber +1 que o Espírito deposita em cada membro da comunidade. Fé é força viva, contínua, que possibilita a interpretação evangélica de cada época ou de cada momento histórico. A presença do Espírito é escatológica, assiste a cada momento da existência humana. A relação de Pedro com a comunidade, na intenção clara de Jesus de Nazaré, não era piramidal, muito menos de governo. Pedro respeitou isso maravilhosamente. Governo passou a ser necessário na Igreja de Constantino, quando a comunidade de fé virou religião e o direito romano invadiu o evangelho e eliminou a liberdade religiosa. Mas isso é um sério equívoco mistagógico, que não pertence à fundação da Igreja. A condição fundamental do exercício petrino é testemunho de vida evangélica e serviço às irmãs e aos irmãos, portanto, o desapego de todo poder é o seguimento de Jesus de Nazaré, independente de coisas materiais, de ganância de autoridade, de domínio sobre os outros. Acolher simplesmente de maneira democrática o saber +1 que o Espírito, através dos tempos, vai propiciando aos fiéis ou aos seres humanos. Isto, supondo que haja senso crítico evangélico e bom senso, é até uma questão de inteligência e de prudência.

Infalibilidade é propriedade única e exclusiva de Deus. Falibilidade é estrutura inalienável de todo ser humano, inclusive do papa. É questão de um mínimo de racionalidade e um mínimo de avaliação da limitação humana para não pretender se "apropriar" ficticiamente da prerrogativa divina! "Também eu sou um homem", dizia Pedro a Cornélio, falível como todo homem.

Dogma é exercício de puro poder, cuja finalidade é manter o poder piramidal. O dogma não leva em conta a provisoriedade e a transitoriedade do ser humano, da cultura, da história, do caminhar da humanidade. Pretender definir uma verdade de Deus e de seus mistérios como eterna é não levar em conta que é uma concepção de época daquela verdade e, menos ainda, sua limitação linguística e semântica ou filosófica. O dogma visa o domínio sobre os fiéis e a obtenção do assentimento forçado deles. O dogma ignora que "de Deus conhecemos não o que é, mas o que não é e como o restante se relaciona com ele" (Tomás de Aquino). O dogma equivoca-se na pretensão de definir uma verdade absoluta sobre Deus: ..."porque Ele jamais é o que nossas palavras dizem a seu respeito" (Queiruga, A. T.). De dogma só a religião precisa, não o evangelho de Jesus de Nazaré, que nunca perdeu tempo com isso, e a Tradição Apostólica também não. Dogma é recurso da religião católica para manter a uniformidade dos fiéis e não a união deles. Dogma é uma ideologia engessada da religião. Dogma é obrigar Deus a se submeter a uma fórmula humana, falível, crença ou mito de uma época. Esquece-se, diz a M. Farley, que "o dom da dúvida abre novas epistemologias". Acho um horror a disciplina "teologia dogmática". Buscar certezas em afirmações definidas pelo clero. A preocupação é a ortodoxia: impor a "doxa", não a Verdade, isto é, o Espírito a fecundar as gerações.

A unidade da Igreja é mantida pelo Espírito Santo e não por dogmas nem pelo clero: "Nós fomos batizados num só Espírito para sermos um só corpo" (1 Cor. 12:13). "Portanto, conclui Boff, a unidade é construída pelo Espírito Santo".

Chegará o dia em que um papa entenderá que Jesus não fundou uma religião! Dogma é uma experiência religiosa, não uma experiência de Sentido Radical. O Sentido Radical é vivo, dinâmico, é o Espírito sempre fazendo surgir o novo. Dogma é estagnação religiosa, é o estancamento da "*dynamis*" do Espírito. Ora, o Espírito abomina a repetição do mesmo. Nada mais contrário aos seus atos: "Quando um sistema político, religioso, social ou jurídico oferece certeza transcendente ou absoluta, tanto mais ele precisa ser julgado com ceticismo" (Kirvan, M.).

Pedro, no seguimento de Jesus, segue à risca o conselho de que o Espírito o iluminaria e o conduziria. Pedro está atento àquilo que o Espírito sopra nos membros da comunidade e os une na iluminação da caminhada. O exercício colegial da comunidade resulta numa força de transformação admirável: "sal", "semente", "fermento", "caminho", "verdade", "vida", "candelabro", "luz", "ágape", amor ao próximo... se tornam realidade, é o real da experiência radical da fé abrindo veredas à humanidade. É "a decodificação salvífica da história", é a contínua abertura à teopatia, é a delicadeza para com o Espírito manifestando-se nos sinais dos tempos.

Ao longo da história de mil e setecentos anos, os papas foram se extraviando dessa proposta de Jesus de Nazaré. Diante da humildade e do extremo desapego do Deus Jesus, como admitir de ser chamado "santo" Padre? *Exempli gratia,* justo Bento XVI que durante 25 anos montou uma perseguição implacável a pares teólogos e teólogas? Diante do fato de 181 mil católicos alemães terem deixado a Igreja, Bento XVI declarou em 25/09/2011: "A Igreja na Alemanha vai continuar sendo uma benção para todo o mundo católico se ela permanecer fielmente unida ao sucessor de São Pedro". É o sucessor de Pedro ou o Espírito Santo de Jesus de Nazaré que garante a unidade de fé dos cristãos? ...Delírio de poder: "Caput Ecclesiae", "Vicarius Christi", "Summus Pontifex", Soberano Pontífice, "Sanctus Pater", "Episcopus Romanus", "Sucessor Petri", "Supremus Ecclesiae Pastor", "Trono de São Pedro"... (ironia: o trono de Pedro foi a cruz virada de cabeça para baixo!), Reinado do papa... Excrecências mundanas de poder religioso, absolutamente alienadas do humílimo Filho de Deus na terra, uma afronta à mensagem de sua vida humana despojada dessas aberrações mistagógicas. Traição à missão petrina que nada tem a ver com esse imaginário delirante. Pedro deve ficar vivamente indignado que ousem chamá-lo "príncipe" dos apóstolos, ridículo porque nada histórico. Nada mais alienado àqueles 12 do que a palavra "príncipe".

É deveras difícil entender o fato que, diariamente, o papa reza no Glória da missa: "só vós sois o santo, só vós, o Senhor". "Nenhuma ostentação é boa"... Ninguém vos seduza, não vos deixeis enganar, sede totalmente de Deus" (Inácio de Antioquia).

Essa ideologia do religioso penetra as massas inconscientemente: "sagrados palácios", Santa Sé, sagrada congregação são fórmulas de domesticação e de mistificação... Repetimo-las automaticamente. "*Mentez, mentez toujours, quelque chose en restera*" (Voltaire) (Mintam, mintam, sempre alguma coisa restará).

O apego a essa suntuosidade de títulos e prerrogativas faz do papa, do clero, sobretudo dos cardeais, figuras folclóricas do turismo romano e, das basílicas e igrejas, monumentos arquitetônicos a fim de serem vistos e admirados pelos turistas de todas as nações. "A Europa e as cidades coloniais da América Latina constituem um museu da civilização construída pela cristandade da qual se emancipou a sociedade industrial" (Comblin, J.). "A vida da Igreja transforma-se numa peça de museu ou numa possessão de poucos" (Pagola, A.).

Na sociedade de espetáculo, é curioso ver e contemplar figuras da baixa e alta Idade Média em pleno século XXI! Se isso é bom para o turismo, não deixa de ser um enorme peso para as irmãs e irmãos na fé!

Como usar o título de "*Servus servorum Dei*" (Servo de servos de Deus) com toda essa magnificência? Se "Ele não tinha uma pedra para reclinar a cabeça" e nem uma "gruta para se recolher", como pode um papa aceitar ser chamado de "Sua Santidade" se nem Jesus o admitiu? Como "servo dos servos de Deus" vivendo numa corte com todas as regalias de um imperador? Como não enxergar que isto é um escândalo grave perante o desapego radical do Filho de Deus? Como pretender representá-lo nesse luxo, ostentação e culto pessoal? Não é inevitável que a palavra do papa ou da hierarquia soe cada vez mais xoxa, sem semente? Como ser testemunha de Jesus de Nazaré vivendo no oposto do que Ele viveu? "A Igreja perde o sentido se o aparecer não condiz com o ser" (Miranda, F.). "Na opinião de não poucos observadores, o maior problema da Igreja hoje é a "mediocridade espiritual". A Igreja não possui o vigor espiritual de que necessita para enfrentar os desafios do momento atual. Cada vez, isso fica mais patente. Precisamos ser batizados por Jesus com o fogo e seu Espírito" (Pagola, A.). O papa Francisco dá mostras de agir como servo do evangelho, seu testemunho alimenta esperanças. É o início, tímido, já que, infelizmente, não pode ser de outro jeito, da quebra de um paradigma de apego ao poder e ao narcisismo clerical.

A vaidade dos papas se espalha pela Itália e por toda Roma: pontes, portas: Porta Pia, Porta Pio IX, Porta Pio IV. Fontana de Trevi: Pio

VII edificou e *Benedictus XIV perfecit* (a acabou), Clemente XII e seu monumento no Quirinale. O próprio Quirinale como ex-residência dos papas. O túmulo em "altar" majestático de Alexandre VII dentro da Basílica de São Pedro (Bernini) e, ainda, com o pretensioso dístico de justiça, verdade, caridade e prudência. Na mesma basílica, o monumento fúnebre de Gregório XIII, o monumento de Paulo III, o monumento a Urbano VIII (Bernini). Monumentos em consórcio de poderes: Pietá de Michelangelo e túmulo de Maria Clementina Sobieski. Ostentação de poder dos papas: no Capitólio, as estátuas de bronze de Paulo III, Sixto V, Pio V e Clemente XII; a estátua espalhafatosa de Inocêncio X, roupas pomposas que lembram a dama de Pompadour e, defronte, a estátua de Urbano VIII com a inscrição "*optimo máximo*" dos imperadores romanos na sala Barberini; o túmulo encomendado para Júlio II com a grandiosidade da estátua de Moisés em San Pietro in Vinculi; o retrato majestático de Inocêncio X na Galeria Dória Panphili... Os exemplos dessa "mundanidade" (papa Francisco) estão em cada canto de Roma ou alhures, como nas pinturas, retratos de papas e cardeais, um narcisismo clerical para perpetuar um culto de si ao longo da história. Não existe uma igreja, basílica ou catedral, na Itália ou mesmo alhures, que não tenha um túmulo, uma placa bajulando um cardeal ou bispo como "*optimus*" ou "*princeps*". Mesmo o Panteão leva uma placa do poderoso Pio IX, 1853, "Pontífice máximo, ótimo e munificentíssimo, príncipe, fautor das boas artes". A placa ao lado dá as boas razões disso: o Panteão, lugar de "todos" os deuses, inclusive o deus da cristandade: "Este lugar é sagrado". Pleno paganismo. O Panteão, monumento arquitetônico magnífico, conservado em sua integridade, é marco por excelência do abandono da proposta de Jesus de Nazaré para o retrocesso da restauração do sagrado e do profano. Paulo, no areópago, a anunciar um Deus desconhecido, que está dentro de cada um de nós e não precisa de edifícios feitos pela mão de homem!

Finalmente não se pode omitir que os papas, a exemplo dos faraós e reis, como Mausolo em Halicarnasso ou como os reis de Espanha em Toledo ou o ditador Franco em El Escorial, têm o seu mausoléu: "...dura mais a nossa vaidade do que nós mesmos e se introduz nos aparatos últimos da morte. Que maior prova do que a fábrica de um elevado mausoléu? ...Querem os homens que a suntuosidade do túmulo sirva de inspirar veneração, como se fossem relíquias as suas cinzas" (Aires,

M.). E lá, na cripta da basílica de São Pedro, desfilam os fiéis do mundo todo, uns por curiosidade turística e outros para admirar o culto do poder sagrado. E São Pedro supostamente enterrado num cemitério comum debaixo da basílica! As catedrais são túmulo da vaidade de clérigos que não se misturaram com os homens em vida e não foram enterrados em cemitério comum ou são privilégio de banqueiros com créditos no Vaticano, como Chigi, inumado no altar-monumento da basílica Santa Maria del Populo.

É forçoso mencionar a destruição dos templos romanos, o saque do mármore para pisos e paredes de igrejas, tanto na Itália como no norte da África e alhures. Nesse sentido, a apropriação do Panteão, numa mistura sinistra de túmulo de Rafael e sua amante, tumba de rei, altar e missa contínua no tumulto dos turistas... o sagrado e o profano abolidos por Jesus e de retorno a gosto de todos!

Em contraponto a tudo isso, duas observações encafifantes: a imagem minúscula de São Pedro no interior da basílica com o dedão do pé sugerindo uma topada decepante, braço aparentemente quebrado, numa tipoia, e as chaves em mão amarrada. Símbolo expressivo do que foi feito com a função petrina original proposta por Jesus de Nazaré?

Outra. No fundo da basílica de São Pedro, há uma linda rosácea, cuja iluminação esparge luz à abside inteira, símbolo da função do Espírito *dynamis* e unidade da Igreja, inspiração perfeita de Bernini. Nela, o Espírito Santo está representado em forma de pomba, entre nuvens, raios de sol e anjos voando. Mas há uma constatação histórica contundente: quando o altar sob o baldaquino de Bernini estava virado de costas para o povo, os papas mais antigos, constantinianos, pouco olharam para a rosácea e sua mensagem e, ao virar o altar de frente para o povo, eles passaram a dar as costas de vez ao Espírito Santo. O Cristo acabou por receber um culto concentracionário, fora da Trindade, e o Espírito, que conduzia a Igreja primeva, passou a ter uma comemoração pontual. "A teologia escolástica não precisa nem da Trindade nem do Espírito Santo" (Comblin, J.).

Para completar o anseio narcíseo, o papa Urbano VIII, em 1674, fez questão de deixar gravado em seu escudo, no piso do altar do baldaquino, que foi ele que o erigiu.

O que realmente é grave no poder concentracionário romano é que, soberbamente, nunca bate no peito e se pergunta: que responsabilidade tenho nesse afastamento maciço dos fiéis, sobretudo após a religião do espetáculo de João Paulo II e da direção titubeante de Bento XVI? Essa multissecular e obstinada falta de resipiscência é algo característico do poder clerical, mas frontalmente oposto ao evangelho de Jesus de Nazaré, à compunção da fé, tão clara em Pedro.

A situação de descrédito da religião católica, duro sinal dos tempos, está na razão direta de não ter assumido o avanço e a atualização da experiência radical da fé proposta pelo Concílio Vaticano II. "Eu não sou o único a dizer que o fogo de esperança que se acendeu há 50 anos no início do Vaticano II, hoje, se não está apagado, está prestes a se apagar. Isto é simplesmente um dado de fato. A realidade é que nos encontramos em uma situação de extremo fechamento... o que falta é a vontade de chamar os problemas pelo nome dentro da hierarquia... a perspectiva pré-conciliar do Concílio de Trento a partir de João Paulo II e Bento XVI voltou a ser de extrema atualidade... Diz-se que os problemas existem, mas são sempre culpa dos outros, do mundo que não entende, do relativismo, da cultura secularizada... não se dá aquele passo absolutamente decisivo que os problemas existem na relação igreja-mundo" (Mancuso, V.). ..."*Timeo Jesum transeuntem*" (Agostinho). "Temo Jesus que passa" e eu não o siga. O Jesus de Nazaré, pelo seu Espírito, ressuscitou de novo no Vaticano II, mas passou e não foi notado nem acolhido pelo cortejo da hierarquia maior, posto em prática apenas pelos bispos do pacto das catacumbas e pelas teólogas e teólogos da libertação.

A responsabilidade das falhas ou faltas que são minhas não posso projetá-la nos outros. Esse é um dos mecanismos psíquicos que o tratamento psicanalítico desmonta peça por peça. A Igreja não pode continuar a privilegiar a tradição eclesiástica sobre a Tradição Evangélica, Apostólica. Essa "*vanitas vanitatum*" ("vaidade das vaidades") de papa e de clérigos, além de ser algo *démodé*, próprio ao triste feudalismo que dominou a religião católica, é totalmente oposta à Igreja que saiu de Pentecostes. Nela era o Espírito que iluminava e a todos conduzia. Essa ostentação é simplesmente ridícula senão exibicionista diante da Tradição Apostólica, Evangélica. "O modelo atual do sacerdócio católico está condenado" (Comblin, J.).

Há uma mudança espetacular anunciando a presença do Espírito: a internet, belo sinal dos tempos. Essa descoberta é um passo gigante na comunicação dos humanos. Ela elimina as diferenças de raça, de povos, de gênero, de classe, ricos, pobres... Ela irmana os seres humanos do mundo todo permitindo uma comunicação jamais imaginável. Se a tecnologia possibilitou a internet que sempre esteve no bojo das virtualidades das forças da natureza, não é admirável que tenha sido descoberta em nossa era? É a dinâmica da sempre nova era do Espírito convocando-nos pela sua nova presença. Um sinal único dos tempos: a presença do Espírito unindo as pessoas de todos os cantos do mundo. Uma oportunidade ímpar de acolher a mensagem do Espírito e fazê-la circular em rede, unindo os seres humanos de boa vontade. Vide a força dela nas campanhas revolucionárias da primavera do mundo árabe, nas campanhas políticas, na união de milhares de pessoas na questão da ficha suja no Brasil... As propostas do evangelho podem chegar a todos os humanos de uma maneira nunca antes pensável. Mas é preciso que ela circule na limpeza da origem, na força da fonte, na sustentação da presença do Espírito que se "derrama" sobre todos. Nessa pureza, é preciso eliminar o ranço do religioso e do sacral, sobretudo a obsolescência do clericalismo ou de pastores que pregam moralismo e ideologia de cristandade. O apego ao sacral impede a liberdade do Espírito e obsta sua ação que é cerceada pelas determinações mitogênicas da religiosidade. A letra pode revelar, mas o apego a ela obscurece a luz do Espírito. Aí a letra mata. O Espírito é liberdade, é criativo e aborrece a obsessão da repetição de rituais e a mesmice das pessoas identificadas ao ego coletivo.

A internet, como ocorreu na primavera árabe do outro lado do Mediterrâneo, será a grande força que abalará do lado de cá a ditadura do Vaticano, essa mistura espúria entre poderes. É só questão de tempo. O Vatileaks veio como uma grande contribuição: escancarou as lutas intestinas da corte, as artimanhas ou as sujeiras do poder. "É difícil para um fiel aceitar a onda obscura dos escândalos vaticanos" (Bianchi, E.).

Outro sinal dos tempos é o vazio em que caem as palavras do papa, suas encíclicas ou discursos. Nem mesmo o clero lê essas mensagens ou, se as lê, logo as esquece, como ocorre com a enxurrada de informações diárias. Isso é sinal claro de que o centralismo da religião católica e da Cúria já não tem autoridade, porque não passa de "alaridos" momentâneos. "O linguajar eclesiástico não é ouvido porque não diz nada. Repete a mesma coisa sempre"... (Comblin, J.). Um exemplo:

"Estamos num sistema que produz ricos cada vez mais ricos à custa dos pobres cada vez mais pobres", palavras que poderiam ser proféticas, mas caíram no vazio porque pronunciadas por João Paulo II, o papa que continuou dando cobertura aos negócios sórdidos do IOR, que são a alma do "sistema" denunciado por ele. O profeta Comblin: "Não se trata simplesmente de um problema de palavras, mas de expressão total: falta o testemunho compreensível".

Mas quando um bispo-profeta falava ou fala, há uma mensagem evangélica que cala fundo. Assim, "Dom Hélder dizia algo que enfrentava os desafios de seu tempo, entrava no que preocupava os homens e as mulheres de seu tempo. Era ouvido, inclusive, porque dizia o que os outros não queriam ou não podiam dizer, por exemplo, a tortura" (Comblin, J.). Mas a *invidia fraterna* não lhe deu trégua.

Além disso, até pouco tempo, o papa, os bispos, a Cúria se achavam acima do bem e do mal, com uma arrogância inquestionável. Isso finalmente acabou. As mensagens centrais ou as determinações da corte são questionadas pelos meios de comunicação, pela contestação de teólogos independentes e pelos fiéis pensantes... "A doutrina religiosa, exposta quase sempre com categorias pré-modernas, não toca os corações nem converte nossas vidas"... (Pagola, A. J.). "A hierarquia perdeu a sensibilidade necessária para conhecer, amar e valorizar o mundo atual, para harmonizar com as necessidades reais dos crentes e para lhes oferecer a orientação e o alento de que necessitam para hoje viverem a fé" (Pagola, A. J.).

Os escândalos da igreja, finalmente e graças a Deus, sinal dos tempos, não podem mais ser encobertos pela soberba vaticana. Não dá mais para saber das coisas e ocultá-las. Os casos de pedofilia, os escândalos financeiros, as condenações injustas, por delação e sem defesa, já não ficam mais impunes. A transparência cada vez mais é exigida de um governo central que, por séculos, se mantém onipotente e onisciente. O *Vatileaks* veio para ficar!

Exemplo atual e atuante do sinal dos tempos é a solidariedade de teólogos e leigos que se unem para contestar a pretensão eclesiástica de condenar as pessoas, sobretudo teólogas e teólogos. Assim, a notificação que atingiu o jesuíta Jon Sobrino foi repelida e contestada por 38 teólogas e teólogos do mundo todo numa publicação simplesmente maravilhosa do ponto de vista da fé, do Espírito que garante a unidade dos cristãos. "Descer da Cruz os Pobres" é um texto vivo como os escritos dos Padres da Igreja. A "*dynamis*" do Espírito Santo perpassa "uma teologia militante, que luta por descer da cruz os pobres sem pretensas neutralidades nem hipócritas equidistâncias". Melhor de tudo: "essa solidariedade testemunha a experiência do Sentido Radical e expele o ranço do sacral". É um basta a autoritarismos e condenações.

Leonardo Boff, reduzido ao odioso "silêncio obsequioso", teve uma enorme solidariedade não só dos cristãos e homens de bem do Brasil mas também do mundo todo. A solidariedade foi tamanha que ele declarou impossível responder às mensagens uma a uma. Hoje, a autoridade de sua palavra e a riqueza de sua contribuição teológica, implantadas nesse mundo de profundas transformações, são cada vez mais solicitadas. Entre seus numerosos livros, todos atuais na "decodificação salvífica" dos sinais dos tempos, importa destacar sua obra prima *Igreja-Carisma e Poder*. Esta obra, testemunho vivo do mais autêntico franciscano, é de um amor imenso pela Igreja de Jesus de Nazaré, é de uma força profética arrebatadora, tamanha é sua sinceridade. Ela despertou atitudes invejosas em Joseph Ratzinger, sobretudo porque Boff descreve em pormenores como se passa o judiciamento dos teólogos sem saber quem são os acusadores ("delatores") e sem o direito de defesa. Basta ler no final do livro a truculência do interrogatório que ele fez a Boff. Além disso, Boff é o teólogo mais atualizado na teologia dos sinais dos tempos, na teologia da libertação e em teologia ecológica, teólogo de baixo para cima, ou seja, do Reino de Deus nesta terra.

Outra mostra da teologia dos sinais dos tempos é a campanha nacional, internacional e até italiana para abolir o uso de crucifixo em repartições públicas. A exploração do Cristo crucificado fez parte de uma ideologia do sofrimento, apregoada para conseguir submissão dos fiéis a tiranias, a governos e ao domínio da hierarquia. O Reino dos céus proposto por Jesus como sendo o objetivo primacial de seu evangelho para a vida dos seres humanos passou a ser entendido e pregado como sendo o do outro mundo. Então importava sofrer para conquistar o céu. Muitas gerações pagaram caro pela observância de tal proposta. Há um jogo de sadismo por parte dos pregadores e de masoquismo pelo lado dos fiéis nesse equívoco doutrinário. Esquece-se que o Reino dos céus, proposto por Jesus de Nazaré, é um Reino de um Jesus ressuscitado, do seguimento dele, é um Reino, um projeto de Reino para este mundo, uma proposta em que "o próximo ocupa o lugar da Lei" (Pagola, A.).

A força que a fé pode dar aos que sofrem física ou moralmente pelos desencontros da vida é confundida com um culto e glorificação do sofrimento. Exemplo dessa aberração é o filme de Mel Gibson sobre a paixão de Cristo, elogiado por João Paulo II, mas de extremo mau gosto, pura saciação de um sadismo oculto, inconsciente, de um diretor ultraconservador e explicitado numa violência irracional e pouco histórica. O artista que representou o papel de Jesus pagou caro por essa atuação: ninguém mais o contratou.

O culto do sofrimento de Jesus de Nazaré, explorado longamente na quaresma e na Semana Santa, na "adoração" da cruz, no uso de crucifixos, nas vias-sacras, nas penitências autoflagelantes, certamente é algo que muito deve desagradar-lhe. Se é verdade, como diz Paulo, que se Jesus não tivesse ressuscitado vã seria nossa fé, então é o Cristo ressuscitado que é objeto de nosso amor, de nosso respeito e de nossa gratidão, é ele que nos envia o Espírito Santo para que tenhamos a vida ressuscitada e não pregada na cruz. Bastam os sofrimentos inerentes à existência. Estes, sim, podem ser aliviados pela fé viva na troca amorosa com o Espírito Santo.

Jesus ressuscitado é o Jesus da paz, da alegria: ao aparecer a Maria de Magda, às discípulas e aos discípulos, não toca em seus sofrimentos, não fala sobre seus inimigos e algozes, não pede vingança, não leva ressentimento, sequer lembra sua morte. Só alegria e promessa do Espírito Santo para a continuidade de sua obra.

O que leva a religião católica, no dia a dia, a esquecer que Jesus de Nazaré é Jesus ressuscitado? Assim, na cotidianidade da prática religiosa, infelizmente não se vive a alegria da ressurreição.

Ninguém gosta de que amigo ou estranho se fixem em explorar ou rememorar indefinidamente os sofrimentos pelos quais passou. Jesus de Nazaré superou seus sofrimentos pela ressurreição e é como vitorioso que certamente tem o prazer de ser lembrado. Se Jesus está na partilha do pão como cremos, com certeza não é o corpo crucificado do Gólgota que nela está e, sim, o corpo do ressuscitado. Jesus de Nazaré se caracterizou por possuir um grande coração, que se compadecia de qualquer sofrimento do seu povo, dominado pelo legalismo dos fariseus e pelo domínio estrangeiro. Ele acolhia o sofrimento e o aliviava imediatamente, a começar pelo aperto constrangedor de faltar vinho num casamento. A delicadeza de sentimentos de Jesus é algo comovente. Em plena festa de casamento, na alegria do convívio familiar, leigo e vestido como todos os convivas, partilhando com parentes e amigos a alegria das bodas, um simples aviso de sua mãe de que não havia mais vinho, nem pedido foi, ele antecipa sua hora e liberta os parentes do constrangimento. "A primeira intervenção pública de Jesus, o Enviado de Deus, não tem nada de religioso. Não acontece num lugar sagrado. Não aplica um ritual religioso. Jesus inaugura sua atividade profética "salvando" uma festa de casamento que podia ter terminado mal"... Jesus deu o "primeiro sinal", o sinal que nos oferece a chave para entender sua atuação e o sentido profundo de sua missão salvadora... Enquanto os dirigentes religiosos e os mestres da lei se preocupam com a religião, Jesus se dedica a fazer mais humana e leve a vida das pessoas... os evangelhos apresentam Jesus concentrado não na religião, mas na vida" (Pagola, A.).

Diante de todo aquele que portasse um sofrimento, ele se comovia da dor, como na morte de Lázaro, a filha da viúva de Naim, e a aliviava imediatamente. Jesus não suportava ver os homens, as mulheres, as viúvas, as crianças sofrerem, estarem tristes. Restituía-lhes de imediato a alegria de viver. Paulo nos ensina que o Espírito é alegria. "Jesus não espera que passe o sábado para curar um enfermo. Para ele, torna-se insuportável ver alguém sofrendo e não agir imediatamente... O importante não é a lei, mas a vida que Deus quer para todos os que sofrem" (Pagola, A.). Jesus dos eventos e dos afazeres da vida cotidiana. Jesus de uma compaixão sem limite.

Mesmo no Jardim das Oliveiras – "Pai afasta de mim esse cálice" – ou crucificado – *Eloin, Eloin, lama sabactane* – jamais manifestou gozo sádico ou masoquista. De sua morte por condenação política fez um sacrifício e ofereceu sua vida pela redenção de suas irmãs e irmãos de todos os tempos. Evidentemente, não foi a crucificação em si que nos salvou ou salva e, sim, seu ato salvador, de plena liberdade interna, consciente e amoroso, um ato de Deus feito homem. Crucificação por crucificação, se igualam tanto a do bom ladrão como a de muitos no Estado Islâmico, própria de bárbaros fanáticos sem valor salvífico. Em si, a crucificação de Jesus não se diferencia de nenhuma outra. Ressuscitado, jamais explorou a piedade ou o dó pela sua crucificação e, como acima dito, muito menos se vingou de seus algozes. Jamais arquitetou ou pediu vingança dos que o condenaram. Pelo contrário, mostrou-se na alegria da ressurreição e da ascensão. Ainda mais. Anima as discípulas para que não fiquem tristes porque, terminada a sua missão, ele precisa partir. Muito ao contrário, deseja que vivam a alegria de ele ter ressuscitado e, ainda mais, promete-lhes o envio do Espírito Santo, o Consolador, o Advogado, aquele que passará a "ensinar" e dará o amparo para implantar a sua missão e lhe dar continuidade.

Verdadeiramente, o nosso Deus, aquele que Jesus mostrou e testemunhou, é o Deus da alegria, da comemoração de Jesus ressuscitado. O que é específico ao Jesus de Nazaré é o espírito de liberdade dos filhos do mesmo Pai... "Precisamos urgentemente rever certa teologia da cruz que obnubila o fato de que a identidade de filho de Deus é doada gratuitamente"... "Paulo nos quer dizer que não podemos fazer nada para merecer a salvação"... "E, se não entendemos isso, não entendemos nada do evangelho". Trata-se de "uma leitura da cruz que se distancia de qualquer visão dolorizante ou masoquista do sofrimento de Cristo. Paulo não propõe uma piedade mortificadora, uma salvação pelo sofrimento. A cruz, por si só, é um fracasso, o fiasco, a tragédia do martírio, devido ao poder político... A teologia da cruz é uma leitura da cruz a partir da Páscoa... a partir da morte pode surgir uma esperança" (Marguerat, D.). Essa esperança nos vem da ressurreição, de Pentecostes, o Espírito que tudo vivifica.

É por isso que a exploração do sofrimento de Jesus é impostura de uma ideologia que visa a submissão e a resignação dos crentes diante da hierarquia, o conformismo deles com situações de injustiça e exploração, como aconteceu com as mulheres, com os índios, com os negros e com os pobres de todos os tempos. Ou a satisfação de uma perversão sadomasoquista inconsciente. "A cruz não é a última palavra sobre Jesus, como a ressurreição não é a última palavra sobre a história" (Ferraro, B.).

Há um culto malsão não só da crucificação como dos objetos nela empregados: lenho, crucifixo, cravos, corrente, escada, sudário, adoração da cruz...via sacra... Infelizmente, a invocação dos cristãos ao se persignarem vem apelidada de "sinal da cruz" e não de invocação à Trindade. Tudo isso é mitogenia pura, devocionismos da religião católica, mas nada tem a ver com a comunidade de fé proposta pelo evangelho. “Os milênios de cultura cristã, que transformaram a cruz em ícone ou mesmo adorno, embotaram nossa sensibilidade a esse respeito de modo quase irremediável”... “Poucas ideias são mais radicais, desse ponto de vista, do que a divinização de Jesus crucificado. Ela vira do avesso a visão do lugar e das pessoas com os quais Deus se identifica, um desafio às formas de poder que permitem a existência desse tipo de crueldade como algo natural”. (“O escândalo da cruz” R. J. Lopes – Folha de S. Paulo, 17/04/2022). O culto da cruz é “uma versão vitimista que empana a ressurreição e deforma a visão dos grandes mistérios” (Queiruga, A. T.). “A paixão e a morte de Jesus devem ser entendidas como humanas, resultado de ações humanas, sem referências mitológicas” (Comblin, J.). Deve ser muito desagradável para Jesus de Nazaré, senão decepcionante, que glorifiquem a barbárie da crucificação, exaltem pormenorizadamente o caminho da cruz, os pregos e a lança que o perfuraram em vez de se darem conta que a salvação se opera unicamente por um ato de amor da Trindade pelo ser humano.

O número 208 do *Caminho* de J. Escrivá reza: “Bendita seja a dor. Amada seja a dor. Santificada seja a dor... Louvada seja a dor... Escrivá se açoitava até as paredes estarem salpicadas de sangue” (Yallop, D.). Essa prática certamente é estranha ao seguimento de Jesus. Na hora da agonia: “Pai afasta de mim esse cálice”... Esta maneira de pensar está ligada ao estoicismo, a princípios corânicos ou à ideologia do sofrimento, tão bem explorada pela igreja da “*potestas*”. A mortificação voluntária do corpo revela quem não consegue assumir suas culpas ou pensa descontá-las no corpo quando são morais ou, pior ainda, imaginar um Pai cruel que perdoa na medida em que se castiga o corpo. Ideologia perigosa, pois, além de colocar a saúde do corpo em risco, imagina que o perdão do Pai pode ser alcançado não pela misericórdia (filho pródigo), mas pela sadização do corpo. Esse “pai” é total e visceralmente alienígena ao Pai de Jesus de Nazaré... “Precisamos insistir, porque houve durante séculos uma tradição eclesiástica que colocava tantas obrigações de pedir perdão, de receber castigos e de expiar o pecado antes de receber a conciliação, como se fosse arrancar o perdão de Deus mediante obras penitenciais e uma contrição que se cultiva mesmo depois da absolvição” (Comblin, J.). “O fanático que destrói a si mesmo e as outras pessoas, mesmo que o faça por causa da verdade religiosa, age a partir de um senso de ressentimento” (Kirvan, M.).

"Uma fé sem ressentimento, diz J. Alisson, consiste em que você está disposto a ocupar o lugar vitimário sem se pensar herói, mas simplesmente estando lá sem necessidade de contrastar com ninguém... perder ressentimento e chegar a desenvolver o papel de irmão ou irmã, em vez de vítima e herói ... Um processo de humanização".

Ademais, essa prática não estaria ligada a um gozo inconsciente sadomasoquista? Jesus de Nazaré dedicou um ano e meio de sua vida a eliminar toda sorte de sofrimento material, físico ou espiritual. Não havia dor que não aliviasse, corporal ou moral. Essa "bendita dor", essa "amada dor" é totalmente estranha à proposta da teopatia, da convivência com a Trindade, estranha, outrossim, à alegria da fé em Jesus ressuscitado, sobretudo ao Espírito que nos foi enviado. "A monstruosidade de certas teorias a que conduz essa posição – Deus exigindo o sangue de Jesus como "preço" de seu perdão – demonstra a deformação radical do processo. O prejuízo que, neste sentido, causou a teoria de Santo Anselmo – necessidade da morte de Jesus para reparar a honra de Deus – é incalculável, mesmo levando em conta seus atenuantes ao contexto da concepção medieval da honra..." "na cruz, é o próprio Pai quem está descarregando sua ira contra Jesus, que sofre assim o castigo a nós destinado, convertendo desta maneira num assunto "entre Deus e Deus" (Queiruga, A. T.)... "Na cruz, não é o fato da morte que conta, não é a destruição da vida, nem o sangue derramado, nem o corpo inerte... submetendo-se à violência e a ultrapassando pelo perdão, deixando de resistir ao malfeitor, Jesus funda um novo povo. Rompe a espiral da violência" (Pagola, A.).

"Se um dia o executarem no suplício da cruz, reservado a escravos, sem direito a nada, morrerá como o mais pobre e desprezado de todos, mas, com a sua morte, selará para sempre a sua mensagem de um Deus defensor de todos os pobres, oprimidos e perseguidos pelos poderosos. Continuará amando a Deus com todo o coração, não dará a nenhum "césar" e a nenhum "sumo sacerdote" o que só pertence a Deus, continuará defendendo seus pobres até o fim. Aceitará a vontade de Deus, inclusive agora que parece apresentar-se a ele sob a forma de martírio" (Pagola, A.).

"Ao que parece, Jesus não elaborou nenhuma teoria sobre a sua morte, não fez teologia sobre a sua crucificação. Viu-a como consequência lógica de sua entrega incondicional ao projeto de Deus. Apesar da dor e do medo de terminar torturado no patíbulo da cruz, não viu contradição entre a instauração definitiva do Reino de Deus e seu "fracasso" como mensageiro e portador definitivo. Para além de sua morte, o Reino de Deus alcançará sua plenitude. Jesus não interpretou sua morte a partir de uma perspectiva sacrificial. Não a entendeu como um sacrifício de expiação oferecido ao Pai. Esta não era a sua linguagem. Nunca havia vinculado o Reino de Deus às práticas cultuais do Templo. Nunca havia entendido seu serviço ao projeto de Deus como um sacrifício cultual. Teria sido estranho que, para dar sentido à sua morte, ele recorresse, no final de sua vida, a categorias procedentes do mundo da expiação. Jesus nunca imaginou seu Pai como um Deus que lhe pedia a própria morte e destruição para que sua honra, justamente ofendida pelo pecado, fosse por fim restaurada e, como consequência, ele pudesse, dali em diante, perdoar os seres humanos. Nunca se vê Jesus oferecendo sua vida como uma imolação ao Pai para obter dele clemência para o mundo. O Pai não precisa que ninguém seja destruído em sua honra. O amor que ele tem por seus filhos e filhas é gratuito, seu perdão é incondicional" (Pagola, A.).

Jesus "nunca convida as pessoas a fazer penitência, praticando ritos e gestos ascéticos tão caros aos profetas. Ninguém o ouve falar de jejum, cinzas ou vestes de luto... Todos precisam mudar para "entrar" no Reino de Deus, não em atitude penitencial, mas movidos pela alegria e surpresa do amor incrível de Deus" (Pagola, A.).

Jesus de Nazaré, com sua morte e ressurreição, eliminou de vez o culto e a prática do "bode expiatório". Seu sacrifício foi definitivo e suficiente. Com ele, Jesus estancou toda forma de violência, sobretudo a violência do sagrado, "Religião é igual violência: a religião é a forma primordial pela qual a agressão é canalizada, de modo que se usa a violência limitada (bode expiatório) para impedir a violência amplamente disseminada e inteiramente destrutiva"... "Cristo se ofereceu pelo bem-estar dos outros, não sendo simplesmente a vítima impotente da vida divina ou humana"... "A ressurreição de Cristo, em vez da terrível retribuição que poderíamos esperar de um deus vingativo, afirma que o Pai é absolutamente livre de violência. Toda violência que reivindique a sanção divina deve ser julgada como resultado de projeção humana" (Vignolo, S.). "Sofrendo a violência até o fim, o Cristo revela e desenraiza a matriz estrutural de **toda religião**" (Dufour, p. 165). "Por isso, poder-se-ia falar na morte de Jesus como sendo precisamente superação de toda religião sacrificial. A partir disso, não faz mais sentido o sacrifício" (Alison, J.).

"A lição do cristianismo só pode ser verdadeiramente compreendida se o for completamente, cem por cento, o que implica em que os homens renunciem de uma vez por todas à sua violência" (Dupuy, J. P.). É o Reino, o Reino de Deus. Doravante, não há mais sacrifício, sagrado e profano. O Reino os aboliu definitivamente.

Esse conceito de Anselmo é uma loucura: atribuir ao Pai tamanha maldade só pode ser fruto de um pensamento celibatário sádico-masoquista. Nenhum pai terreno, por perverso que seja, teria tal vileza ou baixeza moral para com seu filho. Deus não segurou à toa o braço de Abraão. Seria um horror perverso aceitar a morte de Isaque. Está aí estampado que "a violência é o coração e a alma secreta do sagrado" (Girard, R.). Bem ao contrário, "Jesus interrompe o ciclo da violência, do sacrifício expiatório ou do bode expiatório. Ele dá a outra face. Não se vinga de ter sofrido uma morte extremamente violenta. Interrompe definitivamente o sacrifício de um inocente para aplacar a fúria da multidão" (Girard, R.).

Propalar que a eucaristia – ação de graça – é sacrifício, é distorcer totalmente seu fundamento, é um subterfúgio para manter a necessidade própria às religiões de terem que ter um sacrifício. O cânon da missa insiste: "Receba o Senhor por tuas mãos este sacrifício"... "Eles vos oferecem conosco este sacrifício de louvor".... Sacrifício de louvor... Como entender isso? Sacrifício é "assistir" a missa na massa e na obrigação, na burocracia das orações e rituais fixados, sacrifício maior ainda é ouvir sermões improvisados, palavras vazias, sermões moralistas. Sem querigma! A eucaristia é um dom de Jesus aos homens e às mulheres que creem. É uma inverdade histórica e teológica convertê-la em sacrifício a ser oferecido à Trindade. É mesmo uma ingratidão, melhor, uma desconsideração a Jesus de Nazaré por tão precioso presente. É só imaginar como ofenderíamos um amigo fazendo-o saber repetidamente que o presente que nos deu é um sacrifício.

A medicina sempre se preocupou com a dor.

A dor é um sintoma e um sintoma precioso. É um grito de nosso sistema nervoso a dizer que um órgão, uma parte do corpo está em perigo. É preciso remover a causa e a dor cessará. Não é nada racional impor dor ao corpo, ao contrário, isto é sinal de patologia, como a psicanálise descobriu. A dor física, moral ou psíquica sempre é um sintoma, um sintoma que nos alerta de que um órgão ou a mente não está bem ou está em perigo. Portanto, um sinal de anomalia. Amar a dor, como propunha Escrivá, é algo patológico. A dor física e a dor moral têm uma causa ligada ao corpo ou à mente, precisando ser removida. O corpo sadio não tem dor e infligir-lhe dor é algo anormal.

A anestesia e os analgésicos foram descobertas maravilhosas, extremamente benéficas. Hoje, a medicina desenvolve uma especialidade: a medicina da dor. De dor não tem porque o paciente sofrer. O anestésico direto na coluna se tornou um alívio extraordinário para doentes cancerosos ou outros. A Igreja não poderia ver nele um dom de Deus criador e, nesse avanço, a presença do Espírito Santo agindo em nosso tempo? A potencialidade "analgezisante" da natureza e a sua descoberta a serviço da humanidade? Nosso Deus, mais uma vez, é um Deus ressuscitado, o Deus da alegria que providenciou na natureza princípios ativos contra a dor.

A teologia dos sinais dos tempos nos assinala, pois, que a remoção dos crucifixos dos lugares públicos e, sobretudo, dos Fóruns, do Senado, da Câmara, (pura hipocrisia), nesta nova era, está por conta do sopro do Espírito Santo. O crucifixo é mero ícone, uma superstição. Vide crucifixo de ouro, pendurado em corrente de ouro no pescoço de bispos e cardeais.

Nesta esteira, que vemos hoje? Os crucifixos viraram um ícone anacrônico. Mulheres o estão usando como adorno (muitas vezes de "ouro") no pescoço, nos brincos, nos anéis... De outro lado, o uso supersticioso do crucifixo ou do terço nos automóveis e o lema invertido de que "Deus é fiel". Sinal dos tempos para quem é advertido pelo Espírito.

Outro sinal dos tempos é a exclusão do nome de Deus da constituição da comunidade europeia. O Espírito Santo não aguenta mais a mistura de poderes religiosos e civis. Esse é um sinal de recolher muito proveitoso para a nossa Igreja. É um escândalo que o dólar americano estampe: "*we trust in God*", mais ainda a desfaçatez do ditador Franco: "caudilho de Espanha pela graça de Deus". Mamona e Deus são opostos, sem química alguma: "Não podeis servir a Deus e ao dinheiro".

O ministro da Itália (2011-12), Mário Monti, propôs acabar com a isenção fiscal de comunidades religiosas que exploram escolas, hotéis, pousadas. Em geral, ligadas a uma igreja e com imunidade fiscal.

Cento e trinta mil pessoas assinaram uma petição dando apoio ao ministro. É interessante como é intrinsicamente suposto que igrejas e conventos não paguem impostos, sendo que, muitos deles, movimentam milhões. Isto não tem cabimento por tratar-se de um privilégio mitogenético. Senão supersticioso ou oportunista, pior, injusto. Isto é um aval ao capitalismo mais bárbaro, que não leva em conta os lesados por tal ganância. Todas as ordens religiosas se tornaram ricas, senão riquíssimas, mesmo as mendicantes. Sinal de escândalo. Declínio do testemunho.

Voltemos ao sinal dos tempos, alvissareiro, da Internet. Estamos no início de sua descoberta e de seu uso. O direito dos que a exploram e os direitos dos usuários estão para ser legislados. Na verdade, o direito sempre contemplou a propriedade de coisas materiais e concretas. Por ser virtual, procura-se um princípio segundo o qual o uso dela possa ser regulamentado. "Propriedade intelectual"? Isso, neste trabalho, pouco cabe, mas será que propriedade intelectual não tem que ser propriedade de todos?

Importante para nós cristãos é que a internet pode significar uma presença do Espírito Santo jamais imaginável. A internet, como tudo em mãos humanas, pode gerar traições, violências, desrespeito, calúnias, despersonalizações, solipsismos, crimes, disparos, ódio, alucinações, enlouquecimento, perda de memória... Mas sua regulamentação e o amadurecimento no uso dela com certeza limitarão esse lado sombrio.

A internet pode alimentar doenças específicas ao seu uso, até psicotizações. Ela pode gerar "monstrinhos egoístas", fechados num narcisismo doentio. Então "a Rede, longe de unir, na realidade, me parece que divide, individualiza e ilude, solicitando falsas comunidades e um verdadeiro narcisismo... Hoje, mandamos e-mails de um escritório ao outro e a comunicação decai e se empobrece" (Mattei, H.).

A internet está gestando uma geração superficial na maneira de pensar ou viver por causa da avalanche de informações. Vale o princípio do filósofo: quanto mais extensão menos profundidade.

Mas a internet irá amadurecer, ela fará parte intensa da educação e da comunicação dos povos. Ela suscitará "autênticas dinâmicas democráticas" (id. ib) e amadurecerá a ideia de que "a criatividade floresce na partilha dos problemas sociais e não se transforma em um mero exercício narcíseo do indivíduo" (id. ib).

A internet acontece como a presença do Espírito: está em todo lugar, em toda parte, à disposição de todos: ..."o uso disseminado da internet é instantâneo, está mudando nosso jeito de se comunicar e expandindo as capacidades humanas... os limites do cérebro humano"... criando uma "mente global" e "uma corporação da Terra" (Al Gore). Boff remata de maneira bela: "A humanidade, que vivia dispersa pelas múltiplas regiões do mundo com suas culturas, história e tradições, começa a pôr-se a caminho. Todos se encontram num único ponto, na Casa Comum, no Planeta Terra. Aí nos descobrimos como uma única espécie, com um destino comum".

Roma, isto é, a Cúria já adotou a internet, Facebook, twitter etc. Mas, pelo peso burocrático, estão longe de perceberem a presença do Espírito na descoberta da internet e, menos ainda, de perceberem a sua riqueza para a evangelização dos povos. O twitter *Vatican_va*, o site Benedictus *PP_ XVI* como o *PCCs* são formalidade piramidal. Apresentam "pouca interatividade, tuítes automáticos e primeiramente institucionais, nenhum movimento social na nova mídia... é sempre nula a interatividade e conexão com outros usuários" (Speciale, A.). Em dezembro de 2012, fez-se muito ruído com o papa estreando no twitter. Mas foi algo formal, como sempre, tudo de cima para baixo, o papa abençoando. O site de Bento XVI chegou no máximo a 4.000 visitas e o de Francisco, em dezembro de 2013, com 8 meses no cargo, já ultrapassara 16.000. Assim, indiferente aos sinais dos tempos, mais uma vez fecha-se a religião católica entre os muros do Vaticano. Vaticano e Cúria são enorme peso morto burocrático a cuidar da instituição, do Direito Canônico, da corporação clerical, do banco, da liturgia, da ortodoxia... enfim, todo tempo a preservar a tradição eclesiástica e clerical em detrimento da Tradição Evangélica e Apostólica.

Há alguns teólogos que se despertaram para o potencial da internet. Um grupo americano chegou mesmo a propor a confissão pela internet e foi imediatamente barrado pela Cúria romana, mas outras experiências ricas na França, no Brasil, como o precioso site do Instituto Humanitas dos Jesuítas da Unisinos (www.ihu.unisinos.br), mostram a presença contínua do Espírito Santo. Este site é um verdadeiro pulsar com o Espírito, um farol a iluminar esse mundo de consumismos desenfreados. Blog, Facebook, youtube, twitter... Um tesouro que a presença do Espírito pode iluminar e vivificar num novo Pentecostes. Aproveitando esse sinal dos tempos, o CESEEP – Centro Ecumênico de Serviços à Evangelização e Educação Popular (www.ceseep.org.br) –, com o apoio da PUC-Rio, desenvolve cursos de verão e outros para jovens interessados em criar redes digitais para construir comunidades e estimular o exercício da cidadania. Bela, atual e rica iniciativa do Espírito. O papa Francisco, por sua vez, como sempre, surpreende. Ele se abriu a esse tesouro muito antes de ser papa com Scholas Occurrentes: "http://bit.ly/cou3to".

"Desperta, minha Igreja, desperta, sacode tua poeira multissecular, abre os olhos viciados em poder, em pomposidades, em ostentações, em hipocrisia, em dogmas, em cânones, em decretos... Chega à experiência viva do Espírito, despoja o formalismo do sacral, do repetitivo, da vaidade tola do poder clerical e do poder temporal... Cessa de cuidar do supérfluo, do inútil, para de fomentar obstáculos ao *Regnum Dei*... Deixa o Espírito "cair", "derramar" sobre ti. Para de traí-lo fugindo do Sentido Radical da fé que nos foi comunicada por Jesus de Nazaré e o Espírito Santo acalenta até o fim dos séculos".

Outro sinal dos tempos está na força com que o Espírito está movimentando as mulheres. Literalmente, partiu para tirá-las do ostracismo e da prepotência com que a religião católica sempre as tratou. Os direitos humanos, desde 1948, lhes outorgam igualdade com os homens na vida civil e na vida privada. Apenas as religiões, sobretudo a cristã, ou especialmente a católica e a islâmica, persistem em negar-lhes o direito à liberdade do corpo e do espírito.

As mulheres lentamente, pois a oposição é ferrenha, estão conquistando cátedras de teologia e dando seu testemunho por muitos séculos ignorado. Teólogas da Igreja! Inimaginável alguns anos atrás. Mas querem mais. Querem se ordenar. A reação veio violenta. O cardeal Ratzinger: o impedimento... "foi estabelecido infalivelmente (sic!) pelo magistério ordinário e universal... Portanto pertence ao depósito da fé". Por defender publicamente a ordenação de mulheres, o padre maryknoll, Roy Bourgeois, foi excomungado em 2009. Ele não voltou atrás. Seria agir, disse ele, contra sua consciência. Note-se que seguiu à risca as palavras de Bento XVI: "Acima do papa, como expressão da autoridade eclesial, existe a consciência, à qual é preciso obedecer acima de tudo, se necessário, até contra as exigências da autoridade da Igreja". Assim caminha a Igreja: o juridismo canônico e a força do Espírito em luta constante.

A "Iniciativa dos Párocos", chefiada por Helmut Schüller na Áustria, enviou ao Papa Bento um abaixo-assinado (03/07/2011) exigindo que as mulheres pudessem ter acesso ao sacerdócio e declarando que o Vaticano "não pode impor suas próprias convicções aos padres austríacos". 250 sacerdotes abaixo-assinaram. O decano da paróquia de Riesting, pressionado a se desligar da "iniciativa", declarou "diante do dilema de renunciar à minha função ou à *Iniciativa* dos sacerdotes (apelo à desobediência) pronunciei-me a favor da *Iniciativa,* porque esta proposta de escolha me parece imoral e incompatível com minha consciência".

É proibido só por decreto, pois todos estão unânimes em não ver empecilho teológico algum em as mulheres se ordenarem. "Não descubro nenhuma impossibilidade metafísica ou de ordem sobrenatural que impeça à mulher o acesso ao sacerdócio" (Câmara, D. H.)... "Teologicamente, não há nenhum obstáculo fundamental... Há uma igualdade fundamental de todos os membros da Igreja" (Cardeal José da Cruz Policarpo).

A ordenação de mulheres não tem "nenhum obstáculo fundamental". Então, a pergunta seria: poderiam as mulheres se alinharem na perspectiva de Maria e legarem ao mundo enfastiado de religiões uma volta à experiência do Sentido Radical da fé em Jesus de Nazaré? Possibilitariam elas uma nova sensibilidade à função essencial do Espírito Santo, tido como a função materna na Trindade? Seriam elas a esperança de um retorno à Igreja do sopro e das línguas de fogo? Seriam elas, hoje e amanhã, as amigas íntimas de Jesus de Nazaré como fora, outrora, Maria de Magda? Porém, se elas se ordenarem para competir com os pastores "machamente" e disputar poderes, como tem ocorrido no mundo dos negócios, seria melhor que tudo fique como está. Sempre que se perde a especificidade feminina (independente de cultura), algo patológico aparece. Melhor ainda, permaneçam mulheres, femininas e não se ordenem como Maria, Maria Madalena, pois que ordenação e sacerdócio são estranhos à comunidade (*ecclesia*) de Jesus de Nazaré e do Espírito Santo. Portanto, não é uma instituição evangélica, apostólica, é exclusivamente tradição eclesiástica, clerical[6].

---

6 Em 19 de janeiro de 2018, o Pe. Paolo Cugini da diocese de Régio Emília, Itália, ex-missionário no Brasil, escreveu um artigo instigante em *Noticum - Il volto dela Missione.*

Outro forte sinal do tempo: dois livros publicados na Itália em 2011 revelam o mal-estar do Vaticano: "*Attaco a Ratzinger: Accuse e Scandali, Profezie e Complotti contra Benedetto XVI,* dos jornalistas Paolo Rodari e Andrea Tornielli e *C'era una Volta Uno Vaticano*", do jornalista Massimo Franco.

Ambos tratam dos escândalos de abuso sexual que, finalmente, não puderam mais ser encobertos, "a crise da revogação da excomunhão de um bispo que negou o holocausto, os conflitos dentro do Vaticano, mesmo entre os cardeais dignos da época dos Borgias"; o notório caso Boffo, diretor do *Avvenire* (jornal dos bispos italianos), que foi sumariamente demitido porque teria assediado uma mulher, com cujo marido queria ter uma relação. Franco, segundo Allen Júnior, interpreta esse mal-estar como sintoma: "Os colapsos dos últimos

---

"Muda dentro da religião católica, nesta época denominada de pós-cristianismo, a figura do padre, o seu modo de entendê-lo, a sua função na comunidade... É realmente necessária essa figura do padre no novo quadro cultural e social que está se configurando?"

Ele propõe unidades pastorais: "vê o reagrupamento de algumas paróquias, confiadas a um único pároco". "Se o problema é permitir que as comunidades cristãs se alimentem da Eucaristia, por que insistir no modelo do padre celibatário e dedicado à Igreja por toda vida"?... "Podiam ser ordenadas pessoas da comunidade, de fé comprovada, cujo carisma é reconhecido pela própria comunidade. Que tipo de pessoas? Pessoas celibatárias ou casadas, homens ou mulheres. Sim, também mulheres"... "Duas figuras então, delineiam no caminho da Igreja futura: a do presidente da assembleia eucarística, que celebra a eucaristia, e a do coordenador das unidades pastorais"... "Nesta perspectiva, os seminários, tal como concebidos hoje, não serão mais necessários, porque a formação das lideranças das comunidades ocorrerá dentro da própria comunidade"... O autor propõe mudança na "espiritualidade de marca monástica, como a do padre" e a elaboração de uma "teologia feminista" "capaz de recolher os desafios do olhar feminino sobre a realidade".

"Provavelmente, o tipo de teologia que elaborará esse estilo de Igreja encarnado no meio do povo de Deus será menos exigente, menos propensa a pôr pesos insustentáveis sobre as pessoas – pense-se na moral sexual católica - e mais no ritmo da vida das pessoas. Nos encontraremos diante de um cristianismo que trabalha menos sobre o sagrado, mas terá um rosto mais humano, isto é, muito parecido com Jesus dos evangelhos". "O mundo descristianizado de nossa era pós-cristã terá a possibilidade de ver uma Igreja mais aderente ao Evangelho, mais em busca do essencial do que da pompa"... "Por que a Igreja resiste tanto à mudança? Não é um problema de evangelho, mas de poder".

Fonte: IHU (www.unisinos.com.br de 19 de janeiro de 2018 com mais de 14 artigos sobre o assunto)

cinco anos são os sintomas ao invés das causas de uma crise muito mais profunda. Eles são sinais do fim de uma época, em que o Vaticano representou os sentimentos religiosos e morais da civilização ocidental e o amanhecer de uma nova era, em que o cristianismo se tornou uma subcultura minoritária"... "O dia de acerto de conta foi mantido à distância por João Paulo, mas agora essa conta está vencendo"... "Há um sentido palpável de "*fin de régime*" no ar romano. O Vaticano está correndo "o risco de dar voltas em si mesmo, cada vez mais divorciado do mundo externo".

Um terceiro livro, mais contundente, do jornalista Gianluigi Nuzzi "*Sua Santidade: Os documentos secretos de Bento XVI*", aborda vários documentos secretos do *Vatileaks*. Entre eles, um longo relatório enviado pelo padre Julian Carron, que substituiu o padre Luigi Giussani, fundador de Comunhão e Libertação.

Nesse documento, Carron critica os cardeais Carlo Maria Martini e Deonigi Tettamanzi de Milão, cujo "ensino doutrinal se afastou em muitos pontos da tradição e do magistério, sobretudo nos estudos bíblicos e na teologia sistemática"... "uma espécie de magistério alternativo"... "certo unilateralismo de intervenções em matéria de justiça social"... Pede a nomeação do cardeal Angelo Scola, membro da Comunhão e Libertação, para os substituir. O cardeal foi nomeado. Mas ele se escusou de sua ligação com o movimento, dizendo que, agora, "eu lido com a Igreja de Deus". 550 teólogos e intelectuais se posicionaram, numa carta pública, em apoio aos dois cardeais criticados pelo movimento ultraconservador: ... "o ministério desses dois pastores foi um longo e inesquecível tesouro de graça, na busca para uma realização coerente das escolhas do Vaticano II, no difícil contexto contemporâneo". O cardeal Martini entra na sequência dos dois gigantes da Igreja de Milão: Santo Ambrósio e Carlos Borromeo. Este adiantou-se no tempo e concebeu seminários diferentes para a formação de líderes para as mais diversas camadas da população.

Assim segue a luta pelo poder, intrínseco à estrutura religiosa. Mais uma vez, os movimentos são os bastiões do restauracionismo do Concílio de Trento e do Vaticano I. Mas o valor do livro de Nuzzi é expor o que todo mundo sabia, mas agora à luz do dia: o Vaticano é uma instituição de poder, de lutas palacianas, de conspirações, de delações, tudo dourado com o manto da religião. Os movimentos, intreguistas, precisam dessa instituição autoritária, é condição da sobrevivência deles como manipular somas enormes sem pagar impostos. "O Vaticano também é uma corte. Há rumores e fofoca da corte, mas também há flechas que são lançadas de uma forma consciente e mirada. No início, eu tive que aprender a conviver com isso... certamente um ponto fraco são as indiscrições"... Declaração do secretário particular de Bento XVI, Georg Gänswein, após o "*affaire*" Gabrielle. Bento XVI impactou o mundo católico com mostra de poder: promoveu o simples padre Gänswein a arcebispo e seu companheiro, também secretário, ficou na sombra. O poder se protege. Agora Gänswein está escandalizado porque o Papa Francisco não foi morar no palácio pontifical e não desfruta de Castel Gandolfo: "Cada dia espero uma novidade nesse sentido". Mas ele disse a verdade porque o papa Francisco não foi morar no palácio: "O Vaticano é uma corte".

Vejo tudo isso muito positivamente, sinal dos tempos: o Espírito está agindo, o Vaticano é uma instituição espúria à proposta de Jesus de Nazaré. Ele tem de desaparecer, é um tumor na Igreja de Jesus, nada tem a ver com o evangelho. "Deus está conduzindo a Igreja a um futuro mais fiel a Jesus e a seu evangelho" (Pagola, A.)... "O Vaticano não tem nada a ver com o evangelho" (Casaldáliga, P.). A renúncia de Bento XVI, paradoxalmente, caiu surpreendendo e veio como quebra dessa parafernália palaciana.

Eis que novo escândalo explode em novembro de 2015. Dois livros sobre o submundo da corte. Primeiro, *Avarizia*, do próprio Gianluigi Nuzzi, no qual expõe ao grande público a vida nababesca de cardeais e monsenhores, apartamentos de 500m^2 luxuosamente decorados e servidos, altas somas para conseguir canonizar novos santos, salário de secretário de quinze mil euros... Um segundo livro, *Via Crucis*, de Emiliano Fittipaldi, põe à vista as delicadas e obscenas questões financeiras do Vaticano. Esses livros são fruto de informações confidenciais da consultora Francesca Chaouqui e de monsenhor Lucio A. V. Balda, sacerdote do Opus Dei, secretário para assuntos econômicos da Prefeitura Eclesiástica. Ambos forneceram aos jornalistas as informações sigilosas sobre as finanças e os costumes curiais do Vaticano. A dupla já agira antes quando ofereceram um banquete luxuoso para autoridades e celebridades a fim de comemorar a canonização de João Paulo II, fato que muito contrariou o papa Francisco.

A traição de um amigo e discípulo, por trinta moedas, levou Jesus à morte na cruz. A traição da máfia vaticana levou à morte o papa de um mês. A traição de um camareiro levou Bento XVI à renúncia. Os "corvos" e "lobos" voltaram: a traição de um monsenhor do Opus Dei e de uma consultora está levando Francisco à máxima intimidação. Mas Francisco, oposto dessa imundície moral: "Porém, quero dizer-lhes que esse triste feito certamente não me desvia do trabalho de reforma que estamos levando adiante com meus colaboradores e com a ajuda de todos vocês". Francisco, porque Francisco sabe e nos diz: "Só o Reino de Deus é absoluto, o resto é relativo". Por incrível, um sinal ineludível do tempo. E esse foi o Vatileaks II.

As mulheres avançam: Sinal dos tempos

Irmã Margaret Farley, teóloga católica da Yale University, onde lecionou ética cristã durante 50 anos, em 2006, publicou seu livro sobre moral sexual: *Just Love. A Framework for Christian Sexual Ethics.* O livro aborda temas como a personalidade, o livre consentimento, a reciprocidade, a igualdade, o compromisso, a fecundidade e a justiça social. "Em última análise, nesse livro, propus um 'arcabouço' para a ética sexual que usa critérios verdadeiros e fiéis de justiça na avaliação de relacionamentos e atividades sexuais"... "Ao fazer isso, ofereço não apenas ideais para as relações sexuais humanas, mas também alguns requisitos absolutos".

Irmã Margaret, ao contrário do Vaticano, em vez de tabus sobre o sexo, avança corajosamente: "A masturbação... geralmente não comporta nenhum problema moral"... "os critérios de justiça pareceriam aplicáveis à escolha de aprovar o prazer sexual auto erótico somente enquanto essa atividade pode favorecer ou danificar, manter ou limitar o bem-estar e a liberdade de espírito. E, desta, resta amplamente uma questão de caráter empírico e não moral";

"... Do meu ponto de vista... as relações homossexuais ou os atos homossexuais podem ser justificados de acordo com a mesma ética sexual, exatamente como as relações heterossexuais"... "Por isso, as pessoas com inclinações homossexuais, assim como os seus respectivos atos, podem e devem ser respeitados, indiferentemente de haver ou não alternativa de serem diferentes";

"... Uma das questões mais urgentes do momento, diante da opinião pública dos Estados Unidos, é a união entre pessoas do mesmo sexo – equivale a dizer a concessão de um reconhecimento social e de uma qualificação jurídica às uniões homossexuais, sejam masculinas ou femininas, comparáveis às uniões entre heterossexuais";

"... A minha posição pessoal é que o empenho matrimonial seja sujeito à dissolução pelas mesmas razões fundamentais pelas quais todo empenho permanente, extremamente grave e quase incondicionado, pode cessar de exigir vínculo... Mas é possível sustentá-lo sempre? É possível sustentá-lo apesar de mudanças radicais e imprevistas? A minha resposta é: "às vezes não é possível. Às vezes a obrigação pode ser desfeita e o compromisso pode ser legitimamente modificado".

"... As vidas de duas pessoas, uma vez casadas, são sempre qualificadas pela experiência desse matrimônio... Mas se ele acaba em divórcio... qualquer obrigação permanente que um vínculo residual imponha não precisa incluir a proibição de um novo casamento – não mais do que o fato de a união permanente entre os cônjuges, depois que um deles tinha morrido, proíbe um segundo casamento por parte daquele que ainda vive"... O aval ratzingeriano: perante um primeiro casamento "que se rompeu há muito tempo e de maneira irreparável, uma segunda união que se revelou uma realidade ética, seria certo – com testemunho do pároco e da comunidade – conceder a comunhão àqueles que vivem um segundo casamento desse gênero" (Joseph Ratzinger, teólogo do ano 1972!). "Nas nossas comunidades, os divorciados em segunda união participam da comunhão com o nosso consentimento. Eles estão presentes no conselho paroquial e participam de outros serviços pastorais" (declaração à diocese de Friburgo, Alemanha, Dom Robert Zollitsch).

Em 30 de março de 2012, uma Notificação da Congregação para a Doutrina, assinada pelo cardeal William J. Levada, acabou condenando tanto o "*Just Love*" da Irmã Margaret Farley quanto ela mesma, sem a mínima consideração pelo seu pensamento e sua argumentação, simplesmente, como de hábito, condenando o novo com a repetição do velho: a posição da autora "contradiz" a doutrina da Igreja ou "se opõe" a ela ou "não se conforma" com o ensino dela. Importa a ortodoxia, é preciso impô-la e não é prioritário que o evangelho interprete, fermente mediante o Espírito os sinais dos tempos.

Irmã Margaret: "Embora minhas respostas a algumas questões sexuais éticas particulares realmente se afastem de algumas respostas cristãs tradicionais, eu tentei mostrar que elas, no entanto, refletem uma profunda coerência com os objetivos e intuições centrais dessas tradições teológicas e morais ... a crítica da Congregação também não leva em consideração os meus argumentos para essas posições ou os complexos contextos teóricos e práticos aos quais eles são uma resposta"... A Notificação "deturpa – talvez inconscientemente – os objetivos do meu trabalho e a sua natureza como uma proposta que pode estar a serviço e não contra a Igreja e seus fiéis".

"Parece incrível, mas, na santidade das religiões, abrigam-se tabus que os estudos antropológicos e a secularização não conseguiram eliminar. São os piores tabus, porque são responsáveis pelos preconceitos sexofóbicos e misóginos que, sacralizados, produziram, em nome de Deus, discriminações e violências" (Condrignam Giancarlo).

O apoio à Irmã Margaret veio copioso de todo lado. "Eu acho que é o melhor livro sobre ética sexual... Eu simplesmente acho que não há nada melhor" (Rev. Paul Cadetz). "Não há, de fato, nenhum argumento razoável para apoiar as posições afirmadas pela Notificação" (Cahill).

Outra mulher, Irmã Elizabeth Johnson, 64 anos, da Congregação de São José, professora emérita de Teologia na Fordham University, em 2007, publicou "*Quest for Living God*" (Busca do Deus vivo), "como um livro didático para o estudo sobre Deus". Neste livro, ela tenta arejar a velha teologia repetitiva da mesmice com "diversas correntes intelectuais contemporâneas, incluindo as teologias política, da libertação, feminista, negra, hispânica, inter-religiosa e ecológica". O livro teve uma recepção ampla nos Estados Unidos e ganhou o prêmio de primeiro lugar da Associação de Imprensa Católica dos Estados Unidos na categoria "teologia acadêmica".

Em 24 de março de 2011, a Comissão de Doutrina da Conferência dos Bispos dos Estados Unidos, presidida pelo Cardeal Donald Wuerl, de Washington, publica uma declaração na qual denuncia que as posições do livro sobre Deus, sobre a linguagem metafórica das Escrituras, sobre o "sofrimento" de Deus, sobre a linguagem totalmente masculina na "relação desigual entre mulheres e homens"... como "religiosamente inadequada, sobre a presença do Espírito Santo em religiões não cristãs, sobre Deus criador, sobre as três pessoas da Trindade...” o livro “não está de acordo com o autêntico ensino católico sobre pontos essenciais, por isso “arruína completamente o Evangelho e a fé daqueles que creem no Evangelho”. Em 30 de março, 6 dias após a publicação da declaração, o mesmo cardeal escreve uma carta ao National Catholic Reporter, reafirmando “as inadequações teológicas e metodológicas do texto”. “O livro em questão, publicado há algum tempo, não é dirigido a teólogos profissionais para a especulação teológica, mas, ao contrário, é usado como instrumento didático para estudantes universitários, muitos dos quais estão buscando fundamentar a sua fé católica. A Comissão de Doutrina dos Bispos está principalmente preocupada com o bem-estar espiritual daqueles estudantes, que usam o livro e que podem ser levados a assumir que seu conteúdo é o autêntico ensino católico”.

Aparentemente, há uma “generosa” preocupação com o bem-estar dos jovens, mas ela está fundamentada no mal-estar da hierarquia, como fica claro no preconceito machista da declaração segundo a qual “o imaginário (sic!) masculino sobre Deus encontrado na Escritura e na Tradição “não são meras criações humanas que podem ser substituídas por outras que podemos achar mais apropriadas”. Isso fica confirmado pelo recado à Irmã Elizabeth: tudo aconteceu porque ela não submeteu seu livro ao canon 827§ 3, isto é, ao “*imprimatur*” ... “teria sido útil se a Irmã Elizabeth Johnson tivesse aproveitado dessa oportunidade” (sic!). Soa como ironia: a comissão “daria as boas-vindas a uma oportunidade para discutir com a Irmã Elizabeth sobre seus escritos”. Além dessa atitude tradicionalmente autoritária e hipócrita da hierarquia, no fundo a “*invidia fraterna*” (Santo Agostinho), diante de tanta repercussão de um livro escrito por uma teóloga, corre solta, mas talvez inconsciente: ...“a estrutura hierárquica da Igreja representa uma forma institucionalizada de dominação patriarcal que não pode se conciliar com o Evangelho” (Tedeschi, J. G.).

O *imprimatur* é uma medida de puro domínio sobre o escrito do outro, própria de todas as ditaduras. Ela tem duas faces ao se submete a ele. Ou se trata de uma atitude pueril de quem escreve e não sustenta o que escreveu ou de uma política de poder sobre o escritor e sua produção. De todo modo, o *imprimatur* não é senão um ranço do “*index librorum prohibitorum*” (índice dos livros proibidos), disposição clerical contrária à liberdade de consciência proposta por Jesus de Nazaré, reprisada por Paulo e reafirmada como base para toda e qualquer atitude de fé e moral pelo Vaticano II.

O *imprimatur* é a violação da liberdade de consciência, visa a uniformidade da ortodoxia e da doutrinação dos fiéis e não a união. É a eliminação da criatividade e da atualização da elaboração da fé. É o "*ecce vetera facio omnia*" (eis que faço tudo velho). Aqui, no caso, tem um sentido mais forte: a mulher, teóloga, tem que se submeter à autoridade dos chefes religiosos homens! O *imprimatur* é simplesmente uma humilhação à dignidade do homem livre, tão querido de Jesus de Nazaré, um horror ao novo que é tão específico ao Espírito Santo e um ferrenho apego ao mesmo, à ortodoxia ou à doxa.

Ivone Gebara... Com a certeza de ser injusto, também aqui faço uma escolha dentre tantas outras. Desta vez de uma brasileira.

Ivone nasceu no Recife em 1944. Fez-se religiosa aos 22 anos, tocada que foi pelas freiras que "trabalhavam com populações pobres". Vislumbrou uma alternativa de vida "mais livre do que a vida familiar e com parceiro": "minha história foi a busca da liberdade. Não suporto que me impeçam de pensar". Bafejadas pelo "*aggionarsi*" do Vaticano II, "deixamos as instituições para viver entre os pobres... sair das comunidades religiosas e viver nas comunidades populares".

Estudou teologia em Louvaina, fez dois doutorados e publicou mais de 30 livros. Feminista, ligou-se firmemente à Teologia da Libertação: "sempre trabalhei na perspectiva da libertação dos pobres, dos movimentos sociais e políticos". Aproximou-se de grupos feministas do Recife como o "SOS Corpo, Democracia e Cidadania". Durante 17 anos, lecionou teologia no Instituto de Teologia do Recife, fundado por Dom Hélder e José Comblin, centro de uma teologia viva, encarnada na realidade do povo nordestino. O Instituto foi autoritariamente fechado (1999) pelo cardeal Ratzinger e João Paulo II "porque diziam que éramos comunistas e não era uma instituição séria para a formação do clero". Era um clero destinado ao povo de Deus e não à hierarquia, preparado para a prática da "teologia da enxada".

Por três vezes foi reprimida pela hierarquia, sendo que, na terceira, teve que se submeter a um questionário de inquisidor-mor: ... "se acredito na Trindade, se acredito que o papa é infalível, coisas desse tipo".

Posicionou-se firmemente contra o discurso machista e patriarcal da hierarquia: "o que eu faço é a desconstrução do discurso religioso, justificador da superioridade masculina". Posicionou-se com vários tópicos da fé em liberdade... "a Bíblia como palavra de Deus. Eu digo: não é a palavra, é uma palavra humana, onde se coloca uma pessoa pela qual lhe é atribuída, dependendo dos textos, uma característica. Algumas vezes Deus é vingador, às vezes é bom, às vezes manda matar os profetas. Procuro entrar pela linha do humanismo, onde a dor do outro me toca, me provoca... Não há uma lei do alto que diga 'não faça abortos' ou não mates... a vida social é uma vida de vida e morte".

"A Igreja valoriza muito mais a vida do feto do que a das mulheres, e, então, a minha pergunta é por que a vida das mulheres tem menos valor? Falam da inocência... o que é inocência? Por que se fala da inocência do feto e não da inocência da mulher que foi estuprada? Você tem que decidir. O que eu faço é sempre trazer a responsabilidade não para o sacerdote, o bispo, Deus, a Virgem. Eu digo: Quem decide é você".

"O cristianismo fala da encarnação. Eles acreditam que apenas Jesus encarna. Não é assim. Há muitas correntes. O divino está em carne humana. Digo para as mulheres que é preciso mudar essa crença. O divino habita em cada uma".

"Também tenho outro lado, o intelectual, de "des-construtora" das teorias dominadoras das pessoas, não apenas das mulheres, que dominam os pobres. Sinto pena em ver a quantidade de Igrejas neopentecostais, na televisão, que tomam o dinheiro das pessoas para fazer milagres e tirar o diabo das pessoas: isso não é religião, é mercado, negócio". Eu penso que é bem própria à religião, na contracorrente da proposta de Jesus.

Gerbara, profetiza, incomoda o "establishment", sobretudo o clerical: ..."não tenho lugar na instituição como professora, embora com dois títulos de doutorado, com mais de 30 livros publicados, e muitíssimos artigos, porque causo preocupação... muito menos tenho lugar nas paróquias"... Não se pode "ignorar a pertença religiosa das mulheres; se elas são católicas, são da Assembleia de Deus, ou da Igreja Universal ou do Candomblé ou do Espiritismo. Em cada um desses lugares, há uma dominação dos corpos femininos... É preciso mudar a Igreja a partir de dentro".

Ivone, atenta, tem-se posicionado de maneira corajosa todas as vezes que observa uma atitude eclesiástica ambivalente, patriarcal ou impositiva. Assim, escreveu um artigo contundente quando, em 2011, por ocasião da reunião da juventude em Madri, o autoritarismo eclesiástico propôs confessionários especiais para as mulheres que tinham feito aborto e não para os pais das crianças abortadas. Indignou-se também com o bispo de Assis, São Paulo, quando, numa entrevista, ele ousou julgar a ministra Eleonora Menicucci, dizendo que ela era "mal-amada" por não se pautar pela moral eclesiástica a respeito do aborto.

Assim, as mulheres, mais decididas e mais corajosas que os homens eclesiásticos, vão tomando a dianteira qual fermento inovador do Reino, abafado que está pelo juridismo e as "certezas" clericais.

Outro sinal é a saturação da experiência religiosa. Cenário próprio à sociedade de espetáculo: missas-show, canais de TV com um discurso religioso, meloso, pegajoso e a exploração sentimental da eucaristia com sacerdote hiperindumentado, queimando incenso em contínuo ao estilo pagão e exortando os ouvintes a enviar pedidos via telefone ou internet ao Cristo-hóstia, ou a superstição de colocar um copo de água para o Cristo da TV abençoá-la! Característica patente da religião self-service, mítica, mistagógica e mitogênica. Prática apelativa, em grande estilo, da sociedade de espetáculo, à porfia com nossos irmãos pastores da Igreja Universal e outras neopentecostais. Exploração sentimentalista, piegas, que extrai o máximo da experiência religiosa, prática, porém que se desvia cada vez mais da eucaristia como alimento, meio e não fim, culto, sacrifício e, sobretudo, distanciamento maior da experiência do Sentido Radical de Jesus de Nazaré. "A mensagem evangélica pagará preço elevado por entrar, de modo prioritário, no universo da publicidade"... "Este cenário é mais religioso que cristão... mas não incrementa necessariamente a especificidade cristã que consiste no seguimento de Jesus, na celebração como comunidade da memória de Cristo... no amor ao próximo, especialmente, o pobre" (Libânio, J. B.).

Outro sinal dos tempos: a iMissa, a missa em 3D. O padre José Pedro Monglano Castellary, fundador da associação *Showing Christianism*, desenvolveu um aplicativo para iPhone e iPad, que permite ao ciberfiel "celebrar" a missa em tempo real. É a missa virtual. Culto do culto, culto da missa, mera repetição de ritos. Até mesmo quando "sentar-se" ou "ficar em pé": ritos do começo ao fim... "a missa do dia oferece a liturgia celebrada em sua totalidade, sem interrupção"... "um guia ilustrado para facilitar a compreensão da missa": "Preparação",

"Agradecer"... "Outros sacramentos"... "Orações", até as do papa Bento XVI... "O iMissa está disponível em, nada menos, que cinco línguas diferentes, incluindo o latim". É isto aí, a religião precisa de rituais! A eucaristia? A partilha do pão? Da comunidade? O alimento da caminhada deixado pelo Nazareno? Bem, isso não faz parte de um "*Showing Christianism*". O iMissa era o que faltava ao show-missa! Nada mais que religião do espetáculo! Ou o "show da fé", "show da promessa" como faz repetidamente um pastor, num programa da TV Bandeirantes, aos domingos à tarde.

Nesse mesmo sentido, o padre Osmar Raposo, que diz ter que "zelar pelo chefão", isto é, a imagem do Cristo redentor, foi encarregado pelo arcebispo do Rio para "compor um samba orante", um samba que "comunicasse uma espiritualidade".

Sinal claro dos tempos da Trindade é a perda de sentido das Ordens e Congregações religiosas, masculinas e femininas. O monaquismo e as ordens religiosas têm suas origens em momentos em que a instituição eclesiástica se afasta da Tradição Apostólica. No início, um retorno ao evangelho, depois a absorção pela pior tradição clerical, a riqueza.

Mas, nesse momento, há outro fenômeno, outro sinal do tempo. As Ordens ou Congregações estão desaparecendo, sendo que sua população tem média de 60-70 anos de idade e os jovens não encontram mais sentido em consagrar sua existência a um estilo de vida e a uma prática da fé que tiveram seu valor em épocas de antanho. O mesmo está acontecendo com os sacerdotes, obrigados à lei do celibato e a uma vida que já não é própria à mutação histórica de nossos dias.

As Ordens e mesmo as Congregações religiosas tiveram um sentido histórico importante. Elas foram suscitadas pelo Espírito em momentos críticos da Igreja, nos quais o desvio do evangelho e o mundanismo tomavam conta dela.

São Bento, pai de várias ordens, com o seu ideal de "*ora et labora*" (ora e trabalha), deu uma contribuição inestimável à civilização ocidental, fixando o homem nômade na terra e propiciando uma vida evangélica. São Bernardo de Claraval, com sua mística sobre o amor e seu amor à terra, fundando a primeira agronomia da Europa.

A Companhia de Jesus, de grande contribuição para a cultura, infelizmente foi a ordem que mais favoreceu a afirmação do autoritarismo papal. Seu superior era denominado "papa negro" e, a Companhia, o "exército" do papa. A Ordem, desde sua origem (fundada por um ex-militar), arrastou-se no equívoco de defender a hierarquia, o moralismo, o juridismo e, sobretudo, a religião em detrimento do evangelho. Foi o célebre quarto "voto" de obediência à hierarquia equivocadamente dito à Igreja. "Obediência" *perinde ac cadaver*". Inconsciente militar forte: se o soldado não cumprir a ordem será morto: "obediência como cadáver". Esqueceu-se que ao Espírito repugna obediência sem liberdade interior, sobretudo a Ele!

"A história da Companhia de Jesus, durante os 100 anos que a separaram da supressão pelo papa, pertence à tradição eclesiástica e já não mais à Tradição Evangélica. A história da Companhia foi associada intimamente à história política dos países católicos. Quando, depois do Tratado de Viena, o papa restaurou a Companhia de Jesus, essa se tornou o exército da Santa Sé na luta contra o liberalismo, o socialismo... Os colégios deviam formar jovens cristãos lutadores contra todas as novidades modernas, defendendo a cristandade com suas estruturas. A teologia tornou-se apologética" (Comblin, J.). No Brasil, célebre fez-se o jesuíta Leonel Franca, verdadeiro cão de guarda da ortodoxia contra nossos irmãos protestantes.

Quando Santo Inácio morreu, já havia 30 colégios da Companhia e todos voltados para filhos de ricos. A Ordem se enriqueceu rapidamente, contrariamente ao espírito do fundador, que viveu na maior pobreza. "Sabeis com certeza que, no seu conjunto, se queremos ser objetivos e sinceros, assim como sucedeu com Francisco de Assis e os franciscanos que me perdoem – não consegui salvar pela lei, na companhia como tal, a imitação efetiva de Jesus pobre e humilde" (Rahner, K., *apud* Inácio de Loyola).

Inácio de Loyola se advertiu desse inconsciente que sempre nos trai: "Temo ser empecilho ao Reino de Deus", desconfiou ele próprio. Exemplo claro desse equívoco foi a Ordem ter-se encarregado da execução do concílio de Trento, isto é, da Contrarreforma. Cinco séculos de alienação e retardo no Reino de Deus, afirmação ferrenha do poder hierárquico e a nebulosa teologia da graça, automática. Note-se que esse equívoco sempre esteve presente na Ordem, pois ela não só esteve ligada ao poder eclesiástico como a monarquias, ministros civis, poder econômico, guerras religiosas, como a dos 30 anos entre católicos e protestantes. Ela se tornou uma empresa muito rica e de grandes posses. O militarismo é marca de origem da Ordem, inclusive no Grande Retiro, impregnado da palavra conquista, luta contra o demônio.

O dicionário Aurélio registra sob os verbetes *jesuíta* e *jesuitismo*, além do histórico, um sentido ideológico pejorativo: "falta de franqueza", "dissimulação", "hipocrisia". Tal registro é flagrante desvio da proposta do fundador.

"A escola jesuíta, afirma Comblin, impôs seu estilo. Nesta escola de teologia da graça há uma separação radical entre a própria graça justificante e tudo o que é experiência religiosa. A graça não teria nenhum aspecto da experiência. O cristão agiria e se comportaria exterior e interiormente exatamente como qualquer outro cidadão. Em termos de experiência, não se perceberia nenhuma diferença. A diferença seria puramente insensível e inconsciente... entre a graça invisível e a psicologia humana não haveria nenhuma comunicação. Daí, a desconfiança da hierarquia sobre as experiências místicas. A doutrina comum sobre a graça, tal como prevaleceu depois de Trento, contribuiu poderosamente para eliminar da vida dos cristãos as possíveis experiências do Espírito Santo. Na vida religiosa popular, tudo o que não se conformava com a racionalização oficial foi condenado como superstição". A teoria da graça "teve como consequência o esquecimento do Espírito Santo". É a graça que age no sujeito humano e não o Espírito Santo que o habita e dinamiza. A graça santificante automática, sacramental, substitui o Espírito Santo.

Rahner lembra a inconsciência social da Companhia: "Nos últimos cento e cinquenta anos, parece-me que abusastes muito desse subterfúgio (interioridade de cada um). Não caístes na conta com clareza da vossa responsabilidade social quanto à promoção da justiça no mundo" (ib.).

Além disso, é preciso não esquecer que os jesuítas foram incumbidos pelo papa e se fizeram os grandes propagadores da devoção ao sagrado coração. Aquilo que foi caminho de Margarite Allacoq foi por eles difundido como devocionismo da nova ordem da salvação. O órgão "coração de Jesus" passou a ser o operador principal da salvação das almas. Desse devocionismo surgiram várias congregações e associações religiosas.

Nesse propósito de defensores da tradição eclesiástica e desse inconsciente militar, surgiu o célebre "Denzinger": "Compêndio dos símbolos, definições e declarações de fé e moral". O jesuíta Heinrich Denzinger lançou a primeira edição em 1854 com a seguinte finalidade: ... "restabelecer uma teologia genuína (sic!) em contraposição ao racionalismo vigente em seu tempo". É simplesmente inimaginável que tal coletânea pudesse serdo confeccionada por um verdadeiro discípulo de São Francisco ou por um filho de São Domingos, cuja ordem é campeã na liberdade evangélica e paulina. O Denzinger é o culto da papalatria e da ortodoxia. Ele simplesmente chancela um dos objetivos de Inácio de Loyola para a Companhia: a serviço da "Santa Madre Igreja... *hierárquica*": "Chamam-me homem de Igreja e eu naturalmente confesso que sou. Quem assim me qualifica entende precisamente a Igreja com sua tangível e dura institucionalidade, a Igreja oficial, como costumamos dizer hoje, dando a essa conotação uma tonalidade não muito simpática. Sim, eu fiquei e quis ser um homem dessa Igreja" (Rahner, K., ib.). Aqui está a ambivalência da Companhia: em vez de se dedicar ao *Regnum Dei*, consagrou-se na defesa da religião católica e de seus prepostos. A ordem se encaixou perfeitamente na proposta do Concílio de Trento que: "estimulava o fechamento na própria religião, como se a prática da religião fosse solução, escondendo a mensagem do evangelho" (Comblin, J.). Ambivalência final e felizmente rompida por Pedro Arrupe.

É difícil, senão impossível, encontrar uma página desse compêndio que não tenha uma nova lei, uma nova ordem, uma nova norma, não há um texto que não defenda a autoridade do papa, do clero, da Cúria. Duas coisas impregnam esse dicionário de decretos: ortodoxia cega e condenações sem fim. Tudo ao contrário da liberdade de filhos de Deus, tão fortemente defendida por Paulo. Denzinger é a documentação de como a religião católica foi montada e estruturada. A preservação do poder clerical é seu cerne. Denzinger é mostra clara de que a religião católica é réplica atual das múltiplas leis que Jesus abominou no judaísmo.

Em que pese essa aliança com o poder hierárquico e os poderes de reis e nobres, ironicamente a Companhia foi supressa em 21 de julho de 1773, num conluio do papa Clemente XIV com os poderes reinantes, sobretudo em Espanha e Portugal.

Esse ritmo alienado, estranho ao Reino de Deus proposto por Jesus, foi felizmente interrompido pelo grande Geral Pedro Arrupe. Por sinal, um novo "Pedro". Esse homem de Deus, impulsionado pelo

Espírito Santo, quebrou essa equivocada tradição mudando os ideais da Companhia. Dele se apossou o Espírito Santo com a proposta central do Grande Retiro: o discernimento. Desoprimiu a adesão cega à tradição eclesiástica-clerical e mergulhou na Tradição Apostólica, Evangélica. Pagou caro, pois João Paulo II impôs à Ordem, pela primeira e única vez em sua história de quatrocentos anos, um novo Geral, o conservador Paulo Dezza. Pedro, doente, foi humilhado e sofreu muito. Mas sua inspiração surtiu efeito imediato: nunca a Ordem conseguiu fazer tantos santos e mártires em tão pouco tempo, entre outros, Ellacuria e seus companheiros, Paulo dell'Oglio e Frans Van der Lugt, que se recusaram a abandonar as irmãs e irmãos perseguidos na guerra civil da Síria e foram martirizados (2014). Uma plêiade de teólogos atuais e atentos aos sinais dos tempos – como nosso querido homem de Deus, João Batista Libânio –, que estão prestando uma contribuição inestimável para a volta à Igreja de Jesus de Nazaré. Libânio partiu para a Trindade mais cedo do que esperávamos.

No espírito da conversão de Pedro Arrupe, os jesuítas ingleses, em bloco, deixaram os colégios da Escócia e da Inglaterra e foram se dedicar às comunidades necessitadas de várias regiões do mundo. Foi isso a gota de água que transbordou e fez João Paulo II impor o geral conservador.

O Geral atual, Adolfo Nicolás, é um homem movido pelo Espírito Santo na mesma consciência e compunção. O jesuíta cardeal Martini, homem dinamizado pelo Espírito Santo, destemidamente abalou as ideologias clericais e testemunhou uma volta ao evangelho vivo de Jesus de Nazaré: "A Igreja com 200 anos de atraso"! "A Igreja, brasa sob cinzas"... "A Igreja está fatigada. Nossa cultura envelheceu, nossas igrejas são vastas, mas estão vazias e o aparelho burocrático da Igreja está crescendo. Nossos ritos e hábitos são pomposos. Encontramo-nos na situação do jovem rico que se afasta cheio de tristeza quando Jesus o chama para tornar-se seu discípulo". O mundo, não só os católicos, ficou profundamente tocado por esse candeeiro que veio iluminar os homens de todas as raças e crenças com a luz do evangelho. Ele é fruto da conversão de Pedro Arrupe.

Muito significativo é o fato de haver cada vez menos jesuítas na alta hierarquia eclesiástica! Paradoxo do Espírito Santo, o Papa Francisco é fruto direto do Padre Arrupe. Adolfo certamente é um homem de Deus ilustrado pelo Espírito Santo: suas confissões sobre o discernimento do Espírito Santo são simplesmente comoventes. Ousei escrever ao papa Francisco que seria iluminante aproveitar da experiência do Sentido Radical da fé desse profeta do Espírito.

Em sondagem recente, verificou-se que a idade média dos jesuítas franceses e belgas está entre 50 e 60 anos. As duas províncias, por escassez de membros, se uniram como em várias outras partes do mundo. Em 2012, havia apenas 3 noviços em toda a França.

Antes de deixar essa síntese sobre a Companhia, não posso deixar de assinalar o serviço admirável dos jesuítas nas Missões do Rio Grande do Sul e do Paraguai. Organizaram uma comunidade inspirada nos Atos e em Paulo, nos quais os carismas eram aproveitados em benefício de todos. Mesmo o governo e a organização da comunidade eram exercidos em colegialidade. Essa obra de verdadeira evangelização, por pressão dos conquistadores, foi interrompida pelo papa, que obrigou o Geral a retirar os jesuítas. Desde então, os guaranis nunca mais conseguiram se organizar como povo.

Aqui uma questão muito grave. Esse trabalho comunitário era a melhor e mais pura aplicação da Tradição Evangélica, Apostólica. 94 missionários jesuítas testemunhavam o Sentido Radical da fé. O funesto quarto voto, de submissão à hierarquia e defesa da instituição, determinou a retirada deles e as "ovelhas ficaram sem pastores", suas propriedades e construções foram destruídas e a nação guarani, traída pela religião católica, foi destroçada para sempre. Como obedecer a instituição e não a consciência evangélica? O inconsciente militar da ordem prevaleceu e veio a destruição de muitos membros e de muitas obras desse bravo povo.

Todas as grandes Ordens e Congregações, em que pese o voto de pobreza, acabaram deixando o ideal de pobreza de Jesus e tornaram-se ricas, até riquíssimas. Flagrante contratestemunho. Na medida em que foram perdendo o ideal de pobreza, foram se extinguindo. Rahner escreve: "Será que, no futuro, querendo-o ou contra a vontade, poderão tornar-se, enquanto Ordem, economicamente pobres, num sentido realista, vivendo no seu dia a dia e aceitando de boa vontade, sem subterfúgios, ser pobre como Jesus foi pobre? (...) Compete-vos pesquisar de que aspecto se deva revestir para que, amanhã, sigais autenticamente as pegadas de Jesus pobre e humilde" (ib.).

Todas as Ordens ou Congregações surgem na Igreja num momento cultural crítico e respondem a esse momento histórico. À medida que a cultura se transforma, o ideal do fundador ou da fundadora fica para trás, tornando-se obsoleto e incapaz de acompanhar os sinais dos tempos. As Ordens e Congregações são religiosas, surgem da religião e a alimentam. Nem sempre procedem da Tradição Evangélica. Provêm mais da tradição eclesiástica ou clerical. A única fundação plenamente apostólica, original, foi a de Francisco de Assis. Mas a tradição eclesiástica a encampou de imediato.

Assim foi que o projeto profético de Francisco, suscitado pelo Espírito Santo em momento de grande mundanismo da Igreja constantiniana, não pôde ser aprovado na integridade original e, logo, foi marcado por divisões internas e separações. Francisco, impedindo que os seus companheiros se ordenassem, representou um retorno vivo ao ideal de desprendimento e ao laicismo de Jesus de Nazaré. "Francisco nunca tinha pensado em fundar uma Ordem"... "Numa época de clericalismo triunfante" surge Francisco. "Não quis ser sacerdote... Não queria entrar no sistema... Compreende-se que, hoje em dia, os jovens que querem seguir o exemplo de Francisco não querem ser sacerdotes, porque, ainda hoje, o sacerdócio separa os cristãos e impede uma verdadeira comunidade. O sacerdote está acima da comunidade. Nunca é membro da comunidade. Francisco nunca quis fazer uma regra. Aplicou, com rigor, a norma de São Paulo contra a lei. Não sentia a necessidade de uma regra que transforma a dinâmica de amor numa dinâmica de obediência. Jesus também não quis fazer uma regra. Uma vez que nasce uma regra, nasce o perigo de substituir o amor de Deus pela obediência à regra" (Comblin, J.).

"A vida de Francisco foi um choque tremendo. Numa Igreja que tinha conquistado o poder de dirigir a cristandade, que se tornou rica e poderosa, capaz de entrar com êxito nas lutas pelo poder, Francisco chegou para opor a essa Igreja a memória de Jesus. Numa Igreja que tinha espiritualizado Jesus para justificar o seu próprio poder, Francisco veio lembrar que Jesus quis se revelar na sua vida terrestre. Veio mostrar que Deus tinha se tornado pobre e sem poder frente às forças dominantes deste mundo. Deus tinha conservado apenas a força do amor" (Comblin, J.).

Infelizmente, a sua canonização fez dele o santo dos Fioretti, do presépio, e seu ideal esmoreceu: "A melhor maneira de calar um profeta é torná-lo herói" (Nicolás, A.). João da Cruz e Tereza de Ávila tentaram recuperá-lo, mas, com o tempo, seguiu-se o mesmo caminho: o esmorecimento da experiência radical da fé.

Hoje, no Brasil, é Ordem rica, mas com cada vez menos membros. Na igreja do Carmo, em São Paulo, por exemplo, o convento chegou a abrigar 300 membros. Hoje, são apenas 5. Os freis menores, que durante séculos cuidaram da basílica de Santo Ubaldo em Gubbio, cidade onde Francisco, segundo a lenda, amansou o lobo, deixaram a paróquia por causa da queda de vocações que não permite alternativa: ... "as paróquias estão secando lentamente, em parte por causa da mensagem dogmática que vem reiteradamente prescrita de cima" (Küng, H.). A paróquia organizada piramidalmente é religião de massa, já não tem sentido. Cada vez mais vazia, sobretudo de jovens, quando muito, ainda alguns poucos idosos.

Em visita recente a Assis, ocorreram-me estes pensamentos: "infelizmente, a hierarquia estava demasiadamente mergulhada num clericalismo mundano e poderoso e, como tal, não pôde se abrir à mensagem do Espírito que chegava via Francisco: Volta ao evangelho, à proposta de Jesus de Nazaré, abolição do sagrado, do sacerdócio e da religião de massa. Um projeto radical e testemunhado em sua metanoia e em sua vida. Aliás, seus próprios discípulos o traíram, clericalizaram-se rapidamente. Francisco foi logo declarado santo, erigiram-lhe igrejas e santuários e, aí, sua mensagem se apagou em mais um devocionismo. Imagino que a basílica atual, com sua cripta, e os turistas, o povo curioso ou devocionista desfilando ao redor de seu túmulo, como se faz em volta do túmulo de Maomé, deve incomodá-lo muito".

Tudo ao contrário do que quisera para a Igreja de Jesus de Nazaré: sua mensagem diluída num turismo religioso, com alheamento de seu testemunho evangélico. A grande revolução proposta por ele no mais autêntico e radical seguimento de Jesus perdeu-se numa experiência religiosa, vivida e alimentada por uma massa transeunte. O Sentido Radical de sua vida dissolveu-se.

As ordens que, contra sua vontade, se instituíram após sua morte, afrouxaram-se, enriqueceram-se. Clericalizaram-se. A cizânia abafou a boa semente, a mensagem radical do "poverello". A tradição eclesiástica abafou o Espírito.

A Ordem dominicana, assim chamada porque fundada por São Domingos, surge com o carisma da "graça da pregação". O trabalho admirável dos frades pregadores tanto iluminou cátedras como sistematizou a teologia. Santo Tomás de Aquino faz uma síntese da doutrina católica, colocando-a inteiramente na lógica aristotélica. Nas pegadas de Orígenes, helenizou a Escritura. Não podemos esquecer que o Novo Testamento foi escrito em grego. Mas o pior foi o que a escolástica fez de sua contribuição: o que era uma proposta de reflexão teológica se multiplicou em manuais de repetição. Para o desgosto de Tomás! Como, certamente, não foi de seu gosto o que veio a ocorrer após sua morte: "o Concílio de Trento colocou a *Summa Teológica* no altar, no mesmo nível da Bíblia" (Dufour, D. R.).

A Ordem Dominicana teve uma família numerosa de grandes teólogos e muitos santos. Momento esplêndido da Ordem foi a evangelização da América Central, continente e ilhas.

Um ano após a conquista dessas terras pelos espanhóis, o geral dos dominicanos, frei Tomás de Vio Cayetano, depois que frei Juan Hutardo de Mendonza revolucionara o rumo da Universidade de Salamanca com a doutrina dos direitos humanos e do direito internacional, em 1510, envia à América os quatro primeiros missionários. Entre eles, Frei Antônio de Montesinos. Eles voltam à Espanha e expõem ao rei Carlos V e ao Cardeal Cisneros "a injustiça da conquista pela denúncia dos horrores praticados contra os índios".

De volta à América, combinam que Frei Antônio Montesinos faria um sermão na missa de domingo de Pentecostes, denunciando a injustiça de se apossar das terras e dos bens dos índios assim como a injustiça de os manter como escravos, em condições de miséria, fome, doenças e muitas horas de trabalho. A reação dos encomendeiros não demorou.

No dia de Pentecostes, em 1511, Bartolomeu de Las Casas, encomendeiro também ele, ouvindo a pregação de Montesinos foi tocado pelo Espírito Santo, a ponto de não conseguir mais explorar suas terras e seus escravos. Abriu mão de tudo e entrou na Ordem dos dominicanos. Chegou a ser bispo de Chiapas e escreveu um tratado sobre a verdadeira evangelização: "Único modo de atrair todos os povos à verdadeira religião". Livro erudito e bem fundamentado. Defende que a evangelização devia partir da civilização dos índios, dos conhecimentos deles.

Denuncia a violência da conversão pela espada e pela coação (defendida e justificada por Agostinho) como obstáculos à verdadeira fé evangélica. Propôs uma experiência muito rica e convincente como a dos Atos dos Apóstolos: um grupo de missionários, sem proteção armada, se propôs a ir ao encontro dos índios em suas aldeias. O deslocamento dos missionários, sem armas e unicamente sob a inspiração do Espírito Santo, mais ou menos 30, 3 não dominicanos, foi penoso, mas o êxito foi excelente. Os índios sentiram-se respeitados e livres em sua adesão à nova fé. Mais tarde, os franciscanos também aderiram à missão.

Frei Bartolomeu passou a ser respeitado na corte e na Igreja espanholas. Seus tratados lhe confeririam, com justiça, o título de "padre de Igreja".

Mas, como em todas as experiências proféticas, a Igreja se torna surda: "Há circunstâncias históricas em que se cortam todos os caminhos do Espírito Santo" (Comblin, J.). Após o Concílio de Trento, essa florescência da Igreja dos Atos dos Apóstolos foi golpeada de modo violento. "O dogma e a teologia entraram numa fase de paralisia total... regras bem definidas, fiscalização severa... polícia do reino ou Inquisição... qualquer novidade logo era suspeita de heresia. O Concílio suprimiu a isenção dos mendicantes que podiam pregar em qualquer parte... definiu que tudo devia passar pela paróquia, ou seja, o clero secular" (Comblin, J.). Os religiosos tiveram que se recolher em conventos, onde acabaram se enriquecendo e se calaram.

Os índios foram abandonados à sua sorte, a experiência viva do Espírito Santo foi suprimida.

O historiador E. Dussel registra que Las Casas escolheu 14 bispos, heroicos, muitos dos quais tombaram mártires, para salvar essa experiência de fé radical, típica da Igreja primeva proposta por Jesus de Nazaré.

Os dominicanos, cuja Ordem sempre foi protagonista da liberdade de consciência e da liberdade civil, tão específica ao testemunho de Paulo, têm a glória de ter ido a Roma para denunciar as barbáries dos "cristãos" espanhóis com os indígenas. Paulo III os ouviu e, em 13 de outubro de 1534, sua bula *Pastorale officium*, sob excomunhão, determinava "que ninguém ouse reduzir à escravidão os índios ocidentais ou meridionais ou privá-los de seus bens... não sejam privados nem ameaçados de privação de sua liberdade ou do domínio de sua propriedade, pois são homens e, por isto, capazes de fé e salvação, e não devem ser destruídos pela escravidão, mas, antes, por pregação e exemplos, convidados para a vida" (D. 1495).

Aqui abro um triste parêntesis: (www.ihu.unisinos.br), 02 de março de 2012: Índios de Chiapas abandonam catolicismo para se converter a outras religiões. "Nasci católico, virei presbiteriano e hoje sou muçulmano", diz o índio Tzo tzil... "Chiapas, hoje, possui o maior número de protestantes do México. Os índios estão decepcionados com o catolicismo, marcado pela lembrança da colonização e do autoritarismo dos padres mestiços. Os índios rompem com o sistema corrupto dos caciques locais, cuja denominação se baseia em funções religiosas católicas. Os caciques os expulsam por não quererem ver sua autoridade sendo questionada. "Nós lutamos, diz Dom Felipe Arizmendi, pela liberdade religiosa, defendendo uma Igreja que integre mais diversidade de cultura, por muito tempo negligenciada pela Igreja em Chiapas". Essa humilhante situação para a religião católica é o resultado do formalismo religioso, clerical e paroquial: o abandono do Reino, da experiência do Sentido Radical da fé: "Jesus pregou a vinda do Reino de Deus, mas o que veio foi a Igreja" (Loisy, A.)... de Trento.

Em vez de voltar à vida evangélica, "aplicaram-se as orientações de Trento: luta contra infiltrações protestantes, rigor dogmático, prioridade da disciplina canônica, destruição de todos os sinais religiosos dos índios, templos gloriosos revestidos de ouro ou de prata (vide Ouro Preto, Sabará, Mariana, Tiradentes...), que custaram a vida a milhares de indígenas, religião de festas" (Comblin, J.). Toda religião é tentada pelo ouro: a antiga ou a moderna, como a Igreja Universal de Edir Macedo.

Religião é exatamente isso: "A religião é uma coisa que a humanidade criou, uma mitologia que sustenta um poder" (Young, W.), clerical, por excelência. "Tenho essa ideia: que a Igreja é a única responsável pelo peso que, por séculos, sofreram os indígenas. Oh, dor! Estou comprometido com esse peso secular" (D. Leonidas Proãno).

Na história da Ordem, há três profetas revolucionários que marcaram época de modo especial: Giordano Bruno (1548-1600), Tomás Campanella e Jerônimo Savanarola (1452-1498).

Giordano, muito culto, tinha ideias inovadoras e avançadas para a época. Adiantou, o que hoje se aceita, a infinitude do universo povoado por uma infinidade de estrelas, antecipou a ideia da relatividade de Einstein, defendeu a existência de outros planetas extrassolares e introduziu ideias sobre a teoria da evolução de Darwin. Enfrentou a religião católica com coragem e não abjurou suas ideias diante do chamado Santo Ofício. "A verdade, dizia ele, está à frente de todas as coisas, está com todas as coisas e está depois de todas as coisas".

A Inquisição romana o condenou à fogueira. Tendo que ouvir a sentença de joelho, disse ao juiz: "Talvez sintam maior temor ao pronunciar esta sentença do que eu ao ouvi-la". Colocaram-lhe um pedaço de pau na garganta para o calar e o queimaram em 8 de fevereiro de 1600, no Campo de Fiori, em Roma, onde a maçonaria romana lhe erigiu uma estátua. Toda e qualquer religião não suporta profetas, sobretudo a religião romana.

Outro herói dominicano que enfrentou a fúria papal foi Savanarola. Nasceu em Ferrara, 21 de setembro de 1452, e foi executado em Florença, em 1498. Intelectual talentoso, se dedicou ao estudo da filosofia e da medicina. Pregador vigoroso, seus sermões eram ouvidos por multidões. O seu tema básico era a reforma da Igreja: lutou contra todas as formas de corrupção ou de simonia.

Alexandre VI, o devasso papa Borgia, que tinha sido eleito com a compra de votos de 15 cardeais, vivia escandalosamente com sua mulher e seus filhos no Vaticano. Savanarola denunciava a corrupção da Cúria romana e a imoralidade do papa. Este o excomungou, mas Savanarola considerou a excomunhão nula. O papa ameaçou marchar sobre Florença, onde ele morava, era respeitado e admirado por todos os cidadãos. As autoridades pediram que Savanarola se exilasse. Não fugiu. Foi preso, julgado e enforcado em 23 de maio de 1498. Seu corpo foi queimado e as cinzas jogadas no rio Arno. Na praça da Signoria, onde esse horror foi perpetrado, os florentinos lhe erigiram uma estátua. "Sem dúvida a sua vida e a sua morte foram de uma profunda espiritualidade" (Comblin, J.). Todo profeta é insuportável aos denunciados. Matam-no. Mas, sem dúvida alguma, duas presenças vivas do Espírito Santo, sinal do tempo rejeitado.

Outro dominicano extraordinário foi Thomas Campanella.

Nasceu em 05 de setembro de 1568, tempos de uma Igreja rica e poderosa, de imensos bens, mergulhada na desgraça do feudalismo. Esta opulência suscitava movimentos revolucionários que a ela se contrapunham, como Wycliffe, na Inglaterra, e João Hus, na Checoslováquia.

Menino prodígio, dotado de uma inteligência excepcional, "ardente curiosidade científica e vontade tenaz de aprender e de saber": "Sou o sino (= "campanella") que anuncia a nova aurora". Aos 15 anos, entrou no convento dos dominicanos de Cosenza, leu e releu a obra de Tomás de Aquino e tinha grande admiração por Alberto Magno e Savanarola. Simplesmente devorou os livros de seu tempo.

Cansado da "ciência" dos filósofos, estuda as obras do físico Bernardino Tilésio, e aprecia nelas o espírito de pesquisa, de liberdade e ousadia: "procurar a verdade não em livros, mas na observação e na penetração da natureza".

Deixa o convento como Giordano Bruno e põe-se a viajar. Seu livro *Philosophia sensibus demonstrata* (Filosofia demonstrada pelos sentidos) desperta a inveja dos jesuítas, que o acusam de "orgulho culpável, heresia e magia". "Entre todos, escreve ele, amei Tilésio, que deduz suas doutrinas da natureza e não dos vãos discursos dos homens". "A ciência deve partir dos seres reais e não de princípios abstratos (*realia entia et non abstrata,* entes reais e não abstratos) e a experiência é a regra fundamental à qual o sábio deve se submeter". Belo: vide a experiência da fé, do Sentido Radical.

Campanella propõe a libertação dos conventos (..."a necessidade de uma transformação religiosa e social dos monges dos muitos conventos") e prega, com grande adesão das ordens religiosas, a libertação da Calábria do reino de Espanha: "reconquistar a liberdade, colocar um fim nas vexações dos ministros do rei que vendem a dinheiro o sangue humano e esmagam os pobres e os humildes".

Ele é preso, submetido a torturas ferozes, inclusive empalação, e jogado numa fossa profunda "sem luz e sem ar". Aí passa 26 anos e a única coisa que pede é "pena e papel". Chega a agradecer essa tortura, pois aí amadureceram suas ideias. Entre suas numerosas obras, destaca-se a grande utopia de "A Cidade do Sol". Trata-se de uma proposta revolucionária, radicalmente comunitária, fraterna, onde a propriedade particular, o individualismo e a ociosidade são banidos. Todos têm que trabalhar segundo as virtualidades de seus carismas em vista ao bem comum. Ele organiza a comunidade das mulheres com os mesmos direitos que a dos homens, e as crianças e os jovens frequentam escolas que oferecem oportunidade de aprender todas as profissões e assim decidirem sobre sua vocação.

Urbano VIII o protege, mas os jesuítas, de novo movidos pela inveja contra ele, "apelam à violência da populaça". Foge para a França e passa a morar no convento dos dominicanos da rua Saint-Honoré onde morre, rodeado de discípulos e admiradores, em 1639.

Como bom dominicano, também ele campeão da liberdade proposta por Paulo: "Eu nasci para combater estes três grandes males: a tirania, o sofisma e a hipocrisia... e a força, a razão e o amor são o único remédio contra essa tripla mentira".

"Fome, guerra, peste, inveja, traição, injustiça, luxúria, preguiça, cólera, tudo deriva dos três grandes males... tudo isso tem seu fundamento no cego amor a si mesmo, digno filho da ignorância. É, então, para desenraizar a ignorância que nasci".

Campanella lembra outro dominicano excepcional: o padre Lebret. Também ele, num amplo estudo sobre a cidade de São Paulo, fez propostas comunitárias luminosas para erradicar a pobreza e violência da cidade. Esses homens e tantos outros da Ordem da liberdade e da independência de Jesus são profetas, testemunhas movidas pelo Espírito Santo.

Mas a Ordem detém um capítulo doloroso da história da Igreja. A sustentação teórica e prática da Inquisição pelos irmãos Torquemada e pelo manual do inquisidor "*Maleus Malearum*", Martelo das Bruxas. Os dois irmãos escreveram as páginas trágicas desse capítulo perverso da Igreja de braços com o Estado, sobretudo na Espanha e em Portugal. Gregório IX, por volta de 1231, organizou um tribunal especial que se espalhou por toda parte e o confiou à Ordem dos dominicanos. Heresia, apostasia, bruxaria, magia eram objeto de uma investigação impiedosa e cruel. Essa perseguição sistemática condenava as pessoas à prisão perpétua ou à fogueira. Cem mil "hereges" queimados vivos!!! Os reincidentes, quando perdoados, eram entregues ao braço secular. Esse terrorismo da igreja apavorou a Europa do século XII ao século XVI. O hodierno Isis segue o exemplo! Contradição dolorosa: Ordem da liberdade e séculos obscurantistas.

A Ordem teve místicos como Catarina de Sena, Mestre Eckhart, grandes luminares na teologia do século XX, sustentáculos do Vaticano II, como Yves Congar, Schillebeeckx, Chenu, Gustavo Gutierrez... todos perseguidos pela Congregação da Doutrina de Joseph Ratzinger. Esses grandes homens de Deus apresentam o que há de novo na teologia do "*fin de siècle*". Congar, a volta à Igreja de Pentecostes, Schillebeeckx o retorno a Jesus de Nazaré, um "Vivente", Chenu, a renovação da Igreja, e Gustavo Gutierrez, a genial inovação da Teologia da Libertação como aplicação coerente do Vaticano II. No Brasil, a Ordem teve hora de grande vigor no Sentido Radical da fé: Frei Carlos Josaphat, Frei Carlos Rocha, Frei Betto, Frei Tito, destemidos... e heroicos lutadores contra a ditadura de 1964.

Mas como todas as ordens e congregações, estão também os dominicanos se apagando.

As congregações menores, femininas e masculinas, caminham mais rapidamente ainda para a extinção. A Congregação dos Salesianos, hoje riquíssima, ainda tem um número razoável de membros, mas o desvio argentário dos objetivos do fundador a mina, embora sustente várias comunidades missionárias, um trabalho dentro da Tradição Apostólica.

Assim, muitas congregações que deixaram seu ideal fundador e passaram a viver e trabalhar como padres seculares, em paróquias, estão decretando a própria morte. A chama do ideal fundador bruxuleia, não é atualizada e os membros atuais se provam incapazes de acompanhar os sinais dos tempos e testemunhar o novo. O papa Francisco avalia: "Há algo que me preocupa, embora eu não saiba como lê-lo. Há congregações religiosas, grupos muito, muito pequenos, algumas poucas pessoas, pessoas muito velhas... Não têm vocações, sei lá... o Espírito Santo não quer que continuem, talvez já cumpriram a sua missão na Igreja, não sei... Mas ainda estão aferradas aos seus edifícios, aferradas ao dinheiro... Peço que se preocupem com esses grupos".

As congregações e ordens femininas viveram momentos de glória, alta espiritualidade e testemunho do mais verdadeiro amor ao próximo. Embora sempre submetidas ao clero ou a serviço dele, desenvolveram obras de autêntica resposta aos sinais dos tempos como, atualmente, na África, na América Latina e, sobretudo, nos Estados Unidos. Suas teólogas avançaram em muito uma teologia encarnada na vida real, longe da especulação teológica da corte, imergida no sofrimento real do povo, sobretudo dos mais desvalidos.

Mas Roma continua indiferente aos sinais dos tempos. Teima em defender e proteger o Estado do Vaticano, a ortodoxia e as estruturas da organização clerical e jurídica da religião.

Em 2011, Bento XVI anuncia uma iniciativa constrangedora. A criação do "Pontifício Conselho para a Nova Evangelização" e o confia à chefia do cardeal Rino Fisichella. Anunciou o mesmo tema para o sínodo de 2012. Quando os chefes de estado não querem mudar nada de uma questão erigem um conselho ou uma comissão para acalmar o interesse dos cidadãos. Como criar um "Conselho de Evangelização" se esta é a razão de existência e o objetivo da Igreja de Jesus de Nazaré? Não é confessar que a Igreja atual cuida dos entornos, do supérfluo e da burocracia próprios à religião e abandonou a razão de sua existência? Afinal, o Vaticano, a Sé Apostólica, a Cúria não tentam se justificar apelando ao sagrado, ao religioso? Então, por que toda essa maquinaria se ela se comprovou inútil e perniciosa para o único fim que justifica a existência dela, a saber, a evangelização? Estranho, mas é a confissão pública do fracasso da igreja-instituição diante da secularização maciça, sobretudo da Europa. Não deu outra: o completo fracasso do tal ano da evangelização, encerrado em dezembro de 2013 pelo papa Francisco, numa cerimônia sombria, onde não havia nada para festejar nem para comemorar. Além disso, o culto do poder, a beijação da urna dos supostos ossos de Pedro mostrados ao povo e à TV e que, certamente, causaria horror a Pedro, que impedia que o venerassem: "eu também sou um homem".

Esse fiasco é um belo sinal do Espírito! Não há mais como se enganar e enganar os fiéis. Eles não se vão à toa! "Roma está organizada para o poder" (Küng, H.): "O verdadeiro problema é a clericalização da Igreja. É o retorno a um mal antigo: o domínio dos clérigos. Há um retorno de individualismo e clericalismo também entre os jovens padres. É a Igreja hierárquica que se sente dona da verdade e não a serviço dos outros. O que na Igreja devia ser serviço se fez poder. O uso do poder sagrado por parte dos clérigos: um caruncho" (Giffoni, L.). "Esta tendência fica muito clara na formação do jovem clero latino-americano. Uma formação mais voltada para o estético do que para o ético; para o burocrático do que para a pastoral; para a centralidade da matriz-paroquial do que para a rede de comunidades; para o poder centralizado do sacerdote do que para o "sacerdócio comum dos fiéis" (Coutinho, S.).

Na véspera de sua ordenação sacerdotal, Abbé Pierre, fundador dos irmãozinhos de Foucault, se confessa e Henri Lubac o incumbe:

"Pierre, amanhã quando você estiver prostrado no chão da capela, faça uma só oração ao Espírito Santo: peça a Ele que acorde em você o anticlericalismo dos santos".

Por ocasião do sínodo de 2012, o próprio Fisichella se deu conta das consequências desse "caruncho": "Encerramo-nos em nós mesmos. Mostramos uma autossuficiência que impede que nos aproximemos como uma comunidade *viva* e fecunda, que gera vocações, de tanto burocratizarmos a vida da fé e sacramental". Na mesma efeméride, o Cardeal S. Villegas: "Por que em algumas partes do mundo há uma forte onda de secularização, uma tempestade de antipatia ou pura e simplesmente indiferença para com a Igreja? A nova evangelização requer uma nova humildade. O evangelho não pode prosperar no orgulho. A evangelização foi ferida e continua sendo obstaculizada pela arrogância de seus agentes. A hierarquia deve evitar a arrogância, a hipocrisia, o sectarismo. Devemos punir aqueles que erram entre nós, em vez de esconder os erros". Mas estas palavras caíram no vazio: "a arrogância de seus agentes pretendem ditar normas vaticanas, europeias, de evangelização, apenas chamada de nova como confissão de que a atual já "envelheceu", está "caquética". Bastava descer dessa "arrogância" e voltar o olhar para a África, a Ásia e as Américas e o espelho delas devolveria ao senhorio da corte a alienação em que vivem.

O próprio Bento XVI, numa constatação em que se exime de sua grande responsabilidade na rejeição das luzes do Vaticano II, **impessoaliza** a catástrofe: "Nas décadas que nos separam do Concílio, *difundiu-se* uma desertificação espiritual".

Esse deserto espiritual não é consequência direta da rejeição do Vaticano II e da obstinação em não se abrir a ele e aos sinais dos tempos, sobretudo ao Espírito Santo?

Como falar de "nova" evangelização se a estrutura clerical, jurídica e religiosa continua absolutamente a mesma? Jesus de Nazaré avisou: não adianta colocar remendo novo em pano velho nem vinho novo em odre velho. Imaginem que a grande novidade proposta pelo sínodo seria elevar os catequistas ao nível de mais uma ordem eclesiástica. Ora, a catequese se provou como uma forma inútil de evangelização, um formalismo religioso, uma comunicação fria da ideologia da religião católica, decoração de dogmas e moralismos. Mero cumprimento de uma formalidade para ter acesso aos sacramentos, mas redondo fracasso na comunicação de uma fé viva, convicta, operosa, encarnada na comunidade, princípios e temas abstratos fora da realidade. "Jesus não fez nenhum catecismo, nenhuma exposição de doutrina e se expressou pela sua vida, pelos gestos que têm significado mais amplo" (Comblin, J.).

Catequese como praticada nas paróquias é mera doutrinação ideológica da religião, um verniz religioso incapaz de inspirar convicção de fé e operacionalização da experiência radical de Deus, de seu Espírito: "Nenhuma catequese ou evangelização que não estejam dispostas a vir ao encontro das pessoas podem ser consideradas algo diferente de uma maquiagem" (Alison, J.). "Se quisermos penetrar no mundo de hoje, apresentar o cristianismo ao mundo de hoje, **tudo o que é religioso não interessa.** O que pode interessar é justamente o evangelho. Ninguém vai se converter pela teologia" (Comblin, J.). Além disso, com certeza histórica, "as respostas não virão da hierarquia, nem do clero, mas dos leigos que vivem o evangelho em meio a um mundo que compreendem" (Comblin, J.). Ora, não foi assim na história de Jesus de Nazaré e nos três primeiros séculos? Catequese: formalismo religioso, mera doutrinação da ortodoxia e não evangelização. Ao catecismo cabe a definição de Roland Barthes sobre ideologia: "a ideia enquanto ela domina". Só que esse domínio do *reader's digest* da ideologia ortodoxa estanca o contato com o evangelho e, sobretudo, a vivência contínua com o Espírito. Os cristãos se dão por certos por estarem fiéis à letra do catecismo. Essa ficção os mantém num imaginário religioso ou eclesiástico e os tolhe de mergulhar nas trocas do Sentido Radical da fé com o Espírito Santo, que nos fala sem parar e vivifica todas as nossas ações. Ou seja: o Catecismo nos ensina como estar fiéis às determinações da ortodoxia e o evangelho, os Atos, as epístolas nos proporcionam luz e testemunho de como viver com o Espírito no seguimento diário de Jesus de Nazaré. O estudo do Catecismo, com controle de provinhas escritas e de assistência à missa dominical, é mera formalidade religiosa. Em nada, absolutamente em nada, propicia a vivência da fé, convivência com a Trindade e a inserção do Espírito Santo em todos os nossos atos.

Cada vez que um sujeito humano lê um texto da Escritura, sobretudo do Novo Testamento, o Espírito lhe fala de uma maneira pessoal e o movimenta no seguimento pessoal de Jesus. Penso que este é o pensamento central de Lutero sobre a leitura da Escritura. Toda a palavra tem um efeito a posteriori e o Espírito é mestre nisso, sabe tirar proveito de maneira delicada no seu impulso.

Felizmente, a presença viva do Espírito fecunda a fundo a leitura orante da bíblia nas Comunidades de Base. Mas esse mesmo Espírito sequer foi nomeado por um dos cardeais que afirmou: "há quatro pilares para a nova evangelização: antropologia, cristologia, eclesiologia e soterologia". Cristomonismo, clericalismo. Para que serve tudo isso se "O Espírito de Deus que dirige o curso da história com providência admirável e renova a face da Terra, está presente a essa evolução"? (Gn. 26:4). A religião católica o esqueceu!

"Ano santo", "ano da fé", "Jornada da Juventude", "viagem do papa" é coisa de reforço de religião de massa, mas alheio ao plano da Trindade, do "*Regnum Dei*". "A instituição, diz Comblin, permanece inconsciente ou, se consciente, acha que a solução está na repetição do mesmo com mais entusiasmo".

A vida do Espírito é vida, sem interrupção, todo minuto, toda hora, todos os anos. Não há "ano da fé", nem "ano santo".... nem no "monte Garizim" nem em "Jerusalém", e, sim, em "espírito e verdade", ininterruptamente na *dynamis* do Espírito do Pai e do Filho. A encarnação no sujeito Jesus de Nazaré se desdobra na encarnação da Trindade em cada sujeito humano. Deus assumiu um corpo como o nosso. O único que importa é viver e conviver com essa encarnação da Trindade. É o Espírito Santo que fornece a inspiração e a energia para essa convivência: "A encarnação do Filho de Deus não é monopólio dos cristãos, é uma dinâmica da história" (Rocha, M.).

O atual Geral dos jesuítas, Adolfo Nicolàs, que foi missionário na Ásia por 48 anos, na sequência da conversão de Pedro Arrupe assim falou sobre a nova evangelização: "Eu penso que talvez nós, os missionários, tenhamos sido fracos. Nós fomos tímidos na busca de Deus e de sua obra nas outras pessoas. Trazer essa riqueza de Deus à Igreja universal é sempre um desafio. Bem antes da chegada dos missionários, Deus trabalhava entre os crentes de outros tempos e entre os não crentes... Existe em todas as culturas uma profundidade que, hoje, corremos o risco de perder porque buscamos uma resposta para o que está acontecendo na Europa. Mas nós não vamos encontrá-la; vamos encontrar algo diferente, porque Deus é um Deus que surpreende, não é predefinido, que não faz coisas como nós pensamos que deve ser".

Após tantos anos de missão, é preciso muita coragem para tal avaliação e, ao mesmo tempo, muita lucidez evangélica e muita humildade para tirar essa conclusão. Uma sensação de tempo perdido, de uma doutrinação equivocada. Quão longe disso Vieira, a julgar os índios do Amazonas: "Não há gentios no mundo que menos repugnem à doutrina da fé, e mais facilmente a aceitem e recebam, que os Brasis... não porque os Brasis não creiam com muita facilidade, mas porque essa mesma facilidade com que creem, faz que o seu crer em certo modo seja como não crer. Outros gentios são incrédulos até crer; os Brasis ainda depois de crer são incrédulos. Em outros gentios, a incredulidade é incredulidade e a fé é a fé, nos Brasis a mesma fé, ou é ou parece incredulidade" (Sermão do Espírito Santo, São Luís do Maranhão).

Mas Nicolàs nos revela por que chegou à conclusão anterior: "Um princípio central da liberdade inaciana é justamente a liberdade que vem quando se ouve o Espírito: quando se tem acesso ao Espírito de Deus que não é definível, e, diz Jesus, vem como o vento, sopra onde quer e se ouve a sua voz, mas não se sabe de onde simplesmente vem nem para onde vai". É muita integridade diante de Deus e da comunidade confessar humilde e publicamente que durante 48 anos de missão ele não viveu a liberdade de Jesus de Nazaré por não ter ouvido o Espírito. Essa confissão é um testemunho tão mais significativo e admirável por se tratar de um jesuíta, alguém que sabe que a proposta fundamental do Grande Retiro é o discernimento do Espírito. Pedro Arrupe, Adolfo Nicolàs, sinais vivificantes do tempo.

"O Espírito de Deus não é definível", esta é a verdadeira "definição" da experiência de Deus, a teopatia simplesmente acontece.

O teólogo Cecílio de Lora, por ocasião do Congresso Continental de Teologia, outubro de 2012, em São Leopoldo, assim expõe o Reino de Deus hoje: "A Igreja necessita de forte impulso que a impeça de se instalar na comodidade, no cansaço e na indiferença, à margem dos sofrimentos dos pobres do Continente. Necessitamos que cada comunidade cristã se transforme num poderoso centro de irradiação da vida, em Cristo. Esperamos um novo Pentecostes que nos livre do cansaço, da desilusão, da acomodação ao ambiente; esperamos uma vinda do Espírito que renove nossa alegria e nossa esperança".

Os fiéis se foram e vão indo como "ovelhas sem pastores" que, alienados na experiência e na ideologia da religião, não se sentem acolhidos na realidade do mundo de hoje. Não vivemos uma época de mudança, estamos numa mudança de época, sinal dos tempos de uma mutação, e o Vaticano, preso no Concílio de Trento e no Vaticano I, não se deu conta e está preocupado com a volta à missa em latim... "a divisão atual vem de cima porque se tentou invalidar o Concílio, porque alguns estão convencidos de que é preciso reintroduzir a missa em latim... Estamos em situação desesperada, perdemos praticamente toda a geração jovem" (Küng, H.).

"*La Fuga delle quarentenni*" (A fuga dos quarentões). Após 1970, e sobretudo os jovens nascidos depois de 1981: "os jovens de ambos os sexos vão menos à Igreja, acreditam menos, tem menos confiança na Igreja, definem-se menos como católicos" (Armand, M.). Recente pesquisa mostrou que as gerações após maio de 68 vivem na maior indiferença para com a religião. O Vaticano não se deu conta que "maio de 68 foi uma virada, o fim das grandes narrativas, significou mudança na política, na educação, nos valores morais, na organização da vida e da economia... sempre alienada, a Igreja vaticana continuou no sistema institucional radicalmente autoritário, sistema de pretensão da verdade, do código moral e de dogmas" (Comblin, J. *passim*). Os sinais dos tempos particularizados no Vaticano II (rupturas da acusação contra os judeus, introdução dos direitos humanos, ecumenismo, liberdade religiosa, liberdade de consciência, colegialidade...), particularizados também na globalização (internet...) e na indiferença ao discurso religioso, não conseguiram penetrar os muros do Vaticano e a contrarresposta foi flagrante: a mais estrondosa indiferença à religião católica de todos os tempos. Comblin faz a seguinte análise: "A Igreja deixou de estar à frente da cultura e se refugiou numa atitude defensiva, formando uma subcultura dentro da cultura ocidental. Essa subcultura isola e torna impossível a evangelização porque uma conversão seria igual a mudar de cultura. A teologia, a liturgia, a organização eclesiástica tão monárquica, tudo isso é obsoleto e marginalizado, forma uma subcultura que as novas gerações não podem compreender".

A reviravolta do Concílio foi reprimida de todos os modos, sobretudo por clérigos narcíseos senão acomodados. Mas isso é um sinal do Espírito por excelência: a religião católica voltada exclusivamente para o seu umbigo está chegando ao auge, está sitiada por seu próprio narcisismo. A ruína dela fará surgir a nova era do Espírito, a volta à comunidade primeva: "Na verdade só o Espírito Santo poderia arejar a Igreja católica, uma vez que ela é muito resistente" (Alison, J.). Ele não desiste nem desistiria de sua missão escatológica de continuar a língua de fogo da Igreja que Ele edificou em Pentecostes.

Nessa escalada de incapacidade ou insensibilidade de propor a evangelização hoje, os dois últimos papas se apegaram à religião do espetáculo. Bento XVI, sem iniciativa nova alguma, atento a produzir a teologia da corte, assustado e surpreendido, retomou a religião de massa de seu predecessor: "Jornada da Juventude" em Madri, 2011, e em 2013, sua sucessora no Rio de Janeiro. Cruz, bandeira, manipulados Brasil afora para o apelo das massas. Dois milhões de jovens é a meta! É interessante como um clero subserviente ou alienado, sem senso crítico se empolga com essa religião massificadora. Mas é o que resta. Eu pergunto: Jesus de Nazaré, onde ficou tua proposta?

De outro lado, a iniciativa de Bento XVI de reconciliar-se com a excomungada Fraternidade São Pio X terminou numa verdadeira humilhação, um fiasco para o Vaticano. ... "o saldo para o Vaticano parece totalmente negativo" (Cristiano, R.). Provou-se uma pura "apelação" ante a incapacidade de sensibilizar-se pelos sinais dos tempos, uma apelação ao mais rígido fanatismo religioso. Restaura-se um passado medieval. A uma carta de próprio punho, em 30 de junho de 2012, escrita por Bento XVI ao superior geral da Fraternidade, Bernard Fellay: ..."para se reintegrar verdadeiramente na Igreja é preciso aceitar verdadeiramente o Concílio Vaticano II e o magistério pós-conciliar", Tissier de Mallerais, bispo da Fraternidade, metralhou: "Trata-se de um ponto morto porque, para nós, é inaceitável... Não se podem abandonar as armas no meio da batalha, não buscaremos o armistício enquanto a guerra aumenta... a colegialidade destrói o *poder* do papa, que já não ousa resistir às conferências episcopais, destrói o *poder* dos bispos, que já não ousam resistir aos conselhos episcopais. O ecumenismo faz com que se respeitem os valores de salvação de falsas religiões e do protestantismo, coisas falsas... a liberdade permite de bom grado a construção de mesquitas em nossos países... não podemos assinar isso... que Roma não ouse mais nos importunar... eu creio que eles voltarão ao ataque, razão pela qual me preparo delicadamente (sic!) para nos defender, e a Fraternidade se defenderá". Eis aí a prova de que: "A Igreja envelhece quando perde a relação com a história que muda" (Betazzi, L.).

Eis aí mais uma prova contundente de que a violência está no âmago de toda religião ("guerra", "armistício", "armas"...). Eis aí o estrago do fanatismo religioso, pura luta de poder e de prestígio que não leva senão à morte... O fanatismo, fruto de um imaginário obsessivamente paranoico, como na loucura, é deveras sem saída: "Fanatismo é suicídio do pensamento" (Pagola, J. A.). Por não conseguir acompanhar os sinais dos tempos, Bento XVI apelou, partiu mais uma vez em busca do velho: "*Ecce vetera facio omnia*", "eis que tudo faço velho". O poeta Fernando Pessoa ilustrou esse apego ao passado, ao hábito, de maneira brilhante: "... misterioso receio ancestral à chegada e ao novo". A insegurança é tal que o sujeito teme não só o novo, mas mesmo a chegada dele. Outra era a disposição de ânimo do poeta: "Sinto-me nascido a cada momento para a eterna novidade do mundo".

Esse fiasco em buscar o velho em vez de atentar aos sinais dos tempos paradoxalmente é, por sua vez, um sinal iluminante do Espírito, o caminho dele evidentemente é outro, é fecundar a história, não a repetir, e, sim, gestar o novo.

Nessa esteira, "rodeia-se o papa com a bajulação dos movimentos, todos com características totalizantes da liberdade espiritual e da psicologia individual" (Allen, J. Jr.), dos quais se tornou refém. Empacam a Igreja. Todos formam grupos fechados, massificados, em estrita dependência de seus chefes, com uma disciplina rígida, doutrinados com todo tipo de lavagem cerebral, impedidos de pensar diferente de seus comandantes, apresentando-se em vestimentas e hábitos militarescos e medievais, um discurso repetitivo à exaustão. Visceralmente: "*ecce vetera facio omnia*": "Os movimentos são a presença do fascismo dentro da Igreja" (Comblin, J.).

Küng, no The Guardian de 5 de outubro de 2012, chamou Bento XVI de Putin católico e diz que ele pratica um "putinismo vaticano". Denuncia a pomposidade: "vemo-lo frequentemente envolto em hábitos dourados no modelo daqueles de Leão X Médici", que tanto escandalizou Lutero, luxo e corrupção no papado. Küng o critica também por favorecer a formação de uma multidão fanática com o objetivo de o louvar... e avalia o "pontificado de oportunidades perdidas".

A façanha de Paolo Gabriele, desviando documentos pessoais do papa, um cheque de 100 mil euros enviado por uma universidade espanhola e uma pepita de ouro, foi interpretada como "crime contra o Estado e seus poderes". Por sua vez, Gabriele confessou que agiu "guiado pelo Espírito Santo diante de tanta corrupção e traição": um Estado religioso que pratica lavagem do dinheiro e financiamento do terrorismo!

Bento XVI, no *Angelus*, referiu-se a Judas, indiretamente manifestando seu ressentimento. Mas "sem Judas, Nosso Senhor Jesus Cristo nunca teria cumprido sua sagrada missão" (Giffoni, L.). Confio que Gabrielle tenha sido mesmo movido pelo Espírito Santo e a religião católica volte à Igreja de Jesus de Nazaré. Se Bento XVI estava realmente empenhado na "limpeza" e "transparência" da burocracia vaticana, penso que deveria agradecer a Gabrielle o fato de ter revelado "traições" e "covardias" que não fazem parte da proposta de Jesus de Nazaré. Ele deve ser perdoado e agradecido por Bento XVI. Nas vésperas do Natal de 2012, o papa o perdoou e o colocou em serviço fora do Vaticano. Mas não consta que lho tenha agradecido pelo serviço prestado à Igreja sob a luz do Espírito Santo.

Espanha, nesse momento, com 23% de desempregados, alta inadimplência e a Universidade enviando 100 mil euros para o papa. Pior, o papa aceitou! Pepita de ouro... Mas uma vez, todo mundo ficou, de novo, sabendo como vive a corte imperial. "Crime contra o Estado e seus poderes"... Estado e poderes que nada! Absolutamente nada têm a ver com Jesus de Nazaré, o pobre, o desapegado das coisas mundanas: "O que é mais que isto é Jesus Cristo, que não sabia de nada de finanças, nem consta que tivesse biblioteca" (Queiruga, A. T.).

Bento XVI estava perdido entre o professor de teologia de gabinete e o chefe de Estado e da religião. Não sabia se escrevia teologia ou governava. Em 17/10/2011, conseguiu exprimir essa contradição. Primeiro afirmou: "Aqueles países de antiga tradição cristã parecem ter-se tornado indiferentes, senão até hostis, à palavra de Deus". Nem de longe chama a si ou à religião católica a responsabilidade dessa indiferença. Pelo contrário, defendeu logo o status quo do poder: "A crise não depende de reformas estruturais". Se não dependesse, por que dizer que não? Ele próprio afirmou em seguida: "A Igreja deve se libertar de seu fardo mundano e político"... "essa eclipse de Deus se compara com a queda do Império romano". Nessa comparação equivocada, seria responsabilizar o Vaticano, continuidade do Império romano, por essa "eclipse de Deus"? Ou seria a premonição da queda do império

Vaticano, esse Império romano continuado, que é mera excrescência da comunidade de Pentecostes?

Finalmente, a saída honrosa de Bento XVI diante da impossibilidade estrutural de exercer a missão petrina, diante da "osteoporose do sistema eclesiástico" (Küng, H.).

"Quanta sujeira há na Igreja e, precisamente, entre aqueles que, no sacerdócio, deveriam pertencer completamente a ele! Quanta soberba, quanta autossuficiência! Senhor, a vossa Igreja parece-nos uma barca que está para afundar, uma barca que mete água por todos os lados. E mesmo no nosso campo de trigo, vemos mais cizânia que trigo. O vestido e o rosto tão sujos de vossa Igreja horrorizam-nos. Mas somos nós mesmos que os sujamos! Somos nós mesmos que vos traímos sempre, depois de nossas grandes palavras, os nossos grandes gestos" (Bento XVI).

"Os caminhos do Espírito não são os nossos" (Nicolàs, A.). Supersinal do tempo: quem poderia prever ou imaginar que, com a sua renúncia, Bento XVI, justo ele, viria dar a maior contribuição de sua vida para a volta ao evangelho: dessacralização da função petrina, eliminação da papalatria, volta a Pedro diante do centurião Cornélio "Também eu sou um homem"? A religião católica iniciando o retorno a Pentecostes?

A secularização é um magno sinal dos tempos. Ela vai se provar um grande meio para o retorno do povo ao homem Jesus de Nazaré, retorno à sua proposta do Reino de Deus, à Igreja dos Atos. Jesus não era um simples secular?

A religião é invenção da cultura, mas a proposta da experiência de Deus é a boa-nova trazida por Ele. Não é preciso lugar, hierarquia, clérigo para vivenciar essa teopatia da Trindade. Tudo isso é obstáculo, atrapalha. O Espírito habita em cada ser humano, em cada secular (como o próprio Jesus, seus apóstolos, discípulas e discípulos que eram seculares) e, nele morando, o inspira, o inflama e o orienta na busca do seguimento de Jesus: as bem-aventuranças, o amor ao próximo. É só evangelizar, fazer chegar a boa- nova e o Espírito se encarrega do seguimento de Jesus, da vida na Trindade se não é que Ele já está lá. É só ir ao encontro, descobri-lo. Escutá-lo.

Sinal dos tempos: "as paróquias estão morrendo" (Küng, H.). Comblin constata que a instituição acaba prevalecendo sobre a Tradição

Evangélica. Prova disso: a paróquia. Na Idade Média, a igreja paroquial era o centro das aldeias e das cidades que eram pequenas em comparação com as metrópoles atuais. A maior parte da população vivia no campo. Na idade industrial, sobretudo nas idades moderna e pós-moderna, cada vez mais a população foi deixando o campo e se concentrando ao redor das cidades e, em consequência, foram surgindo os bairros, habitando a periferia sobretudo o povo marginalizado.

Ora, as paróquias, como as catedrais, no centro das cidades, acabaram se esvaziando. A religião católica permaneceu apegada à instituição jurídica e o povo da periferia, aquele que Jesus sempre preferiu, ficou no abandono e muitas seitas partiram em busca dele. A Igreja perdeu os operários e agora está perdendo as mulheres e os povos periféricos.

Este apego ao jurídico é tão forte que, no plano de pastoral da CNBB, 2014, chegou-se ao eufemismo de justificar a paróquia e as Comunidades de Base como "comunidade de comunidades", como se ela fosse comunidade ou comunidade das Comunidades de Base.

Primeiro, a paróquia há muito tempo deixou de ser "comunidade". É prática de religião de massa. Segundo, as Comunidades de Base são verdadeiras comunidades, são autônomas como aquelas dos Atos dos Apóstolos, portanto não existe "comunidade de comunidades". O próprio papa Francisco se manifestou nessa ambivalência, embora, já no início do pontificado, tenha dito explicitamente: "não podemos ficar na sacristia à espera do povo... temos que ir à periferia de nossas cidades".

Hoje, a paróquia não é mais que uma instituição social para cerimonias ocasionais como casamento, missa de sétimo dia, batizado, primeira comunhão... Práticas religiosas pontuais, mais sociais e formais que engajamento evangélico, costumes da tradição eclesiástica que acabaram ficando fora da Tradição Evangélica, Apostólica. O profeta Antônio Pagola denuncia: "Se, nos próximos anos, não se promover, em nossas paróquias e comunidades, um clima de conversão humilde e alegre a Jesus Cristo, facilmente veremos como a fé se extinguirá gradualmente e como nosso cristianismo multissecular se diluirá em formas religiosas cada vez mais decadentes e sectárias e cada vez mais afastadas do Movimento de seguidores inspirado e desejado por Jesus".

Por falar em sinais do tempo, ainda uma última metáfora eloquente. Em Vitória (ES), na praça criada por um aterro na orla do mar com a finalidade de receber a concentração de fiéis quando da visita de João Paulo II, foi erigido um monumento assaz simbólico. No canto do fundo da praça, elevou-se um cruzeiro de cimento armado, cuja cruz, tanto na parte superior quanto nos braços, está bem curvada para frente, os braços como que formando um hemiarco. O Cristo está escondido sob essas curvaturas... Ele não aguenta mais. O peso do cristomonismo de séculos e séculos o fatiga sobremaneira. Ele está cansado da exploração de poder, dos devocionismos ou superstições e de ser usado em arrecadação de "dízimos"... Mas o que mais lhe pesa é terem retirado do Espírito Santo a missão que lhe é própria na ordenação da redenção, sobretudo o esquecimento da Trindade. O cristomonismo insiste pesadamente em obliterar da economia da salvação o Pai e o Espírito Santo.

O profeta Antônio Pagola anuncia o sinal do tempo: "Deus é sempre novo e insondável, sempre melhor do que se espera..." "Novos testemunhos de Jesus que introduzam seu Espírito em nossas comunidades"... "Estamos a viver tempos de graça e conversão que exigem um estilo de vida cristã e atitudes adequadas. Em primeiro lugar, temos de **aprender a viver em mudança**. Isto significa aprender a **despedir** o que já não evangeliza nem abre caminho ao Reino de Deus como, talvez, o fizesse em outros tempos e aprender a experimentar e abrir caminhos novos ao Evangelho de Jesus. Não ter medo de **despedir** o que está a morrer, mas promover o que está a germinar. Pede-se-nos, além disso, que demos forma concreta à mudança". Ou seja, simplesmente abrir mão de nossas certezas egoicas, imaginárias e nos entregarmos ao real do Espírito Santo a agir em nós. Desapego do imaginário e total entrega à fé, ao Sentido Radical.

Papa Francisco

"E agora o Papa Francisco, o segundo papa cristão em nosso tempo, com João 23" (Jânio de Freitas).

O livro que aqui termina supôs sempre a continuidade de João Paulo II em Bento XVI, este indo até o fim. Mas o Espírito, em seu misterioso intento, conseguiu uma vitória: a renúncia de Bento XVI efetuou um gesto profético de imensa repercussão. Uma dose de ironia: justo da Ordem da defesa da hierarquia, um Francisco. Papa Francisco, quem diria! Justo no ápice do autoritarismo clerical e da papalatria. Canonizações de papas a toque de caixa, às pressas, com muita mídia. O Espírito benévola e benfazejamente nos desanca. Caminhos de salvação. São dele. A nós, a perene convicção da falta-para-ser e Ele a se encarregar do resto. É certeza absoluta. Basta a entrega. O tempo é dele. Mas não falha.

Francisco, um sacerdote, um cardeal jesuíta, "do fim do mundo", nomeado papa da Igreja católica. Curioso: não escolheu o nome, aceitou a sugestão de um colega, recorreu a outra Ordem que a sua, a de Francisco de Assis, e revestiu-se com o hábito de uma terceira, a de Domingos de Gusmão. Uma guinada múltipla. Não se apresentou como papa e, sim, como bispo de Roma, embora Pedro, que "nunca tinha sido bispo de Roma porque ainda não se imaginava a existência de bispos" (Comblin, J.).

O desastroso quarto voto dos jesuítas, dedicado ao cultivo e à defesa do poder papal e ao clericalismo, que por cinco séculos fizeram tão mal à Igreja de Pentecostes, cede lugar ao evangelho, no auge do poder piramidal eclesiástico. Como diz o Geral da Companhia de Jesus, A. Nicolás: "os caminhos do Espírito não são os nossos". Felizmente! Jorge Mario Bergoglio é um dos frutos da conversão do padre Pedro Arrupe ao Evangelho, que produziu e está produzindo mártires, testemunhas de Jesus de Nazaré. O abandono do malfazejo quarto voto de promover e defender o clericalismo vem sendo posto em prática pelo atual geral, homem de Deus, atento à luz e aos impulsos do Espírito Santo. Mais uma vez a Igreja não é um fim.

Desde então, Francisco resume-se numa palavra: esperança. No emaranhado da *potestas*, acuado de todo lado, certamente resistência múltipla. Mas, já a partir do ano na sucessão de Pedro, o *kairós* dele acende luzes que lembram as línguas de fogo. Saímos das trevas de uma religião jurídica e dogmaticamente perfeita (Belarmino, S. J.) para uma Igreja que lembra aquela de Pentecostes, Igreja pecadora, atenta. Este retorno emite sinais de reencontro com Jesus de Nazaré.

Mas, por enquanto, o cristomonismo prevalece à Igreja de Pentecostes.

Primeiro os gestos: uma simples batina branca de São Domingos, (adotada pelo dominicano Pio V), não o hábito preto dos jesuítas, nada de *mozzeta* (capa bordada dos ombros). "Agora o carnaval acabou", um par de sapatos pretos de uma loja qualquer, de um cidadão comum, não os sapatos Prada vermelhos, (ironicamente ditos: prontidão para o martírio). Nada de relógio Cartier, nem ouro nem prata, corrente de ferro, moradia fora do "palazzo apostólico" (contradição nos termos), "corte renascentista ou real", nada mais de "gentis-homens de sua santidade", "honrarias arcaicas, inúteis e prejudiciais". Deslocamento em carro comum, paga suas próprias contas, carrega suas malas, desloca-se na cúria sem seguranças, visita dicastérios, a garagem do Vaticano, sem avisos prévios, dirige-se aos simples funcionários, interessa-se pelo trabalho deles, come no bandejão com eles, beija paralítico, abraça as pessoas, afaga as crianças, comunica-se sem artificialidades ou formalismos. A poltrona do papa vazia na Sala Paulo VI, no "Grande Concerto de música clássica para o Ano da Fé, com muita frustração para os "nobres" romanos que não perdiam a oportunidade para entrar em contato direto com o papa e fazer seus pedidos". "Eu não vou ao concerto. Não sou um príncipe renascentista". Pediu que o povo o abençoasse. Que rezasse por ele. Senta-se em uma poltrona, não em trono. Nada de brasão papal na janela do *Angelus*, apenas um simples pano branco, "bandeira" da paz. É o bispo de Roma! Abre os jardins do Vaticano para os pobres e Castel Gandolfo é franqueado à visitação turística como os castelos da Idade Média.

"Recordo que, no Brasil, haviam preparado um papamóvel fechado, com vidros, mas eu não posso saudar um povo e dizer-lhe que gosto muito dele dentro de uma lata de sardinhas, mesmo que seja de vidro. Para mim isso é um muro".

A menina Teresa: – "Francisco, tu querias ser papa?" – "Tu sabes o que significa que uma pessoa não queira bem a si mesma? Uma pessoa que quer, uma pessoa que tem vontade de ser papa não quer bem a si mesma. Deus não o abençoa. Não, eu não queria ser papa".

A Sra. Caterina de Marchis: "Por que o Sr. renunciou a todas as riquezas de um papa?" "Mas eu acho que não é apenas uma coisa de riqueza. Para mim é um problema de personalidade. Eu tenho necessidade de viver entre as pessoas e, se eu vivesse sozinho, talvez um pouco isolado, não me faria bem... É uma questão de psiquiatria. Os tempos nos falam de tanta pobreza no mundo e isso é um escândalo".

É o início da "dessacralização" da função papal, eclesiástica? Criou um órgão consultivo de 8 cardeais oriundos de todos os continentes com o objetivo de reformar a Cúria Romana. Alguma colegialidade? Enfim, "*primus inter pares*"? A abolição do prepotente "*primus super pares*"? Nada de plural majestático e, sim, "nós irmãs e irmãos" e, "sou um pecador", "orem por mim". Pospõe a teologia de gabinete ao contato direto com o povo, amigos e autoridades.

Depois as palavras:

"Deus não é católico". "Não existe um Deus católico, existe Deus".

"Deus não é propriedade dos bons".

"Deus é Deus de todas as religiões. Se assim é, nossa religião tem que ser intercultural assumindo todas as culturas para abarcar todos os filhos de Deus".

"Cristo é o centro, não o sucessor de Pedro".

"O carnaval acabou" (mozeta insígnia de poder do imperador Romano).

"A Igreja dos pobres para os pobres". "Paradigma da Igreja pobre". "Eu sonho com uma Igreja pobre para os pobres".

"A Igreja atual é um hospital de campanha".

"Como sabe, há vários motivos que, ao escolher o meu nome, me levaram a pensar em Francisco de Assis... Um dos primeiros é o amor que Francisco tinha pelos pobres. Ainda há tantos pobres no mundo! E tanto sofrimento passam essas pessoas!"

“E assim chego à segunda razão do meu nome: Francisco de Assis, diz-nos, trabalhou por edificar a paz. Mas, sem a verdade, não há verdadeira paz. Não pode haver verdadeira paz se cada um é a medida de si mesmo, se cada um pode reivindicar sempre e só os direitos próprios, sem se importar, ao mesmo tempo, com o bem dos outros, com o bem de todos, a começar pela natureza comum a todos os seres humanos nesta terra”.

- “Oh Francisco de Assis, interceda pela paz de nossos corações”.

- “Olhemos ao nosso redor... Tantas feridas infligidas pelo mal à humanidade: guerras, violências, conflitos econômicos que atingem quem é mais fraco, sede de dinheiro que ninguém pode levar consigo, terá de deixá-lo... Amor ao dinheiro, poder, corrupção, divisões, crimes contra a vida humana e contra a criação. E também, como bem sabem e cada um de nós conhece, os nossos pecados pessoais: as faltas de amor e respeito para com Deus, com o próximo e com a criação inteira”.

- “Uma Igreja pobre para os pobres... Para tornar a nossa voz reconhecível é preciso também dispor-se a caminhar no meio e atrás do rebanho... ouvir o silencioso relato de quem sofre e apoiar os passos daqueles que temem que não irão conseguir... reerguer, tranquilizar, infundir esperança”.

- “Quando uma família não tem nem para comer porque tem de pagar o empréstimo aos agiotas, isso não é cristão, é desumano”.

- “A pobreza do mundo é um escândalo. Num mundo onde há tantas, tantas riquezas, tantos recursos para dar de comer a todos, não se pode entender como há tantas crianças famintas, tantas crianças sem educação, tantos pobres. A pobreza hoje é um grito. Todos nós devemos pensar se podemos nos tornar um pouco mais pobres: isso também todos devemos fazer. Como eu posso me tornar um pouco mais pobre para me assemelhar melhor a Jesus, que era o mestre pobre”.

- “Quem joga comida fora tira dos pobres”.

- “A tirania invisível dos centros financeiros: poderes fortes”.

- “Deus faz as estatísticas dos que pereceram e perecem”.

- “Aquele ídolo chamado dinheiro”.

- “Caímos numa indiferença globalizada quando globalizados”.

- Movimentos: “em vez de particularismos que levam à divisão, à “homologação forçada”, Francisco convida os membros a serem “dóceis à ação do Espírito Santo”.

- "Comunidades religiosas fechadas... comunidades fofoqueiras, que falam contra, destroem o outro e olham para dentro, sempre para dentro, cobertas por um muro".

- Bordão no narcisismo dos movimentos: "Como são as nossas comunidades? São abertas ao Espírito Santo que nos leva sempre à frente para difundir a Palavra de Deus ou são comunidades fechadas, com todos os mandamentos precisos, que carregam sobre os ombros dos fiéis tantos mandamentos, como o Senhor havia dito aos fariseus"?

- "Comunidades que não sabem nada de carícias, mas sabem de dever, fecham numa observância aparente".

- "Olhar para Jesus que nos envia a evangelizar, só uma comunidade livre, com liberdade de Deus e do Espírito Santo é capaz de vir à frente e difundir".

- É preciso se precaver "das comunidades religiosas fechadas e seguras de si mesmas que amam a calúnia e a fofoca e buscam a própria segurança na compactuação com o poder".

- "Não nos fechemos à novidade" (...) "há movimentos que nos puxam para trás".

Nota: Vários chefes de movimentos ouvidos por repórteres afirmaram que é assim que agem. O "narcisismo das pequenas diferenças" faz suas vítimas, equivocadas.

- "A globalização da indiferença".

- "Dói em mim quando vejo um padre com o último modelo de carro".

- "A ditadura da economia, sem rosto nem propósito verdadeiramente humano".

- "Não compartilhar com os pobres os próprios bens é roubá-los e tirar-lhes a vida".

- "Deus está fora da categoria de mercado".

- "O papa ama todos, ricos e pobres, mas tem o dever, em nome de Cristo, de recordar ao rico que ele deve ajudar o pobre".

– "Eh, irmãos e irmãs, a face de Deus é de um pai misericordioso, que sempre tem paciência. Você já pensou na paciência de Deus, a paciência que Ele tem com cada um de nós"?

- "Deus nunca se cansa de perdoar, mas nós muitas vezes nos cansamos de pedir perdão".

- "Comovente a atitude de Jesus: não ouvimos palavras de condenação, mas apenas palavras de amor, de misericórdia, que convidam à conversão": "Nem eu te condeno: vai e de agora em diante não peques mais".

- "Nós também fazemos parte de um povo que, de um lado, quer ouvir Jesus, mas, do outro, às vezes, gostamos de agredir os outros, condenar os outros".

- "Tememos as surpresas de Deus".

- "Quando a Igreja não sai de si mesma para evangelizar, ela se torna autorreferencial, adoece".

- "Vamos encontrar as pessoas sem ficar sentados na Cúria ou na casa paroquial esperando que venham até nós".

- "Se o pároco se clericaliza, o leigo lhe pede que o clericalize porque, no fundo, lhe resulta mais cômodo. O fenômeno do clericalismo explica em grande parte a falta de maturidade e de liberdade cristã em parte do laicato da América Latina".

- "Autorreferenciada, a Igreja enferma, doença do narcisismo teológico, encurvada sobre si mesma".

No encontro do Natal de 2014 com os membros da Cúria Romana, o papa Francisco, sempre surpreendente como o Espírito, expôs que, "como qualquer outro corpo humano, a Cúria sofre de doenças e é preciso curá-las". Mas as doenças apontadas por ele não são físicas, do corpo, mas morais, psíquicas e muito graves: "Alzheimer espiritual" e "esquizofrenia existencial". Diagnóstico fatal. Prognóstico excelente.

Alzheimer, doença degenerativa do cérebro, sobretudo do sistema límbico e esquizofrenia, doença "degenerativa" da mente, ambas apagam o sujeito e o indivíduo desconecta-se de si e do mundo. Cindem o sujeito. Ambas o impelem a viver fora da realidade: não consegue pensar nem desejar e nem amar. Por isso mesmo, aqueles que delas sofrem chamam-se **alienados:** "aqueles membros da Cúria que esquecem que estão a serviço de pessoas concretas e se limitam a realizar trâmites burocráticos construindo muros e costumes em torno de si e ficando "dependentes de seus próprios caprichos e manias". "Curar esta doença muito grave é urgente e indispensável". Francisco está bem informado sobre os horrores sofridos por seu predecessor. Sabe também que sua corte se retroalimenta de três tendências: os curiais, que anelam pelas mudanças que ele propõe; uma neutra, procurando preservar sua zona de conforto, e a última, frontalmente contra as reformas em andamento. A resistência é muito forte.

O papa propôs uma metanoia: bispos, cardeais e funcionários permitirem que o Espírito Santo os inspire em suas atividades em vez de confiarem em suas próprias capacidades intelectuais.

O "alzheimer espiritual" e "a esquizofrenia existencial" dos membros da Cúria se manifestam em 15 sintomas.

São eles:

1º Autossuficientes, sem autocrítica, sem atualização e sem desejo de melhorar.

2º Trabalho excessivo, sem repouso.

3º Perda de sensibilidade que nos faz chorar com os que choram. Formalidade.

4º Limitar a liberdade do Espírito por causa do excesso de planejamento.

5º Trabalhar sem coordenação qual orquestra que só produz ruído.

6º Alzheimer espiritual: atinge aqueles que se esquecem de seu encontro com o Senhor.

7º Fazer da aparência e dos títulos o principal objetivo da vida.

8º Esquizofrenia existencial: trocar o serviço pastoral pela burocracia ou delírio burocrático, jurídico e esquecimento do evangelho, tradição eclesiástica a olvidar Tradição Apostólica.

9º Praticar terrorismo da fofoca, falando pelas costas.

10º Bajulação: cortejar superiores na esperança de sua benevolência.

11º Por ciúmes ou astúcia, gozar pela queda de alguém em vez de ajudá-lo.

12º Portar um rosto fúnebre: o apóstolo transmite alegria. Que bem faz uma dose de humor!

13º Tentar preencher o vazio do coração com bens materiais.

14º Formar círculos fechados, "panelinhas" para se opor ao todo.

15º Querer mostrar-se mais capaz do que os outros por meio da calúnia e difamação.

Conclusão: "A cura é fruto da tomada de consciência da doença". Francamente, esse cortejo de sintomas só pode ser esperado de uma religião que virou burocracia. Mesquinharia humana demais como em sociedades humanas mais banais ou em qualquer corte.

A cura das duas doenças metafóricas: a metanoia, ela está ao alcance de quem deseja viver na Trindade sob a direção do Espírito Santo, ao contrário da tragédia do "alzheimer espiritual" e da "esquizofrenia existencial". Francisco usou metáforas drásticas, pois ele conhece bem os cortesãos da corte papal. Sabe que carecem de teopatia. Finalmente um papa corajoso! Empenhado no retorno ao Jesus histórico, ao *Regnum Dei.*

Lamento que os membros atuais tenham levado o bordão, mas, desde o século 12, a Cúria e as cúrias episcopais são o que são: uma estrutura estranha ao evangelho, à Tradição Apostólica. Lugar das intrigas da corte, de alienação do povo de Deus.

- "Não há lugar no ministério para quem abusa de menores".

- "Refontizar: retornar às fontes e beber nelas em busca da energia necessária para construir o novo".

- "A Igreja precisa sair da autorreferencialidade e caminhar rumo às periferias geográficas e existenciais de nossa sociedade".

- "Igreja evangelizadora é aquela que sai de si mesma; a mundana, a que vive em si de si para si"... "Se a organização assume o predomínio, o amor diminui e a Igreja se torna uma ONG".

- "A Igreja não é uma ONG caridosa".

- "A Igreja não é alfândega, é posto de saúde".

- "Prefiro uma Igreja acidentada, ferida, enlameada por ter saído pelas estradas, a uma Igreja enferma pelo fechamento e a comodidade de se agarrar às próprias seguranças".

- "Cristo sim, Igreja não, creio em Deus, mas não nos sacerdotes. É claro que naqueles que a compõem – pastores e fiéis – há defeitos, imperfeições e pecados. O papa também tem muitos pecados, mas quando nos damos conta desses pecados, encontramos a misericórdia de Deus. Deus sempre perdoa. Não esqueçamos isto".

- "A mensagem de Jesus é a misericórdia. Para mim, digo humildemente, é a mensagem mais forte do Senhor".

- "Como faz bem voltar para o Senhor quando nos perdemos! Insisto mais uma vez: Deus nunca se cansa de nos perdoar, somos nós que nos cansamos de pedir sua misericórdia. Aquele que nos convidou a perdoar setenta vezes sete dá-nos o exemplo: ele perdoa setenta vezes sete. Volta uma vez ou outra a carregar-nos nos seus ombros. Ninguém nos pode tirar a dignidade que esse amor infinito e inabalável nos confere".

- O primado da "misericórdia" contra o farisaísmo dos que gostam de "bater nos outros, condenar os outros", a hipocrisia da "mundanidade espiritual" (Lubac, H.).

- "Evangelizar é a razão de ser Igreja, é chamada a sair de si mesma e ir às periferias".

- "Caminho de Jesus": "Viver a Semana Santa segundo Jesus, significa aprender sair de nós mesmos... para chegar aos outros, para vir à periferia da existência; movendo-nos em primeiro lugar a nossos irmãos e irmãs, especialmente àqueles que estão longe, àqueles que são esquecidos, àqueles que estão mais necessitados de conforto, compreensão e ajuda... onde não falta sofrimento, há sangue derramado, há cegueira que quer ver, há prisioneiros de tantos patrões maus".

- "Quando caminhamos sem a cruz, quando construímos sem a cruz e quando professamos e confessamos um Cristo sem a cruz não somos discípulos do Senhor, somos mundanos, nossos bispos, padres, cardeais, papas... Mas não discípulos do Senhor... Se não confessamos Jesus Cristo a coisa não vai". "A nossa vida é um caminho. Quando paramos, alguma coisa está errada".

- "O verdadeiro missionário, que nunca deixa de ser discípulo, sabe que Jesus caminha com ele, fala com ele, respira com ele, trabalha com ele. Sente Jesus vivo com ele, no meio da tarefa missionária. Se uma pessoa não o descobre presente no coração mesmo na sua entrega missionária, depressa perde o entusiasmo e deixa de estar seguro do que transmite, faltam-lhe força e paixão".

- Aos jovens: "sede revolucionários".

- "A tentação de um cristianismo sem Cristo".

- "Ungidos... a sua ação é para os pobres, os presos, os oprimidos".

- "Sede pastores com o cheiro das ovelhas, isto vo-los peço, sede pastores com cheiro de ovelhas".

- "Lavar os pés significa: eu estou ao teu serviço. Como sacerdote, como bispo devo estar a vosso serviço. Mas é um dever que vem do coração: amo-o. Amo-o e amo fazê-lo porque assim o Senhor me ensinou".

- "Paz para o mundo inteiro, ainda tão dividido pela ganância de quem procura lucros fáceis, ferido pelo egoísmo que ameaça a vida humana e a família – um egoísmo que faz continuar o tráfico das pessoas, a escravatura mais extensa neste século vinte e um. O tráfico de pessoas é realmente a escravatura mais extensa neste século vinte e um. Paz para todo mundo dilacerado pela violência ligada ao narcotráfico e por uma iníqua exploração dos recursos naturais. Paz para essa nossa terra".

- "A guerra nunca mais. A violência nunca conduz à paz, a violência leva a mais violência".

- "Não peças a Deus uma carga leve para teus ombros, peça ombros fortes para suportar a carga".

- "As primeiras testemunhas do nascimento de Jesus são os pastores, gente simples e humilde, as primeiras testemunhas da ressurreição são as mulheres".

- "As mulheres são movidas pelo amor e sabem acolher esse anúncio com fé. Elas acreditam e logo o transmitem, não o guardam para si".

- "As mulheres tiveram e ainda têm um papel particular em abrir as portas ao Senhor, em segui-lo e em comunicar o seu rosto, porque o olhar de fé sempre precisa de olhar simples e profundo do amor".

- "Esta é a missão das mulheres, das mães: dar testemunho aos filhos, aos netos de que Jesus está vivo, é o vivente, está ressuscitado. A fé se confessa com a boca e com o coração, com a palavra e com o amor".

- "Tenhamos coragem de sair para levar essa alegria e essa luz a todos os lugares de nossa vida".

- "A ressurreição de Cristo é a nossa certeza e o tesouro mais precioso. Como não compartilhar com os outros esse tesouro, essa é a tristeza".

- "O mundo de hoje tem tanta necessidade de testemunhas. Não tanto de mestres, mas de testemunhas. Não falar muito, mas falar com toda vida".

- "Quanto bem se pode fazer se aprendermos a linguagem da hospitalidade, do acolher. Hospitalidade com aquele... que não tem fé ou a perdeu, com o desempregado, com o pecador".

Francisco surpreende. Como Jesus, serve-se de metáforas do cotidiano: "a mulher não é coelha". A tirada valeu: ensinou mais que toda a *Humanae Vitae*. Só não sei como reagirão os filhos do Opus Dei e outros movimentos.

- "Um bom pai sabe esperar e perdoar, mas também corrigir com firmeza. Não é nem fraco nem permissivo, nem sentimental. Uma vez ouvi um pai dizer: "às vezes dou umas palmadas em meus filhos, mas nunca no rosto para não humilhar". Isto é bonito, tem um senso de dignidade, ele deve punir de maneira justa".

- "A identidade do cristão vem do fato de ser movido pelo Espírito Santo... a autoridade de Jesus lhe vinha pela unção especial do Espírito Santo... para levar a salvação, para levar a liberdade. Alguns se escandalizavam com esse estilo de Jesus, ele age com identidade e com liberdade".

- "Agora nós temos o pensamento de Cristo, ou seja, do Espírito de Cristo. Esta é nossa identidade cristã. Não ter o espírito do mundo, esse modo de pensar, esse modo de julgar... Tu podes ter cinco doutorados em teologia, mas não ter o Espírito de Cristo. Talvez sejas um grande teólogo, mas não és um cristão, porque não tens o Espírito de Deus. Aquele que dá identidade é o Espírito Santo, a unção do Espírito Santo".

- "O povo não amava aqueles pregadores, aqueles doutores da lei porque falavam realmente de teologia, mas não chegavam ao coração, sua própria identidade, porque não estavam ungidos pelo Espírito Santo".

- "A autoridade de Jesus e a autoridade do cristão vêm justamente desta capacidade de compreender as coisas do Espírito, de falar a língua do Espírito. Vêm dessa unção do Espírito".

- "Se nós não entendemos bem as coisas do Espírito, não damos e não oferecemos um testemunho não temos identidade. Muitas vezes encontramos, entre nós fiéis, idosas simples que, talvez, não tenham concluído o ensino fundamental, mas que te falam das coisas melhor que um teólogo, porque têm o Espírito de Cristo".

- "Você pode ir à missa aos domingos, mas se não tiver o coração solidário, não souber o que acontece em sua cidade, a fé ou está doente ou está morta".

- "Efetivamente existe hoje a tendência, mesmo uma reinvindicação sempre mais ampla dos direitos individuais, que esconde uma concepção da pessoa humana desligada de todo o contexto social e antropológico, quase uma 'mônada' cada vez mais insensível às outras 'mônadas' ao seu redor".

- "Parece que o conceito de direito já não se associa ao de dever".

- "Quando prevalece a absolutização da técnica, produz-se uma confusão entre os fins e os meios. É o resultado inevitável da cultura do descarte e do consumismo exasperado".

- "Há pouco disse e repito, estamos vivendo a terceira guerra mundial, porém em cotas".

- "Um sistema econômico centrado no deus dinheiro necessita também saquear a natureza. A guerra nunca mais. A violência nunca conduz à paz, a guerra conduz à guerra, a violência leva a mais violência".

Nisto, Francisco está a cativar o mundo e não apenas os cristãos.

"Nunca agradeceremos bastante ao papa Francisco o fato "*simples e elementar* de ter acabado, quase de golpe, com todo estilo de governo a partir do isolamento e do poder inquestionável"... "Nós, que temos vivido a explosão conciliar em seu luminoso sentido de libertação e esperança, sentimos de novo aquele ar no rosto. À sensação de paralisia segue um fervor de sangue novo e inquietude vital, após o tempo de inverno há o germinar da primavera. Época de esperança e renovação" (Queiruga, A. T.).

"Sem assinar bula, ele aboliu bugigangas da soberania temporal. Os títulos pontifícios tão estreitos a ponto de serem ambíguos foram arquivados. O ritual da corte desapareceu. Toma a pobreza como seu cerimonial" (Melloni, A.).

Obrigado, Papa Francisco, por nos exortar diretamente o coração do Evangelho, ao gozo da bondade, à revolução da ternura! Obrigado por dissentir dos profetas eclesiásticos das calamidades e por nos recordar que o grande perigo do mundo e dos cristãos é a tristeza, não a descrença, e que nós, cristãos, não podemos anunciar nossa esperança como inimigos que apontam e condenam. Obrigado pelo fato de insistir em que, também hoje, Jesus rompe os esquemas entediantes nos quais pretendemos fechá-lo e nos surpreende com sua constante criatividade divina e em que a Igreja deve aceitar a liberdade impenhorável da Palavra.

Obrigado por nos advertir contra a psicologia da sepultura, que, pouco a pouco, converte os cristãos em múmias de museu e por nos convidar a sermos facilitadores e não controladores, a sermos audazes e criativos sem proibições e nem medos, a chegar ali onde são gestados novos relatos e paradigmas. A ser Igreja em movimento. Por nos exortar a não ficarmos ancorados na nostalgia de estruturas e costumes, que já não são canais de vida no mundo atual, e a não sonhar com uma doutrina monolítica, defendida por todos sem ponderações, nem pensar em um cristianismo monocultural e monocórdio. Por afirmar que não nos entregou a vida como um roteiro no qual tudo já estaria escrito, mas que consiste em caminhar e buscar, dando espaço à dúvida.

Obrigado por sustentar que a Igreja não é uma aduana, mas, sim, um posto de socorro, e que prefere uma Igreja acidentada, ferida e manchada por sair à rua, do que uma Igreja enferma, fechada, contida em suas próprias seguranças, preocupada em ser o centro, enclausurada em um emaranhado de obsessões e procedimentos. Por nos precaver contra a mundanidade eclesiástica, contra o perigo de nos sentirmos superiores aos outros pelo fato de cumprirmos determinadas normas ou por sermos inquebrantavelmente fiéis a certo estilo católico, próprio do passado. E contra a tentação de encher os seminários com qualquer tipo de motivações, relacionadas a inseguranças afetivas, buscas de formas de poder, glórias humanas ou bem-estar econômico.

Obrigado por denunciar os mecanismos sacralizados do sistema econômico imperante, uma economia da exclusão e da desigualdade, uma economia que mata.

Seu documento "*Evangelii Gaudium*" pouco traz de novo. É um resumo do que fez, praticou e falou durante esse ano de pontificado. "Sinaliza mudanças bastante modestas se comparadas ao comportamento do pontífice" (Folha de S. Paulo). Belo elogio! Bergoglio faz, dá o exemplo, como Paulo, fala da abundância de seu coração viva e espontaneamente e depois escreve. Esse documento está baseado na alegria. Esta palavra retorna 48 vezes: é a "alegria da fé", da ressurreição, de Pentecostes, daquela de que fala Paulo.

Bergoglio propõe uma conversão do papado. A começar por uma "saudável descentralização". As conferências episcopais: "que o efeito colegial tenha uma aplicação correta". Nesse mesmo sentido, destaca "a importância de aumentar a responsabilidade dos leigos, mantidos à margem das decisões".

"Todavia, é necessário ampliar os espaços para uma presença feminina mais incisiva na Igreja, particularmente nos diversos lugares onde se tomam decisões importantes".

Denuncia o sistema econômico atual "injusto em sua raiz, porque predomina a lei do mais forte; uma tirania invisível, às vezes virtual, de um mercado divinizado, onde imperam a especulação financeira, uma corrupção ramificada e uma evasão fiscal egoísta". "À igual dignidade das pessoas requer que se somem condições de vida mais humanas e justas. De fato, as desigualdades econômicas e sociais excessivas entre os membros e os povos da única família humana suscitam escândalo e são contrárias à justiça social, à equidade, à dignidade da pessoa humana, além da paz social e internacional". "Com essa exclusão (instrução, habitação, trabalho), golpeia-se, na sua própria raiz, a inserção na sociedade em que se vive, uma vez que esta não se encontra nas favelas, na periferia, ou sem poder, simplesmente se está fora". Os excluídos não são "aproveitados", mas rejeitados, "sobras".

- "Quando o capital se converte em ídolo, arruína a sociedade, destrói a fraternidade, povos enfrentam povos".

- "Ações de concentração monopolista dos meios de comunicação social, que pretendem impor pautas alienantes de consumo e uniformidade cultural, são uma forma de novo colonialismo ideológico".

- "Urge uma reforma das estruturas eclesiásticas para que elas se tornem mais missionárias". Não é possível que um cardeal ouse envergar um hábito de 20.000 euros.

Enfim, quem quiser conhecer uma síntese de todos esses pensamentos e propósitos de Francisco é só ler o discurso dele de 09 de julho de 2015, proferido em Santa Cruz de la Sierra (Bolívia).

Essa tentativa de retorno a alguns aspectos importantes da Igreja que saiu de Pentecostes será significativa e trará efeitos evangélicos se conseguir, pelo menos, alguma colegialidade, se alcançar eliminar os escândalos ou o contratestemunho do clero, da Cúria e do IOR. Desde muitos séculos, pela primeira vez, um papa resolve consultar as bases para um sínodo, o sínodo da família, com questionário prévio para uma primeira avaliação. Tudo isso exige muito. É muito forte a resistência das intrigas e da corrupção, do corporativismo e do conservadorismo. Essas inúmeras ocupações com aquilo que é pura tarefa de governo da máquina burocrática nada têm de evangélico e limita-lhe muito o tempo para aquilo que é o âmago de sua função: "confirmar as irmãs e irmãos" na busca do *Regnum Dei*.

"*Tutti fratelli*" é um abraço a todos os seres humanos, sem "acepção" alguma: simplesmente, somos todos irmãos e não nos salvamos sozinhos.

A magna obra de Francisco em que faz jus à escolha de seu título, é a *Laudato Sì*, é um grito de socorro aos crentes ou não crentes: não dá mais para adiar: todos nós, urgentemente, precisamos salvar o planeta, cuidar da casa comum: terras, florestas, rios, mares... Uma contribuição fantástica para salvar a humanidade: "Uma conversão ecológica" ... "difundir um novo modelo relativo ao ser humano, à vida, à sociedade e à relação com a natureza". Como a proposta de Jesus no evangelho, o Papa Francisco não está preocupado com religião, liturgia, culto, direito canônico... Seu anseio é fazer chegar a todos os seres humanos a mensagem libertadora de Jesus de Nazaré. *Laudato Sì* é o mais vivo sinal dos tempos: o "sopro atual do Espírito Santo": salvar a natureza, eliminar a pobreza.

Francisco profetiza: "Tenhamos a firme certeza de que o Espírito Santo dá a toda a Igreja, com seu sopro poderoso, a coragem de perseverar e de buscar novos métodos de evangelização para levar o evangelho até os confins extremos da Terra. Isso continua válido hoje, como era no início do cristianismo, quando se fez a primeira grande expansão missionária do Evangelho".

Caminhos de volta do exílio dos cristãos no reino da tríplice coroa do Vaticano:

- Evangelii Gaudium
- Laudato Sì
- Nossa Querida Amazônia
- Amoris Laetitia
- Tutti Fratelli
- Vamos Sonhar Juntos

Francisco: Virada irreversível rumo à Igreja de Pentecostes.

Despedindo: Ao olharmos para os três anos da Covid 19 tenho por mim que o cristianismo que praticamos veio à luz do dia. Cristãos que pretendemos ser, falhamos.

Uns por endosso total e bajulatório a um presidente perverso, genocida, negacionista, zombador do sofrimento e dos mortos: "mimi", "maricas"..., movidos pela ambição de poder, da bancada evangélica moralista ou por um narcisismo repugnante e outros, por uma omissão estrondosa. Um odioso silêncio. Uma atitude morna. Falhamos. Não fomos solidários.Com algumas exceções. Nos encolhemos em nosso compromisso de amar o próximo, achando que podíamos amar a Deus sem o amar. Caímos na polarização do ódio, da separação de irmãos. Vivemos a prova amarga de que "a religião divide" (J. Comblin). Mas a dor foi muito grande. Do dia para a noite famílias pereceram. Setecentos mil mortos, trinta e três milhões na fome, doze milhões sem emprego.

Os Atos nos revelam que os primeiros cristãos viveram na coerência com a proposta de Jesus, o Diarista de Nazaré. Nós o traímos. Faltou profeta. Vivemos hoje um cristianismo morno, um cristianismo da visibilidade, cerimonioso, formal, tediosamente repetitivo, devocionista, moralista... Um cristianismo voltado para a competitividade da luta de poder, para a luta de prestígio, para o dinheiro, para o proselitismo... Alzheimer... Esquizofrenia! Sinal do tempos!

E o evangelho, contradição dolorosa, não nos une. A monumental obra Laudato Sì do papa Francisco é um grito lancinante para salvar a humanidade, eliminar discriminações, eliminar a fome, eliminar a pobreza, salvar o planeta, a casa comum, os mares, os rios, as terras, as matas... E o Brasil é a pátria da abundância!

Laudato Sì é o âmago do evangelho para nosso tempo.

Spiritu Sancto in Ecclesia peccata solvuntur

"Na Igreja, os pecados são absolvidos pelo Espírito Santo" (Santo Agostinho).

Quando o papa João Paulo II pediu perdão pelos grandes pecados da religião católica esqueceu-se do essencial. Pediu perdão pelos sintomas e sequer nomeou a causa. Sem remover a causa não se eliminam os efeitos: "*remota causa, tollitur effectus*", "removida a causa, tolhe-se o efeito".

O perdão fundamental, estrutural: "Jesus de Nazaré, perdão por termos transformado tua comunidade, a comunidade de Pentecostes, numa nova religião, com doutrina, cânones, ritos, sacerdotes e clérigos".

Perdão por termos cedido à tentação de Constantino e Teodósio, causa e origem de todas as misérias e de todos os crimes cometidos pela instituição religiosa.

Perdão por a religião católica, desde Constantino, permanecer sempre aliada aos governos dominantes.

Perdão de, por isso, termos favorecido a exploração da miséria e da pobreza no mundo!

Perdão por termos usado a esmola como tranquilizante da consciência do doador e confirmação do irmão na miséria.

Perdão por tantos entraves ao Reino de Deus.

Perdão, Senhor, por 17 séculos de "*dueble juego*" de "embaixadores", eufemisticamente chamados "núncios", e de alianças espúrias com os ditadores os mais sanguinários!

Perdão, Senhor, por a instituição jurídica e a eclesiástica terem impedido a aplicação do teu evangelho, sobretudo a prática das bem-aventuranças!

Perdão, Senhor Jesus, por termos esquecido do *Regnum Dei* e termos vivido apegados ao "*regnum mundi*", a toda sorte de mundanidade!

Perdão, Senhor, por termos ocupado o teu lugar!

Perdão, Senhor, por termos ousado ocupar o lugar do Espírito Santo.

Perdão, Senhor, pela soberba dos dogmas: teus mistérios coarctados em definições ditas infalíveis. O Senhor tendo que se submeter às nossas definições!

Perdão, Senhor, por assim estancarmos a "*dynamis*" do teu Espírito.

Perdão, Senhor, pelo clero que fundamos contra teu plano!

Perdão, Senhor, por sacerdotes, bispos, cardeais e papas a viver em grandes propriedades e no luxo, explorando os pobres!

Perdão, Senhor, pelo clero que fundamos: muitos deles, homens prepotentes, misóginos, ricos e poderosos!

Perdão pela arrogância e vaidade dos papas, cardeais, bispos e sacerdotes.

Perdão, Senhor, por termos construído lugares sagrados, santuários para o teu culto, ao contrário de tua orientação: "em espírito e verdade".

Perdão, Senhor, por viajarmos longas distâncias na busca de imagens tuas e de teus santos e esquecermos que portamos a Trindade no templo de nossa alma.

Perdão, Senhor, por termos trocado a tua presença viva em nosso peito, em nossa alma e no próximo pela visita e pelo culto de tua prisão nos sacrários e nas custódias.

Perdão, Senhor, por ensinarmos doutrinas às crianças e aos jovens em vez de os abrir à convivência contínua, cotidiana com teu Espírito.

Perdão, Senhor, por não despertá-los, segundo sua vocação no mundo, a desenvolver uma comunicação pessoal com a Trindade.

Perdão, Senhor, pela discriminação e preconceitos para com as mulheres.

Perdão, Senhor, pelo machismo atávico para com elas.

Perdão, Senhor, por tê-las apartado de mensageiras de teu evangelho, pois "devemos fazer muito mais para que a voz das mulheres tenha um peso real na sociedade e na Igreja" (papa Francisco).

Perdão, Senhor, por reintroduzirmos um sacrifício em tua comunidade!

Perdão, Senhor, por termos transformado o dom supremo da eucaristia em sacrifício.

Perdão, Senhor, por termos transformado esse dom por excelência em propriedade de clérigos, alienando-o do alimento da comunidade!

Perdão por termos transformado esse alimento em objeto de adoração e manifestação de massa.

Perdão, acima de tudo, Senhor Jesus, por termos esquecido de teu Espírito!

Perdão por termos voltado as costas para Ele e resistirmos à iluminação e à condução dele.

Perdão por termos "abafado" a sua voz com a prática de devocionismos, do culto iterativo, sacramentalização e automatismo da graça!

Perdão, Senhor, por nos iludirmos como se a uniformização canônica da Igreja na pessoa do papa fosse a união dela no teu Espírito.

Perdão, Senhor, pelos escândalos financeiros, o financiamento de guerrilhas e a lavagem de dinheiro.

Perdão pelos escândalos sexuais, sobretudo os de pedofilia, pois "os escândalos da Igreja são tantos que não podem ser citados individualmente: são a vergonha da instituição" (papa Francisco).

Perdão, Senhor, pois "essas pessoas não têm uma ligação com Deus. Tinham apenas uma posição na Igreja, uma posição do poder" (papa Francisco).

Perdão por termos deixado a Igreja saída de Pentecostes se perder na penumbra dos séculos.

Perdão por concentrar a atenção dos fiéis na pessoa do papa e não na Trindade, no teu Espírito.

Perdão pelo incentivo à religião do espetáculo!

Perdão pelo estímulo à religião de massa tão oposta ao teu exemplo e à tua proposta!

Perdão, Senhor, por tantos séculos de desvio da tua Igreja de Pentecostes!

Perdão, sobretudo, por termos tudo feito pelo cristomonismo e termos preterido a tua Trindade.

Perdão por termos valorizado mais a crueldade dos sofrimentos da cruz do que a obra de Deus que nos remiu.

Perdão por supervalorizarmos o Jesus pregado na cruz em detrimento de Jesus ressuscitado.

Perdão pelo culto da cruz e não pela vitória da ressurreição.

Perdão, Senhor, por termos perdido a alegria da ressurreição, a alegria de Pentecostes.

Perdão por termos esquecido da convivência das primeiras comunidades com o Espírito Santo.

Perdão por termos deixado de viver a liberdade dos filhos de Deus exposta e vivida por Paulo.

Perdão, Senhor, por, de novo, sobrecarregarmos o povo de Deus com o peso de leis e injunções da moral religiosa.

Perdão por termos esquecido da missão do Espírito Santo na obra da salvação.

Perdão mais profundo por termos silenciado a voz do teu Espírito!

Perdão, Senhor, por termos trocado a ordem da redenção pela prática de sacramentos que não fazem parte da proposta evangélica de Jesus de Nazaré.

Perdão, Senhor, porque não ouvindo a voz dele mergulhamos em séculos de poder, de juridismo, de clericalismo.

Perdão, Senhor, por a tradição eclesiástica ter sufocado a Tradição Evangélica, apostólica.

Perdão, Senhor, pela criação da Cúria: apartou-se o evangelho e fez-se uma burocracia alienada e alienante.

Perdão pelo "alzheimer espiritual" e a "esquizofrenia existencial" (Papa Francisco) de seus membros.

Perdão por seus membros a "construir muros e costumes em torno de si e dependentes de seus próprios caprichos e manias" (papa Francisco).

Perdão, Senhor, por tantos entraves, tantas omissões, tantos desvios na proposta de Teu Reino.

Perdão, enfim, pelas nossas fraquezas, nossos limites e, sobretudo, nossas covardias em não vivermos continuamente sob a luz e a força do teu Espírito Santo como assim viveram Francisco de Assis, João da Cruz, Tereza de Ávila, Tereza de Jesus, Dom Helder, Dom Romero, Casaldáliga, José Comblin... e tantos outros que autenticaram sua vida no tesouro do Sentido Radical, da fé indefectível e na construção de teu Reino, *o Regnum Dei*.

Alguma Bibliografia

BOFF, L. (2005). *Igreja: Carisma e Poder.* Edição Revista. Rio de Janeiro: Record.

BOFF, L. (2013). *O Espírito Santo – Fogo interior, doador de vida e Pai dos pobres.* Petrópolis / Rio de Janeiro: Editora Vozes.

BROUCKER, J. (2008). *As noites de um profeta: Dom Helder Camara no Concílio Vaticano II.* Tradução de Alcides Tedesco. São Paulo: Paulus.

BROWN, P. (2005). *Santo Agostinho – Uma Biografia.* Tradução de Vera Ribeiro. Rio de Janeiro. Record.

CAMARA, H. (2004). *Vaticano II: Correspondência Conciliar - Circulares à Família do São Joaquim.* Recife: Editora Universitária da UFPE.

CAMPANELLA, T. (1950). *La Cité Du Soleil.* Paris: Librairie Philosophique J. Vrin.

CHECCHINATO, D.; SOBRINHO, O. R.; STEFFEN, R.; FILHO, A. A. S. (1988). *A Clínica da Psicose.* 2ª edição. Campinas: Papirus.

CODINA, V. Não extingais o Espírito – Paulinas.

COMBLIN, J. (1988). *O Espírito Santo e a Libertação – Série II: O Deus que liberta seu povo.* 2ª Edição. Petrópolis: Vozes.

COMBLIN, J. (1998). Vocação para a Liberdade. São Paulo: Paulus.

COMBLIN, J. (2002). O povo de Deus. São Paulo: Paulus.

COMBLIN, J. (2008). *A profecia na Igreja.* São Paulo: Paulus.

COMBLIN, J. (2012). *O Espírito Santo e a Tradição de Jesus* (obra póstuma). São Bernardo do Campo: Nhanduti.

CORBIN, A. (2009). *História do cristianismo para compreender melhor nosso tempo.* São Paulo: WMF Martins Fontes.

CONGAR,Y. (1904-1995). *"Ele é o Senhor e dá a vida"*. São Paulo: Paulinas.

CORNWELL, J. (2002). *A Face Oculta do Pontificado de João Paulo II*. Tradução de Álvaro Cabral. Rio de Janeiro: Imago.

CORNWELL, J. (2000). *O Papa de Hitler – A História Secreta de Pio XII*. Tradução de A. B. Pinheiro de Lemos. 2ª Edição. Rio de Janeiro: Imago.

CORNWELL, J. (2001). *Quebra da fé: o Papa, o povo e o destino do catolicismo*. Tradução de Marcos Santarrita. Rio de Janeiro: Imago.

DEZINGER, H. (2007). Compêndio dos símbolos, definições e declarações de fé e moral. Edições Loyola.

DUFOUR, D. R. (2000). *Os Mistérios da Trindade*. Tradução Dulce Duque Estrada. Rio de Janeiro: Companhia de Freud.

FERRARI, O. A. (2007). *Bispo S/A. A Igreja Universal do Reino de Deus e o exercício do poder*. 3ª Edição. São Paulo: Ave-Maria.

FERRARO, B. *Cristologia*. Editora Vozes.

FREUD, S. (1971). *L'avenir d'une illusion*. 1ª Edição. Paris: Presses Universitaires de France.

__________. (1971). *Malaise Dans La Civilisation*. 1ª Edição. Paris: Presses Universitaires de France.

GODMAN, P. (2007). *O Vaticano e Hitler*. Tradução de Evandro Ferreira e Silva. São Paulo. Martins Fontes.

GOMES, Cirilo Folch. (1979). *Antologia dos Santos Padres*. São Paulo: Paulinas.

JOSAPHAT, F. C. (2000). *Em nome do Pai, do Filho e do Espírito Santo. Comunhão divina, solidariedade humana*. São Paulo: Edições Loyola.

JOSAPHAT, F. C. (1998). *Tomás de Aquino e a Nova Era do Espírito*. São Paulo: Edições Loyola.

JOSAPHAT, F. C. (1998). *Signification Sacerdotale du Ministère de l'Evêque dans la Tradition Apostolique d'Hyppolyte de Rome*. São Paulo: Edições Loyola.

Freiburger Zeitschrift Für Philosophie und Theologie. Nº 25 1973.

KARNAL, L. (2014). *Pecar e Perdoar*. Rio de Janeiro: Nova Fronteira.

KÜNG, H. (2012). *A Igreja tem salvação?* São Paulo: Paulus.

LAS CASAS, F. B. (2005). *Único modo de atrair todos os povos à verdadeira religião – Obras completas*. Tradução de Noelia Gigli, Hélio Lucas. São Paulo: Paulus.

LIBÂNIO, J. B. (2009). *Caminhos de existência*. São Paulo: Paulus.

MARGUERAT, D. (2003). *A Primeira História do Cristianismo – Os Atos dos Apóstolos*. Tradução de Fredericus Antonius Stein. São Paulo: Paulus.

MOTTU, H. (1977). *La Manifestation de l'Esprit selon Joachim de Fiore*. Paris: Delachaux & Niestlé Éditeurs Neuchatel.

PAGOLA, J. A. (2011). *Jesus: Aproximação Histórica*. Tradução de Gentil Avelino Titton. 2ª Edição. Petrópolis: Vozes.

PAGOLA, J. A. (2012). *O Caminho aberto por Jesus*. Tradução de Gentil Avelino Titton. Petrópolis: Vozes.

PÉCORA, A. (2014). Antônio Vieira – Sermões – Tomo 1. São Paulo: Editora Hedra.

QUEIRUGA, A. T. (1993). *Creio em Deus Pai – O Deus de Jesus como afirmação plena do humano*. São Paulo: Paulus.

RAHNER, K. IMHOF, Paul. (1978). Inácio de Loyola. São Paulo: Edições Loyola.

RAHNER, K. Não extingais o Espírito. Inácio de Loyola. São Paulo: Edições Loyola.

ROCHA, F. M. (2003). *Frei Mateus Rocha – Um homem apaixonado pelo absoluto*. São Paulo. Edições Loyola.

ROCHA, F. M. (1969). *Quem é este homem?* São Paulo: Livraria Duas Cidades.

ROCHA, Z. (1999). *Helder, O Dom – Uma vida que marcou os rumos da Igreja no Brasil*. Petrópolis: Vozes.

VAZ, L. C. H. (1986). *Escritos de Filosofia – Problemas de Fronteira*. Vol. 3. São Paulo: Loyola.

VERBITSKY, H. (2005). *El Silencio – De Paulo VI a Bergoglio. Las Relaciones secretas de la Iglesia com la ESMA*. Buenos Aires: Sudamericana.

VERBITSKY, H. (2006). *Doble Juego – La Argentina Católica y Militar*. Buenos Aires: Sudamericana.

YALLOP, D. (2007). *O poder e a glória – O lado negro do Vaticano de João Paulo II*. Tradução de Magda Lopes. São Paulo: Planeta do Brasil.

Site: Unisinos – www.ihu.unisinos.br

Anotações

Construindo ideias
e conectando mentes

Este livro foi composto com tipografia Minion Pro
e impresso em papel Pólen Soft 80g.
na Gráfica Formato em outubro de 2023.